公共政策新论

吴元其 周业柱 储亚萍 倪咸林 著

安徽大学出版社

图书在版编目(CIP)数据

公共政策新论 / 吴元其等著. —合肥:安徽大学出版社,2009.10
ISBN 978－7－81110－682－4
Ⅰ.公… Ⅱ.吴… Ⅲ.公共政策—高等学校—教材 Ⅳ.D0

中国版本图书馆 CIP 数据核字(2009)第 190711 号

公共政策新论

吴元其等著

出版发行	安徽大学出版社	印 刷	中国科学技术大学印刷厂
	(合肥市肥西路3号 邮编230039)	开 本	710×1000 1/16
联系电话	编辑部 0551-5108087	印 张	21
	发行部 0551-5107716	字 数	388 千
电子信箱	ahdxchps@mail.hf.ah.cn	版 次	2009 年 11 月第 1 版
责任编辑	王先斌	印 次	2011 年 12 月第 2 次印刷
封面设计	孟献辉		

ISBN 978－7－81110－682－4　　　　　　　　　　定价:32.00 元

如有影响阅读的印装质量问题,请与出版社发行部联系调换

目 录

第一章 公共政策和政策学 ……………………………… （1）
  第一节 公共政策的含义和本质特征 ………………… （1）
  第二节 社会主义市场经济下的政策功能 …………… （15）
  第三节 政策学及其中国化 …………………………… （22）

第二章 政策系统 ………………………………………… （36）
  第一节 政策系统的构成要素 ………………………… （36）
  第二节 政策系统结构及运行 ………………………… （46）
  第三节 政策的类型结构 ……………………………… （52）

第三章 公共决策体制及其改革探索 …………………… （61）
  第一节 公共决策体制的含义和实质 ………………… （61）
  第二节 中国公共决策体制的特点分析 ……………… （72）
  第三节 21世纪中国政策体制改革思考 ……………… （83）

第四章 政策工具与政策手段 …………………………… （86）
  第一节 政策工具与政策工具研究的兴起 …………… （86）
  第二节 政策手段的基本类型 ………………………… （91）
  第三节 行政体制改革中的政策工具选择 …………… （94）

第五章 政策制定 ………………………………………… （106）
  第一节 政策议程 ……………………………………… （106）
  第二节 政策制定的程序和原则 ……………………… （118）
  第三节 中国的公共政策制定 ………………………… （131）

第六章　政策执行 ……………………………………… (140)
第一节　政策执行的特点和原则 …………………… (140)
第二节　政策执行的过程 …………………………… (149)
第三节　影响政策执行的因素 ……………………… (154)
第四节　政策执行的原则性和灵活性 ……………… (161)

第七章　政策监控、评估与终结 …………………… (168)
第一节　政策监控 …………………………………… (168)
第二节　政策评价 …………………………………… (186)
第三节　政策调整、政策终结与政策周期 ………… (199)

第八章　政策价值观与价值分析 …………………… (206)
第一节　政策价值观 ………………………………… (206)
第二节　公共政策价值分析 ………………………… (213)
第三节　政策价值分析的过程和方法 ……………… (221)

第九章　公共政策分析模型 ………………………… (235)
第一节　政策主体角度的分析模型 ………………… (236)
第二节　政策目标角度的分析模型 ………………… (244)
第三节　理论基础角度的分析模型 ………………… (248)
第四节　我国政策分析模型及其科学化 …………… (258)

第十章　公共政策分析的主要方法 ………………… (263)
第一节　政策信息收集与分析方法 ………………… (263)
第二节　预测方法 …………………………………… (281)
第三节　环境分析与目标确定方法 ………………… (290)
第四节　政策方案设计方法 ………………………… (301)
第五节　政策方案的评估抉择方法 ………………… (313)
第六节　政策效果评价方法 ………………………… (321)

参考文献 ……………………………………………… (327)

前　言

在中国政策研究历来是"显学"。古代中国的文人士子研究的就是"治平之学"，即治国平天下的政策；新中国成立以来，偏重于政策治国，这成为我国公共管理的一大特点。但是将政策研究上升为政策科学却是在西方发达国家实现的，20世纪50年代中叶这一过程更是发展迅速。一方面，政策科学与政策分析已经成为高等院校公共管理与行政管理专业本科生、研究生的必修课程；另一方面，建立各层次的研究组织，发表和出版了大量的学术论文、专著和教材。这对于优化我国的公共决策体制和提高公共政策科学水平发挥着越来越大的作用。

我们从事公共政策教学研究多年，2003年编著的《公共决策体制与政策分析》由国家行政学院出版社出版，被多个学校采用，受到较高的评价。时光匆匆，六年过去了，公共政策研究产生了许多新的成果，我们也有不少新的思考，综合这些成果，总结这些探索，便有了《公共政策新论》。

《公共政策新论》力图达到三个目标，体现三个特色：

一是构建符合公共政策学科特色的内容体系。全书由一个绪论、三个模块构成。绪论是第一章公共政策与政策科学。三个模块分别是：政策系统体制模块，即第二章政策系统、第三章公共决策体制、第四章政策工具；政策运行过程模块，即第五章政策制定、第六章政策执行、第七章政策评估、监控与终结；政策分析方法模块，即第八章政策价值观与价值分析、第九章政策分析模型、第十章政策分析主要方法。

二是吸收政策科学近些年国内外的最新研究成果。随着政策实践的发展、政策研究的深入，一系列热点课题引起研究者的关注，产生了不少新的研究成果，诸如公共政策的本质思考，政策工具研究的兴起，政策执行地位的提升，价值分析的前导作用，政策范式及其转换，企业决策与管理方法的移植等等。本书不但吸收了他人的研究成果，更重要的是提出并论证了自己的观点。

三是紧密结合中国公共政策的现实问题进行研究。中国公共政策的研究一定要结合中国国情，促进公共决策体制的改革和公共政策的科学化、民主化和法制化。本书提出了政策科学中国化的命题，并对其中的主要问题进行了分析;剖析了市场经济条件下中国公共政策的功能定位;归纳了中国公共决策体制的特点,探索了中国政策体制改革的目标和路径;引入政策范式的概念,探讨了建国以来政策范式的特点及转换等。

本书面向的教学对象是大学公共管理类、政法类专业的学生,也可以作为研究生与MPA教育的参考教材,还可以作为党政机关培训公务员的教材使用。另外,对于公共政策的研究者也有一定参考价值。

本书是大家分工合作的产物,由吴元其提出写作大纲,管理学院研究生吴甜甜同学也参与部分章节的撰写,最后由吴元其、倪咸林统稿总成。

历时一年,在本书即将付印之际,我想起小学时学过的"千人糕"的故事。一块糕尚需千人才能做成,一本书的出版又岂止是集千人之力。

这里首先要提及的是,在本书编著过程中参阅、借鉴、引用了许多前人和他人的研究成果,它们是本书的奠基石,我们在注释与参考文献中仅列其主要,恕不一一感谢。

我们要感谢安徽大学出版社的领导和编辑们,他们是本书的助产婆,正是他们的筹划、组织、审稿和编辑,才使本书得以问世。

当然,我们不能忘记我们的家人对我们的支持。

吴元其等谨记
2009 年 7 月

第一章 公共政策和政策学

公共政策是与人类社会生存和发展密切联系的最古老的社会现象之一,自从公共权力(国家和政府)诞生那一天起,它就始终伴随着人类的活动,任何人的生产和生活无不受到政策的影响。而政策科学则是一门新兴的学科,第二次世界大战以后,它首先在美国兴起,它的出现被誉为当代西方社会科学发展的一次"科学革命"。五十多年来,它从美国走向世界,走向正处于社会转型期的中国,成为一门"显学"。

第一节 公共政策的含义和本质特征

一、公共政策的界定

政策是人们熟知的概念,但熟知不等于真知。专家学者从不同的角度去界定政策,见仁见智,莫衷一是。但公共政策是政策科学的核心范畴、学科的奠基石,研究公共政策必须首先把握它的内涵、本质和特征。

从辞源学上考察,我国古代就有"政"和"策"两字,但它们是分开使用的。"政"乃政治、政事、政权、政务;"策"乃谋略、策划。在英文当中,最初也没有"政策"这个词,只有"政治"(politic),随着近代资本主义国家和政党的出现,从政治中逐步演变出"政策"(policy),指的是政府、政党等组织为完成特定目标对所要采取的行动的一种表达方式。关于"政"和"策"怎样连在一起变成政策,有一种说法:日本人在汉唐时期大规模吸收中国文化,引进包括"政"和"策"在内的大量汉字,明治维新后,开始更多地受到西方文化的影响,他们在接触到"policy"一词后,把日文中的汉字"政"和"策"两字的含义合在一起,将"policy"翻译成"政策",以指政府、政党在政治上所采取的方针、策略以及推行的手段。19世纪末,政策一词又出口转内销,回到中国。[①] 还有一种说法,认为政策是由西方在中国的人士翻译出来的。英国传教士李提摩太曾在1895

---

① 孙光:《政策科学》,第1页,浙江教育出版社,1988。

年上书清朝廷一份《新政策》,其内容是要求清政府设置新政部,聘请英美等国人士来主管新政。① 其后,梁启超在1899年所写的《戊戌政变记》中开始使用"政策"一词。他认为:中国之大患在于教育不兴,人才不足,皇上政策首注重于学校教育之中,可谓得其本矣。后来孙中山也在文章中使用"政策"这一概念,政策一词就在社会上流传开来。

现在,政策的概念已经泛化使用了。它不仅指政府的政治方针、策略和手段,同时也包括企业、社团等盈利或非盈利组织的方针策略,甚至细微到从家庭、个人政策扩展到全球政策。从个人政策到全球政策构成"政策连续谱"(胡宁生,2007)。不过这个连续谱可以分为两个层次,个人、家庭、企业等政策属于"私人政策"。政府政策、全球政策(政府间的政策)称之为公共政策,这是政策科学研究的对象。

何谓公共政策?为了界定这个问题,给公共政策下一个明确而又相对准确的定义,我们有必要分析一下政策科学形成以来各大家的主要观点。

"现代行政学之父"伍德罗·威尔逊(Woodrow Wilson)认为:公共政策"是由政治家即具有立法权者制定的而由行政人员执行的法律和法规"。这个定义带有明显的"政治—行政二分法"特征,且缩小了公共政策的范围和制定主体。公共政策不仅包括法律法规,还包括政府的计划、指示、决议,政党尤其是执政党的路线、方针、策略,甚至政府领袖的某些特定意图和表征符号也会起到公共政策的功能。

政策科学的创立者哈罗德·拉斯维尔(Harald d. Lasswell)和亚伯拉罕·卡普兰(A. Kaplan)认为:公共政策是"一种含有目标、价值与策略的大型计划"。这个定义既包含了公共政策的工具理性,又注意到了公共政策的价值理性,应该说极有见地。但宽泛地把公共政策等同于计划则是不可取的。计划可以是政策,但政策并不天然就是计划。而将政策等同于计划,则会把公共政策和私人政策相混淆。

托马斯·戴伊(Tomas R. Dye)认为:"凡是政府决定做或者不做某件事的行为就是公共政策。"这一定义不仅看到了政府的"为",又注意到了政府的"不为","不为"和"为"都是公共问题的重要解决之道。

罗伯特·艾思顿(Robert Eyestone)的定义则最为宽泛。他认为:"从广义上讲,公共政策就是政府机构与其周围环境之间的关系。"确实,公共政策就是政府系统与其生存环境之间的互动,公共政策体现了政府及其环境的双重诉求。因此,艾思顿的观点是比较深刻的。但是,政策只是政府处理自身与环境关系的一种选择,而不是全部。

---

① 邢国华:《政策学原理》,第3~4页,江西人民出版社,1988。

C·弗里德里奇(Carl J. Friedrich)认为,公共政策是在某一特定环境下,个人、团体或政府有计划的活动过程,提出政策的用意就是利用时机,克服障碍,以实现某个既定目标,或达到某一既定目标。这是从政策过程的角度对公共政策下的定义。但该定义政策主体不明,从个人到政府包揽无遗,显然不准确。

后行为主义政治学家戴维·伊斯顿(David Easton)认为:"公共政策是对全社会的价值作有权威的分配。"该定义指出了公共政策的价值分配功能,因而颇受学界的青睐。

中国是一个政策大国,但中国的政策科学研究起步较晚,中国的学者在借鉴西方学者的各种公共政策定义的基础上,结合中国的国情和历史传统,从自身的语境出发,提出了有关公共政策的各种定义。这里择其要者转述如下:

《辞海》对政策的表述是:"国家和政党为实现一定历史时期的路线和任务而规定的行为准则。"与此相关,《辞海》把路线定义为"国家和政党在一定历史时期内为实现政治目标而制定的行为准则";把方针定义为"国家和政党在一定历史时期内为达到一定目标而确定的指导原则"。显然,我们通常所讲的路线方针政策实质上没有太大的区别。但在实际使用上,路线、方针主要指总政策和基本政策,政策的范围更广,包括路线、方针。

孙光:"政策是国家和政党为了实现一定的总目标而确定的行动准则,它表现为对人们的利益进行分配和调节的政治措施和复杂过程。"

刘斌:"政策是政党或其他社会政治集团为实现一定时期的任务而规定的政治行为。"

王福生:政策可以解释为"人们为实现某一目标而确定的行为准则和谋略","简言之,政策就是治党治国的规则和方略"。

林德金:"(狭义的)政策是管理部门为了使社会或社会中的一个区域向正确的方向发展而提出的法令、措施、条例、计划、方案、规划或项目。"

张金马:"政策是执政党和政府采取的用以规范、引导有关机构团体和个人的行为准则和行动指南。"

陈振明:"政策是国家机关、政党及其他政治团体在特定时期为实现或服务于一定的社会政治、经济、文化目标所采取的政治行为或规定的行动准则,它是一系列谋略、法令、措施、办法、方法条例等的总称。"

林水波、张世贤(台湾):公共政策是指"政府选择作为或不作为的行为"。这类似于戴伊的政策定义。

伍启元(台湾):"公共政策是政府所采取的对公私行动的指引。"

由此可见,上述各家定义从不同侧面揭示了政策的内涵及本质,都有可取之处。归纳起来大致有四个角度:一是从公共政策主体的角度,像威尔逊、艾思顿、戴伊以及中国的一些学者；二是从公共管理过程的角度，像拉斯维尔、弗里德里奇以及孙光等；三是从公共政策本质的角度，比如艾斯顿、伊斯顿等；四是从公共政策的表现形式——行为准则的角度，中国大部分学者的定义最后都落脚于此。综合上述各家之说，我们认为，对作为公共政策学科基石的"公共政策"进行定义应满足以下几个要求：其一，应把公共政策和私人政策区分开来，突出其"公共"性质。其二，公共政策不仅是政策主体的行为结果，同时是政策主体的行为过程。其三，公共政策的定义作为政策学的学科起点应该涵盖公共政策的主体、功能、过程、本质等学科的基本内容，整个政策学的框架应成为这个定义的逻辑展开。根据以上要求，我们认为，公共政策是国家机关和政治团体为了实现某种政治目的，运用公共权力，管理公共事务、配置公共资源和分配公共利益，制定和实施公共行为准则的过程和结果。

二、公共政策的内涵

公共政策的内涵包括公共政策的主体、客体、手段、目标取向、过程和结果表现形式。

首先，公共政策的主体界定。有些人把公共政策的主体局限于党和政府，这是片面的。公共政策是处理社会公共事务，一切处理公共事务的社会机构都可以成为公共政策的主体。这里当然首推政府及其执政党，同时还包括其他的国家权力机构，诸如立法机构（人大、议会等）、司法机构（法院、检察院等）。现代公共政策以民主科学为发展趋势，执政党以外的其他政党和社会团体在政策制定和执行中也起着重要作用，人民群众及其利益群体也是公共政策制定和执行的参与者。因此，公共政策的主体应该是一个系统，包括一切公共政策运行过程的参与者。

其次，公共政策的客体是公共事务，包括公共问题、公共项目、公共资源、公共利益等。只有公共事务才能由公共政策来处理。与公共事务相对应的是私人事务。所谓私人事务，并不仅指个人，而是指其成本和收益具有私人排他性，其利害关系人是特定的个人或较小的社群。在市场经济条件下，私人事务主要依靠市场的机制来解决。公共政策不应干涉私人事务、解决私人问题。当然，如果某一事务的成本和收益涉及整个社会，同时社会中每个成员都感受到这种利害相关性并因而产生被剥夺感时，这种事务就由私人的转化成了公共事务（比如企业经营造成了环境污染）。与此相对，公共事务是指以整个社会作为利害关系人的事务。这里的社会不仅指整个国家，也可以下指一个地区，上达整个人类。公共事务有以下突出特点：一是整体性。它关系到一定范围内所有社会成员的利益，由所有社会成员作为一个整体提出。二是集中性。它要由社会的代表——国家权力机构统一组织、集中解决。三是政治强制性。

公共事务的处理总是依托政治权力、动用强制性的手段。简言之,公共政策处理的是不能通过市场来处理的社会需要和公共问题。

再次,公共政策的前提是公共权力的运用,取向是政治目标。公共政策是对社会进行政治统治与管理的基本方式和手段,它必须以公共权力的行使为依托,离开公共权力,公共政策就失去其合法性、权威性和有效性。公共政策的目标取向是政治,即要维护执政者的政治稳定,实现执政者的政治理想。尽管公共政策要处理的问题包括经济、政治、文化以至社会生活,要维护社会稳定、促进社会发展,但一切政策主体在制定和推行公共政策时,其出发点和归宿总是政治目标和政治理想。

又次,公共政策是一个过程,即制定政策、实施政策的过程。它是政策主体为实现某一特定时期的政治目标所进行的一系列政治行为,包括体察民意、确定政策议题、分析环境和资源、制定政策、建立组织、推行政策实施、进行政策监控、评估政策效果等环节。公共政策的定义隐含着政策活动的全部环节和政策科学的全部内容。

最后,公共政策表现为一系列的行为准则和行为规范。它包括国家、政府和执政党正式颁布的法律、法规、方针、策略、部署、方法等,也体现在领导人的谋略、指示、讲话之中。作为行为准则,它规定行为对象应当做什么,不应当做什么;应当怎样做,不应当怎样做;哪些行为应被提倡,哪些行为应被禁止。作为国家意志的象征,政策规定一般具有强制性。

为了进一步把握政策的定义内涵,有必要分析一下政策与法律的关系。

政策与法律都是国家利益和统治阶级意志的体现,都是普遍的行为规范,都以维护社会稳定、促进社会发展为目的。所以,从政策内涵来说,政策和法律是同一的,公共政策包含法律。但在政策范围内,我们有必要对国家法律和我们通常所理解的政府政策的关系作一剖析,这对于依法治国极为重要。

从两者的区别角度而言:

其一,政策和法律分别由不同的主体来制定。政策主要由政府及部门制定;法律则是由立法机关制定,执行则是由行政部门和司法部门负责。

其二,制定的程序有别。制定法律要依照严格的法定程序和法定权限;政策的制定相对比较灵活,有些政策的制定不一定经过严格的程序。

其三,适用范围和调整对象不同。法律是国家意志,是统治阶级内部协调一致的意志和利益的反映;政策虽然本质上是阶级意志、利益的集中体现或表达,但也可能是不同政治主体或利益群体的意志和利益的表现。法律对国家的所有人都是有效的和适用的,政策则只对政策对象有效。

其四,约束力和强制性有别。法律具有至高无上的权威性和强制力,对违反法律的行为人必须绳之以法,给予强制性惩处。法律对所有的公民一视同仁,要求所有公民都严格遵守法律。政策的约束力和强制性比法律要弱,有些政策要靠宣传、教育、说明、劝导等方式贯彻执行,并使人们自觉遵守。政府对违反政策的行为人不能像国家司法机关那样用法律手段予以惩处。

其五,生命周期长短有所不同。法律相对比较稳定,生命周期较长,而政策则灵活多变,生命周期较短。政策多是根据当时的政治、经济、社会发展的实际制定的,往往具有临时性的特点。为适应不断变化的社会政治、经济形势,及时解决新出现的社会问题,经常要对政策进行修改、调整,直至终结,而修改法律则须十分慎重。

法律和政策的联系可以从四个方面分析:

一是国家法律尤其是宪法具有最高的权威性,在法治国家,政府的一切政策的制定和执行都必须依法进行,其权限、内容、程序不得违背法律规定。

二是在现代政党制度下,执政党的重大基本政策又是法律制定与实施的指导,法律是重大政策落实的有力工具。

三是政府的政策是法律的具体化和补充。法律的实施有赖于政府根据法律制定出相关实施细则和办法,否则法律往往成为一纸空文。法律在很多情况下不可能规范社会公众的一切公共行为,这需要在一定时空条件下由政策加以规范。

四是有些政策通过实施和检验,条件成熟以后,可以通过立法程序上升为法律,法律是政策的定型化、稳定化。

三、公共政策的本质:公共利益

本质是和现象相对应的范畴,是指事物的内在必然性。公共政策作为社会的普遍现象,其本质何在?国内外的学者有不同的提炼归纳。

戴维·伊斯顿的定义——"公共政策是对全社会的价值作有权威的分配",可以看作对公共政策本质的经典表述。

陈庆云根据戴伊的观点对公共政策本质作如下归纳:"公共政策的本质是要解决利益的增进与分配问题,既包括物质利益的增进与分配,也包括精神利益增进与的分配。"(陈庆云,1996)

陈振明认为,公共政策的本质体现在三个方面:政策是阶级意志、利益的集中体现和表达;政策服务于社会经济的发展;政策是各种利益关系的调节器(陈振明,2003)。

李成智则将政策的本质归结为"阶级意志、利益的集中体现或表达,是统治阶级管理国家、进行统治的工具"(李成智,2000)。

人所奋斗的一切都是为了某种利益(马克思语),利益是人类一切行为的动机。利益是主体人与客体物的一种关系,简单地说就是对人有利有益的事物。有无利益取决于是否能满足主体人的需要。根据马斯洛的需要层次论,人的需要是多层次的,有生存的、安全的、社交的、尊重的、自我实现的,因此利益是指能够满足人们生存与发展的各种资源,能够为人们带来幸福的各种事物,包括物质的和精神的、实体的和无形的等。公共政策的产生同样也是出于某种利益,其核心内容是某种利益的体现,其目标是追求某种利益的实现。

国内学者对公共政策本质的理解基本上是围绕利益而展开的,但都根据马克思主义阶级论,将利益界定为阶级利益,尤其是统治阶级利益,无论从历史和现实来说,这都不无根据。公共政策源于公共权力及国家的产生,国家是阶级斗争不可调和的产物,是阶级统治的工具,但同时国家又是在利益分化以至对立的条件下,为了使社会不致在阶级斗争中"自身毁灭",需要一种力量即国家将阶级斗争控制在一定的秩序范围内。应该说,这既是统治阶级的利益所在,也是所有社会成员的共同利益。正如恩格斯所说:"国家是社会在一定发展阶段上的产物;国家是表示:这个社会陷入了不可解决的自我矛盾,分裂为不可调和的对立面而又无力摆脱这些对立面。而为了使这些对立面,这些经济利益互相冲突的阶级,不致在无谓的斗争中把自己和社会消灭,就需要有一种表面上凌驾于社会之上的力量,这种力量应当缓和冲突,把冲突保持在(秩序)的范围以内;这种从社会中产生但又自居于社会之上并且日益同社会脱离的力量,就是国家。"①公共政策就是这种"缓和冲突,把冲突保持在(秩序)的范围以内"的公共利益的体现,维护这种公共利益的手段。在这里,统治阶级的利益与公共利益不是对立的,而是相互包容渗透的。尽管统治者在制定公共政策时,要体现、维护和实现自身的利益,但如果这种政策不能同时促进经济的发展、社会的稳定(这是一个社会最基本的公共利益),统治阶级的利益也不能得到维护,统治地位也不能得到保全,这已被无数历史事实所证明。随着社会的进步和民主的扩大,公共政策代表、维护、实现公共利益这一本质越来越得到体现,这是公共政策发展的必然趋势。

综合上述,我们认为,公共政策的本质是公共利益,即公共利益的确定、体现、表达、综合、维护、实现和增进。公共政策之"公共"就在于它的基础、核心和追求是公共利益。公共利益是一切公共政策的出发点和归宿。公共政策这一本质对于社会主义的中国来说,要特别加以强调。为了全面、准确把握这一本质,有以下几个问题需要加以讨论。

1. 什么是利益

对于什么是利益,学者们有各种各样的解释。我们认为,利益是人们为了生存、享受和发展所需要的资源和条件。

---

① 《马克思恩格斯选集》,第4卷,第166页,人民出版社,1972。

（1）利益的实质是资源与条件，它具有客观性；

（2）利益为人的生存、享受和发展所需的，它具有主观需求性；

（3）资源的表现形式既有物质的也有精神的，因而必然存在物质利益与精神利益；

（4）利益满足人的生存与发展需要不言而喻，而满足人的享受需要，似乎有人不想涉及，但这是千真万确的；

（5）条件列为利益的一种特殊形式，应受到人们的足够关注。

首先，这种界定表明了主体的需求与满足需求的客体之间的一致性。正是人们有生存、享受、发展等各种需求的推动，才产生占有资源和条件的动机。利益的存在依赖于主体需求的确定，离开了主体需求，利益是不存在的。只讲利益定义中的客观性，否认它与主体的需求性的密切关系，或者只讲利益定义中的主体需求性，否认它的客观性，恐怕都有片面性。

其次，这种界定表明了人所需求的利益具有普遍性。只要是人，不论他（她）是伟人还是凡人，都需要生存与发展，都有利益要求；而且只要是由人组成的组织，为了组织目标的实现，也同样需要资源与条件。

再次，这种界定表明了人所需求的利益具有合理性。任何人、任何组织都要生存与发展，这自然就需要利益。所以个人利益的存在显然具有基本的合理性。在公共政策中，最具有争议的还有一类利益，它的存在是作为特殊组织所需求的利益，这就是政府利益。按照以上定义，如个人利益一样，合理合法的政府利益的存在也是不证自明的事实。

最后，这种界定表明了人所需求的利益具有交换性。资源与条件，其本身都可以在特定环境下用于交换。

2. 什么是公共利益

公共利益从一般意义上说，是指社会所有公众的共同利益。它是与个人利益或某一群体利益相对应的。显而易见，公共政策不能代表个人利益或某一群体利益。但是，社会由个人组成，离开了个人利益的集合，公共利益也无从谈起，它只是一种虚无。公共政策只有使每个人的利益至少是绝大多数人的利益得到实现，才是现实的公共利益。我们不能离开个人利益侈谈公共利益，这往往成为统治者为了自己的一己私利制定政策时的遮羞布。同时，个人不能离开社会而生存和发展。个人利益的获取又不能离开社会的公共利益的扩大。皮之不存，毛将焉附。所以，公共政策运行的首要问题就是如何将公共利益与个人利益统一起来，通过公共利益的实现促进个人利益的不同程度的提高。

现实中，利益是多元、区别甚至是对立的，公共政策不可能同时体现所有人的利益。这里就有一个多数人与少数人的利益关系处理问题。就现实性而言,共同利益应该是社会大多数公众的利益,尤其是占人口绝大多数的人民群众的利益。历史上的统治者都宣称自己的政策代表了全民的利益,否则它的政策就不具有合法性、合理性,就得不到民众的认可和执行,但这往往是抽象的,是虚伪的。只有共产党执政的社会主义国家公开声明,我们的政策代表的是绝大多数人民群众的根本利益,这才是现实的公共利益。但是对于少数人的利益,尽管他们的利益与多数人的利益是相矛盾甚至是对立的,但公共政策也不能忽视他们的利益,他们作为公众的一部分应该得到公正对待,尤其是其基本人权不能受到侵害。我国的改革政策使绝大多数人都得到不同程度的受益,但确实有少数人支付了改革成本,利益受到损害,对于他们应该有适当的补偿。至于有些政策使少数人得益让大多数人承担改革成本,这种政策本身就违背了公共政策的本质要求。

公共利益的界定还有强势群体和弱势群体的利益之分,他们往往属于少数人。但有些利益群体,比如垄断集团和政治精英等,由于掌握着较多的政治、经济资源,甚至与政府部门中的某些决策者有着种种关系,他们的利益要求总能得到反映与重视。这类群体就是强势群体。另外,公众中也有某些群体比如农民和农民工、城市失业人员等,他们缺乏经济与政治资源,其利益要求很难得到重视与满足,这类集团就是弱势集团。政府在制定公共政策时,一定要对强势群体,特别是由少数人组成的强势集团加以限制;对于具有正当的利益要求的弱势集团加以保护。

公共利益是具体的,具有一定的时空界限。就空间而言,公共利益具有层次性,从乡村、县市到全国以至全球,每一地域公众都有各自的公共利益,这就构成局部利益与全局利益的关系。就时间而言,公共利益有眼前与长远之分。我们将国家全局利益与长远利益称之为根本利益。在不自觉的状态下,个体公众往往重视眼前利益和局部利益,甚至会作出为了眼前利益而牺牲长远利益、为了局部利益而牺牲全局利益的举动。政府公共政策就应当对各种利益要求加以选择、综合,将公众的长远利益与眼前利益结合起来,将公众的全局利益与局部利益结合起来,有时甚至要为长远利益、全局利益而放弃某些眼前的、局部的利益。

综合上述,公共利益是社会公众中绝大多数人的全局性、长远性利益。

3. 公共利益与国家利益、阶级利益的关系

国家是统治阶级的统治工具,也是全社会的代表,因此在国家层面上,公共利益往往表现为国家利益。但是公共利益不等于国家利益,这不仅在于公共利益的层次性,国家层面的公共利益往往与地区层面的公共利益有别,甚至有矛盾,所谓中央与地方的矛盾概源于此。更重要的在于,国家不是地域的抽象、人口的集合,国家的实质是某一阶级或集团以公共权力为手段对全社会进

行统治。公共政策主要是由国家的统治者制定和推行的,他们在制定政策时总是以维护自己的政治统治、实现自己的政治理想为目的。所以国家利益说到底就是统治阶级的利益,尽管国家利益中包含着公共利益的成分,比如维护一定的社会秩序,促进经济发展,但本质上两者是不相同的。理解这一关系的关键在于进一步区分国家利益与阶级利益的关系。

阶级是一定社会的生产关系中处于不同地位的社会集团。在阶级社会中,人们总是分属于不同的阶级,每个阶级由于自身的经济地位以及政治地位不同,具有各自不同的阶级利益,尤其是占有生产资料的剥削阶级占有占人口绝大多数的劳动阶级的劳动,因此它们之间的利益总是对立的。而国家一般总是由在经济上占统治地位的阶级进行政治统治。他们掌握国家的公共权力,成为政策制定的决定性主体,将阶级的意志变成国家的政策,并且以社会的名义加以推行贯彻,但并不一定代表公共利益。国家利益和统治阶级利益与公共利益的关系取决于统治阶级本身是否能够代表社会公共利益。我国是工人阶级通过共产党领导的社会主义国家。工人阶级是先进生产力的代表,工人阶级的使命在于解放全人类从而解放自己,工人阶级及其天然的同盟者——农民阶级占人口的绝大多数,所以我国的统治阶级利益及国家利益与社会公共利益有着内在的统一性,我们党从成立的那一天起,就始终坚持自己的政策要代表最广大人民群众的根本利益,这是由党的阶级性所决定的。由于党和工人阶级都是由个人或集团构成的,在现实的政策运行中,并不能天然保证公共政策体现社会公共利益。除了国家统治阶级外,社会上还存在不同的被统治阶级,他们也有自己的阶级利益,也要通过各种途径参与或影响公共政策的运行,以维护和实现自己的阶级利益,他们的利益只能成为公共利益的一个因素,更不能代表公共利益。

现在人们愈来愈清楚地认识到,在市场经济下,政府并不是天然的公共利益代表者,也只是多元利益主体之一,也要寻求自身的最大利益。作为一个相对独立的社会组织,政府是由若干成员组成的,每个成员的利益以及他们的总体利益是借政府的机构来实现的。制定什么样的政策,政府首先是选择利益,选择那些与社会整体利益相一致的方面,也选择那些与政府自身最大利益相一致的方面。这种人为、主观的选择特征,必然使公共政策在分配社会利益时带有明显的倾向性。比如,少数政府官员偏袒某些利益群体,经常给予这些利益群体"优惠政策",使得他们从政策中获得更多的利益。明白了这一点,就容易理解为什么我们有时也会出现与党的宗旨、与公共利益相违背的政策。

4. 公共利益的选择、确定和表达

公共政策体现、维护、实现公共利益是一个动态过程,这个过程大致经过四个环节:利益选择、利益综合、利益分配和利益落实(陈庆云,1996)。问题在于,公共利益并不是以可感知的形式存在的,它需要政策主体去选择、确认和表达。这里就有一个路径和机制问题。

分析历史的和现实的公共利益选择确认路径或机制,大致可归纳为如下几种:

精英路径:这是专制时代的普遍机制。公共政策就是那些居统治地位的政治精英们的价值偏好和利益体现,并且他们总是认为他们的政策理所当然地代表社会的公共利益,古代君主总是宣称"朕即天下","朕即国家"。在他们看来,群众对政策是麻木不仁的,"民可使由之,不可使知之"。

代议路径:即公共利益由公众逐级选出的代表加以表达、选择和确认。这一路径的理论来源是国家契约论,公众通过选举将自己的部分权力交由他们的代表来表达自己的利益。这样,公共政策也就成为各种利益集团及其代表之间的相互作用相互斗争以及彼此协商妥协和订约的产物。这是现代西方国家普遍的公共利益选择表达确认机制。

直接路径,即直接民主路径:凡属公共问题由公众直接表达自己的利益和意见,根据少数服从多数原则,选择多数人的意见为公共政策。所谓公民投票就是典型的直接民主路径。由于地域大小、人口素质和技术条件的限制,这种路径目前还不可能成为普遍的公共利益选择表达确认机制。

系统路径:这种路径将系统论引入公共政策研究。将公共利益的选择确认即公共政策的制定看作政治系统对环境(主要是公众利益需求)的反应,而公共政策则成为政治系统在反应的基础上对环境或公众的输出。

协商路径:公共政策主体通过观察、调查、咨询等手段,选择和确认公共利益所在并提出公共政策,交由公众讨论,通过上下协商,逐步达成一致,并在此基础上,对公共政策加以修改、完善。我们认为,这是我国目前较为普遍有效的公共利益选择确认机制。

在现实中,公共利益的选择确认因不同的国家、不同的阶段、不同的问题而采取的路径有所不同,但都不局限于上述某一路径,而往往是一种综合。

四、公共政策的基本特征

公共政策的基本特征是指公共政策的属性,它是公共政策的本质体现。

综合国内各家观点,我们认为,公共政策的基本特征可以归纳为:政治性、手段性、资源性、目标多样性、强制规范性。这些特征作为公共政策本质的展开,他们是相互关联的统一体。

1. 政治性

政治性是指政策主要是由国家政权和政党制定和推行的;政治是公共政策的出发点,一切政策的制定都要从政治上加以考虑;政治是公共政策的归宿，一切政策都是为了实现一定的政治目标。什么是政治？人们可以从不同角度加以说明。从发生学意义上说，随着"居民第一次划分为两大阶级"和"城市的出现"，"需要有行政机关、警察、赋税等，一句话，就需要有公共的政治机构，也就是说需要政治"。① 从社会结构的角度分析，政治是上层建筑的核心部分，即国家政权。"政治是经济的集中表现"，对经济有极大的反作用，对思想文化有极大的制约性。它规定了一个社会经济文化的发展方向。从内容上考察，政治是一个阶级或社会集团为了维护其根本利益，夺取或巩固国家政权的一切活动，"政治就是各阶级之间的斗争"。② 它处理的是阶级、政党、民族、国家、公民之间的关系。

在历史发展的各个不同时期，政治的内涵和外延各不相同。在阶级社会中，政治性表现为鲜明的阶级性，一切政策都是统治阶级的意志体现、利益的表达，都是为了维护统治阶级的统治秩序。现代中国已经不是完全意义上的阶级社会，但仍然存在阶级和阶级斗争，政治不完全具有阶级矛盾和阶级斗争的性质，主要是对国家和社会的协调、控制和管理，促进整个社会发展。但不能排除有些政策具有阶级斗争的性质特征。这是走向"国家消亡"的过渡政治，列宁将其称为"半国家"中的"半政治"。我国的政治仍然是经济的集中表现，是无产阶级和广大人民大众根本利益的集中表现。按邓小平的说法，政治就是大局。在我国，一个问题涉及人民群众、国家、民族和社会的整体利益时，这个问题就具有了政治性质。"社会主义现代化建设是我们当前最大的政治，因为它代表着人民的最大的利益、最根本的利益"。"经济工作是当前最大的政治，经济问题是压倒一切的政治问题。"③

如前所述，政策的政治性、阶级性与政策的本质公共性是互为表里的。马克思主义虽然将国家定性为阶级统治的政治工具，公共政策是统治阶级的意志和利益表达，但同样强调国家管理整个社会的公共职能。相反，国家只有通过"公正"、全面地履行对社会公共事务的管理、通过政策表达、维护和实现公共利益时，才能最终维护和实现自己阶级利益和政治统治。

2. 手段性

公共政策既体现了公共利益，又是国家运用公共权力实现公共利益的手段，公共政策在实现公共利益的同时也体现了某个阶级的意志和利益，所以又是统治阶级管理国家、控制社会、促进发展、实现政治目标、维护阶级利益的手段。手段性是公共政策功能的集中表现。

---

① 《马克思恩格斯选集》，第1卷，第56、273页，人民出版社，1972。
② 《列宁选集》第4卷，第441页、370页，人民出版社，1995。
③ 《邓小平文选》第2卷，第162～163、194页，人民出版社，1983。

国家要履行两大职能:作为阶级统治工具的政治职能,作为社会管理机关的公共管理功能。包括:调整本阶级内部各成员、各层次、各派别以及本阶级和同盟者阶级之间的关系,以维护本阶级和同盟者阶级的共同利益,免得因内部矛盾而使其阶级利益受损害;调整其他各种社会关系,如不同地区之间的关系,不同部门之间的关系,不同民族之间的关系,以及家庭关系、社会成员之间的各种纠纷等,以保持社会秩序的安定和保障各种社会活动的正常进行;组织领导社会生产活动和科学文化教育事业,这项任务在现代国家里尤其重要,更是社会主义国家的主要任务。正如恩格斯所说:"政治统治到处都是以执行某种社会职能为基础,而且政治统治只有在它执行了它的这种社会职能时才能持续下去。"①

而国家行使政治职能和社会管理职能都是通过国家机关制定和推行包括制度、法律、路线、方针在内的公共政策来实现的。

3. 资源性

公共政策之所以能处理公共事务、解决公共利益问题,是通过政策提供和配置资源,使人们在利益上受益或受损,从而引导、控制、管理人们的行为。这是公共政策发挥功能的机制。

这里的资源不仅包括实物、资金、技术、知识,还包括机会、权力、荣誉和服务等社会中一切有价值的、可给人们带来利益的东西。资源和价值、利益紧密相关,有时可以互相通用。资源分为自然资源和社会资源、私人资源和公共资源。公共政策所提供和调节的资源一般属于社会资源和公共资源。当然,公共政策在调节公共资源时,不能不影响到私人资源的配置,有时甚至直接配置私人资源。这在专制国家和战时政府体制中曾屡见不鲜。不过,在现代市场经济国家,私人资源和公共资源的配置应该分开。私人资源一般由私人通过市场机制来配置,公共资源由国家通过政策机制来配置。

公共政策对资源的配置包括公共资源的生产、交换、分配和消费。公共资源的生产是资源提供的前提。比如政府通过直接投资、国家控股等政策,直接创造公共物品和公共服务。有人将政策本身当作一种资源,甚至当作"元资源",认为政府的功能就是生产和提供这种"元资源"的。政府还要遵循比较优势原则,通过谈判和执行政府间的各种协议,互相交换各种资源。如今我国加入WTO,本质上就是为了更好地实现国内外资源的交换和互惠。对政策的资源分配机制,人们的感受更加深切。像物价政策、货币政策、工资政策、税收政策、地区倾斜、产业倾斜等政策优惠都是政府通过政策对公共资源的分配调节。政策对资源消费的调节既有直接的方式也有间接的方式。通过制定扩大

---

① 《马克思恩格斯选集》第3卷,第523页,人民出版社,1972。

内需等政策,鼓励民众消费社会资源就是直接的方式,而上述的分配政策就是间接的调节方式。

公共政策的资源性之所以能引导、鼓励或抑制、阻止人们的行为,其机制在于人们在社会中的一切行为都是为了实现某种利益,而资源是人们实现一切利益的基本条件。资源的一个重要特点是稀缺性。自然资源稀缺,社会资源更稀缺;有形资源稀缺,无形资源更稀缺;私人资源稀缺,公共资源更稀缺。谁掌握了资源的配置权,谁就决定了利益的分配,谁也就控制了人们的行为。

4. 目标多样性

目标是公共政策的核心,公共政策的运行过程就是围绕政策目标进行方案设计、选择和执行,以目标为标准进行监控和评估。公共政策的目标与企业政策的最大区别就是目标的多样并列性。企业政策一般都是以最少的投入获取最大的收益,即以效率为根本目标。尽管现代企业也要讲社会效益和环境效益,但是经济效益始终是基础性的首要目标。公共政策作为公共利益的体现,其目标必然是多样的。它要讲发展,也要讲秩序、讲稳定;要讲公平,也要讲效率、讲效益;要讲民主,也要讲法制、讲集中;要立足当前,更要考虑长远;要以多数人的利益为准,但又要兼顾少数人的权利等等,尽管国家在不同时期、不同问题上政策目标的侧重点有所不同,但这些目标都必须考虑到而不能偏废。正是政策目标的多样性及相互制约,给政策的制定和执行带来很大的困扰。

就公平效率而言,公共政策的首要目标是追求公平、公正。评价一项政策的好坏,首要的标准是看它在实施以后,有没有使社会价值的分配更加公平、合理。这种公平不仅体现在个人收入的层面上,而且还体现在地区发展的层面上;不仅要求公众在物质享受方面是公平的,而且要求公众在精神、文化的享受方面也是公平的;不仅要求在机会上是均等的,而且要求在最终的结果上也是平等的。

但是,公共政策又必须讲究效率,这种效率首先体现在政策能够保证市场对资源配置的基础作用能得到充分发挥,从而实现市场效率,促进经济发展;其次要提供更多更好的公共产品和公共服务,尽量做到"少花钱,多办事"。同时,公共政策的制定、执行、评估都需要有一定的政策资源。在一定的时间内,政府所能提取和加以利用的政策资源是有限的,怎样在资源有限条件下使政策的制定更科学、政策的执行更有效、政策的监控更有力、政策的评估更准确,这就是政策运行的直接效率。

5. 强制规范性

公共政策的本质特征从外在表现来看,体现为一系列行为规范。任何一项政策,都规定社会中某一部分或全部成员的行为方向和准则,告诉人们怎样活动、遵循什么路线、达到什么目标,应该做什么、不应该做什么、提倡做什么、禁止做什么,有什么利益、受什么惩罚。

政策的规范性不同于道德的规范性、习惯的规范性。道德的规范诉诸人们的良心自省和道德自律。习惯规范诉诸人们的下意识甚至无意识。政策的规范性则依赖于其自身的权威性以至强制性。公共政策的权威性,是指作为对社会、团体、个人行为的规范和指导,政策必须得到所涉及对象的认可、接受,不管是出于自愿还是被迫;否则,政策就没有约束力,难以取得所期望的效果。政策权威性的取得,或是经过特定的法律程序,或是依据一套习惯性程序,或是遵照领袖人物的指示,即是说必须具有合法性。许多时候,一项政策并不总是符合所有人的利益,有时需要部分对象为了全体的利益作出某种牺牲,付出巨大代价或努力,甚至要求大多数人作出牺牲去满足少数人的利益。这种政策的实施对于那些非自愿作出牺牲的对象而言,就具有强制性。政策的强制性往往同一些惩罚性的措施相联系,若缺乏惩罚性措施,有些政策就会失去其权威性,无法贯彻执行。例如,对违反我国人口政策而超生者,有些地区在宣传教育的同时,也采取一些罚款、降级以及开除公职等措施。当然,为了维护政策的权威性而使用的强制措施是有限度的,如果政策过分损害大部分人的利益,则可能招致大部分人的抵制,甚至导致政策执行者和相对人之间的紧张关系或冲突,政策也就失去了权威性。

第二节 社会主义市场经济下的政策功能

一、公共政策的功能概述

公共政策的功能就是公共政策在社会生活、社会稳定、社会发展中所发挥的功用和效能。

(一)导向功能

政策的导向性功能,是引导公众的公共行为遵循政策规范,促进社会朝着政策主体所希望的方向发展。政策制定者根据某一时期的客观实际,提出国民经济和社会发展所要达到的预期目标,并为实现这些目标具体规定了方针、步骤、措施、方法等,以此统一人们的思想,规定人们的行为准则,从而使整个社会朝这个共同方向发展。因此,政策的导向性功能所包含的一项内容就是规定目标、确定方向,包括经济目标、政治目标和文化目标,将社会活动从复杂的、多面的、相互冲突的、漫无目标的状况纳入明晰的、统一的、目标明确的轨道,使社会有序地发展。

政策导向性功能的另一项重要内容,就是用所确立的目标、方向来教育群众、统一人们的思想、协调人们的行为。任何政策,不仅要告诉人们什么是该做的,什么是不该做的,而且还要使人们明白,为什么要这样做而不那样做,怎样才能做得更好。属于意识形态方面的各种政策所发挥的这种功能尤其显著。比如中共中央关于加强社会主义精神文明建设的一系列政策,发挥的就是这种导向性功能。

(二)制约功能

制约功能所要达到的目标是限制、禁止政策主体所不希望的行为发生。政策的规范性突出了这种制约功能。

政策的制约功能,在形式上表现为对特定对象行为的制约。首先是针对敌对阶级的,严厉禁止任何被统治阶级有损于统治阶级利益的行为发生。建国以后,党和国家相继实行的一系列政策,如土地改革政策、镇压反革命政策、三反五反政策等,都是为了镇压敌对阶级的反抗,巩固新生的人民政权,充分体现了政策的制约功能。即使在今天,我国的阶级斗争也并没有完全消失,此类制约性的政策仍然是不可缺少的。

政策制约功能对统治阶级内部也是适应的。在社会主义国家,人民内部每个人、每个社会集团、每个社会阶层都有着在根本利益一致基础上各自的特殊利益。这样,在个人与个人、集团与集团、阶层与阶层之间以及个人、集团、阶层与整个社会、国家之间,必然会发生这样或那样的矛盾关系或利益冲突。为了协调各种关系,就需要用政策来规范、约束个人、集团或阶层的行为。这种制约甚至是强制性的。不难想象,如果没有严厉的反腐败政策,没有严格的市场游戏规则等,中国的改革开放必然会失败,或走到邪路上去。

(三)管理功能

国家的管理活动,从内容上,大体可分为国家行政管理、国民经济管理、国有企业管理、文化教育管理、科学技术管理、思想意识形态管理和社会生活管理;从层次上,可分为宏观管理、中观管理和微观管理。可见,国家的管理活动覆盖社会结构的各层次、社会活动各领域。政策是国家管理的基本手段、工具和杠杆。

政策的管理功能体现在以下几个方面:

——计划:即通过政策,对整个国家的活动进行规划和部署,保证国家活动有目的、有秩序地进行。社会主义市场经济是在国家计划调控下市场发挥资源配置基础性作用的经济体制。即使在资本主义国家中,社会经济的发展也不是放任自流的,计划调控也起着相当大的作用。

——控制:即通过国家政策,使人们遵从社会规范,维持社会秩序。对政策制定者所希望发生的行为予以鼓励(物质的和精神的),以调动、激发人们的积极性和创造性;对不希望发生的行为予以惩罚,杜绝类似事情再发生。

——协调:国家的管理活动是一个复杂的系统工程,其中有许多利益关系需要协调。这些关系主要包括社会政治组织(党派、社会团体等)之间的关系,各种政治权力关系(国家机关之间的关系,地方政府与中央政府的关系等)、各种经济关系(生产与消费、消费与积累、国家集体与个人三者利益关系、各经济法人之间及其与国家的关系)、各民族之间的关系,国际关系等。显然,这些性质各异、错综复杂的关系,是不能靠长官意志或个人权威来协调的,而主要靠正确的政策。比如,以"政府调控市场、市场引导企业"的指导原则处理政府与企业的关系,以"长期共存、互相监督、肝胆相照、荣辱与共"的方针协调执政的共产党与各民主党派之间的关系,以民族区域自治的政策促进各民族的共同发展等。

(四)分配功能

公共政策的分配功能是显而易见的,导向功能、制约功能和管理功能得以实现往往基于政策的利益分配功能。公共政策之所以具有分配功能,是由政府具有社会再分配的职能所决定的,政府通过制定与实施公共政策将社会公共资源正确、有效地在公众中加以分配。这里的公共资源既包括资金、物质等有形的资源,也包括各种无形资源,如权利、机遇等。

任何政策在分配社会公共资源时,总是要解决向谁分配、怎样分配的问题,关键是在分配资源时如何处理效率和公平的关系。在不同的社会经济、政治背景下,政府制定的权威性的分配原则是不一样的,归结起来不外是只讲效率忽视公平的扩大差别原则、只讲公平损害效率的平均主义原则、公平和效率兼顾的原则。历史证明,在我国现阶段的公共政策应提倡公平和效率兼顾特别注重公平的原则。

公共政策在分配公共资源时,还应注意让与政策导向相一致的人们获得利益,这既能鼓励政策的有效执行,也是政策导向功能所必需的。一般来说,政策对公共资源的分配应该向三类人倾斜:一是社会中的大多数人,只有大多数人从政策中受益,才是正确的政策,政策也才能被有效执行。二是与政策所体现的公共利益相一致的人,这类人有助于公共利益的实现和扩大,最终推进经济发展、社会进步。三是与政府的政策目标相一致并有效执行政策的人,这是一种激励手段。没有这种激励手段,对政策执行好坏一个样,政策就不可能得到有效执行。

(五)象征功能

这是指公共政策发布某种信息,表达某种观点,宣传某种方针,借此影响和改变公众的看法、观念或思想意识的功能。应该说任何政策都有这种功能。但有些政策此类功能特别突出。这类政策的制定者仅通过政策的颁布向社会作出某种宣示、向人们提出某种要求,但没有为此项政策的落实提供必要的资源、建立必要的机构、作出约束性的规定,它的存在仅具有符号意义,所以称之为象征功能。比如我国某些外交政策的宣示,就具有象征功能。像科教兴国、依法治国这样的治国方略,在某种程度上都具有宣示的象征意义。

政策的制约功能、导向功能、管理功能、分配功能和象征功能在政策实践中不能截然分开。任何政策都具有这五项功能,都是一种综合作用。不过每项政策的功能各有其不同的侧重点。

上述五大功能是对一切政策功能的抽象,然而政策功能是具体的、历史的。不同历史时期、不同社会性质的国家,政策的各种功能有不同的特点和作用机制。因此,对政策功能的研究,不能仅限于了解一般功能,更重要的是不同国家、不同时期政策的特殊功能。目前,要着重研究我国在社会主义市场经济条件下公共政策的功能特点及其作用机制。

二、社会主义市场经济与政府职能

经过三十年的改革开放,我国基本实现了计划经济体制向市场经济体制的转换,形成了社会主义市场经济体制的框架。进一步深化改革,建立和完善市场经济体制,是新世纪我国改革的基础环节。经济基础决定上层建筑,社会主义市场经济体制改革的深化必然要求加快政治体制和行政体制改革,实现政府职能和政策功能的转换。

市场经济体制是一种由市场根据供求机制来配置资源的经济运行方式。现代市场经济由四个重要支柱构成:一是产权清晰、权责明确、政企分开、管理科学的自主经营、自负盈亏的市场主体;二是统一、公平、自由、有序的市场体系;三是科学高效的宏观调控政策体系;四是合理可行的分配政策和社会保障政策体系。社会主义市场经济是市场经济与社会主义基本制度的结合,它的运行平台是以公有制为主体、多种经济成分共同发展,以共产党领导的国家政策的宏观调控为条件,以全国人民共同富裕为社会目标。

历史和现实证明,市场经济体制是迄今为止适合社会化大生产的最有效的资源配置方式。然而,市场经济对资源的配置并不是万能的,也不能完全保证其合理有效。市场经济也有不灵的地方和失灵的时候。

第一,市场的外部性。在社会的经济活动中,生产者和消费者的经济利益除了由市场价格导致的成本收益外,还存在着无须影响价格、但能直接影响其成本和收益的领域,它们处于市场调节之外。经济学中称之为"外部经济效应",简称"外部性"。外部性有正负之分。正效应指个别企业带给社会的生产成本小于企业自身耗费的成本(如企业的技术创新),或给他人和社会带来某种利益,获利者并不需要通过市场交换支付成本。比如,修建一条高速公路,可以带来附近地价的上涨和消费需求的上升,当地居民不付成本便可得到外部的经济好处,这就是"搭便车"现象。负效应指个别企业带给社会的生产成本大于企业耗费的成本,或给社会和他人带来损失而企业无须或很少支付成本加以补偿。如企业对环境的污染,使社会不但要支付更大的成本去治理,而且被环境污染者的损失不可能从污染制造者那里得到完全补偿。这种情况处在市场机制之外,不可能通过市场机制自发得到解决,而只能由政府解决。

第二,公共产品的提供。公共产品是指消费活动中不具有排他性而具有共享性的产品,消费者一般并不具体计算和支出成本。一般来说,公共产品的生产都具有相当的规模,要有较大的投入,生产周期也较长。私人产品在市场中的价格起着收益与成本信号的作用,而公共产品试图严格在价格的基础上解决消费问题则不行。如国防,不可能按市场"付款"方式购买到;教育,除了对直接受教育者产生利益之外,对社会的发展也会带来莫大的好处。所以,与大多数人利益相关的公共产品,尽管有着极为重要和相当广泛的社会需要,但因为其本身的性质,私人往往无力也不愿进行投资和生产,市场机制无法发挥作用。作为社会公共利益的代表者,政府理所当然应该承担起提供公共产品的责任。

第三,市场"悖论",也称市场竞争的不完全性。市场机制发挥作用的前提是自由竞争。然而,完全的自由竞争从来没有出现过;相反,自由竞争的结果必然导致垄断。垄断严重地束缚着自由竞争,对市场结构和市场行为产生人为的扭曲,成为由市场经济产生的又对自身起着破坏作用的异化力量。这是市场经济自身永远不可解开的悖论。它只能由外部力量——政府来解决,才能维护市场的自由竞争机制。这已经成为现代国家政府的重要职能。

第四,市场调节的盲目性和滞后性。市场机制是建立在"经济人"的基础上的。"经济人"(私人和企业)经济活动的目的就是以最少的付出获取最大的收益,而引导他们行为的信号是市场价格。经济人在根据市场价格调整自己的经营活动时,固然最终可以在全社会实现平衡供求,形成资源的优化配置,但由于个人和企业掌握的信息不完全,加上其利益上的自私性和行为上的短视性,必然形成微观决策上的看似精明自由实则盲目被动,而导致整个社会的生产无政府状态和供求关系的失衡。而且市场调节是一种事后调节,从供求失衡到价格变动、信号反馈、企业反应再到供求平衡,有一个长短不等的时间差。这在那些建设周期较长的行业,如粮食生产、畜牧养殖业和基础原材料工业上表现得尤为明显。市场对供求关系调节的盲目性和滞后性往往以经济动荡甚至经济危机为代价。整个社会的国民经济总量的平衡和稳定增长仅靠市场机制显然不行,必须伸出政府这只"看得见的手",通过公共政策(包括国民经济计划和各种政策手段、经济杠杆)加以预先控制。

第五，市场体制不能实现社会公平。效率和公平是保证经济发展和社会进步的一对翅膀，不可偏废。市场机制的最大功能是能激发人们内在获取利益的动力，提高效率，促进经济发展。它遵循的是效率逻辑和成本逻辑。它虽然也强调市场上的平等竞争、等价交换和机会均等，但那仅仅是一种理想，现实中很难实现。因为不同的人和企业，其资源禀赋是不可能相等的，所以不可能机会均等，不可能在一条起跑线上竞争，其结果必然是收入分配的不平等。并且市场竞争会导致"马太效应"，即富者愈富、穷者愈穷，最终产生两极分化，偏离社会主义共同富裕的目标和社会公正的原则，引发社会的不稳定，最后连经济效率也保不住。克服市场机制的这种不公平，维护社会的公平、公正，正是政府尤其是社会主义国家政府义不容辞的职责。

综上所述，社会主义市场经济的建立，一方面使政府的职能和政策的功能发生了重大的变化，其作用范围相对缩小，其作用方式趋于宏观和间接。但另一方面，市场经济绝不意味着政府职能和政策功能的减弱和退居次要地位，相反，现代市场经济使政府的某些职能更加强化，公共政策的功能更加突出。没有政府宏观调控职能的发挥，没有公共政策的调节，市场经济本身的缺陷不能得到克服，市场机制的作用也不能有效发挥。

三、社会主义市场经济的政策功能及发挥

在现代市场经济国家中，市场机制的维护和正常发挥，市场调节所固有的弊端的克服，主要依靠政府的公共政策尤其是经济政策。

政府通过制定国民经济中长期发展规划和产业政策，利用各种经济杠杆，引导企业投资和经营，促使生产力的合理布局和产业结构的调整，实现经济结构的优化和国民经济整体素质的提高。

政府通过财政政策、货币政策、外经贸政策等进行供给和需求管理，以缩小市场经济所产生的周期性经济波动的波幅，抑制通货膨胀或通货紧缩，促进充分就业，从而保持供求平衡、币值稳定、物价总水平基本稳定、国际收支平衡，促进重大经济结构优化，不断提高人民的生活水平，力争经济持续、稳定和协调增长。

政府通过经济立法和执法来进行管理、监督，规范各类经济主体的行为，限制各种不正当的经济行为，创造和维护公平竞争的市场秩序。

政府通过可持续发展战略和环保政策监管企业经营，以克服外部经济负效应，保护环境和资源，促进经济和社会的可持续发展。

政府通过制定税收政策、转移支付政策、分配政策和社会保障政策，调节收入分配，取缔非法收入和财产，保护合法收入和财产；通过征收累进所得税、财产税和遗产税等来限制高收入阶层的收入过分膨胀；通过直接转移支付及

对商品和劳务的再分配政策,增加落后地区和贫困阶层的收入,促进区域平衡,保证社会公平。

政府通过财政政策、投资政策直接参与某些经济活动,提供公共产品和公共服务。这包括对内、对外两个方面。对内主要包括公共工程、科技、教育、文化、卫生、体育设施等方面的建设,投资关系国家经济命脉的原材料、能源、交通等产业,以消除制约经济发展的"瓶颈",保障国内治安,形成一个安定的社会环境。对外维护领土完整与国家主权,从事外交活动,努力维持一个有利于国内经济建设的和平国际环境。

以上这些政府职能和政策功能是现代市场经济正常运行的必要条件。但正如市场机制不是万能的一样,政府及其政策对于经济的发展也不是万能的。为了保证市场经济的有效运行,政策功能的有效发挥也有其适用原则。现实是,战后在凯恩斯理论的影响下,当政府这只"看得见的手"干预市场并获得巨大成功时,与"市场失灵"相伴随的"政府失灵"也表现得非常明显。一方面,政府对社会、市场的管理,不仅使政府所承担的任务越来越多,成为"万能政府",在不少方面负面影响越来越大;另一方面,政府中官僚机构膨胀,效率低下,财政支出扩大。正是在这种背景下,世界上许多国家都在进行政府改革。包括政府把公共事务特别是公共物品(服务)民营化,推进社区主义,建立理想的政府、市场、社区三足鼎立的公民社会;加强公共部门与私营部门的合作,发展非政府、非营利性组织;用企业精神再造政府,把企业管理中的组织文化注入政府组织,提高政府部门的竞争力和工作效率。

市场经济中政策功能有效发挥必须遵循如下原则:一是有限原则,政策必须仅限于对市场缺陷的补充。凡是市场机制能够发挥作用的尽量让市场调节,政府绝不能越俎代庖,好心办坏事。公共政策只有在市场失效的情况下才能制定并发挥作用。政府及其政策如果背离这些要求,越界行为,就会发生政府失灵或政策失效。二是间接原则,政府不能直接干预市场微观经济主体的交易活动,而是通过环境及政策的实施,影响市场参数,进而引导企业的经营行为,即所谓国家调控市场、市场引导企业。三是普适原则,也就是说经济政策应该适用于所有市场经济的参与者,而不能有任何例外,从而保证市场主体的机会均等。四是经济原则,经济政策的制定和施行必须考虑投入产出比,以最少的政策资源获取最大的效益,不能只算政治账而不算经济账。

第三节　政策学及其中国化

一、政策学科的兴起和发展

政策研究和政策思想源远流长,它是伴随着人类文明尤其是国家的形成而出现的。中国作为世界文明古国之一,在政策及政策的研究方面有大量的思想遗产。在中国,辅佐统治者审时度势、运筹帷幄的"智囊"阶层出现得很早。夏商时期的家臣,西周时期的命士,春秋战国时期的所谓食客、策士、谋士,等等,他们当中的许多人,就是古代的政策研究人员。从东汉开始,出现了正式的智囊制度,并为智囊人员设立了正式的官职,像东汉、三国时监察军务的"军师",汉以后历代的宰辅。到了清代,地方官吏也设立了幕府,实际上就是地方政府的政策研究机构。与智囊制度的发达相适应,中国漫长的历史中还产生了一大批与政策和政策研究密切相关的思想、言论和著作。诸子百家尤其是儒家、法家等著作中有大量治国安邦的至理名言。《孙子兵法》不仅是兵书,而且还是"国策",包含大量的一般政策思想。《战国策》中专门记述了策士们的言论和行动,成为我国历史上较为完整的政策研究及政策咨询的著作。《史记》《资治通鉴》《智囊补》等不朽名著中记载了许多与政策研究有关的真知灼见和案例。

在古代西方文明以及世界其他地方的文明中,同样存在着政策及政策研究的思想传统。有的西方学者认为,政策研究的传统最早可以追溯到美索不达米亚(现在的伊拉克南部)文明的经典之作《汉谟拉比法典》。与此同时,出现了一些与政策制定相关的"专家"阶层。其中最著名的有古印度的高提雅,古希腊的柏拉图、亚里士多德,以及后来的马基雅维里。他们都是著名的思想家,也都在很大程度上介入了当时的政策制定和政策咨询的过程。柏拉图《理想国》、亚里士多德的《政治学》既是古代著名的政治学著作,也是最早的政策研究著作。

18世纪开始的欧洲工业革命同时伴随着意义深远的思想启蒙运动,与政策研究有关的知识得到进一步的发展。然而,19世纪以前的那些政策研究和政策分析的"专家"们,他们所依据的理论往往是权威论点、哲学原则和习俗礼仪。到19世纪,一个重要的变化是,人们重视系统地搜集整理资料,开始从实验与定量方面研究政策。比如1801年,英国进行了首次人口普查。随之统计学与人口学逐步发展为一间独立的学科。研究者试图寻找对社会问题进行思考的新方式,注意用统计数字反映城市化以及资本主义工业生产中的相互关系。欧洲其他国家,如法国和德国,也有不少研究者直接深入社会最底层调查研究,获得了实际生活中的第一手资料。这对政府的政策,如养老保险政策的制定与修改产生了重大影响。19世纪以来,与公共政策密切相关的社会科学,像经济学、政治学、社会学、行政学纷纷开展对经济、政治、社会等政策问题及其决策过程的研究,并取得了相当高的理论成就,为政策科学的正式创立奠定了基础。

在经济学领域,经济政策研究早就备受重视。英国资产阶级古典政治经济学家亚当·斯密的名著《国富论》的五篇中就有两篇专门讨论经济政策问题;李嘉图的《赋税原理》一开始便提出研究经济政策问题。20世纪30年代出现的凯恩斯理论就被人们普遍认为是他的经济政策理论。计量经济学的奠基人之一、首届诺贝尔经济学奖得主 J·丁伯根在30年代就注意把计量经济学的理论和方法运用于经济政策研究。在政策科学创立之前,经济政策的研究已经十分发达了。

在社会学领域,西方社会学家也很早就展开对社会政策的研究。早在1873年,由西蒙拉尔等人发起,德国就成立了社会政策学会。此后,德国社会学家在社会政策方面做了大量研究工作,写下许多这方面的论著,在不少国家产生过重大影响。日本在明治维新时朝向德国派遣留学生,他们中的一些人深受德国社会政策思想的影响。明治三十年(公元1897年),日本也成立了社会政策学会。英国向来有社会政策的研究传统,伦敦经济学院社会科学系主任 T·H·马歇尔的《社会政策》一书在西方被公认为是社会政策学研究的范本,迄今已六度再版。

在行政学和政治学领域,早在19世纪80年代,以威尔逊为代表的行政学创始人就对公共政策研究有着浓厚的兴趣,威尔逊最早提出具有政治行政二分法的公共政策定义。20世纪中叶,西方尤其是美国的行为主义政治学的兴起,从某种意义上似乎可以看作政策科学诞生的催化剂。行为主义政治学强调,对政府过程尤其是人的行为的研究,应采用经验科学以及交叉科学方法,确立具有普遍性的、可检验的政治学理论体系,使政治学"科学化"。梅里安的"新政治科学"理论、伊斯顿的一般系统论、阿尔蒙德的结构功能主义、多伊奇的沟通理论等有影响的行为主义学派都对政策科学的形成产生了重要的影响。作为政策科学创始人的拉斯威尔就是梅里安的学生,他的"政策科学"的概念就是从梅里安强调的"政治谋略"中发展而来。

政策学科在第二次世界大战后诞生,科技发展也是一个重要的前提条件,主要表现在运筹学、博弈论、统计学等应用数学的发展和计算机技术的运用,系统论、信息论、控制论等新兴学科的成熟及应用,这为政策制定和政策研究的科学化提供了技术工具。

政策学科产生于战后的美国,是因为美国"的确具有适合公共政策学生长的土壤"。① 战后美国在经过一段时间平稳发展后,从50年代初开始国内外矛盾逐步激化,社会问题日益增多,政策辩论也不断爆发。政策科学的创立直接和两次大的政策辩论及一次学术会议有关。一是关于罗斯福"新政"的政策辩论,另一次是由奥本海默引发的原子能政策的争论。一次学术会议是指1951年在斯坦福大学召开的"关于国际关系论的革命性、发展性学术讨论会",它是一次美国社会科学界罕见的众多泰斗云集的盛会,其会议的主要成果之一的论文集就是作为政策科学诞生标志的《政策科学》,它由拉纳(Daniel Lerner)和拉斯韦尔(Harrold.D·Lasswell)主编。拉斯韦尔在《政策科学》的《政策方向》一文中,首次对政策科学的对象、性质、发展方向等问题加以论述,奠定了政策科学的学科基础和发展思路,被誉为"现代政策科学的创立者"。

拉斯韦尔对政策科学作了如下的规定:政策科学是关于民主主义的学问,民主体制必须作为它的基本前提。政策科学的哲学基础建立在理性实证主义之上,为追求政策的合理性,使用数学公式和实证性数据,坚持科学方法论进行分析是必要的。政策科学是一门对于时间和空间都非常敏感的科学,当选择某一模型进行政策分析时,该模型在时间上和空间上要有明确记录。政策科学具有跨学科的特点,尤其要强调政治学和经济学、政治学和社会学、心理学的合作。政策科学是一门必须和政府官员共同研究的学问,学者们非常需要了解政府官员对政策的认识和所掌握的数据。政策科学必须具有"发展概念",要以社会发展为研究对象,建立动态研究模型。这些规定构成了政策科学的第一个范式。这些观点许多都抓住了政策科学的本质特征,比如关于民主体制作为它的基本前提,政策科学具有多学科的综合特点,政策科学是一门必须和政府官员共同研究的学问,政策科学必须建立动态研究模型等。但是由于在政策科学创立之初,拉斯韦尔特别强调政策制定和政策研究的"科学性",加上当时美国哲学上实证主义、政治学上行为主义占统治地位,所以拉斯韦尔那一代人过分看重在政策研究中采用自然科学的研究方法,用数据说话,建立数学模型,并将它作为政策科学化的体现,而不考虑价值理性,使政策研究游离于价值分析之外。这本身就不符合政策本身的性质,就是非科学的。尽管这一阶段的政策研究在定量方法和技术方面取得了相当的成就,但政策学科的发展却进入了死胡同。正如药师寺泰藏所总结的"这种粗鲁的公共政策学不可能对推动社会前进、执行具体政策的人产生任何冲击。公共政策学的第一个分水岭就这样脆弱地崩溃了"。②

---

① [日]药师寺泰藏:《公共政策:政治过程》,第33、155页,经济日报出版社,1991。
② [日]药师寺泰藏:《公共政策:政治过程》,第33、155页,经济日报出版社,1991。

60年代中期以后,情况发生了改变,政策学科取得了新的发展。这在相当大的程度上与德罗尔(Yehezkel Dror)贡献是分不开的。从1968年至1971年,他发表了被称为政策科学三部曲的《公共政策制定的再审查》、《政策科学探索》、《政策科学构想》和一批政策科学论文。它们构成了政策科学发展的第二个里程碑。德罗尔批评了拉斯韦尔的过分推崇行为科学方法论的作用,对拉斯威尔的政策范式进行了纠偏和完善,确立了内容丰富的总体政策科学。其主要内容如下:

(1)政策科学的目的在于认识和端正社会发展方向,它所研究的是公共政策的宏观层次。它直接关注的并不是具体政策问题,而是改进政策制定系统的方法和知识。

(2)政策科学必须整合来自各种学科的知识,构成一个集中关注政策制定的跨学科。

(3)政策科学要在纯粹研究与应用研究之间架起桥梁,真实世界构成政策科学的主要实验室,同样在相当程度上还要依赖于抽象理论的建构。

(4)政策科学除了使用常规的研究方法外,还将不证自明的知识和个人经验当作重要的知识来源,将高水平的政策制定者吸收进来作为政策科学建设的合作者。

(5)政策科学不是"价值中立"的科学,它要探索价值内涵、价值一致性、价值成本、价值承诺和选择价值等,一种可操作性的价值理论应作为政策科学的一部分。

(6)政策科学的一个主题与重要方法,是鼓励、激发有组织的创造性,包括价值的创造。

(7)政策科学对时间很敏感,是动态的学科,它既强调历史的发展,又强调未来的方向,以此作为改善政策制定的脉络。政策科学中的基本模式、概念及其方法论,其赖以发展的源泉是社会改革和改革环境中政策过程的变化。

(8)政策科学既对科学中的理性知识在政策过程中的意义进行研究,又承认超理性、非理性过程的重要作用。

但是,从拉斯韦尔到德罗尔,他们都力图建立一个全新的、跨学科的综合的政策学科体系。它的目标过于宏大,也没有明确的学科边界,几乎成了囊括一切知识、凌驾于所有社会科学之上的"科学",结果遭到了不少社会科学家包括政策学家的批评,认为它不是科学。"德罗尔的失败就在于:他试图在统一的公共政策学的旗帜下统帅其他相关学科"。① 于是,一批政策科学的研究者转而抓住拉斯韦尔和德罗尔政策科学中的科学分析方法,加以挖掘运用,形成

---

① [日]药师寺泰藏:《公共政策:政治过程》,张丹译,第33、156页,经济日报出版社,1991。

了一个相对独立的具有明显综合性质的实证性经验性的学科。70年代以后公共政策分析大有喧宾夺主、超越政策科学之势。尤其在实际应用方面,形成这样的信条:未作政策分析,不作政策决定。

半个多世纪以来,经过拉斯维尔、德罗尔和政策分析家们前后相继的努力,政策学作为一个学科真正创立起来,并日臻成熟。政策学在美国及西方世界成为一门"显学",得到迅速的普及和运用,出现了多学科的职业学会,如"公共政策和管理学会"、"社会经济学会"等;出版了数百种政策科学及具体政策研究的刊物,著名的有《政策分析与管理》、《政策科学》、《政策研究》等;主要大学相继建立政策科学或政策分析的硕士、博士学位点,研究型大学还设立公共政策研究院、所、中心;政策分析已经职业化,政策分析家成为官方认可的职业名称,形成了一个知识产业。

人类已经进入了21世纪,对于新世纪的社会发展特征,人们给予种种冠名,从"后工业社会"、"信息社会"到"知识社会"、"网络社会",不一而足。依笔者看来,有三个显著特征将影响包括公共政策在内的政府行为及一切国家的经济、政治、文化和社会生活。一是以信息技术和生物技术为先导的知识经济将大大促进经济的发展,但又将伴随着南北贫富差距拉大的趋势。二是经济发展加上网络技术,将导致经济全球化的浪潮更加迅猛,但也不能改变世界政治多极化的趋势。三是世界性的全方位的改革创新与社会转型,尤其是社会主义中国的崛起将促使世界格局发生极大的改变。这三个显著的特征及其中两种相异力量的较量,将决定各国公共政策的制定和执行、政策学科的研究和发展。

二、政策学的研究对象和学科性质

什么是政策学,它的研究对象和内容是什么?目前学术界还有不同的认识。由于内容界定的不同,政策学也有不少其他称谓,如政策科学、公共政策、政策分析、公共政策分析、政策研究等。我们认为,这些称谓没有本质的区别,都是以公共政策为研究对象,不过其侧重点有所不同。作为一门学科,我们认为,称之为政策学比较能够涵盖上述不同的名称。

政策学是通过对现实公共政策系统和具体政策运行及效果的实证分析,研究公共政策的本质功能和政策过程规律的科学。其目的是提供公共政策的理论知识和分析技术,以优化公共决策体制,提高公共政策质量和执行效果。

政策学是一个学科群,这一学科有四个分支:一是公共政策的基本原理研究,可以称之为政策科学原理。其主要内容是公共政策的本质、特征、功能,政策系统与政策体制、政策过程及其规律要求、政策分析的基本方法等。二是公共政策分析方法研究。我们目前的公共政策分析偏重于此方面,包括政策分析模型、政策过程各阶段的分析方法等。三是公共政策的实证分析,也可以称之为政策研究。这是应用分支,内容包括某一政策问题调研分析、政策建议、政策方案设计、对某项具体政策的分析评估等。四是公共政策比较研究,包括纵向的历史比较、横向的地域政策比较、不同的部门政策比较等。随着学科的研究的深入和拓展,分支学科还会增加。

政策学作为一门新兴的独立的学科,具有以下基本特征:

(1)政策学是一门综合性的、跨学科、重经验、讲悟性的交叉学科。它的研究和运用综合了大量自然科学和社会学科知识和方法,它将传统学科如哲学、经济学、政治学、行政学、社会学、心理学、伦理学、历史学、统计学等和新兴学科如管理学、决策学、领导学、系统论、控制论、信息论、运筹学、计算机技术等融为一体。它提倡以问题和解决过程为中心,而不是以学科为中心的知识产生办法,从而将各种知识(包括理论知识和经验知识、明确知识和隐含知识、理性知识和超理性感悟)熔为一炉,用以改进公共政策系统、提高决策质量。

(2)政策学是一门以行动取向的学科。"政策科学与相关学科的'纯科学'不同,它主要是一门'应用性'科学"。① 它是为改进政策制定系统、提高政策质量的需要而产生的。它的研究对象是实际的政策过程,它的目的和功能是提供政策相关知识,为政策实践服务。因此,政策学不应是纯理论科学或基础研究,应体现理论与实践的高度统一;政策学不应是学者们书斋里的学问,而应在学者和政府官员之间架起相互沟通的桥梁。这是政策学最显著的特征。

(3)政策学是描述性和规范性相统一的学科。事实与价值的分离或追求价值中立性曾在相当长时间内被当作包括政策科学在内的经验科学的目标。这实际上是实证主义不切实际的幻想。政策科学不仅要关心事实,更要关心价值和行动;它不仅是描述的,而且也是规范的。说它是描述的,是因为它要通过对现实政策过程的分析,研究公共政策的本质和规律;说它是规范的,是因为它同时重视价值取向和价值评价,它的一个重要目标是创造和批评有关的公共政策的价值主张,或推荐应该采取的行动过程。这些选择和推荐往往涉及在效率、公平、发展、民主、稳定、正义、自由、安全等价值取向中作出取舍。选择哪一个价值,并不仅仅是一个技术判断问题。因此,公共政策价值观在政策科学中占有极为重要的地位。

(4)政策学是软科学的一个重要分支,所谓的软科学是指那些以阐明现代社会复杂的课题为目的,应用各种相关学科的理论和方法,对包括人和社会在内的广泛对象进行跨学科研究的知识领域。从20世纪初开始尤其是"二战"结束以后,出现了一系列新兴软科学学科,包括人工智能、战略研究、系统分

---

① [美]杰克·普拉诺:《政治学分析词典》,104页,中国社会科学出版社,1986。

析、未来研究、科学学、决策学、领导科学等。政策学已成为软科学的一个重要分支,甚至可以说是当代软科学的核心。因为公共政策影响现代社会生活的各个领域,政策科学渗透在经济、政治、军事、科教、文化等各个层次,它研究着社会生活现状,规划着社会发展前景,决定着人类社会命运。而其他的包括软科学在内的科学知识往往都要通过政策学来影响政策的运行,从而发挥社会作用。政策学的学科地位可以用下图1-1表示:

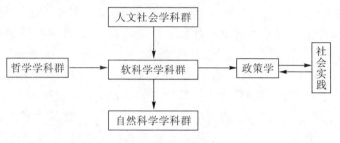

图1-1 政策学的学科地位

三、政策学的中国化探讨

从历史上来说,中国是一个有着悠久历史、灿烂文化的泱泱大国,在政策思想领域,也积累了极其丰富的公共政策理论素材。我们党和国家也特别重视政策,"政策和策略是党的生命"(毛泽东语),在长期的革命和建设实践中,我们形成了一系列具有中国特色的政策理论。但现代政策科学却创立于西方。我国只是到了20世纪80年代才开始接触和引进现代政策科学。

我国政策学的研究和发展与改革开放同步。经过近三十年的努力探索,我国的政策科学研究从无到有、逐步成熟。其一,政策学理论研究取得了可喜的成就。在对西方政策学理论的引进、评介、吸收的基础上,我国学者也出版了大量专著、教材和论文;结合中国政策理论专题研究、实际政策经验的总结等方面取得了积极成果,一批国家或省级政策科学研究项目相继完成;学术交流日趋活跃,一批国外著名政策科学家先后来华讲学,全国性的政策科学研讨会已举行多届。其二,政策科学的学科建设也初具规模。在学术团体方面,已成立了两个全国性的政策科学学会或研究会:即全国政策科学研究会(1992年)和中国政策科学学会(1994年);一些省市也成立了政策科学学会。政策学的专业杂志也已经出现。其三,在教育培训方面,许多党校、高校相继开设政策科学方面的单科或系列课程,一些著名大学已建立了公共政策专业或系,在研究生教育方面,一般的行政管理、公共管理专业都有公共政策方向,公共政策学位点也已有设立。专业学位公共管理硕士(MPA)教育在全国重点高校兴办,公共政策分析成为其专业核心课程。其四,在应用方面,政策科学及政策分析的理论、方法和技术开始被应用到改革开放和经济建设的重大政策、方针的决策和重大工程项目的论证之中,在推进决策科学化民主化方面起到越来越重要的作用。其五,民间的政策研究组织、思想库或智囊团开始发育并发挥作用。

但勿庸讳言,我国的政策学研究、尤其是政策学的中国化还刚刚处在起步阶段。实践中有不少问题亟待解决,理论上有许多薄弱环节亟待加强。在政策学的宣传、普及工作上,政策学的学术价值和现实意义还未被人们充分认识,特别是政策学对于公共决策的科学化、民主化和政治体制、行政体制改革的支撑作用还未被各级政府官员充分认识,甚至有的不知政策学为何物。作为一门需要学者和官员来共同建设的学科,如果它不能引起政界的应有重视,要想迅速发展和取得重大突破是难以想象的。正因为如此,政策学体制化和学科建设组织化方面也远远没有跟上。迄今为止,在国内的大学和社科院系统中,并没有独立的、成规模的政策研究所或研究中心;大学很少有相应的本科专业和独立的研究生学位点;政策科学的基金来源少,出版渠道也不畅通,专门学术杂志寥寥无几。然而,对我国政策科学发展的最大制约还是理论研究本身。固然我们对西方政策科学的理论和方法还需要作进一步深入系统的研究,尤其是对它的最新发展趋势要进行及时跟踪,但更重要的是在此基础上,加强批判、消化、吸收,结合中国的国情,使政策科学中国化,否则政策学科的实践功能不可能有效发挥,当然也就不可能引起人们尤其是官方的重视。尽管近几年已有大批论著问世,但能学贯中西、融会古今、特色鲜明的学术著作却是凤毛麟角,而具有中国特色的政策科学的理论体系更是有待建构。

政策学的中国化和本土化之所以重要甚至迫在眉睫,是因为:

首先,中国是一个发展中的社会主义国家,现在正处于社会转型期,无论是社会性质、历史传统和现实国情都不同于西方,现存的政策学的理论体系、理论观点都是建立在西方社会的经济基础和文化背景上,以其现成的形式不可能发挥指导我国政策运行的实践,必然会水土不服。只有立足于中国国情和政策现实的中国化的、中国人能理解和喜闻乐见的政策学,才能够为政策主体所认可和运用,发挥其提高政策质量、优化政策体制、指导政策运行之功效。否则,只能是书斋里的学问,甚至仅是西方学者的传声筒。

其次,中国本身有悠久的历史和文化传统,并且延绵不绝,其政策思想与政策理论源远流长、博大精深,在政策思想发展史上独树一帜。在现代,我国党和政府又特别重视政策的作用,甚至是政策治国,长期的政策实践积累了丰富的政策经验,形成了独特的政策理论。这些都需要我们去挖掘、整理、提炼、升华,成为现代政策学的重要构成,尤其是中国政策学的主要内容。

再次,中国经过几十年对外国先进的理论、技术的引进、消化、吸收,现已进入自主创新的发展阶段,中国如果不能自主创新,将永远是一个"世界加工车间"。自主创新不仅是科技创新,更重要的是理论创新,这是一切创新的先导,"一个民族想要站在科学的最高峰,就一刻也不能没有理论思维"。① 而理论创新要落实到政策创新,它对我国的科技创新将产生直接的促进作用。

最后,中国经过三十年的改革开放和现代化建设,经济上取得令世人瞩目的成就,中国正在和平崛起。中国的经验和发展模式也即中国的公共政策在国际范围尤其是对发展中国家将产生越来越大的影响以至示范作用。当今的国际竞争除了经济、军事方面之外,重要的方面就是文化竞争,即所谓"软实力"之争。我们面对西方的文化霸权,有责任也有能力去总结中国的政策"范式",使之在当代的政策之林中占有自己的一席之地。这应该是中国政策学者对自己国家的贡献,也是对人类的贡献。

我们认为,政策学的中国化和本土化,即建立有中国特色的政策学必须解决几个基本问题:

其一,要用马克思主义的政策理论指导政策学研究。

西方现代政策科学源自于美国和西欧,其理论深受西方哲学思潮和经济思潮的影响,包括实证主义、实用主义、人本主义、新自由主义、保守主义、公共选择理论等。这些理论当然有它的可取之处。但是,中国是社会主义国家,以马克思主义为指导思想,中国的政策科学当然也应以马克思主义为其理论基础。目前国内主流的政策学者及其论著却自觉不自觉地忽视这一点,虽然也力图结合中国的政策实际,但总是用西方的政策范式来评价取舍,结果是削足适履。

历史的经验值得注意。鸦片战争以后,一代又一代先进的中国人向西方寻求救国救民的真理,但都不能改变中国半殖民地、半封建社会的悲惨命运,先后都失败了。十月革命一声炮响,给中国送来了马克思主义,通过马克思主义中国化的两次飞跃,在中国化的马克思主义指导下,中国从此走向了独立繁荣之路。

在今天中国如何迈向现代化问题上,有的人有意无意地走回了老路,他们一看到研究和宣传马克思主义的文章,就认为不是真学问,而是所谓意识形态,竭尽贬低排斥之能事,而看到宣传西方资产阶级学术文化的文章,就认为是真学问,将其奉作圭臬,当作至宝,真所谓"蝉翼为重,千钧为轻,黄钟毁弃,瓦釜雷鸣"。出现这种情况,主要原因在于:一是其立场观点出了问题,恰恰成为西方资产阶级意识形态的俘虏;二是他既不真懂西方学术,也不真懂马克思主义,由于本身缺乏起码的理论和学术素养,胸无定见,只能人云亦云,如水中

---

① 《马克思恩格斯选集》第3卷,第467页,人民出版社,1972。

浮萍,随波逐流。

事实上,从马克思恩格斯到今天的中国共产党人已经形成了一整套有系统的政策理论,有区别于西方的独特的政策范式,有待于中国的政策学者去总结、提炼。马恩在《共产党宣言》中关于共产党的政策宗旨和目标的论述,对巴黎公社斗争策略的总结,在《哥达纲领批判》中对社会主义经济政策的设想,列宁在十月革命前后对无产阶级政党政策策略的制定及成功实践,在"新经济政策"时期的政策转型等,无一不包含着深刻而精湛的政策理论。毛泽东在长期领导中国革命和建设的实践中,将马克思主义的政策理论中国化,融合中国古代政策思想,形成独具特色的中国共产党人的政策理论。他的"政策和策略是党的生命"的精辟论断,他的实事求是的政策路线,他的把广大人民群众的根本利益作为一切政策的出发点和归宿的政策宗旨,他的调查研究、分析矛盾的政策方法,他的"去粗取精、去伪存真、由此及彼、由表及里"的政策思维路径,他的将当前利益和长远利益相结合、既要防左又要防右、在战略上藐视敌人在战术上重视敌人、利用矛盾争取多数孤立少数、有理有利有节、坚持原则性与灵活性统一、发挥中央和地方两个积极性等一系列政策运行艺术,形成了不同于西方的政策范式,构成了自己的政策学理论框架,现在仍然在指导着中国的政策运行。改革开放的三十年,从邓小平到胡锦涛,运用和发展马克思主义的政策理论,形成了中国特色的社会主义理论体系及政策体系,解决了什么是社会主义、如何建设社会主义、建设什么样的党、如何建设党、什么是发展、如何科学发展等基本政策问题,提出了一系列新的政策理论,比如以人为本代表最广大人民群众根本利益的政策宗旨,讲求实效给人民以看得见的物质利益的政策目标,以人民满意不满意、赞成不赞成、支持不支持为政策依归,检验政策正确与否的生产力标准,政策运行科学化和民主化的途径,依法制定政策执行政策的原则,全面协调可持续发展的政策制定要求,等等。

政策科学的中国化就是要以今天中国发展了的马克思主义——建设有中国特色的社会主义理论体系为指导,从中国改革开放和现代化建设的一系列政策的实证研究中去总结、提升,建构中国特色的政策学体系。

其二,要立足于中国国情进行政策学研究。

政策学科的中国化当然要立足于中国国情,中国无论在历史传统、社会性质、社会结构、发展阶段上都不同于西方。从政策学角度研究中国国情,其着眼点是政策系统及其构成、政策系统运行及其基本原则,这是在公共政策方面一个国家区别于另一个国家的根本所在。西方的政策学理论之所以在中国水土不服,就在于它不适合我国政策系统及其运行机制。中国化的政策学应当是与中国的社会性质、社会结构相一致,尤其是与政策系统及运行机制相吻合,庶几才能在政策实践中发挥功效,同时促进政策体制的优化、政策质量的提高、政策执行的有效。

比如在政策主体系统方面,中国和西方有着根本的区别。西方基本是立法、行政、司法三权分立,利益团体数目庞大,影响也较大。但中国不同,中国各级政权虽有党委、政府、人大、政协和司法机关等,但它们不是平行的,中国共产党居领导地位,绝大部分公共政策都是首先由党的领导机关提出,然后交由人大审议,与政协协商,由政府执行。中国虽有社会团体和群众组织,共产党和它们的关系不是分权关系、竞争关系,而是领导与被领导的关系。在这种情况下,利益团体、群众组织的对公共政策的参与途径不同,影响程度也不同。中国的根本政治制度是人民代表大会制度。人民代表大会是最高权力机关,也是最高的政策决策主体,但人大的政策运作机制不同于西方的议会。在政党制度上,中国实行的既不是一党制,也不是西方那种多党制,中国政党没有在朝在野之分,没有执政党反对党之争,而是以共产党为执政党、其他党派为参政党的政治协商制度。公众对政策的参与渠道也与西方不同,中国公众参与的形式主要是间接方式,即通过自己的代表参与政策的制定,监督政策的执行。同时参与的方式也有自己的特色,诸如信访、热线等。政策主体结构的这些特点必然形成独特的政策运行机制。

又如,在公共政策的决策模式上,美国的政府架构三权分立,鼓励社会多元化和各种经济、社会力量的公平竞争,利益团体每年花费巨额钱财,在白宫和国会内进行游说,使政府和国会制定出对他们本行业、本团体有利的政策。美国政府的政策制定取决于利益集团的压力,利益团体的竞争、谈判、妥协、订约是制定政策的主要方式。这称之为"团体决策模式"。与之不同的是,中国采用的是"系统决策模式",也即公共政策由党和政府的机关和官员通过调查研究,听取公众意见,咨询专家建议,确定政策议程,然后由政府相关部门、中央和地方相互协商,提出政策方案,根据政策层次交由政府决定、党委决定或人大审议决定。

中国政策体制的特点还可以总结出一些,这将在后面做专门分析。应该说,这种政策主体结构及运行机制是符合中国国情的,是有效的,是中国式的社会主义民主的体现。

中国的学科研究无疑必须从这些特点出发,形成符合中国现实和未来、适应中国政策制定和执行的理论体系。这样的政策学才能体现本学科的特征,即理论和实践相统一、学者和官员相结合。

其三,要以现实问题为中心推进政策学研究。

理论在一个国家的实现程度,取决于这个国家对理论的需要程度。推进中国政策学的研究发展创新,必须凸显问题意识,以解决现实问题为中心,这种理论才是人们所需要的、实践所需要的,否则,政策学只能是学者书斋里的学问,违背了政策学研究的初衷。纵观人类学术思想史,可以发现,每一次大的学术创新与发展,都是建立在对社会生活中出现的实际问题进行深入思考、合理解决的基础之上的。18世纪中国的思想大师袁枚曾经说过:"学问之道,当识其大者。"所谓"大者",就是社会生活中重大的现实问题。对社会现实中的重大问题进行理论研究,并提出解决问题的思路和对策,从来都是学术发展的源泉,更是政策学科发展的的基本途径。

　　问题不是意识的外化和主观的认定,问题根源于现实的矛盾。我国国民经济迅速发展,人均国民生产总值已超过2000美元。历史经验表明,这个时期既是我国发展的的重大历史机遇期,也是矛盾多发期。经济上,我们虽然取得了几十年的快速增长,成就令世人瞩目,但经济增长方式还是粗放型的,高消耗、高污染、低效益,我国的资源甚至全球的资源都不能维持我国的这种增长,环境污染不仅恶化了我国的生存与发展条件,而且影响全世界。几十年来的经济增长,主要是建立在出口导向和投资导向上,这种导向不但使国内问题丛生,而且国际经贸摩擦日益增加。经济增长方式和发展模式非转换不可。就社会问题而言,市场经济改革促进效率提高和经济发展,这是有目共睹的,但也带来诸多社会矛盾,集中体现在公平问题上,地域之间、城乡之间、行业之间、收入分配之间的差距越来越大,基尼系数已远远超过警戒线。这些问题不解决,社会稳定和谐的基础就会动摇。在政治上,公共权力的腐败引起人们的极大义愤和中央的极大担忧。它是我国社会肌体上的一个毒瘤,是社会发展的极大障碍。人们已经认识到,腐败的蔓延和不能得到有效遏制,关键是体制问题,尤其是政治体制、政策体制和行政体制。如何推进政治体制改革、政策体制和行政体制改革,是新世纪中国面临的重大课题。文化方面,一方面西方借助其强大的"软实力",推行文化霸权,总想改变我国的社会性质,扭转我国的发展道路,千方百计阻碍中国的"和平崛起"。另一方面,我们的文化创新,包括技术创新、理论创新等才刚刚破题,如何通过文化创新,建构起既传承优秀的文化传统、又体现时代精神的中国文化体系,抵御西方的"文化侵略",壮大自身的"软实力",也是我们目前必须承担的历史任务。

　　中国特色社会主义理论体系的构建,尤其是科学发展观的提出和实践,为我们分析和解决上述重大的现实问题提供了正确的指导。准确把握和探索解决时代与实践提出的重大问题,已经成为当代中国政策学者义不容辞的历史使命。当代中国政策研究必须勇敢地站在时代的最前沿,自觉地将探索的目光投向当前最须解决的重大事件问题、投向党中央以及广大人民群众最关注的重大现实问题,投向中华民族伟大复兴所面临的政策学科的基础性课题,为推动社会进步提供科学的解决方案。

　　其四,要正确处理古今中外的关系。

虽然现代政策科学产生于西方,但并非中国就没有政策思想和政策研究,中国的历代统治者都极为重视政策,留下大量的治国安邦方略。在几千年的中国文明思想宝库中,政策思想就是其中重要的组成部分。有的教科书将我国古代的政策思想归纳为:(1)"世异则事异,事异则备变"的政策前提;(2)以民为本、政在得民的仁政德治原则;(3)"惠民"、"养民"、"富民"的政策传统;(4)重农抑商的政策主张;(5)"不患寡而患不均"的政策倾向;(6)无为而治的政策构想。①

这些思想虽然还构不成中国的政策理论体系,更谈不上现代政策科学,而且还是鱼龙混杂、精芜杂见,但是我国现实的政策运行却屡屡显现这些历史的文化积淀。中国的政策研究理所当然要对从孔子到孙中山的这些政策思想进行取其精华、弃其糟粕的批判继承。

然而,现代政策科学毕竟起源于西方,它是现代市场经济和民主政治的产物。中国要走向现代化仅靠自己老祖宗的政策思想是不管用的。大胆借鉴吸收包括现代政策科学在内的科学理论、方法、技术是中国现代化的必由之路。这个道理现已成为国人共识。尤其是在促进中国公共政策的科学化、民主化、法制化,提高各级政府及官员的现代政策素质和决策水平方面,我们离不开现代政策科学。现在中国最大的问题不是在于应该引进西方先进的公共政策理论,而是如何使这些理论本土化,并迅速而有效地普及这些先进的公共政策理论,使得各级掌握实权的政府领导,能够学习、掌握并根据当时当地的实际情况,把这些理论运用到各级政府决策的实践中去。

在如何正确对待古代的政策思想遗产和现代西方的政策理论问题上,目前有几种倾向值得关注。

一是历史虚无主义倾向。历史虚无主义以虚无主义态度贬低传统、歪曲历史,把传统文明向现代文明的过渡看成是彻底的断裂,否定历史发展的内在逻辑。一讲政策科学,言必称美欧,轻率地否定中国自身的政策传统和政策思想,甚至我党丰富的政策实践及其理论都不入他们的"法眼"。

二是保守主义的儒学复归倾向。他们寻求的不是对自身传统文化的"自知之明",而是一种势头很猛的夸张的复旧,其中尤有甚者,宣扬"圣贤是文化之本,文化由历代圣贤创造",认为"五四"不该反孔,中国100年近代史都错了,走的都是所谓"文化歧出、似夷变夏"的路;宣扬尊孔读经,甚至主张"把儒教重新定为国教,建立一个儒教社会"。这是一种倒退复古、明显排外的倾向,当然是不足取的。

三是自由主义的全盘西化论。对西方理论不加反思地接受,把本土资源

---

① 参见桑玉成、刘百鸣:《公共政策学导论》,复旦大学出版社,1990。

作为论证西方理论、实现西方社会思想的工具，无视西方学者已经深刻揭示的现代化危机等。事实上，一种民族的文化传统和文化惯性是在血液里流淌的，学习外来经验不可能如同电脑更新数据一样把植根于自身传统的文化观念彻底覆盖，这是西方文化在中国水土不服的深层原因。

事实上，在对待文化的问题上，毛泽东早已给我们确立了一个基本的立场："古为今用"、"洋为中用"。他指出，中国的长期封建社会，创造了灿烂的古代文化。清理古代文化的发展过程，剔除其封建性的糟粕，吸收其民主性的精华，是发展民族新文化、提高民族自信心的必要条件；但是绝不能无批判地兼收并蓄。同时，中国应该大量吸收外国的进步文化作为自己文化食粮的原料，但是一切外国的东西，如同我们对于食物一样，必须经过自己的口腔咀嚼和胃肠运动，送进唾液、胃液、肠液，把它分解为精华和糟粕两部分，然后排泄其糟粕，吸收其精华，才能对我们的身体有益，绝不能生吞活剥地、毫无批判地吸收。从20世纪40年代毛泽东提出新民主主义论，到当代的建设有中国特色社会主义理论，一直到胡锦涛提出的科学发展观和和谐社会理论，中国共产党人一直高举着马克思主义综合创新论的文化大旗，代表着中国文化现代化的正确方向。

以此指导中国政策学科的研究，就必须立足于中国的国情，以马克思主义政策理论为指导，以中国改革开放和发展的重大问题为中心，将中国的政策理论传统和现代西方政策科学融会贯通，这就是政策学科的中国化，也是政策学科的真正创新。这样的政策学对中国的公共政策才是有意义的。

第二章 政策系统

政策系统可以从两个角度加以把握,一是指政策运行过程中的构成要素及其动态结构。从系统分析方法看,政策系统是政策运行的基础,是研究公共政策过程的前提。按某些西方学者的观点,政策系统是"政策制定过程所包含一整套相互联系的因素,包括公共机构、政策制度、政府官僚机构以及社会总体的法律和价值观"[①]。我国有学者把政策系统界定为"由政策的主体、政策客体及政策环境和相互作用而构成的社会政治系统"[②]。我们认为,政策系统由三大基本要素构成,它们是政策主体、政策客体和政策环境。这三大要素稳定的相互联系、相互作用,形成了政策运行系统的总体结构。二是政策本身的类型体系,即政策系统运行主要是政策制定的结果。它包括纵向纬度的各项政策、横向纬度的各项政策、时间纬度上的各项政策,它们相互联系、相互衔接,形成完整的政策网络。

第一节 政策系统的构成要素

政策系统由三大基本要素构成,它们是政策主体、政策客体和政策环境。这三大要素稳定的相互联系、相互作用,形成了政策运行系统的总体结构。政策工具就是政策目标与结果之间、政策主体与客体之间传递相互作用的中介。

一、政策主体

政策主体是指直接或间接地参与公共政策全过程的个人、团体或组织。政策主体不仅参与和影响政策的制定,而且在政策的执行、评估和监控等环节都发挥着积极的能动作用。

根据不同的组织和个人在政策运行中的作用,有学者把政策主体分为体制内和体制外两种。

---

① [美]E·R·克鲁斯克等:《公共政策词典》,第26页,上海远东出版社,1992。
② 陈振明:《政策科学》,第34页,中国人民大学出版社,1997。

(一)体制内主体

体制内主体大致等同于安德森所说的官方决策者,基本上由执政党、立法机关、行政机关等构成。

1. 政党

政党,尤其是执政党,是政策主体中的核心力量。公共政策在很大程度上可以视为执政党的政策。现代国家大多通过政党实现政治统治。政党是阶级或阶层利益的代表,政党总是把自己所代表的阶级或阶层的利益和要求转变为可供选择的政策方案,通过国家的强制力量在全社会实施。

在西方多党制的政治制度下,政党一般与权力直接相联,而与政策是一种间接关系。也就是说,政党必须首先在大选中获胜,取得政权,然后才能将自己的政策主张通过自己的议员和组织的政府转变为国家政策。政党自身的主张不能直接成为国家政策。

在我国,共产党是政府系统的领导核心,左右着政府运行过程,主导着公共政策的制定。这首先体现在它对国家的政治领导上。党的政治领导包括党对政治原则、政治方向和重大政策的领导。凡涉及国家和社会发展的根本原则、基本路线、重大方针和各个领域的重要决策,都是首先由党制定和提出的。党在提出各项方针政策后,要由国家立法机关和行政机关据此制定国家法律和政策,使党的意志通过法定程序变为国家意志。为保证党的路线方针和政策能切实通过法定程序变为国家意志并得到贯彻执行,党还决定和影响各级政府机关的人事任免,推举共产党员执掌国家各级机关的重要权力,实现组织上的领导。同时,党还确立自己的指导思想在国家意识形态中的主导地位,通过宣传、教育和思想政治工作,宣传党的路线、方针和政策,实现思想上的领导。政治领导、组织领导和思想领导体现了中国共产党作为执政党在公共政策过程中发挥的作用及实现方式。正因为如此,在我国的政策运行过程中极易形成党政不分、以党代政的局面,在政策运行中如何科学划分党政职能,如何处理党与政府、党与人大的关系,是我国政治体制改革、政策体制改革的一个绕不开的课题。

我国实行的是中国共产党领导下的多党合作和政治协商制度。共产党和八个民主党派的关系是执政党和参政党的关系。民主党派作为参政党,主要是通过参加政治协商会议等方式,从政治协商和民主监督两个方面参与国家政策的制定。

2. 立法机关

立法机关是公共政策主体最重要的构成要素之一,其主要职责是立法,即履行制定法律和政策的职能。立法机关在西方主要指议会、国会、代表大会一类的国家立法机构,在我国则指全国及地方各级人民代表大会及其常务委员会。由于政治体制的不同,各国的立法机关在政策过程中扮演的角色、所起的作用不尽相同。

在西方尤其是美国,各个层次的立法机关通常能够独立地行使立法权。美国国会在税收、人权、社会福利、消费者保护、经济规制和环境保护等政策制定上发挥着决定性作用。①

我国实行议行合一的政治体制,各级人民代表大会及其常务委员会不仅是立法机构,而且是国家和地方的最高权力机构。宪法规定,中华人民共和国的一切权力属于人民,人民行使国家权力的机关是全国人民代表大会和地方各级人民代表大会。它制定的法律和政策具有最高效力,行政、司法机关制定的政策一旦与全国人大制定的法律、政策相抵触,全国人大有权对其进行修正或将其撤销。

宪法规定,全国人大具有立法权、决定权、任免权和监督权等职权。我国的立法权是统一的,只属于全国人大及其常委会。国务院、省级人大、民族自治地方人大和较大的市的人大虽有立法活动,但它们都没有独立的立法权,其立法工作只是全国人大立法工作的一部分。决定权的表现形式就是决议、决定、命令、条例等的制定和颁行,可以用来解决国家和地区内重大政策性问题和急需解决的社会问题。

3. 行政机关

行政机关是贯彻执行国家的法律和政策,管理国家的内政、外交等行政事务的机关,它掌握国家行政权力,运用公共政策对社会公共事务进行管理,是立法机关确定的国家意志的执行者。在西方国家,随着行政权力的不断扩张,行政机关在政策制定过程中的地位和作用越来越突出,出现了所谓"行政国家"。所以,行政机关在政策运行中往往起着关键性的作用。

我国国家行政机关是指国务院及其组成部门和地方各级人民政府,它们是国家权力机关的执行机关,行使国家行政权。国务院作为最高行政机关,统一领导全国地方各级行政机关的工作,规定中央和省、自治区、直辖市的国家行政机关职权的具体划分,以及其他能够影响全国所有地方政府和居民的政策和措施。国务院作为中央政府,其权力主要包括行政立法权、法律提案权、授权立法权、行政管理权、经济管理权、社会管理权、外交管理权等。在我国,按照法律规定,各级地方政府在国务院统一领导下,负责管理地方的政治、经济、社会、文化等各个方面的工作;在地方政府的省(自治区、直辖市)、市、县、乡四个层级中,省、市、县三级政府的管理范围,特别是事权的范围,除军事、外

---

① 但我们不能因此认为立法机关具有完全独立的决策地位。如在国防和外交政策方面,总统比国会拥有更大的权力。

交和戒严外，基本上与中央政府相似；政府部门也基本上与中央政府部门对应设置。

此外，作为国家政权组成部分的司法机关，在公共决策过程中也占有重要的一席之地，它也是政策主体的构成因素之一。司法机关（法院、检察院）能通过司法审查权和法令解释权对公共政策的内容和性质产生重要影响，通过判例对经济和社会政策产生影响。法院不仅影响政策制定，而且对政策的合法性进行裁决，建议采取相应的行为，以更符合宪法和法律的要求。从目前我国实际情况来看，司法机关的作用更多地表现在政策执行和监督方面，并没有真正成为政策制定的主体。[①]

(二)体制外主体

体制外主体包括公民、利益集团、大众传媒以及政策研究咨询组织等。它们作为体制外的力量，通过游说向体制内决策者施加压力，从而影响公共政策运行过程。

1. 公民

公民或选民是公共政策主体的一个重要组成部分。公民通过各种政治参与途径，影响或制约公共政策的制定与执行。在不同的政治体制下，公民作用于公共政策过程的方式、效果不同。

在西方国家，公民参与政策过程的方式主要包括投票选举、全民公决、听证会、示威游行、罢工等。具体来讲，公民以主权者的身份，通过直接投票的方式决定某些重大的决策问题，直接行使个人的权利；通过代议形式，推举代表参与政策制定，间接行使个人权利；使用威胁手段，如参加请愿、游行、示威、罢工等活动，反对某项政策的出台，迫使政府废止或修改这一政策；通过社会舆论或进行多方游说等手段，提出政策诉求，影响政策导向；以个人的知识活动为政策制定者提供实证依据或理论指导。

在我国社会主义民主政治制度下，人民群众是国家的主人，"人民依照法律规定，通过各种途径和形式，管理国家事务，管理经济和文化事业，管理社会事务"（《中华人民共和国宪法》）。他们在政策运行过程中理所当然地起着重要的基础性作用。一方面，人民群众越来越多地通过各种渠道和方法参与公共政策制定、执行、评估、监控和公共事务的管理；另一方面，党和政府遵循"从群众中来、到群众中去"的政策路线，在制定和执行政策时反映社情民意，代表群众利益。

2. 利益集团

利益集团是体制外政策主体的重要构成要素。它是指"因兴趣或利益而

[①] 陈庆云：《公共政策分析》，第71页，北京大学出版社，2006。

联系在一起,并意识到这些共同利益的人的组合",①而它们实现共同利益的主要方式就是对公共政策的制定和执行施加影响。

由于各国的社会、政治、经济和历史文化传统等方面具体情况的不同,利益集团的数量、成熟度、合法化、被认可度、组成方式等对政府决策的影响力是有区别的。在西方发达市场经济国家,利益集团是最主要的社会组织形式之一,利益集团之间的争斗成为西方国家政治生活中的一项重要内容。它们利用游说、宣传、捐款、抗议等各种手段和方法影响公共政策的制定和执行。在某种程度上,公共政策可以看作利益集团之间的互动、争斗和妥协的过程。

在我国,随着市场经济体制的建立和完善以及利益多元化格局的出现,各种利益集团也将进一步形成和发展,成为一种重要的社会力量,并将对政府的公共政策产生日益重要的影响。如何充分培育并发挥利益集团的积极作用,限制它们的消极作用,将是我国公共决策过程中面临和必须认真加以处理的新问题。

3. 大众传媒

大众传播媒介主要包括广播、报纸、电视、书刊、网络等传播工具。在现代社会,大众传媒是公众获取信息的主要来源,对公共政策运行过程有非常重要的影响。大众传媒的作用主要体现在以下两个方面:一是传播公共政策信息,实现政府与大众的双向沟通。大众传媒可以将政府的政策意图自上而下地迅速、及时、广泛、有效地告知公众,同时也可以把民情民意自下而上地反馈给政策制定者,为公共政策的制定和调整提供客观依据。大众传媒是实现政府与公众双向沟通的重要媒介,为公众参与公共政策的制定提供了途径。二是引导社会舆论,影响公共政策议程的设置。大众传媒可以通过自己带有倾向性的报道和对新闻事件的分析、解释,引导和控制公众舆论的焦点和走向,使人们按照大众传媒给每个问题确定的重要性次序来分配自己的注意力。大众传媒通过影响和引导社会舆论,从而影响政府公共政策议程的设置。

4. 现代政策研究咨询组织

现代政策研究咨询组织又称思想库(think tank)或脑库(brain trust),是体制外政策主体非常重要的构成要素,例如,美国的胡佛研究所、兰德公司,日本的野村研究所,法国经济和社会委员会,伦敦国际战略研究所等。在现代社会,决策问题日益复杂,决策难度不断增大,决策的影响难以确定清楚,这对公共政策的质量提出了越来越高的要求。现代科学决策离不开政策咨询,政策研究机构的崛起,代表了未来决策的发展趋势。

---

① [美]加布里埃尔·阿尔蒙德等:《比较政治学:体系、过程和政策》,第200页,上海译文出版社,1987。

思想库是由各种专家、学者组成的跨学科的综合性的政策研究和政策咨询组织，其主要工作是进行综合性的政策理论研究、政策规划、政策设计、政策分析、政策评估等，帮助国家机关和社会机构进行决策，以提高公共政策质量。一个国家，思想库的数量和作用程度是衡量其政策科学化水平高低的重要尺度。[①]

西方国家的政策研究咨询组织自第二次世界大战后一直发展到今天，已经形成了完善的组织体系、合理的工作方式、科学的分析方法，已与政府甚至私人部门形成了良好的相互依赖及合作关系，所以在西方，思想库有"第五种权力"之称。[②]

我国自改革开放以来，现代政策研究咨询组织迅速发展，成为我国政策主体的一个重要组成部分。它们包括隶属于党委和政府的纯行政性的政策研究室、科研机构和学校设立的学术性政策研究组织以及民间政策研究组织等。然而，由于起步较晚等诸多原因，我国的思想库无论是数量、研究水平和功能发挥等方面都需进一步发展。

二、政策客体

公共政策客体是指公共政策指向的对象，既包括公共政策致力于解决的社会问题和政策问题，也包括公共政策所要规范的行为者及其所组成的公共政策目标团体。

1. 社会问题

所谓问题是客观存在的不足与主观认定的需求两者的统一，是现有状态与期望状态之间的差距。人们在生活中无时无刻不面临着各种问题，而在这些问题中，有些只涉及个人的纯粹私人问题，有些则是对社会中大多数人产生影响的社会问题。

社会问题通常泛指社会的实际状态与社会期望之间的差距。这种差距往往会导致社会某种紧张状态。当社会中一些人对社会中的某一方面表现出焦虑和不满，或提出一定主张、采取一定行为时，就说明发生了社会问题。制定政策的初衷，就是为了克服或消除社会的实际状态与社会期望之间的差距。

社会问题、公共问题和公共政策问题是一组含义较为接近的概念，容易造成混淆。其中，社会问题是外延最广的概念，是与私人问题相对应的。一般来说，仅涉及某个人的期望与实际状态之间的差距问题无疑是私人问题，当许多

[①] 吴元其：《公共决策体制与政策分析》，第42页，国家行政学院出版社，2003。
[②] 有人把西方国家中媒体的影响力称为立法、行政、司法三种权力之外的第四种权力，而思想库便可称为第五种权力。

人的期望与实际状态之间产生差距时,问题就超出了私人的界限,从而演变为社会问题。当问题超出了当事人的范围,影响波及非直接相关的群体,受到社会公众普遍关注时,问题就转变成公共问题。在现代社会,政府所面临的公共问题非常多,并不是所有的公共问题都能够进入政府的议事日程,只有那些被摆上议事日程并加以处理的问题才是公共政策问题。

公共政策的制定即是沿着问题——社会问题——公共问题——公共政策问题这条路线发展演化的。在政府决策者看来,并非所有的问题都需要政府来解决。有些问题可以通过民间渠道来处理,比如非营利组织(NPO)在环境保护、消灭贫困等方面能发挥积极的作用;有些问题过于复杂,政府暂时无力解决;有些问题已经成为历史,已无解决必要;当然,也不能排除政府出于某种考虑,对某些问题采取漠视的消极态度的可能。

社会问题数量庞大、种类繁多,而且各种问题相互交织在一起。因此,如何加以分类也是一个非常重要的问题。国内外学者已对此作了不少有益的探索。如有学者把社会问题分为实质性和程序性两种,也有人把社会问题分为内政问题和外交问题。我们主张从一般意义上来划分政策问题,即按社会生活的领域将社会问题划分为:政治领域问题,包括政治体制、机构、外交、军事、行政、民族、阶级等方面的问题;经济领域的问题,如生产、流通、分配、消费等生产过程诸环节的问题,或者财税、金融、产业等方面的问题;社会(狭义)领域的问题,如环保、人口、福利、治安等方面的问题;文化领域的问题,包括科技、教育、文化、卫生等方面的问题。①

2. 目标群体

社会问题是由社会成员的行为所导致的,解决社会问题要通过调整和规范社会成员的行为来达到,所以公共政策发生作用的直接对象是社会成员,而这些受公共政策规范和制约的社会成员就是目标团体(target group)。

人们在社会生产和生活中存在着各式各样的、错综复杂的关系,其中最基本的是利益关系。由于社会地位和社会分工的不同,人们对利益的诉求在性质、层次上存在着很大差别。这些不同的利益诉求相互影响、碰撞和摩擦,从而产生了各种利益冲突和矛盾,它们可能发生在个人之间、个人与群体之间、群体与群体之间。公共政策所要调整和规范的对象就是具有不同性质的利益诉求的社会成员之间的关系。公共政策制定的根本目标就是如何处理好具有全社会分享性成员之间的公共利益、具有组织分享性的共同利益和具有私人独享性的个人利益三者间的关系,实现这三种利益的和谐。

在公共政策制定与执行中,目标群体的态度对于公共政策能否达到其预

---

① 陈庆云:《公共政策分析》,第76页,北京大学出版社,2006。

期目标有着重要影响。公共政策问题能否解决,政策目标能否实现,并不仅仅是政策制定者和政策执行者的一厢情愿,目标群体理解、接受、遵从公共政策的过程是决定政策有效性的关键因素之一。因此,对政策制定者而言,尽力了解政策所发生作用的社会问题的性质和特点,了解目标群体的需要、利益和心态,了解目标群体对政策问题的看法和意见,才能制定适应具体情况、能被人民群众所普遍接受或被多数人所理解的政策,收到预期的政策效果。

三、政策环境

公共政策是对社会环境的回应,受到自然和社会的各种因素的影响和制约。离开了公共政策环境,就不可能对其进行研究和分析。所谓公共政策环境,是指影响公共政策产生、存在和发展的一切因素的总和。

国外学者分别从不同角度对政策环境进行了分类。如安德森认为政策环境包括地理因素、人口变量、政治文化、社会结构和经济体制。管理学家卡斯特和罗森茨韦克把组织环境划分为一般环境和工作环境。①

政策的一般环境指作用和影响公共政策的所有外部因素的总和,一般包括自然地理环境、经济环境、政治环境、历史文化环境和国际环境等。政策系统的工作环境则是一般环境中的不同部分在特定时间点上的聚合。

在政策环境的诸多因素中,以经济环境、政治法治环境、社会文化环境和国际环境四个方面最为重要。

(一)经济环境

经济环境是对公共政策系统具有重要影响的各种经济因素的总和。它包括生产力性质、结构,生产资料所有制的形式、经济结构、经济体制、经济总量等。这些经济因素对政策系统的影响表现为:

首先,经济状况是一国或地区政策制定的基本出发点。公共政策系统不可能超越经济环境所提供的物质条件和要求。公共政策系统只能对经济资源的存量进行科学合理的配置,而绝不可能超越配置。同时,政策系统对存量资源的配置也不可能脱离经济制度或经济体制框架,否则必然引起经济制度或经济体制的反弹。

其次,经济环境提供了政策系统运行所必须的资源。公共政策的制定、执行、评估、监控等活动都需消耗一定的人力、物力、财力信息等资源。资源的有限性决定了政策系统总要受经济规模总量、经济实力的限制。

再次,经济环境影响公共政策系统的经济目标取向。在现代公共政策中,

---

① [美]弗里蒙特·卡斯特、詹姆斯·罗森茨韦克:《组织与管理》,第154页,中国社会科学出版社,1985。

经济政策占主导地位。公共政策主体不可能仅凭自己的主观愿望制定和推行某项政策,而必须将特定时期的经济状况、经济利益矛盾、经济资源分配等因素作为制定和执行某项经济政策的基本依据,由此决定了公共政策不同的经济目标取向。

(二)政治法治环境

政治法治环境是指对政策系统的生存、发展与运行产生重要影响的所有实际或潜在的政治状态与法治状态,前者包括政治制度、政治体制、政治结构、政治关系、国家与社会的关系状况等;后者包括法律体系、法律机构、执法状况、社会治安等。政治法治环境对政策系统的影响表现为:

首先,政治法治环境影响政策系统的性质。政策系统的行为者是阶级、阶层、政党或利益集团等,它们是在一定政治结构和法治条件下运行,它们与公共权力的关系决定了政策系统的性质。

其次,政治法治环境影响政策系统的民主化程度。政治生活的核心问题是政治民主化。政策系统内部如果缺乏政策体制内和体制外主体之间的良性互动,它就会成为封闭的、具有专制性质的政策系统。

再次,政治法治环境影响政策系统的合法性程度。公共政策的合法化程度既取决于政策系统的法治状况,也取决于完善的法治环境。即使政策系统法制化程度高,但如缺乏完善的法治环境,公共政策在实施中则必然发生扭曲。①

(三)社会文化环境

社会文化环境是对公共政策系统具有重要影响的社会文化状况,包括人口规模、性别与年龄比例、地区和民族分布、社会道德风尚、国民受教育程度、科技人才储备等。社会文化环境对人类活动的影响和制约作用是长期的、潜移默化的,主要体现在:

首先,社会文化环境影响公共政策系统运行所需的智力条件。一个教育、文化、科技比较发达的社会,能够为公共政策系统运行的各个环节配备高素质的人才,提供各种现代科技手段,从而提高政策系统的运行效率。

其次,社会文化环境影响公共政策系统运行的伦理和心理条件。如果一个社会具有良好的道德伦理传统,政策的制定者和执行者具有正义感和责任感,政策目标群体具有良好的心理素质,政策系统运行起来就比较顺畅,摩擦较少。

(四)国际环境

作为政策系统外部环境的国际环境既包括全球范围内政治、经济、文化发展演变的共同趋势、全球秩序及相应的规则,也包括了对一个国家或地区的生

---

① 宁骚:《公共政策学》,第244页,高等教育出版社,2003。

存与发展产生影响的,由国家间、国际组织间的竞争、合作与冲突而形成的具有一定稳定性的政治、经济、文化关系。国际环境对公共政策的影响表现在：

首先,国际环境影响公共政策系统的价值选择。当今世界和平与发展的主题要求政策系统将注意力集中到经济建设上去,特别是对于发展中国家而言,"发展是硬道理",应利用稳定的国际环境加快本国社会发展,推进现代化。同时,国际社会对可持续发展的关注,使得一个国家的经济政策必须以经济发展与自然资源的统筹一致为其价值取向。

其次,国际环境影响公共政策系统的参照系选择。全球化趋势要求一个国家或地区的政策系统与其他国家或地区开展竞争与合作。政策系统之间的这种交流为一国政策目标的定位和手段选择提供了参照系。

再次,国际环境影响公共政策系统的性质。国际组织、跨国公司直接或间接地参与一个国家或地区的政策制定与执行,使其在某些领域丧失了部分决策权。

四、政策工具

政策工具是政府治理的手段和途径,是政策目标与结果之间的桥梁,是政策主体作用于政策客体的中介。在执行政策时,选用何种政策工具以及用哪一标准来评价该政策工具的效果,对政府能否达成既定政策目标具有决定性影响。

关于政策工具的内涵,国内外学者从不同角度进行了阐释。如欧文·E·休斯将公共政策定义为:"政府的行为方式,以及通过某种途径用以调解政府行为的机制。"[1]中国学者张成福则把政策工具定义为:"政府将其实质目标转化为具体行动的路径和机制。"[2]

综合国内外学者的若干定义,我们认为,政策工具是政策主体为解决某一社会问题,作用于政策课题,达成一定的政策目标而采用的具体手段和方式。[3]

不同的政策背景和环境要求政策制定和执行者选择合适的工具以实现政策目标,因此对政策工具的分类显得尤为重要。中国学者陈振明将政策工具分成市场化工具、工商管理技术和社会化手段三种类型,[4]加拿大学者霍莱特和拉梅什则将政策工具划分成自愿性工具、混合性工具和强制性工具三种。[5]关于这些政策工具的性质和功能后面我们将专章论述。

---

[1] [澳]欧文·E·休斯:《公共管理导论》(第二版),第99页,中国人民大学出版社,2001。
[2] 张成福、党秀云:《公共管理学》,第62页,中国人民大学出版社,2001。
[3] 陈振明:《公共政策分析》,第147页,中国人民大学出版社,2003。
[4] 陈振明:《公共政策分析》,第153~166页,中国人民大学出版社,2003。
[5] Michael Howlett and M·Ramesh, Studying Public Policy: Policy Cycles and Policy Subsystems. Oxford University,1995,P.85.

第二节 政策系统结构及运行

政策系统结构就是政策主体、政策客体与政策环境相互作用的稳定方式，它是由信息、咨询、决断、执行和监控等子系统所构成的一个有机大系统。政策系统的运行就是政策主体、客体与环境相互作用的过程，表现为政策制定、执行、评估、监控和终结等环节所组成的相互衔接过程。

一、政策主体、客体与环境的相互关系

1. 政策主体与客体的关系

当某一政策系统建立起来时，政策主体和客体就成为该系统两个相互依赖、不可分离的组成部分。政策主体与政策客体相互依存，每一方的存在都以另一方的存在为前提；政策客体的种类、性质、内容、规模不同，政策主体也就各有所异；随着历史条件的变化，政策客体在政策运行过程中的地位和作用发生变化，最终必然导致政策主体的职能也发生变化。同时，政策主体与客体之间是相互影响、相互作用的。政策客体不仅影响政策主体的性质和规模，而且制约着它的结构、功能和活动方式。这意味着任何政策目标的实现，都取决于政策主体与政策客体之间的协调，尤其是政策主体要不断提高政策水平，掌握现代政策理论与技术，并且深入实际，了解政策客体的真实情况，以利于政策的科学制定和良性运行。

2. 政策主体与政策环境的关系

政策主体首先要实事求是地认识环境、把握环境，了解它的有利与不利、机遇与威胁，并据此预测某项政策实施的可行性和政策运行过程中可能遇到的各种问题。这其中包含的哲学含义是：政策主体在政策系统的运行过程中应当充分发挥自己的主观能动性和主体作用，但必须以尊重政策环境的实际情况为基本前提。否则，不仅政策在一开始制定时就是错误的，而且，即使政策方案是正确的，也会因在执行过程中受阻而无法达成预期的目标，与预期的政策效果相差甚远。这就要求政策主体在认识和把握政策环境的情况下，尊重和适应政策环境的实际状况。

3. 政策客体与政策环境的关系

政策客体与政策环境之间是高度融合在一起并相互转化的。政策客体是受到来自政策主体及其制定的政策作用之后，所显现取得的政策效果。这些政策效果即政策的预期目标，有些是有形的，有些是无形的，它们往往构成政策环境的一部分，重新作用于政策系统，并对政策系统的运行过程产生影响。

另一方面,政策环境也在一定条件下成为政策客体。如管理体制是政策环境,当政府针对管理体制中的弊端采取一系列的改革政策时,管理体制就成为政策客体。由此可见,政策环境与政策客体之间在一定条件下是能够相互转化的。

二、政策子系统的划分

现代化、科学化的政策系统是由信息、咨询、决断、执行和监控等子系统所构成的大系统。政策过程及其各项功能活动都是由这些子系统共同完成的,这些子系统既各有分工、相互独立,又密切配合、协同一致,促使政策大系统得以顺利运行。

1. 信息子系统

信息子系统由掌握信息技术的专门人才构成,从事信息的收集、整理、贮存和传递等活动,为改革决策提供信息资料。从某种意义上说,公共决策过程也就是信息的流动与转换过程,而信息原则是公共决策的基本原则,信息是政策制定、执行、评估和监控的依据,没有信息,这些活动就无从开展。可见,信息子系统在政策运行过程中具有重要的地位和作用,它是政策系统的神经系统,为政策制定、执行、评估和监控即时地提供各种准确、适用的信息。

信息子系统在公共决策活动中的主要作用体现在:(1)信息的收集。原始资料收集是信息处理过程的基础,只有在获得大量原始资料的基础上,才能保证信息的真实性和完整性,从而准确地反映客观情况。(2)信息的加工处理。获取信息的目的是为了政策过程的需要,信息子系统提供的信息是制定政策的依据,因此必须准确适用。而收集的原始资料往往太多太杂,其间也难免掺进失真的信息,因此在取得大量的原始资料后,必须对这些资料进行严格的分析、整理,这就是信息的加工处理。信息加工处理包括信息纯化、信息归类和信息贮存等三个方面的工作。(3)信息的传递。信息是为公共决策服务的,因此必须把各种决策即时地传递到决策者手中。信息的传递有两个基本要求:一是要迅速,现代社会竞争激烈,谁先获得信息,谁就可以取得主动权,获得优势;二是要准确,必须防止信息在传递过程中损失、失真。

信息子系统要为公共决策提供准确、及时和适用的信息,为政策过程服务,保证制定出合理的政策并加以有效执行,以达到预期目标。这就要求一种高效运转的信息系统。目前我国各级公共决策系统中的信息子系统已经基本形成,但是还很不完善,信息处理的技术、方法和手段还比较落后,在信息处理上存在着慢、粗、乱的问题。[①] 随着我国向信息化社会的迈进,公共决策对信息

---

① 陈振明:《公共政策分析》,第63页,中国人民大学出版社,2003。

的要求越来越高,因此必须不断加强和改善信息子系统,以适应日益复杂的公共决策需要。

2. 咨询子系统

咨询子系统又称参谋子系统或智囊子系统,它是由现代政策研究组织(思想库)以及各种专家、学者组成的子系统。咨询子系统是现代化的公共决策系统的一个重要组成部分,它参与公共决策活动,在其中发挥着参谋咨询的作用,保证公共决策的科学化、民主化。

咨询子系统在政策过程中的主要作用体现在:(1)政策问题分析。咨询子系统的成员运用现代科学知识、方法和技术,对政策的有关问题进行分析。(2)政策未来预测。科学的预测是正确制定政策的基本前提之一,咨询子系统的成员具备这方面的专门知识和技术,能够对事物的未来发展状况作出比较准确的估计。(3)方案设计及论证。政策方案设计论证是一项技术性很强的工作,通常要有咨询子系统来从事这项工作。(4)其他政策相关问题咨询。咨询是智囊团的主导功能,智囊团可以根据对有关政策问题的客观分析,主动向政策制定部门提出自己的意见,也可以应政策制定部门的请求,参加有关问题的讨论,提出自己的意见和建议。(5)参与政策评估并反馈信息。在政策运行过程中,咨询子系统参与政策评估,并起到信息反馈的作用,尤其是分析政策实施中的问题,并提出对策,及时提供给政策制定部门,以便修正原有政策中的问题,使政策更加完善。

3. 决断子系统

决断子系统也称中枢子系统,它由拥有决策权力的高层领导者组成。决断子系统在整个公共政策系统中居于核心地位,是公共政策活动的组织者,又是政策的最终决定者,领导公共决策活动的全过程。决断子系统在公共决策活动中,享有拍板定案的权力,因而具有权威性;决断子系统作为政策系统的核心,主导公共政策活动的全过程,因而具有主导性。

决断子系统在公共决策过程中的作用主要体现在:(1)提出有关政策课题。公共决策的活动是从政策问题的分析开始的。提出有关政策问题是决断子系统的主要职责之一。决断子系统必须能从纷繁复杂的社会问题当中,分清轻重缓急,抓住需要及时解决的关键问题,以便制定解决问题的政策。(2)考虑政策目标的确立。政策目标正确与否直接关系到公共决策活动的成败,确定正确的政策目标是解决政策问题的关键一步。(3)组织政策方案的设计。政策方案的设计是一项科学性、技术性很强的工作,通常应由咨询子系统来承担,但是必须由决断子系统来组织,根据政策课题的需要,挑选熟悉这一问题的专家,组成高水平的咨询子系统,并为他们的设计工作创造优越的环境和条件。(4)负责政策的最终决定。对政策的最终决定是决断子系统在公共决策活动中最重要的职责。决断子系统必须具有决断的能力和魄力,能够高瞻远瞩,综合权衡,作出正确的决策。

4. 执行子系统

执行子系统是由政策执行组织及其人员特别是政府行政机关和行政人员所构成的。它是政策系统的有机组成部分,其主要职责是将政策理想转变为政策现实。

执行子系统具有现实性、综合性、灵活性和具体性等特点,它在公共决策活动中的作用是:(1)为政策方案或项目的执行做好准备。为保证方案的顺利实施,在具体实施前,执行子系统必须制定出周密、严谨的具体实施计划或行动细则。要建立一定的机构和人员配备,为政策方案转化为具体的执行活动提供组织保障;要进行必要的宣传活动,把政策方案的目的、意义和具体要求向执行者讲清楚;要进行必要的物质准备,包括执行过程中所需要的各种器具和装备。为此,要编制预算,落实经费。(2)从事指挥、沟通、协调等方面的活动。指挥就是执行子系统运用组织权责,发挥领导权威,推动下属为实现既定政策目标而努力的过程。沟通就是执行子系统中的各级组织及成员进行信息交流和传递的过程,是对于政策目标及其相关问题获得统一认识的方法和程序。协调就是执行子系统为了顺利实现组织目标而谋求自身统一和谐、谋求自身各相关因素匹配调剂、协调分工的一种行为方式。(3)分析和总结执行情况。在完成执行任务之后,执行机关和人员必须把执行工作放在原政策方案的价值指标或标准上,进行全面、细致的衡量,进行实事求是的评定,总结经验和教训。

5. 监控子系统

监控子系统是整个政策系统的一个有机组成部分,它是体制内和体制外的有关部门、单位和个人所组成的一个子系统,相对独立于信息、咨询、决断、执行等子系统,其地位较为特殊。它的作用贯穿于整个公共政策过程尤其是政策执行的过程当中,目的是使政策目标得以顺利实现,避免政策变形走样,保持政策的权威性和严肃性。

监控子系统在政策过程中的作用主要体现在:(1)确立政策执行的准绳和规则,提供检查执行情况的依据。因此,一项公共政策由谁来执行,怎么执行,执行到什么程度,监控子系统必须对此有明确的规定与把握。(2)监控政策执行情况。监控政策执行情况是监控子系统最重要的职责之一。主要监控执行者是否执行以及执行得如何,对不执行或执行不力者,予以纠正或处罚。(3)反馈政策执行情况。政策问题及其环境不是一成不变的,因此,必须及时将政策执行情况及环境条件变化的信息反馈给决断子系统,以便决断子系统根据新情况,对政策进行修订、完善或终结。

监控子系统是公共决策科学化、民主化和法制化的一个重要保障,它的发展与功能的充分发挥有助于制定并执行好合理的政策,至少可以减少政策的失误,避免出现灾难性后果。监控子系统的不完善是我国公共决策系统中存在的另外一个明显缺陷。

各个子系统的相互作用所形成的结构如图 2-1。

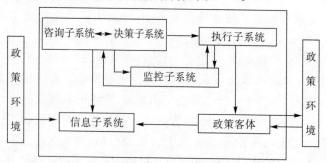

图 2-1 政策系统结构图

政策系统正是由信息、咨询、决断、执行和监控等子系统相互联系、相互依存、相互作用而构成的一个大系统。在这些子系统中,决断子系统是政策系统的核心,具有权威性和主导性特点。再好的方案不经过决断子系统是不可能转化为政策的。决断子系统根据信息系统、咨询系统提供的信息和预选方案,作出正确的判断和决策,并由总体设计部门作出切合实际的规划和计划。信息子系统是政策系统的基础。公共政策过程就是信息的输入、转换和输出的过程,即从信息系统那里输入决策所需要的信息,掌握人民大众对政策的要求和意见,形成政策问题,经过研究、咨询之后制定出台政策,通过政策实施将信息输送出去,再将其作用结果反馈回来,并据此调整和完善政策。咨询子系统是公共决策系统中的另一个基础部分,它参与政策的制定,主要是根据客观实际,参照历史经验和未来预测结果,以系统内外的各种信息为基础,对决策问题提出科学的依据和可行的方案,供决策系统参考。执行子系统贯彻决断子系统的指令,实行科学、高效的管理。它是政策系统运行的实践环节,其作用是使条文上的政策转化为改造客观世界的活动,实现政策目标。监控子系统主要负责监督政策的制定和实施,以控制政策失误,确保围绕着政策目标执行政策,保证政策的权威性和严肃性。它还灵敏地找出结果与目标之间的差距,并及时向信息系统提供信息,使决策能得到及时调整,提高效率。

政策系统建构必须遵循相对封闭原则。这条原则要求做到:政策主体系统的五个子系统必须健全,并独立发挥作用,各子系统的位置必须摆正、权责必须明确,信息的输入、输出和反馈必须顺畅,从而构成一个相对封闭的信息回路,既不能机构缺损,也不能机构冗余;既不能相互重合,也不能相互隶属,导致信息通道的阻塞甚至中断。

三、政策系统运行的诸环节

政策系统的运行表现为各个阶段或者环节,或者说它是由一系列的功能活动所组成的一个过程。关于这个过程究竟由多少个阶段、环节或功能活动组成,政策科学家们有不同的说法。德罗尔在《公共政策制定检讨》一书中,将政策过程或政策系统的运行分为 4 个阶段 18 个环节,即:(1)元政策制定阶段——即对制定政策的政策进行分析,包括处理价值,处理实在,处理问题,调查、处理和开发资源,设计、评估与重新设计政策系统,确认问题、价值和资源决定政策战略等七个环节;(2)政策制定阶段——包括资源的细分,按优先顺序建立操作目标,按优先顺序确立其他一系列主要的价值,准备一组方案,比较各种方案的预测结果,并选择最好的一个,评估这个最优方案并确定其好坏等七个环节;(3)后政策制定阶段——包括发起政策执行,政策的实际执行,执行后的评估三个阶段;(4)反馈阶段——多层面联结所有阶段的交流与反馈。①

安德森在《公共决策》一书中将政策过程的功能活动划分为如下五个范畴:问题的形成、政策方案的制定、政策方案的通过、政策的实施、政策的评价。②

参考国外学者的看法,结合我国政策实践的情况,我们将公共政策系统的运行看作是由政策制定、政策执行、政策监控、政策评估和政策终结等环节所组成的过程,这些环节构成了一个政策周期。③

1. 政策制定

从发现问题到政策方案出台的一系列功能活动过程,包括建立议程、界定问题、设计方案、预测结果、比较和抉择方案以及方案的合法化等环节。

2. 政策执行

政策方案付诸实施、解决实际政策问题的过程,也就是将政策理想变成政策现实的过程,包括组织和物质准备、政策分解、政策宣传、政策试验以及指挥、沟通、协调等功能环节。

3. 政策监控

为达到政策方案预期的目标,避免政策失误而对政策过程尤其是执行阶段所作的监控,以保证政策的权威性和严肃性,包括监督、控制和调整等功能活动环节。

---

① Yehezkel Dror, *Public Policymaking Reexamined*. pp312－318, Scranton. Pennsylvania: Chadler Publishing Company. 1968.
② [美]詹姆斯·E·安德森:《公共决策》,第 31 页,华夏出版社,1990。
③ 陈振明:《公共政策分析》,第 68 页,中国人民大学出版社,2003。

4. 政策评估

依据一定的标准和程序,对政策的效果作出判断,确定某项政策的效果、效益以及优劣,并弄清该政策为什么取得成功,或者为什么导致失败。

5. 政策终结

即在政策实施并加以认真评估之后,发现该政策的使命已经完成,成为不必要、多余或不起作用时,对其采取措施以结束的过程或行为。

对于政策过程的这些环节或阶段,本书将在后续章节详加论述。

第三节 政策的类型结构

公共政策是公共权力机关针对社会生活各个领域的公共问题采取的一系列行动纲领,是公共权力机关实行治理和变革社会的方案或蓝图,也是提倡或约束政策目标群体的行为规范。然而,社会生活极其庞大、复杂,因此公共政策也就是一个极其庞杂而且彼此有很大差别的体系,有必要对它的类型进行研究。

一、政策的形式结构

所谓政策的形式结构,指的是一项政策由谁制定、它的合法化经过什么样的程序、它的目标群体是谁、它的适用范围和生效时间怎样、它的执行者是谁、主要的执行手段是什么等在政策文本上有正式规定的特征。一个国家的政策虽有各种表现形式,但都有一个统一的规格和标准,都必须符合规范化的要求,即:(1)不同层级的规范性文件只能由不同职权的国家机关来制定;(2)不同层级的规范性文件的法律地位、效力和相互关系必须是明确的;(3)各级规范性文件必须有自己专有的名称,以标志该文件的制定者、法律地位和效力;(4)各级规范性文件在表达方式上须有统一的规格。不难发现,政策的这些规范化表现形式,使人们可以轻而易举地识别各项具体政策的特征并对它们进行分类。

公共政策的形式特征是由公共权力机关的权力划分和权力配置决定的。由于当代各国的政治体制存在着很大的差别,所以各国政策的形式特征也就因国而异。就一般情况来说,现代国家政府在横向结构上由立法、司法和行政三个子系统构成,因此,各国政策在横向结构上是由立法决策、行政决策和司法决策这三种形式构成的。现代国家在纵向结构上由中央政府、地方政府、基层政府这三个层次构成,因此,各国政策在纵向结构上是由中央政策、地方政策、基层政策构成的。[1]

---

[1] 宁骚:《公共政策学》,第 199~200 页,高等教育出版社,2003。

1. 政策的横向结构

公共政策的横向形式结构是由当代各国政治体制决定的。当代世界主要国家的政治体制可以划分为五种类型：以中国为代表的人民代表大会制，以美国为代表的总统制，以英国为代表的内阁制，以法国为代表的半总统制，以瑞士为代表的委员会制。公共政策的形式结构因这些政治体制的国家机构和权力配置方式的异同而各有差别。这里仅以中国为例进行介绍。

（1）立法决策：在中国，立法决策——人民代表大会与其他国家机关不是处于平等的地位，而是高于人民政府、人民法院和人民检察院。人大在立法上享有最高权限，其立法权的行使不受任何制约。

人大决策的主要形式有：宪法，全国人大通过对宪法的修改和解释监督宪法的实施；基本法律和其他法律，全国人大通过制定基本法律，保证国家制度真正体现宪法精神和按照宪法确认的基本原则构造，通过基本法律之外的其他法律，规范国家个别领域的规则；人大决定，即各种人大决议、命令、决定、条例等。

（2）行政决策：行政决策是指国家机关在法定的权力和职能范围以内，按一定程序和方法作出的决定。行政决策的主体是被赋予国家行政权力的组织和个人；国家行政权力管辖的所有个人、组织、集团和机构，包括国家行政机关和成员本身，都是行政决策的对象或客体。行政决策是国家行政机关职能的表现，其内容随国家职能的扩大而扩大。

当代中国的行政决策主要包括以下几种形式：行政法规，现行宪法规定国务院有权"根据宪法和法律，规定行政措施，制定行政法规，发布命令和决定"。另外，全国人大在特定情况下可授权国务院制定行政法规；行政措施、命令和决定，它们以国务院文件或国务院办公厅文件的形式发布，与行政法规统称"国家政令"，具有相同的法律效力；部门规章，现行宪法规定国务院各部、委有权"根据法律和国务院的行政法规、决定、命令，在本部门的权限内，发布命令、指示和规章"，实践中，主管各项专门业务的国务院直属机构也行使类似的权力。

（3）司法决策：在当代中国，人民法院和人民检察院作为司法机关也是国家政权的重要组成部分。中国的司法决策产生于国家最高司法机关的司法解释中。根据法律规定，我国的司法解释是指国家最高司法机关在适用法律的过程中对具体应用法律问题所作的解释，分审判解释和检察解释两种。这类解释是指导性的，对各级司法机关具有普遍的约束力，是办案的依据。其形式是多种多样的，如批复、解答、规定、通知等。司法解释不能任意改变法律的规定，不得与宪法和法律相违背。

在我国政策实践过程中，各级法院和检察院的功能主要在于政策执行，其政策制定的功能则相当弱。也就是说,我国的司法机关是政策执行和政策监控的重要主体,而作为政策制定的主体,其作用不够显著。①

2. 政策的纵向结构

公共政策的纵向形式结构的类型差异,主要取决于国家形式结构。当今世界的国家形式结构主要有两种基本类型:单一制和联邦制②。在单一制国家,国家结构只划分为中央政府与地方政府两个基本层级,中央政府统一行使制定国策的权力,因此地方政策以及在地方政策体系中处于最低层级的基层政策,对中央政策是一种直接的上下级的领导与服从的关系,是中央政策在全国范围内执行过程中的再决策。也就是说,中央政策对地方政策起直接规范和限制作用,地方政府对中央政府的政策只有因地制宜地加以贯彻和执行的责任,而不得另行制定政策和修改现行政策。当代中国的公共政策纵向结构属于这一类型。我们将以中国为例对此进行论述。

以决策者即公共权力机关的层级或纵向结构为标准,公共政策的纵向形式结构可以划分为中央政策、地方政策和基层政策。地方政策和基层政策是地方政权和地方政权体系中处于最低一个层级的国家政权即基层政权所作出的决策。各个层级的地方政权以及基层政权都只能在其各自管辖的特定范围内行使权力,地方政策、基层政策是地方政权、基层政权行使权力的基本表现形式。

中国公共政策的纵向结构形式有以下特点:

(1)当代中国作为单一制国家,基本政策的制定权属于中央,地方政策的制定必须在中央政策的指导下进行,其目标、方向和行为规范为中央政策所决定,所以地方政策只是中央政策的具体化。

(2)地方政策、基层政策仍具有一定的能动性,这种能动性表现在:其一,地方政策、基层政策的制定和执行质量对中央政策能否或者在多大程度上达到政策效果、实现政策目标有着重要的影响。其二,中央政策在制定过程中须综合各地方政策、基层政策中具有普遍性、反映某一政策问题的国情特点的内容。

(3)当今世界各国,不管采取何种国家结构形式,其中央政策都是一些原则性规定,可称之为宏观政策。与这种宏观政策相比,地方政策则往往是在中央政策的指导下,结合本地的实际情况,就如何贯彻中央政策和解决本地实际问题所作的一些相对来说比较具体的规定,然而,它不同于基层单位的具体工作方案和办法。因此,地方政策具有明显的中观性。

(4)地方人大决策获得法的形态的那一部分是地方性法规、自治条例和单

---

① 宁骚:《公共政策学》,第208页,高等教育出版社,2003年。
② 联邦制政府政策的纵向结构此不论述。详见宁骚:《公共政策学》,第213页,高等教育出版社,2003。

行条例。它们分别有法定不同的制定主体。但这些立法活动都是全国人大立法权的一部分,没有独立的立法权。

(5)地方政府决策中获得法的形态的那一部分是地方性规章,有权制定规章的只是法律明确授权的地方政府,即:省、自治区、直辖市的人民政府;省、自治区的人民政府所在地的市级政府;经国务院批准设立的较大市的人民政府。另外,在经济管理权限方面,国务院批准的计划单列市政府与省政府是平行关系。以此推论,计划单列市政府制定的经济管理方面的规章与省政府制定的规章处于同一效力等级上。

(6)地方政策中未获得法的形态的那一部分,以及基层政策,是地方政府及基层政府发布的行政措施、决议和命令。县级以上地方各级人民政府凡被宪法和地方组织法授予一定的立法权限者,除制定地方性规章外,还有权"规定行政措施,发布决议和命令";其他未被授予立法权限者,虽不能制定规章,但也有权"规定行政措施,发布决议和命令"。县以下政府即乡、民族乡、镇的人民政府,则被地方组织法规定为具有"发布决议和命令"的职权。

二、政策的内容结构

公共政策的内容构成是指具有不同政策效力的各项公共政策构成的一个统一的、相互作用的政策体系。可以从不同角度来认识公共政策的内容结构。

1. 元政策、基本政策、部门政策

(1)元政策:或者叫作总政策(总路线、总方针),[①]是政策体系中总管的或具有统摄性的政策,对其他各项政策起指导和规范作用,是其他各项政策的出发点和基本依据,是政策主体用以指导一定历史时期全局性行动的高度原则性指针。元政策的基本功用在于保障其他各项政策遵循同一套政策理念、谋求实现统一的政策目标。因此,它是关于政策的政策。认识到元政策或总政策的这一功用,对于中国革命和建设取得胜利是至关重要的。毛泽东指出:"我党规定了中国革命的总路线和总政策,又规定了各项具体的工作路线和各项具体的政策。但是许多同志往往记住了我党的具体的个别的工作路线和政策,忘记了我党的总路线和总政策。而如果真正忘记了我党的总路线和总政策,我们就将是一个盲目的不完全的不清醒的革命者,在我们执行具体工作路

---

① 在中国共产党和当代中国政府发布的各种政治文件里,"路线"、"方针"、"政策"经常在同一含义上被广泛使用。"它们在内涵上没有本质的区别,在表述上也比较接近,基本上是一个意思"(王福生:《政策学研究》,第28~29页,四川人民出版社,1991。)所以在一般情况下,如果不作特别界定,在路线、方针和政策之间是不存在涵盖与衍生关系的。

线和具体政策的时候,就会迷失方向,就会左摇右摆,就会贻误我们的工作。"①

(2)基本政策:针对某一社会领域或社会生活某个基本方面制定的、在该领域或方面起全局性与战略性作用的政策,就是基本政策,又被称作基本国策、方针性政策、纲领性政策、根本政策。基本政策衍生自总政策,是总政策在某一方面或领域的延伸和具体化;同时它又是该领域或方面的元政策,对该领域或方面的具体政策起总管的、统摄的、统帅的作用。基本政策一般反映统治阶级的价值观和政治信仰,其中包括政策制定者的价值观和政治信仰。

(3)具体政策:某一特定部门或某一地区贯彻基本政策而制定的具体行动方案和行为准则,被称为具体政策,也被称作方面政策。它是针对特定而具体的政策问题所作的政策规定。社会生活的各个方面都有许多具体政策,而且通常都用政府文件的形式作出具体规定。部门政策由元政策和基本政策所决定,体现和服从于元政策和基本政策。社会生活越具体,就越变动不居、千姿百态,因此作为人们行为规范的政策既需要细致入微、具有可操作性,又要留有余地、具有适度的灵活性。从分类的角度说,元政策和基本政策之外的所有政策都可以视为具体政策。

元政策、基本政策、具体政策的区别具有相对性;同时具体政策又可分为若干等级层次,高一层次的部门政策相对于低一层次的部门政策而言,又具有统摄性。

2. 政治政策、经济政策、社会政策、科教文卫政策

(1)政治政策:是指一定的政策主体在政治生活领域里为达到一定的政治目标而针对相关对象制定的行为准则与规范。它是政治体系(国家、政府、政党等)得以存续、维持和发展的根本举措。获取、巩固与增益国家权力和维护统治阶级的利益是政治政策的核心价值。政治政策包括外交政策、国防政策、国家安全政策、公共安全政策、人力资源政策、阶级政策、民族政策、政党政策,等等。

(2)经济政策:它是指政策主体在经济领域里为达到一定的经济、政治与社会目标而制定的调整人们的经济关系、经济活动的准则与规范。宏观调控与微观管理是经济政策的两个基本的层次,其基轴是国家与社会、政府与市场的关系问题,即国家与政府要不要干预社会经济生活、朝着什么方向干预、采取什么方式和手段、干预到什么程度为宜。获得最佳社会经济效益是经济政策的核心价值。经济政策包括产权与经营权政策、农业政策、工业政策、金融政策、财政政策、贸易政策、环境政策、房地产政策、区域发展政策,等等。

(3)社会政策:英文通译为"social policy",为德国新历史学派的经济学家于1873年首创,当时他们为解决德国的劳动问题而成立"德国社会政策学

---

① 《毛泽东选集》第4卷,第1316页,人民出版社,1991。

会",从此"社会政策"这一术语开始流行。20世纪初经济学家们对社会政策作广义和狭义两方面理解。他们认为广义的社会政策,涉及国民福利及文化、教育、人口、健康与国民经济,并且和精神的、伦理的、宗教的生活有关;狭义的社会政策则以救助劳动阶级和贫苦民众的生活为目的。我们采用当代美国学者综合西方学者对社会政策所作的界定,即认为社会政策是以解决社会问题,促进社会安全,改善社会环境,增进社会福利为目的,经由国家立法与行政的手段,促进社会各阶层均衡发展的一种途径。① 社会正义、社会公正、社会协调和社会稳定是社会政策的核心价值。因此,社会政策的制定,第一,要遵循如下程序:从调查研究入手,运用科学方法去了解社会问题的真相;发动民众参与,让民众的利益要求充分表达出来;在决策、立法阶段,邀请有关专家和利益群体的代表出席听证,以免偏差;第二,要以社会心理学的原理进行政策设计,以求收到多目标效果;第三,要注意通盘调理,面面兼顾,使该项社会政策与其他社会政策以及经济政策、财税政策、教育政策、科教文卫政策相辅相成。社会政策主要包括劳动政策、医疗卫生政策、社会保障政策、人口政策、宗教政策,等等。

(4)科教文卫政策:指的是政策主体在科技、教育、文化、卫生等领域为达到一定目标而制定的发展规划、指导原则和行为规范。科教文卫政策总体上属于精神文明建设的政策范畴,本身是由各类政策构成的大系统。科技政策是指导一个国家或地区科技事业发展的战略或策略原则。它的内容包括科学在国家经济社会发展中的地位和作用,科技发展方向、战略、重点和基本方针,科技的内部结构,保证科技发展的社会支持,等等。教育政策是一个国家或地区教育发展的目标、方向、规划、方针和原则,它规定教育的地位和社会支持,教育的类型和教育方式,教育内容和体系,招生和就业指导计划,学制和学位结构,教育管理体制等多方面内容。文化政策包括大众传播(新闻、出版、广播、电影电视)政策、文学艺术政策、体育政策等等。卫生政策关系人民群众的身体健康,它包括医疗、保健、防疫等方面的政策。

上述四类政策及其内部的各项具体政策必须各有分工,相互衔接,涵盖社会生活和社会活动的方方面面,不能留下空隙,出现政策真空;各项政策应该相互协调和配套、相互支撑和促进,保证整个政策体系的统一。不能某项政策"单科独进",其他政策"原地踏步";更不能发生政策之间的冲突,这样必然会使政策制定时手足无措,或执行政策各取所需,相互"打红头文件仗"。②

3. 长期政策、中期政策与短期政策

根据从政策制定到政策预期效果取得的时间距离,可以分为长期政策、中

---

① 曾繁正等编译:《西方国家法律制度、社会政策及立法》,第166页,红旗出版社,1998。
② 吴元其:《公共决策体制与政策分析》,第60页,国家行政学院出版社,2003。

期政策、短期政策。长期政策是指在相当长的历史时期内起着作用的根本政策、重大政策、宏观政策或战略性政策,比如,社会主义初级阶段的"一个中心两个基本点"的基本路线一百年不动摇、对港澳台"一国两制"的政策五十年不变等。中期政策是指为实现长期政策目标所制定的阶段性政策,比如,在20世纪初要建立比较完善的社会主义市场经济体制、到2010年要使我国的国民生产总值在2000年的基础上再翻一番等。短期政策是指将中期政策目标的实现分割成若干个环节,为完成环节的任务所制定的具体政策和策略性政策,像国有企业三年脱困的目标和政策、国民经济发展的年度计划等。长期、中期、短期的时间界限到底多长,没有统一的规定。

政策的时间结构内部是一种统辖、保障、逼近和衔接的关系。统辖就是说长期政策管辖中期政策和短期政策、中期政策管辖短期政策,前者是目的,后者是阶梯和手段,为前者服务。保障是指任何长期政策都需要中期政策和短期政策提供支撑和保证,离开中期政策和短期政策,长期政策目标只能是空想。逼近则是指随着短期政策的实施、一个个环节任务的完成,就会逐步逼近和实现中期政策目标,随着中期政策的实施,一个个阶段的目标的实现,就会逐步逼近和实现长期政策目标。衔接就是说长期、中期、短期政策不能脱节,更不能冲突,在制定政策时,中期政策瞄准长期政策、短期政策瞄准中期政策,不能只顾眼前、不顾长远,搞短期效应。

以上三种从内容上划分的结构是相互交织的,它们的不同搭配组合形成了各种更具体的政策类型,其总体结构就像一个魔方,每一个魔块就是一种政策类型。见图2—2。

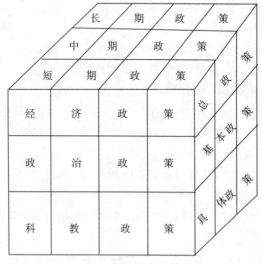

图2—2 政策类型魔方

从政策结构立体网络可以看出,政策的纵向层面、横向层面和时间层面以及它们内部的各项政策总是相互交织、相互依存的,这就要求我们在制定和执行政策时注意政策的相互配套,各项政策之间要相互支撑、相互保证、相互促进、相互衔接。

政策配套包括:纵向的各层次政策配套,即各地区、各部门的政策都必须在中央政策、总政策的指导下制定,都是执行性的政策,以保证全国政策的统一性,下层不能违背上层的政策目标和政策精神;同时下层又必须根据本地区、本部门的实际情况将政策具体化,创造性地执行上层政策。横向的各部门和地区政策配套,即地区和部门根据自己的情况制定具体政策时,一方面要和中央的总政策配套,更要考虑到其他部门和地区的情况,做到政策相互配合,绝不能搞本位主义,不能发生政策断档,从而导致管理失控。地区和部门之间要注意协调,不能发生政策冲突。时间上各阶段和环节政策配套,即指各阶段各环节的政策必须瞄准长远的政策目标制定,不能只看短期效应,阶段之间、环节之间的政策要相互衔接,不能脱节,导致不同时期政策的不稳定。政策只有保证这三个方面的配套,才能做到政策总体的统一。

三、政策的其他分类方法

公共政策的内容是极其复杂和丰富多彩的。因此,对公共政策进行多层次、多角度的观察,有助于更加深入地揭示公共政策的内容构成及其各自具有的特殊性质和功能,从而有助于政策主体针对各不相同的政策问题作出正确的决策。除了前面谈到的公共政策类型划分外,不同的学者又根据其他标准对政策加以分类。

1. 单目标政策与多目标政策

这是以一项政策谋求达到的目标数量为标准所作的类型划分。政策主体在谋求一个政策问题的解决时,在一个特定的阶段上只确定一个要实现的目标,这种政策就是单目标政策;政策主体在谋求一个政策问题的解决时,在一个特定的阶段上确定多个同时要实现的目标,这种政策就是多目标政策。

2. 程序型政策与非程序型政策

这是以政策主体在制定一项政策时有无现成的规范和原则可供遵循为标准所作的类型划分。程序型政策也叫"例行政策"、"常规政策"、"重复型政策",指的是在大政方针确定之后,政策主体在既有的规范和原则的指导下制定的政策;非程序型政策指的是政策主体为解决全新的、复杂的或突发的政策问题,在无现成的规范和原则可遵循的情况下制定的政策。

3. 确定型政策与不确定型政策、风险型政策与竞争型政策

这是以政策结果的可预测性,也就是以假设的政策结果与实际的政策结

果之间相吻合的程度为标准所作的类型划分。如果假设的政策结果与实际的政策结果接近于完全吻合,那就是确定型政策;如果难以预测两者吻合的概率,那就是不确定型政策。风险型政策指的是有一个确定的政策目标而面临多个可能的政策结果的政策;竞争型决策指的是政策主体在面对利益竞争时为达到自身的目标所制定的政策。

4. 鼓励型政策与限制型政策

这是以政策主体所希望的人们行为选择的范围为标准所作的类型划分。鼓励型政策指的是以奖励手段(含物质鼓励与精神鼓励)扩大人们行为选择的范围,激励人们向着政策主体希望的方向努力的政策;限制型政策以惩罚或者声称要惩罚的手段限制人们行为选择的范围,制止政策主体不希望的行为发生的政策。

5. 积极型政策与消极型政策

这是以政策主体是否行为为标准所作的类型划分。政策主体通过一定的行为以达到所希望的目标,这样的政策就是积极型的政策。但在多数情况下,无为就是有为,政府不采取行动就是最好的决策。而这种通过不行为达到所希望的目标的政策,就是消极型政策。

6. 分配型政策、限制型政策和再分配型政策

分配型政策指的是政府围绕着权利、利益的个别分配而作的决策,如税额减免等。这些决策都是由单个决策积累而成的。由于各项决策是分别作出的,所以利益的分配缺乏总体性的协调,但是也不会产生总体性的利益冲突。限制型政策指会给某一社会群体带来利益而同时给其他群体造成损失的政策,因此,获利和有可能获利的群体与受损和有可能受损的群体之间通常会围绕政策的出台,出现公开的对立或发生直接的冲突。再分配型政策指的是政府制定的社会福利政策。这类政策的制定在政府内部会引发负责控制预算的财政部门和负责制定该政策的部门之间的对立,在社会上引发无产者和资产者的对立。

7. 物质型(或实质型)政策与符号型(或象征型)政策

安德森以政策效果为标准,将公共政策划分为物质型政策和符号型政策。将有形资产或实质权力提供给一些人而同时将真正不利的条件加于另一些人的政策,就是物质性政策。分配的有利条件或不利条件很少对人们产生实际效果且不交付表面承诺的东西的政策,就是符号性政策。

第三章　公共决策体制及其改革探索

公共决策体制是决策权力分配的制度和决策程序、规则、方式等的总称。公共决策体制不是自然而然地生成的，而是人为设计的产物。人们设计决策体制的目的，是为了使决策活动更加规范、决策成本更加低廉、决策方案更加可行、决策成效更令人满意。由于决策体制深深烙上了人类行为的标记，公共决策体制因社会政治、经济、文化、历史条件的差异以及决策主体、决策组织的差异而不同。各种不同的公共决策体制，其权力的分配总是以维护一定的政治统治为核心的，其决策程序、原则也总是采取最有利于统治者的方式。人类的政治－行政行为，实际上也是公共决策行为。正如著名的行政学家赫伯特·西蒙（H. Simon）所言：决策是行政的心脏。因此，在一定意义上说，公共决策体制就是政治－行政体制。

我国公共决策体制是中国共产党根据中国国情而建立的，具有许多特点和优点，但也存在某些弊端，总结我国公共决策体制的现状和特征，探索其改革路径是我国政策科学的重大任务。

第一节　公共决策体制的含义和实质

一、公共决策体制的含义和构成

1. 公共决策体制的含义

政策体制即决策主体的决策权力分配和决策全过程的程序、规则、方式等的总称。在公共政策运行中，政策体制是政策系统运行的平台，它决定着政策运行过程的价值取向和基本原则，对政策行为起着统摄与规范作用。

2. 公共决策体制的构成

公共决策体制是公共决策组织的核心部分。"体"讲的是组织结构，因此，要了解公共决策体制必须先从什么是组织谈起。组织在人类社会的发展历史中起着决定性的作用。在现代社会中，人们更是以"组织人"的面貌参与社会生活的。何谓组织？组织是指一定的社会环境中，人们通过相互交往而形成的具有共同心理意识、并为了实现某一特定目标而按一定方式联合起来的有机整体。决策组织就是具备决策权力、从事决策活动的群体。

因此,公共组织的一般构成因素有:(1)人。人员是决策组织的核心。(2)财。包括维持组织存在所需的经费、决策活动的开支等。(3)物。包括组织赖以存在的物质载体,如场地、房屋、办公用品、通讯器材等。(4)机构设置。指承载决策权力的一系列特定的机构的确定。(5)职位设置。指一定机构内职位、职级、职数、职责的确定。(6)权力与职权。权力指影响他人的能力,通常来自于个人本身的综合条件,职权则指被组织承认的权力,它主要来自于组织的确认,与职位紧密相连。(7)权责划分。指决策组织中各个部门、层次、成员之间若干从属、并列等相互关系的确认。(8)团体意识。指组织成员共同拥有的统一的思想意志及心理认识。(9)组织目标。指组织成员认为可以追求达到的某种未实现的状态或条件。组织往往都是为实现某个目标而建立起来的。(10)规章制度。包括控制组织构建、运行程序的各种法律规范、规章、各项工作制度。(11)技术。不仅指决策过程中所采用的科学和技艺,也指所谓包括决策原则、方式在内的"政治技术"。(12)信息。信息传递是各决策组织及组织内部相互协调的途径和方式,决策过程本身也是一个信息收集、整理、制造、传递、反馈的过程。(13)组织设计。这里的设计主要指构造、创新组织结构过程中的分化与整合工作,而不是指这一过程的结果,即组织的现有形式。组织设计在公共决策体制构成诸因素中是最为复杂的部分。

公共决策体制中的"制"是决策权力的分配、决策的程序、规则和方式的总和,其主要的构成因素有:(1)决策权力。权力指影响他人的能力,通常体制在两个方面的不同对分享和行使权力尤为关键,一是选举(的范围),二是反对的自由(即"那些最接近政府实际决策过程的人必须在无操纵的选举中竞争选票的程度,在这个过程中,那些反对政府行为的人也能按平等的条件竞争")。[①](2)决策程序。指由前后相继的步骤、环节与活动所构成的决策形成过程。(3)决策规则和方式。韦伯斯特说,规则是"指导行为、行动的规定指南……是一种规定"。这里我们认为,决策规则和方式是政策形成所遵循的原则和采取的投票方式。一个"有效率的决策能否出台不是取决于经济学家和政治家的智慧,而是取决于决策规则"。[②]

不同的公共决策体制所遵循的决策规则和方式具有一定的共性,如理性和科学,但总的说来,公共决策体制是与政治体制密切相连的,尤其表现在其

---

① [美]罗伯特·A·达尔著:《现代政治分析》,第62页,上海译文出版社,1987。
② [澳]休·史卓顿、莱昂内尔·奥查德著:《公共物品、公共企业和公共选择》,第9页,经济科学出版社,2000。

决策权力的分配制度上。科学合理的公共决策体制为公共决策职能的实现提供有力的组织保证和制度保证,在决策中规范决策活动,降低决策成本,使决策方案科学、可行。因此,公共决策体制在公共政策研究中具有重要的作用。

二、公共决策体制的实质——决策权力的配置

决策权力是公共决策体制中的基本因素之一。有人将政策看作是通过人们"彼此行使权力或影响力的复杂的过程被制定出来的"。① 日本学者大岳秀夫将政治过程理解为两种并不对立的模型,即政策过程模型和权力过程模型。实际上就某个政治过程而言,政策过程模型和权力过程模型是相互独立的两个方面,但两者又往往是融合在一起的,这两个过程在时空上具有一致性。因此,掌握决策权力及其分配运作是我们更深入地认识决策体制的一把"钥匙"。

(一)决策权力及其种类

权力通常可以被认为是一个人将自己的意志施加于他人意志之上,影响他人,获得他们服从的能力,也就是主体对他人或客体的一种控制力、制约力和影响力;权力过程是指"某个特定行为者使用各种争论、政策为手段,维持和扩张自己的权力、影响力的过程"。② 决策权力则是指决策主体在决策过程中对他人的控制力、制约力和影响力。

为了保证决策权力能够令人满意地到达权力客体,决策者(权力主体)不得不采用各种手段来控制自己的决策权力。权力行使常见的手段是:(1)说服:包括欺骗性的说服和基于对预期真实分析之上的说服。(2)威胁:对权力作用对象至少意味着某种利益的净损失。(3)交换:交换的基础是双方均能受益,互惠、金钱收买等都是交换的方式。(4)施用权威:施用权威的前提是权力作用对象对权威的认可,并由此产生命令服从的关系。可以说,决策权力的运行和作用是一个动态的过程。决策权力本身需要不断地充实基础、补充能量,权力运作才能长期维持。

决策权力角逐的中心问题是利益,这种利益可能是物质的,也可能是非物质性的(意识形态的),或者两者兼而有之。对权力的追求实质上就是对利益的追求,可以说,利益是权力的原动力。利益影响着公共权力的各个层次,在决策权力中表现为三个方面:首先,公共决策权力的产生和维护以利益关系为基础。按照政治学理论的观点,公共权力的产生和存在是为了协调社会中各种不同利益之间的关系,解决各种利益之间的冲突。在现实中,公共决策权力与利益之间是互动的关系。利益的维护和发展需要借助公共决策权力的权威

---

① [美]查尔斯·林德布洛姆:《决策过程》,第47页,上海译文出版社,1988。
② [日]大岳秀夫:《政策过程》,第124~125页,经济日报出版社,1992。

性来实现,而公共决策权力的权威性又来自社会公众的认可,必须通过增进公众利益、为公众利益服务来巩固和增强权力的合法性。

其次,公共决策权力的运行实质上就是各种利益相互博弈的过程。决策权力运行的过程就是各种利益之间互相讨价还价的过程,这种情况发生在体制外利益团体与决策者之间、利益团体之间,也发生在体制内各决策主体之间。它们都可以归结为个人利益、团体利益和公共利益之间相互博弈的过程。因此,最终以正式规则形式出现的政策策并不是最优决策,而是在综合了各种利益要求的基础上形成的满意决策。

最后,公共决策权力体制因利益关系的改变而改变。随着经济、政治、文化等社会环境的变化,社会利益结构也必然发生改变。新的矛盾和冲突也随之而生,要求公共决策权力体制作出相应的反应,改变既定的权力安排,通过权力体制的重组和创新,解决新问题可能带来的新的冲突,保持社会的稳定,以维护自身的合法性。当决策权力无法协调这些新情况时,改变现行决策体制的要求将带来更大的压力和挑战。

根据公共决策权力的实际运作,决策权力可以分为正式的决策权力和非正式的决策权力,或者说是权威的决策权力和非权威的决策权力。在政策活动者中(如立法机关、行政机关、司法机关和执政党)拥有一种合法权力去制定公共政策,这种决策权力受到国家强制力的保障,可以合法地使用暴力。因此,他们拥有的决策权力就称为正式的决策权力或权威的决策权力。而利益团体、公民、大众传播媒介等政策活动者,他们在宪法上不拥有合法的决策权力,但他们又是作为一个重要的甚至是决定性因素参与政策活动,对公共决策产生重要的影响,从这方面可以说,他们拥有一种非正式的决策权力或非权威的决策权力。无论是在西方还是在中国,随着社会的进步和人们参政意识的增强,非正式的决策权力或非权威的决策权力在公共决策体制中将越来越受到重视,在公共决策过程中将发挥越来越重要的作用。

(二)中西公共决策权力的分配及运作

公共决策权力的分配制度是公共决策体制中最重要的因素之一。在公共决策体制中,对决策起决定性影响的因素即为最高决策权力的归属。最高决策权意味着权威和服从,而这正构成了决策体制的基本框架。公共决策权力的分配在很大程度上反映了相应的政治体制的特征。应该说,由于各国的社会政治制度、经济发展状况、文化传统等方面的不同,各国的决策权力分配制度存在着差异,决策权力在公共决策活动中的运作也有所不同。

1. 西方公共决策权力的分配及运作

美国学者安德森在《公共决策》一书中将公共政策主体分为官方的和非官方的两大类。官方的政策主体包括立法机关、行政机关、行政管理机构和法院。可以说,他们拥有正式的或权威的公共决策权力。非官方的政策主体包括利益团体、在野党和作为个人的公民,他们拥有非正式的或非权威的公共决策权力。在西方,各个国家拥有大致相同的公共决策主体,这些决策主体在公共决策活动中所起的作用和产生的影响是不同的,而同样的决策主体在不同体制下所拥有的权力和影响也不尽相同,西方国家公共决策权力的分配及运作因其体制差异而形式各异,在有些国家,议会处于公共决策体制的中心地位;在有些国家,政府是公共决策体制的核心;在有些国家,国家元首拥有实权,在公共决策过程中发挥着主导作用(在另一些国家,国家元首仅仅作为国家的象征,在公共决策中很少起实质性的作用)。

以美国为例,在官方的政策主体中,作为行政机关的总统拥有广泛的实质性的公共决策权力,其在进行立法领导方面的权威已经被确立并被人们所认可。他所拥有的合法权力和行动自由比他在内政方面所拥有的权力和自由要大;而作为立法机关的国会的作用相对有限,国会的立法往往将重大的决策权授予总统。美国的法院所拥有的公共决策权力比在其他西方国家要大得多,它"常常能通过司法审查权和提交给它们的法令解释对公共政策的性质和内容产生很大的影响"。① 美国的行政管理机构即政策的实施机构拥有一定程度的实质的决策权力,它可以制定某一法律或政策,也可以使别的部门制定的某一法律和政策失效。同时,它还是立法建议的重要来源之一。在非官方的政策主体中,美国的利益团体无论在发展规模还是在对政策决策的作用和影响上都是其他国家所无法相比的。如在美国,任命联邦最高法院大法官和其他联邦法院法官,须正式得到美国律师协会的认可。而如同其他国家一样,在美国,作为个人的公民在决策权力的分配中也是处于相对弱势的地位,他们对公共决策的参与往往是通过利益团体来表达,公民拥有一些直接的决策权,但这些都是相当有限且作用也是微乎其微的。

西方公共决策权力的分配突出体现在拥有非正式的或非权威的决策权力的政党上。通常来说,西方国家的宪法没有赋予政党甚至执政党作出具有强制力的政策决定的合法权力,在公共决策过程中,"政党更多地是作为各种特定利益的经纪人而非倡导者存在"。"政党常常履行着某种'利益聚合'的功能,即政党努力将利益团体特定的要求变为一般的可供选择的政策方案"。② 虽然这样,在西方,政党活动还是通过种种途径渗透在公共决策的整个过程中。一方面,在政策制定中,力量强大的政党往往通过控制立法机构的多数,把政党的政策和主张上升为整个政治共同体的法律,操纵或主导政策制定过

---

① [美]詹姆斯·E·安德森:《公共决策》,第50页,华夏出版社,1990。
② [美]詹姆斯·E·安德森:《公共决策》,第55页,华夏出版社,1990。

程。而少数党或反对党则通过各种手段影响政策制定过程,使多数党不得不或多或少地考虑他们的主张。另一方面,在政策执行中,政党通过控制和影响行政机构来实现对政策执行过程的控制和影响,在各个国家其途径是不同的。如美国,政党通过获取总统选举的胜利来控制行政机构,从而获得行政大权。

2. 中国公共决策权力的分配及运作

对中国正式的或权威的公共决策权力的分配与运作,国内学者多有论述。如中国学者李景鹏提出中国政治权力结构的双轨制的概念:一个是传统的党的一元化领导的权力运行轨道,一个是人民代表大会制的权力运行轨道,还有一个双轨制则指由于党组织不适当地代替和包办了政府的职能所产生的双轨制。但是,由于执政党在国家政治权力结构中的特殊地位,使得中国政治权力的源泉实际上是在党,党处于国家权力体系的最高层次,掌握最高领导权、决策权。这样,中国政府体制内实际的权力体系的结构是:在党的最高领导之下,行政机关遵从党的意志去管理人民群众;立法机关遵从党的意志,联系人民群众,制定法律和监督政府;司法机关遵从党的意志,一方面监督人民,另一方面监督政府。

《走向卓越的中国公共行政》一书则提出了中国公共政策决策与执行的宪政结构、党政结构说。作者认为,从宪政结构看,中国公共决策的决策机构是各级人大及其常委会,而执行机构则是各级人民政府。但宪政结构并非中国公共政策决策与执行机构的全部,也不是中国公共政策的核心部分。中国公共政策决策的核心机构是中国共产党的各级党委。为了与宪政结构对应,作者把中国共产党为核心的公共政策决策和执行机构称为"党政结构"。两种结构具有的基本类似的动静态结构和决策、执行的核心原则及其本身的契合点,使得它们在实际运行过程中能紧密连结;而两种结构决策与执行方式的差异则保证了实际结构中党政结构的主导地位。所以,作者得出结论:党政结构基本上是决策性质的结构,而宪政结构则是执行性质的结构。

由此可见,不管是权力运行的双轨制还是宪政、党政结构,都保证了执政党在我国公共决策权力分配中的特殊地位。不同于西方的政党发展的历史和现状,中国共产党作为一个特殊的政党,其宗旨、路线、方针和政策都代表着中国最广大人民的根本利益,体现了中国现代化的进步要求,在各个历史时期主导着中国政治的走向,具有深厚的社会基础和民意基础。因此,中国共产党在中国既是执政党,也是领导党,党在国家决策体制中起着政治领导的指导作用。这就是中国公共决策权力分配制度中不同于西方其他国家的最大特征。同时,中国其他的八个民主党派作为参政党,而不是在野党,对中国的公共决策也产生重要的影响,是决策权力分配制度中一个不可或缺的部分。

在中国,利益团体和作为个人的公民拥有非正式的或非权威的公共决策权力。各利益团体在其所联系的领域对公共政策施加影响,作为个人的公民通过参加利益团体或直接参与决策过程,表达自己的意愿。与西方相比,中国人民群众所拥有的非正式决策权力,在实质上更加真实、广泛和协调。由于传统的全能政治的影响,中国利益团体所拥有的决策权力可以说未能发挥其实质作用,随着市场经济体制的建立和完善以及利益多元化格局的出现,利益团体的壮大和发展,在公共决策中充分发挥其决策权力,将成为必然的趋势。

三、公共决策体制的类型

可以从不同的角度对公共决策体制加以分类,各种划分方法大多是围绕决策权力进行的。按照掌握最高决策权的人数可以划分为首长制和委员会制;按照决策权力使用的特点可以划分为集权制和分权制。

(一)首长制和委员会制

首长制又称一长制或独任制,是指最高决策权归某个人单独掌握的一种决策体制。首长制的历史悠久,从古代的神权制、君主制到第二次世界大战时期的法西斯独裁制,都是国家的各种大权集中于宗教领袖、君主或国家元首。在现代总统制国家,如美国,行政权由总统掌握,这也是一种首长制。委员会制(又称合议制),是最高决策权由委员会集体行使、集体负责的一种决策体制。瑞士是实行委员会制的国家。

首长制和委员会制各有利弊。首长制可以做到决策权集中,决策果断、迅速、高效,但容易导致个人专断,滥用决策权,以及由于个人能力问题而出现的重大决策失误。委员会制可以集思广益,考虑周密,分工合作,发挥群体的力量进行决策,增进决策的科学性和民主性,但容易导致决策缓慢,办事拖拉,无人负责,效率不高。

(二)集权制和分权制

集权制是指决策权集中于上级机关,下级机关没有或很少有自主权,只能根据上级指令行事的决策体制;分权制是指下级机关在其管辖范围内有自主权,上级机关无权加以干涉的一种决策体制。

集权制和分权制也各有利弊。集权制的优点是在制定政策时,能够统筹全局、协调各方,政策执行通畅高效;缺点是容易导致上级机关独断专行,不考虑下级机关的实际情况,决策实行"一刀切",束缚下级机关的积极性,也不利于政策的执行。分权制可以发挥下级机关的积极性,使下级机关因时、因地制宜地制定政策;缺点是各政策机关之间容易产生冲突,各行其是,协调困难。

四、公共决策体制的历史演化

在人类历史上,最高决策权的归属大致经历了由人到神、再到王、再到人的过程,不同的决策权归属产生了不同的决策体制。为了比较方便,我们将古今中外出现过的主要决策类型列表。①

表 3—1　历史上出现的公共决策体制类型

类　型		最高决策权归属	最高决策者(集体/个人)	主要存在时期	主要存在地点	主要决策方式
原始民主制		氏族等原始组织全体成员	全体会议(集体)	原始社会时期,现代	各原始氏族部落,古埃及等	合议
神权制		神	僧侣、宗教领袖(个人)	古代、现代	现代海湾伊斯兰教国家(如伊朗)	独裁
君权制		神或专制君主	由宗教或传统产生的皇帝(个人)	古代、近现代	中国封建王权国家,现代君主国家(如沙特)	独裁
议会制	总统—议会制	名义上是"人民",实际上是资产阶级统治	议会(集体)总统(个人)	近代、现代	美国等	合议,三权分立制
	内阁—议会制		议会(集体)		英国等	
	委员会—议会制		议会(集体)		瑞士等	
人民代表大会制		人民	全国人民代表大会(集体)	现代	中国	合议,民主集中制
法西斯制		法西斯国家	政党领袖、国家元首(个人)	20世纪20—40年代	意大利法西斯国家、德意志法西斯国家	独裁
军人独裁制		神或君主或人民,实际上是独裁者个人	军队首领(集体或个人)	自古至今	各军人专政国家	独裁

---

① 参见伍启元:《公共政策》,第217页,商务印书馆,1989。

上表的分类可以使我们了解人类社会中曾经出现过的决策体制类型,比较各种决策体制的优缺点。现今世界中主要存在三种决策体制,即议会制、独裁制和人民代表大会制。

(一)西方的议会制

当今资本主义国家普遍实行议会制。议会制在"议会之母"的英国首先确立,它否定了君主专制的决策制度,是历史的一大进步。随着资产阶级革命在欧美的展开,议会制度相继在各国建立,并不断完善和发展。议会制建立在西方的人民主权论和代议制理论的基础上,其基本模式是:由人民选举出他们信任的议员,由议员代表人民作出公共决策,维护人民的利益。

议会制的组织结构历史上曾经出现过一院制、两院制、三院制、四院制等几种类型。如最初法国的议会由贵族、教士和平民组成三院,最初瑞典的议会由贵族、教士、市民和农民组成四院。当今世界主要只有一院制和两院制。实行一院制的国家主要是一些幅员小的国家,如丹麦、芬兰、冰岛、以色列、卢森堡、新西兰、挪威和瑞典等。这些国家只设一院而不设两院,"因为这些国家中政治权力平衡问题的解决,不像大国那么复杂,公共决策相对简单"。①

实行两院制的国家主要有美国、英国、法国、德国、意大利亚、澳大利亚、加拿大、日本等。两院分为上院和下院(或参议院和众议院),两院有共同的权力和各自的特权,相互制衡,防止权力被独掌。下院制定的政策,往往要经过上院的认可,以对下院的草率决定维持小心的制衡。尽管两院制可能导致复杂繁琐、拖延不决和更高的代价,但两院制反映了在议会及其内部需要有一种内部制约的愿望,分权制衡以避免重大决策失误。所以,大多数发达资本主义国家采用两院制。

议会制是普遍存在于资本主义世界的决策体制,但由于各国国情不同,历史文化传统不同,各国的议会制也不完全相同,有如下几种基本形式。

1. 总统——议会制

这种体制有几个特点:第一,总统既是国家元首,又是政府首脑,对一切行政事务有决定权,不受议会约束;第二,总统与议会分别由选民选出,各自对选民负责;第三,政府由总统组织,政府成员不能兼任国会议员,不得参与议会议案表决;第四,议会有权弹劾总统,但总统无权解散议会;第五,总统对议会通过的公共政策方案有否决权,议会通过的公共政策方案要经总统批准才能生效;第六,总统隶属的政党未必就是议会多数党;第七,总统的某些决策权受议会制约。

实行总统——议会制的国家主要有美国、芬兰、法国、墨西哥、阿根廷等国

---

① 田穗生、陈延庆主编:《各国议会制度概况》,第1页,吉林人民出版社,1991。

家,其中以美国最为典型。

2. 内阁——议会制

这种决策体制的特点是:第一,国家行政权属于内阁,国家元首是虚设的;第二,议会是国家的最高权力中心,内阁由议会产生,对议会负责,受议会监督;第三,国家元首颁布的法令必须经内阁总理签署才行;第四,内阁所作的重大决策必须取得议会多数支持;第五,议会可以对内阁提出不信任案,内阁也可以要求国家元首解散议会;第六,内阁总理为议会多数党领袖,内阁由多数党组建。

实行这种体制的国家主要有英国、德国、意大利、日本、澳大利亚、奥地利、比利时、加拿大、丹麦、新西兰、以色列等。

3. 委员会——议会制

该决策体制的主要特点是:第一,议会是最高权力机关,不仅具有立法权,而且具有行政权;第二,委员会领导日常行政事务,但委员会只是议会的一个执行机关,委员会成员可以为议会的最后决策提供咨询;第三,委员会不能解散议会,议会也不能解散委员会;第四,委员会所作的决策,须经委员会集体讨论通过;第五,委员会主席或副主席的权限与委员会其他成员是一致的;第六,委员会委员的选任不受党派关系的约束。

实行这一体制的国家主要是瑞士联邦。

(二)独裁制

在民主有了高度发展的今天,世界上还有一些国家实行独裁制,国家的决策权由君主、宗教领袖或其他权威人物掌握。权威人物不是由人民选出或议会选出,而是由继承、政变的方式产生。独裁制在海湾地区国家中较常见。独裁制有三种类型:

1. 宗教领袖型

伊朗伊斯兰共和国是宗教领袖制的典型。1978—1979年,伊朗宗教领袖阿亚图拉·霍梅尼领导人民推翻了在伊朗延续了近3000年的君主制,建立了伊斯兰共和国,实行教法学者统治。霍梅尼被封为终身"法吉赫"。他不是政府的一部分,不担任任何职务。他超然于三权之上,但却对整个国家的政教事务起领导作用。"虽然,伊朗也效法西方资本主义国家的'三权分立'原则,规定立法、行政、司法三权相互独立,但立法权属于真主,没有宗教领袖组成的监护委员会,议会没有合法性,共和国总统是继领袖以后的国家最高领导人,法官也必须通晓教义和法官业务。虽然伊斯兰宪法规定总统是负责协调三权的国家元首,但伊朗并不是一个总统制的国家,而是一个宗教领袖制国家。"[①]

---

① 刘竟、安维华:《现代海湾国家政治体制研究》,第276页,中国社会科学出版社,1994。

值得一提的是,自1989年宗教领袖霍梅尼去世后,伊朗的神权体制有了一些发展和变化。总统的权力大大加强,政府逐渐成为国家的最高权力中心,宗教对政治的影响渐小,世俗的政治势力相对上升。这是因为发展经济,推动国家的现代化,不能仅仅依靠神权的力量,还必须依靠世俗的力量。

2. 君主亲政型

君主亲政不同于君主立宪制。在前者中,君主的权力不受限制,君主既当朝,又执政,属于传统的君主专制体制;而在后者中,君主的权力受到宪法或其他机构的制约,君主是"虚位"的,有名无权。海湾地区的君主制大多是君主亲政型。

沙特阿拉伯是海湾地区最大的君主国,也是典型的君主亲政的国家。在18世纪,第一个沙特国建立,沙特家族同宗教改革家瓦哈卜及其后裔谢赫家族建立了宗教—政治同盟,遇到难题,同他们商量,征求意见,但决定权在国王。如遇统治危机和王位争执等难题,王族的成员或高级成员也会出来干预,国王的权力虽有所限制,但国家的最高权力仍集中于国王一人。国王是国家元首、家族族长、宗教领袖,"国王通过他的家族牢固地控制着相当于内阁的王室长老委员会,并以政治联姻的形式来密切家族与教派首领的关系,实现政教合一,以真主的名义确认了统治家族和家族统治的合法性"。①

海湾地区的阿曼是君主亲政的另一个典型。阿曼的政治体制同沙特阿拉伯大体相同。国家的立法、行政大权均由国王掌握,王族成员担任政府重要职位,国家的重大决策问题由王族及国王来决定。

3. 军人独裁型

20世纪50年代以来,在非洲和拉美等地区,军事政变此起彼伏。例如,到80年代末为止,非洲共发生了120多起军事政变,成功的大约72起,有29个国家先后经历了一次或多次政变。军人独裁成为全世界范围内常见的现象。军队首领发动政变,获得政权后,有的镇压反对派,加强专制统治;也有的引进"民主"政体,实行大选,结果多是军人首领成为总统,在"民主"外衣的掩盖下,军人统治的合法性增强。

不改变军人统治方式、增强专制统治的如前尼日利亚参谋长易卜拉欣·巴班吉达。"他曾发动或参与发动3次军事政变,被国际舆论戏称为'国王的制造者'。1983年12月,他辅佐布哈里发动军事政变,推翻了沙加里文官政府,后巴班吉达与布哈里两派意见分歧,矛盾尖锐化。巴班吉达于1985年8月发动政变,推翻了布哈里政权,成立以自己为首的军政权,自任总统,并兼任武装部队执委会(全国最高权力机构)、全国州务委员会、全国委员会三个委员

---

① 曲洪:《当代中东政治伊斯兰:观察与思考》,第171页,中国社会科学出版社,2001。

会的主席。他取消原最高司令部总参谋部,其职责由总参谋长和参谋长联席会议两大机构承担,总统拥有调动军队、任命主要官员及采取任何重大的经济措施的权力,从而集政治、经济、人事大权于一身。他一直统治到1993年。"①

第二节 中国公共决策体制的特点分析

讨论中国的公共决策体制的特点及其改革,要考虑目前中国几个大的背景。背景之一是中国的决策体制是中国共产党在长期领导中国人民进行革命斗争、建立人民民主专政的过程中,根据马克思主义的国家学说和政治理论建立起来的。背景之二是中国经历了长期的封建专制,近代没有经过完整意义上的资产阶级民主革命,市场经济及其生产力尚不发达。背景之三是中国经过三十多年的改革开放,其经济基础和社会环境发生了巨大变化,已经建立起社会主义市场经济的基本框架,加入了WTO、融入了世界经济一体化,这必将对中国包括决策体制在内的特点及其改革产生基础性的制约作用。

一、中国公共决策体制类型——人民代表大会制度

中国的人民代表大会制属于民主集中制决策体制的一种,它是在"议行合一"原则的基础上建立起来的一种有中国特色的决策体制,它属于代议制民主决策体制的范畴,但又不同于"三权分立"基础上的西方议会制。

人民代表大会制主要包括以下几个方面内容:第一,各级人大都由民主选举产生,对人民负责,受人民监督;第二,各级人大及其常委会集体行使权力,严格按照民主集中制的原则行使职权;第三,国家行政机关、司法机关都由人大产生,对它负责,受它监督;第四,在中央的统一领导下,发挥地方的积极性;第五,在少数民族聚居的地方实行区域自治,在香港、澳门和即将统一的台湾实行高度自治。

人民代表大会制的重要特点就是"议行合一",即国家的行政机关、法院和检察院都是由各级人大选举产生,并受其监督,对其负责;另一个特点就是中国共产党在人民代表大会制中发挥领导作用,党的决策在中国公共决策体中具有重要意义。这体现在:(1)国家的一切重大问题都是由党首先提出建议,再由人大讨论决定;(2)党向国家机关推荐干部,并由人大表决。此外,中国的人民代表大会制还与民主政治协商会议相结合,发挥民主党派参政议政的作用。

---

① 陆庭恩、刘静:《非洲民族主义政党和政党制度》,第236页,华东师范大学出版社,1997。

作为民主集中制的一种表现形式,人民代表大会制具有许多优点。民主集中制坚持群众路线,从群众中来,到群众中去,反映人民群众的利益要求,使决策的外部成本降低;决策中坚持"少数服从多数"原则,克服西方代议制民主中讨价还价、议而不决的难题,降低决策成本,提高决策效率;人民代表大会制又考虑到中国政治制度的实质和社会主义条件下公共决策的特点,贯彻了马克思主义思想路线和共产党的群众路线,是符合中国国情的决策体制。邓小平说,民主集中制是"最合理最便利的制度"。

人民代表大会制较之西方的代议制决策体制有很大的优越性。它是在马克思主义关于代议制理论的指导下建立的,它旨在摒弃"清谈馆"式的议会,把人民代表大会变成真实的、握有实际权力的机构,真正实现人民的权利,所以,它是一种理想的决策体制。但在现实中,其运行又不是完美的。特别是在社会主义市场经济条件下,利益日益分散化,公民政治参与性增强,决策过程更加复杂化,决策的科学化和民主化也更为重要。目前,人民代表大会制还不够完善,在某些方面还不适应这一现状。

首先,党与人大的关系尚未理顺。在中国,共产党是执政党,领导人大的工作。而人大是最高权力机关,党要在法律范围内办事,就要受到人大监督。人大既要监督党,又要受党的领导,这导致实践中人大权力得不到充分行使。党与人大是中国最重要的官方决策机构,两者的关系不理顺,决策的科学化、民主化将大受影响。

其次,人大代表素质有待提高和选举制度不完善,人员结构有待提高和优化。选举制度是人民代表大会制度的基础和保障,选举制度是否完善将直接关系到公共决策的科学化和民主化进程的快慢。近几年来,中国对选举制度进行了改革,将直接选举的范围扩大到县一级,实行差额选举,采取无记名投票的方式,缩小了城市代表和农村代表所代表的人数差距。但还存在一些问题,如人大代表素质有待提高,一些人大代表把选上代表作为一种荣誉,认识不到自己的职责,在公共决策中发挥作用较小;人大常委会成员结构不合理,多是前政府官员,缺少懂法律、经济和管理的专家。这些都不利于人大发挥其作用。

再次,人大监督力度不够。人大作为最高权力机构,对"一府两院"工作进行监督,保证人民意志的实现。由于种种原因,人大的监督一直乏力。近几年来,特别是九届人大以来,地方人大在监督方面取得了不少成绩。比如,2000年1月,广东省28位省人大代表对环保部门处理一宗污染项目不满,按法律规定向环保局正副局长提出质询。在2001年2月14日闭幕的沈阳市第十二届人大四次会议上,沈阳市中级人民法院的工作报告没有通过。这两件事情被人们称为"中国民主政治的标志性事件"。"但一位不愿透漏姓名的学者认为，人大对一府两院的监督仍然大多数停留在形式上。在谈及沈阳和广东的这两个案例时，他认为这两起事件带有一定的偶然性。以沈阳事件为例，人代会期间，一个院长和两个副院长被双规，这样的工作报告被通过了反而不正常。至于广东的情况，他认为，这和当地的市场经济的发展及毗邻港澳、深受其政治文化影响有关。""所以，不要高估人大已经发挥的作用。"①

以上情况表明，人民代表大会制仍不够完善，人大在中国公共决策体制中的地位和作用还不够突出。为推进公共决策的科学化、民主化，促进中国市场经济的发展，必须进一步改革和完善人民代表大会制。

第一，理顺党和人大的关系，实现党通过人大管理国家事务。② 如前所述，党与人大作为中国公共决策的两个重要机构，其相互关系如何直接关系到中国公共决策的水平。党通过人大管理国家事务，就是党把人大当作主要活动场所，派优秀的干部到人大工作，相当一部分还可以在党和人大兼职。党不能直接对人大下命令，而是采取议案的形式，通过人大，使其主张变成法律。人大对党提出的议案进行审议、表决，无疑将会增进决策的科学化和民主化。另外，党虽然不直接管理国家事务，但通过人大仍然能够实施对国家的领导，而人大也发挥了其最高权力机构的作用。党通过人大管理国家事务这种做法，甘肃省白银市早在20世纪80年代就进行了组织上的探索。"1985年白银市召开第三届人民代表大会。鉴于深化改革的需要和干部队伍的实际状况，根据省委的要求，白银市实行主要负责同志身兼二职，既担任市委书记，又被提名为市人大常委会主任，市委的其他主要负责人也都被提名为市人大常委会组成人员。市委和市人大常委会在权能上分开，在职能上独立。"③他们实践的结果证明这种做法利大于弊，是可行的。目前，这种做法正在全国各地推广。在新一轮人大选举中，除书记是中央政治局常委的，一般都是由书记兼任人大主任。

第二，改革和完善选举制度，提高人民代表素质，优化委员会成员结构。一是在改革选举制度过程中，应进一步扩大直接选举的范围，使公民的权利得到保障，政府的权力得到制约，从而优化公共决策，避免决策失误；二是必须逐渐缩小城乡代表所代表人口数量的差别，在适当的时候取消这个差别，实现公共决策的公正和公平。党的十七大明确提出要逐步实现城乡按照相同比例选

---

① 参见《南方周末》，2003年2月27日第3版。
② 参见蔡定剑、王晨光主编：《人民代表大会二十年发展与改革》，第408页，中国检察出版社，2001。
③ 参见蔡定剑、王晨光主编：《人民代表大会二十年发展与改革》，第411页，中国检察出版社，2001。

举人大代表;三是提高人大代表的素质,保证人民代表能真正反应人民的呼声,实现公共决策增进公共利益的目的;四是优化人大常委会组成人员。"人大常委会的组成人员应是社会各界的代表,代表人民的利益,是人民的精英,而不是政治精英。"①

第三,加强人大的监督工作,发挥其"钢印"的作用。人大的工作主要是立法和监督,而人们普遍不满的是监督工作。早期,人大监督不力主要是因为宪法只规定了人大的监督权,而没有具体的实施细则和操作程序。因而,早期全国许多地方人大制定了有关人大监督的政策法律,各界都期盼全国统一的监督法的出台。2006年8月27日,十届人大常委会第二十三次会议终于高票表决通过了《各级人民代表大会常务委员会监督法》(以下简称《监督法》)。这部法律自2007年1月1日起施行。对此,境内媒体大多给予高度评价,认为《监督法》的出台,进一步明确了人大监督的指导思想,规范了监督的基本内容,完善了监督的具体程序,使宪法规定的人大监督方式有了更明确的内容,更具可操作性,有效避免了监督措施流于形式。尤其是《监督法》第三十条规定县级以上人大有权撤销本级政府发布的不适当的决定和命令,更是获得舆论广泛好评,认为此规定授予了人大对本级政府行为的"否决权"。但我们不能把所有的希望都寄托在《监督法》上。以《监督法》第三十条为例,在现行体制下,如果党委不认为政府发布的决定和命令是"不适当的",人大事实上没有可能撤销此决定和命令;如果党委认为该决定和命令"不适当",它自己完全就可以下令"撤销"。最终决定权操之于党,这一点在《监督法》出台之后与之前并无不同。《监督法》只是增加了一道人大撤销的程序,其意义类似于在党委对违纪官员作出惩处决定后,再由人大来"通过"撤销其行政职务的决定——人大在实质上并未能摆脱"橡皮图章"的尴尬。

二、中国共产党在公共决策体制中居核心主导地位

在中国,中国共产党是执政党,在公共决策的权力结构中处于核心地位。中国共产党在公共决策中的作用,首先体现在它对国家的政治领导上。党的政治领导包括政治原则、政治方向和重大政策的领导。凡是涉及有关国家和社会发展的根本原则、基本路线、重大方针和各个领域的重要决策,都是首先由党制定和提出的。党在提出各项方针政策之后,要由国家立法机关和行政机关据此制定国家的法律和政策,使党的意志通过法定程序变成为国家意志。为保证自己的路线、方针和政策能够切实通过法定程序变成国家意志并得到贯彻执行,党还决定和影响了各级政权机关的人事任免,推举共产党员执掌国

---

① 《南方周末》,2003年2月27日第3版。

家各级机关的重要权力,以实现组织上的领导。同时,党还确立了自己的指导思想在国家意识形态中的主导地位,并通过宣传、教育和思想政治工作,宣传自己的路线、方针、政策,努力把党的主张变成群众的自觉行动。党的政治领导、组织领导和思想领导是互相联系的。其中,思想领导是政治领导、组织领导的基础,组织领导是政治领导、思想领导的保证,而政治领导是核心,是最重要的领导。这三者之间的关系反映了党的政治决策以及制定和运用政策在党的全部领导活动中的重要地位和作用。

为了保证中国共产党的领导作用的实现,党还自上而下地建立了统一、严密的组织体系。党的组织体系包括中央、地方和基层三个层次。党的地方各级组织是与各级地方国家机构基本配套设置的,它们大致包括省(自治区、直辖市)、市、县的各级党委。各级地方党委是本地区的领导核心,它在地区性政策制定的权力结构中处于核心地位。党的基层组织,对党和国家各项方针政策在本单位的贯彻实施进行保证和监督。

现代国家的政治统治大多通过政党政治的途径来实现。可以说,现代政党特别是执政党在各个国家公共决策的过程中,都发挥了核心和主导作用。多数西方国家实行多党制,只有英、美等国家实行两党制。西方国家的政党执掌政权,是通过选举争夺议会多数席位和国家元首、政府首脑的方式来实现的。在选举活动中,各政党的竞选纲领或党的候选人发表的竞选演说反映了党的政策主张,表明了自己对各项社会重大问题的立场和态度,以迎合不同类型选民的要求,争取他们的选票,谋取选举的胜利。在执掌政权之后,执政党一般不再单独制定政策,而是通过它所掌握的政府政策来体现党的意图,实现党所代表的社会利益。同时,在野的政党虽然未能参加政府,但他们通过在议会中的各种活动,通过对政府施加压力或制造障碍,使政府不得不或多或少地接受他们的主张,从而也在一定程度上左右了政府政策的制定活动。

西方国家政党活动的主要范围是选举和议会。党的权力集中在少数领导人和议会党团手中。党的地方组织大多只参与组织选举活动,没有严密的组织体系和组织活动。经过选举上台成为执政党之后,党的领袖作为国家和政府的领导人,基本上不再以党的名义活动。党对议会党团成员一般都有一定的纪律约束,要求本党全体议员一致保证党的政策主张能在议会中通过,成为国家的政策和法律。执政党对政府政策制定的这种操纵现象,在日本表现得比较突出。

三、政府在公共决策体制的运行中发挥关键作用

政府作为国家的行政管理机关,是国家各项重要职能的直接体现者和执行者。现代政府活动的主要方式就是制定和实施一定的政策。在各个国家

中,政府的政策数量最多,政策活动的制度化程度最高,是政策系统的基本主体,在公共政策过程中具有关键性的地位和作用。

(一)中国中央政府在公共决策体制中的地位

中国国务院作为中央政府,享有宪法赋予的各种行政管理权力,统一领导全国行政事务。它的权力主要包括行政立法权、法律提案权、授权立法、行政管理权、经济管理权、社会管理权、外交管理权等。政府作为国家行政机关,它的决策活动和执行活动都属于依法行政的范围。从这个角度看,政府作为国家行政机关,它的一切管理活动都是依法进行的;它的决策活动和执行活动都属于依法行政的范围。

中国政府在领导体制上实行的是首长负责制。总理领导和主持国务院的日常工作,总理召集和主持对重大问题进行决策的国务院全体会议和常务会议,在这两个决策会议上,总理对决策的问题拥有最后决定权。

国务院下属的各个部门在辅助国务院行使职权的同时,也独立行使一些重要的行政决策权力和领导权力。通过这些部门行使的这些实际权力,国务院制定政策的许多活动实际上是体现在国务院各部门的身上。这些部门是政府权力结构中的核心要素,它们实际控制了政策制定过程中的一些重要环节;在一些政策制定活动中,它们甚至是主要的制定者。

(二)中国地方政府在公共决策体制中的地位

中国地方政府在公共决策体制结构中处于一种特殊的地位。它一方面要为贯彻中央政府的政策制定具体措施,另一方面还要根据自己的权限对所辖地域内的事务进行决策,因而在地方一级政府的政策制定活动中拥有相当的实际权力。在中国,按照法律规定,地方各级政府在国务院的统一领导下,负责管理地方的政治、经济、社会、文化等各个方面的工作;在地方政府的省(自治区、直辖市)、市、县、乡四个层级中,省、市、县三级政府管理的范围,特别是事权的范围,除军事、外交和戒严外,基本上与中央政府相似;政府的部门也基本与中央政府部门对应设置。在中央与地方的关系方面,中国基本上采取的是单一制—集权型的结构形式。一方面,国务院对地方政府实行直接领导;另一方面,中央政府的主管部门对地方政府的各工作部门也实行领导或业务指导。在传统的计划经济管理体制之下,地方政府的独立决策权力十分有限。改革开放以来,全国各级地方政府普遍扩大了自己的管理权限。地方政府在贯彻执行中央政府的政策时,要把中央的政策要求同本地区的情况相结合,制定指导本地区工作的具体政策。这种执行性政策,在表现和反映地区特点方面为地方政府的政策制定活动留下很大的余地。

(三)政府制定公共政策的过程

中央政府有关部门首先提出政策性文件草案,然后与相关部门沟通协商达成共识,最后根据该项政策的重要程度和成熟程度,分别交人大会议通过颁布或由政府首长签发。中国的公共政策决策类似于决策模型理论中的"系统决策模型"。在现实中,由于我国民主政治建设的滞后,民主参与的渠道不畅,人民的民主意识不强等原因,不少公共政策主要由政府提出并决定,人民参与的作用不明显。这种情况又类似于"精英决策模型"。

四、民主集中制是政策系统及其运行的基本原则

民主集中制是中国共产党和中国各级政府的基本的组织原则,也是中国政策运行尤其是政策制定的基本原则。

民主集中制就是"个人服从组织,少数服从多数,下级服从上级,全党服从中央"的原则。它的核心是少数服从多数。在这里,服从就是集中,没有服从也就没有什么集中。但是这种服从,不是多数服从少数,或服从一个人,如果是这样的服从,那就不是集中,而是专断了。专断还有什么民主可言呢?就多数和少数的关系讲,只有少数服从多数,才是民主的集中。少数服从多数这一原则说明,没有民主就没有集中,没有集中也就没有民主。所谓个人服从组织,很明显的,是少数服从多数,用不着作任何解释的。下级服从上级,当然不是说下级党员服从上级党员,党员没有下级党员和上级党员之分。这里是说的下级组织服从上级组织,如下级党委会服从上级党委员会。上级组织不用说是比下级组织代表更多数的党员的,因此,下级服从上级,也是和少数服从多数的原则一致的。全党服从中央,是说所有的党员、所有的党组织都要服从党的中央委员会。党的中央委员会是全党代表大会选出的,它在组织上代表着全党,一切党员服从它,一切党组织服从它,都不言自明地是少数服从多数。离开少数服从多数这一原则去讲民主集中制,可以说,是怎么也讲不清楚的。民主集中制具体运用起来,随着党的主客观条件不同而千变万化,但是万变不离其宗,都脱不出少数服从多数这一不变的原则。

中国共产党为什么采取民主集中制原则,而不采取其他什么原则作为自己的根本组织原则呢?因为实践已充分证明,只有它是共产党所应采取的唯一正确的根本的组织原则。它有利于党经过民主讨论、民主选举、民主表决等发挥党员的积极性、主动性和创造性,选举出最能代表大多数党员意志的领导机关和领导人,作出最能代表大多数党员意志的决议(其中包括路线、方针、政策及其他重大问题的决定),具有在统一意志、统一行动的基础上产生的强大的战斗力。民主集中制最能从组织上保证党实行正确的领导,但是它不能保证党不犯错误,因为有时真理是在少数人那里,而并不在多数人那里。多数人错了,作出了错误的决定,少数人虽然可以保留自己的意见,但是在行动上必须执行党的决定。还应该指出,坚持民主集中制,有了错误,也是较容易纠

正的。

在政策系统中坚持民主集中制，主要体现在以下两个方面：

首先，坚持政策制定中的民主化。一方面建立民主决策制度，广泛吸收人民群众参与政策制定，政策制定要充分发扬民主，深入调查研究，广泛听取各方面的意见。另一方面，在政策方案的最终确定中，遵从少数服从多数的原则。

其次，要坚持民主基础上的集中，这也是正确制定政策和有效实施政策的保证。坚持个人服从组织、下级服从上级、全党全国服从中央。

五、决策权力机构上集权色彩较为浓厚

权力分配是决策体制的核心。就决策权力是集中还是分散，我们可以将决策体制划分为集权型和分权型两类。中国的决策体制偏向于集权型。

中国集权型决策体制形成的历史原因是，两千多年的封建专制的历史和源远流长的"大一统"的政治文化传统。中华文明上下五千年，政治发展的趋势之一就是集权统治的加强。整个中国历史基本上可以说就是一部政治集权从无到有的历史，是一部专制集权加强的历史。同时，近代以来，中国的民主政治文化也远没有建立起来。建国以后三十年，中国实行的是以"集中过多、统得过死"为特征的计划经济体制。

决策体制上的集权表现是：在横向的权力分配上，一方面片面强调中国党的一元化领导，结果是党委包揽一切，以党代政、党政不分；按照行政区划，用行政命令去管理经济，形成政企部分、直接干预。另一方面是在党委或政府内部，权力过分集中于第一把手，形成事实上无人监督的绝对权力。

在纵向权力分配上，中国强调的是在政策问题上由中央统一思想、统一计划、统一政策、统一行动。由于中国地域辽阔，人口众多，中国行政区域的数量和层级在世界上是最多的，地区差异很大。但各级地方政府甚至包括民族自治地区，仅仅是政策执行者，要求不走样地执行，而没有或少有根据省情、市情、县情制定政策的权力，至于社会自治组织，才刚刚起步，这不同程度上压抑下级政策机构和人员以至人民群众的主动性、积极性和创造性。

六、试点和循序渐进是政策运行的重要方式

重要政策在全面实施之前都要在局部地区或试点中加以试验，以取得经验，再全面铺开。这是具有中国特色的政策运行的另一基本特点。

重视政策试点是中国共产党的政策理论的一个基本内容。邓小平指出："有些问题，中央在原则上决定以后，还要经过试点，取得经验，集中集体智慧，

成熟一个,解决一个。"① 1992年南方谈话时,邓小平同志强调说:"改革开放胆子要大一些,敢于试验,不能像小脚女人一样,看准了的,就大胆地试,大胆地闯。"②

重视政策试点是马克思主义认识论在政策执行过程中的具体体现。政策实验既是认识的一种基本来源,也是检验政策是否正确的一个标准。"一切真知都是从直接经验发源的。"认识正确地反映客观事物的本质和规律是一个过程,在特定阶段的认识常常受各种主客观条件的限制,所以,出现不全面、不完善,甚至出现一些偏差的情况在所难免。政策制定和执行也是这样的一种认识过程,因而制定出的新政策也不可能完全符合客观事物的实际情况。同时,任何事物都是在发展变化着的,新情况、新问题和新经验会不断涌现出来,要纠正政策中的失误,跟上形势发展变化的要求,就得选择试点,深入实施。在实验中检验新的政策是否正确,搞清楚新的政策哪些是符合客观实际的,哪些是与客观实际不一致的,需要补充修改的,这既可以完善政策,又可以创造新的经验,提供新的方法。

重视政策实验还可以避免损失,少走弯路。毛泽东同志曾经说过:"任何领导人员,凡不从下级个别单位的个别人员、个别事件取得具体经验者,必不能向一切单位作普遍的指导。"③总结和落实上级方针政策,需要有正确的方法和得力的措施。这种方法和措施不是从头脑中产生出来的,而是通过反复实践,在工作中总结出来的。因此,在推行一种新的政策之前,一定要先在某些地区、部门、单位进行试验,以便取得具体的经验,为有效贯彻落实政策做好准备。如果不试验就贸然推广,必然给工作造成困难和损失。有的事情不该办,由于盲目去办,违反了客观规律,当然不会成功;就是该办的事情,由于没有实践经验,不掌握操作方法,也不容易办好,也会导致失败。许多领导者时常好心办坏事,究其原因,有些就是操之过急,没有取得试点经验就忙于推广,造成主观与客观相脱离而失败。1958年搞的"大跃进"和人民公社化运动,就是没有经过充分的试点,在总路线提出后就轻率地发动了全国性的大规模运动,造成高指标、瞎指挥、浮夸风和"共产风"盛行,使国计民生遭受巨大灾难。因此,政策实验是保证政策顺利有效执行的一个必不可少的环节。

中国改革开放三十年的历程,也就是一个不断进行政策实验的历程,中国的改革开放和现代化建设是前无古人、后无来者的,既复杂又没有现成的经验,因此,更需要政策实验。邓小平同志明确地指出:"在全国的统一方案没拿

---

① 《邓小平文选(1975—1982)》,第300页,人民出版社,1983。
② 陈锡添:《东方风来满眼春》,《人民日报》,1992年3月31日。
③ 《毛泽东选集》(第3卷),第897页,人民出版社,1991。

出来以前,可以先从局部做起,从一个地区、一个行业做起,逐步推开。中央各部门要允许和鼓励他们进行这种试验。试验中间会出现各种矛盾,我们要及时发现和克服这些矛盾。这样我们才能进步得比较快。"[①]例如,农村生产责任制的试验,给中国农村注入了一股强大动力。从安徽省凤阳县和四川省广汉县试验成功到转入城市改革的1984年,农村569万个生产队实行了各种形式的生产责任制,落实联产承包的农户达1839.79万户,占总农户的96.6%。新的农业生产刺激和收入的多样化既受到鼓励又容易适应新的改革试验,乡政府逐步变成城乡经济关系的传送带。仅1978年至1981年三年间,中国农村的农业生产率提高了18%,农民的年人均收入增长了66%。农村改革试验的成功,不仅解决了12亿中国人的吃饭问题,而且为城市改革提供了不少可以借鉴的经验。城市各项改革也都经过试验。1978年,四川省有6个企业开始试行有限的"企业决策自主权"的试点;1979年,大约有4000家企业进入管理自主权试验阶段。接着,首都钢铁联合公司率先进行了"上缴利润递增包干"试点;东北工业重镇沈阳市推出了资产经营责任制试点;乡镇企业以"东莞模式"、"温州模式"、"苏南模式"悄然崛起。沙市、常州、重庆、潍坊先后成为综合改革的试点城市,在生产、流通、分配、金融、科技、劳动组合、劳动工资以及政府职能等方面进行改革尝试。

对外开放从特区开始。十一届三中全会以后,经邓小平首倡,党中央和国务院决定兴办深圳、珠海、汕头、厦门四个经济特区。1981年建立深圳特区以来的实践证明,深圳等经济特区在中国发展对外贸易、引进外资和技术、扩大对外经济交流中,发挥了重要的窗口和基地作用,在改革开放中也发挥了排头兵的作用。当邓小平倡导试办经济特区初战告捷之后,1984年3月26日—4月6日,中共中央书记处联合召开沿海部分城市座谈会,会议决定进一步开放大连、秦皇岛、天津、烟台、青岛、连云港、南通、上海、宁波、温州、福州、湛江、北海等由北到南14个港口城市,从而形成了中国对外开放的沿海黄金地带。随后,1985年1月开放长江三角洲、珠江三角州和闽南金三角地区。1988年春,进一步扩大沿海经济开放区范围,开放市、县增加到288个,面积达32万平方公里,人口有1.6亿;同时决定海南建省办特区。接着,又规划了350平方公里浦东新区的开发、开放,力图将大上海建设成太平洋西岸最大的经济贸易中心,以龙头之势促进长江流域的经济腾飞;并积极参与东亚经济圈,贯通连云港至鹿特丹世界第二条欧亚大陆桥,大力拓展对东欧乃至整个欧洲大陆的经贸活动。至此,由沿海开放进一步推进到沿江和沿边开放。于是,中国形成了多方位、多层面的对外开放格局。

---

① 《邓小平文选(1975—1982年)》,第140页,人民出版社,1983。

总之,重视政策实验,一切经过试验,是一切从实际出发在政策执行中的体现,是探索新生事物的重要步骤,是推行改革创新的正确方针,是尊重群众、教育群众的重要方法。不经过试验就推广,那是蛮干,不经过试验就否定,那是武断。敢于试验、重视试验,既避免了改革的失误,又使中国进入了一个新的里程。事实证明,重视政策实验是一项成功的政策执行经验。

七、"红头文件"是我国政策的重要载体

中国共产党的决议、指示等党的政策,俗称"红头文件",不但成为广大党员必须遵循的行为准则,而且直接成为国家和政府的公共政策,这种情况从中央延伸到地方、从党延伸到政府、从政府延伸到政府部门和其他社会组织。红头文件成为公共政策代名词。

公共政策是采取什么形式,并不特别重要,关键在于政策的内容是否正确和是否能得到有效的执行。相比较而言,红头文件的审核程序比较简单,能够对时局的变化作出及时灵活的反应,便于对动态的社会经济生活进行更便捷有效的调节,效率更高。但红头文件作为政策的主要形式,红头文件泛滥也带来极大的弊端。弊端之一:红头文件不能保证决策的民主化和法制化,容易导致少数人说了算,以至长官意志决定一切。弊端之二:红头文件泛滥,各地方、各部门根据自己的局部利益,制定了许多带有地方保护、部门封锁式的政策文件,严重影响了中央政令的统一。弊端之三:红头文件缺少公开性和透明度,缺少必要的监督,往往带来政策制定和执行的"暗箱操作",因人而异,由此而产生腐败的机会。弊端之四:红头文件随意性也较大,容易出现政策的易变和不稳定。

上述中国政策体制的特点,一方面,它们符合中国国情,实践证明它们具有极大的优势。但另一方面,各种特点都有一些弊端和消极因素,有的是政策体制运行中政策主体没有真正把握特点的精神实质,有的是在政策运行中忽视了它应具备的体制要求,有的特点已经不符合现代法制国家的要求,新世纪无论是经济体制改革的深化,还是政治体制、行政体制改革的加速,都离不开对中国政策体制特点的准确而又辩证的把握,对其优势要在新的历史条件下坚持、完善、发扬光大,对其弊端和消极作用通过改革加以清理、克服。

第三节　21世纪中国政策体制改革思考

一、中国政策体制改革的前提和目标

中国政策体制改革有四个前提：其一是中国的根本任务。发展是硬道理，中国在新世纪的根本任务就是加快发展，在本世纪中叶实现第三步战略目标，把中国建设成为高度富强、民主、文明的社会主义现代化强国。其二是中国经济基础。中国通过多年的改革，已经建立起社会主义市场经济的体制框架。其三，是中国的社会制度。中国是社会主义国家，本质就是要解放生产力、发展生产力、消灭剥削、消除两极分化、走向共同富裕。其四是中国的政治体制。共产党是中国一切事业的领导核心，过去的改革模式是党领导下的"政府主导型"，在将来很长一段时间内，这种模式仍将是有效的。政府主导就是政策主导。

中国政策体制改革有三个目标：一是发展。即促进经济发展及社会的全面进步。二是效率。在现代市场经济条件下，公共政策的一个重要作用和目的，就是纠正市场失灵所造成的效率干扰和效率损失。三是公平。公共政策要把实现公平作为自己的责任和目标。公平问题的解决又是效率问题解决的前提。为了实现三个目标，中国的政策体制改革必须从适应社会主义市场经济的要求、充分发挥市场机制的作用出发，从改革政策体制的权力配置和优化政策体制的运行机制入手。

二、有限化

有限化是指根据市场经济的要求，准确界定政府的作用范围和政策的作用界限，改变过去计划经济下政府包打天下、政策管辖过宽的弊端，做到政企分开、政事分开、政社分开，把一部分原来由政策调节的领域交由市场和社会去完成。政策的功能主要集中于市场规则的制定和实施上，建设完善的市场制度，营造有利的竞争环境，促进市场的有序运行。

三、分权化

分权化是指在政策系统内部决策权上的纵向分工，主要指中央和地方的分权。

在中央和地方的决策权力分配中，最主要的是两项权力：经济资源配置权和行政人事决定权。

资源配置权和行政人事权,组合成四种不同政策体制类型:

一是经济集权与行政任命制的组合,这是一种典型的高度集权的决策体制。

二是经济分权与行政选举制的组合,这体现了联邦体制的重要特征。

三是经济集权和行政选举制的结合,这种体制类型仅仅是理论的抽象。

四是经济分权与行政任命制的组合,这是一种过渡形态的政策体制。现阶段我国就是采用这种体制类型。

改革开放以来,在由高度集权的计划经济向适度分权的体制过渡中,既带来了促进地区发展和改革的正面效应,也产生了不可忽视的负面作用。

坚持分权化的改革方向,处理好中央和地方分权和集权的"度",其基本的思路应该是:

第一,坚持政策体制的分权化方向,不能因为分权的负作用而走回头路。

第二,深化企业改革,大部分国有资产退出竞争性领域,加快企业产权多元化的步伐,缩减地方政府作为国有资产所有者实际代表对资源的配置权和对企业的控制权。

第三,严格界定中央和地方的决策权限,尤其是经济决策权。宏观经济调控权应集中于中央。地方政府拥有根据中央的政策对企业的行政监管权和有提供公共产品和服务的义务。

第四,重新确定地方政府的业绩考核指标,加大对地方政府的"硬约束"。

四、民主化

民主化就是建立公共事务决策和管理的民主体制,它是政治民主化的集中体现。

其一,伴随着社会主义市场经济的发展,出现了利益多元化的趋势。

其二,随着社会主义市场经济的发展,公民的独立自主意识、政治参与意识以及政治民主化的要求将逐步增强。

其三,要遏制以至最终消除政策制定和执行中的"设租"和"寻租",最有效的机制就是扩大民主,在政策机构和政策运行中有更多的公民切实参与,民主决策、民主评估、民主监督,尤其要使之法制化。

政策体制的民主化主要包括两个方面:

第一方面是改变政策主体的权力结构,扩大民众决策权和参与度。举措之一就是逐步发展直接选举制度,从组织上保证民意代表有更多的决策参与权。举措之二是扩大各级人民代表大会及其常委会的政策决定权、评议权和监督权,真正树立最高权力机关的权威。

第二方面是政策的运行要建立制度化的民主程序,保证公民的政策主体权力落到实处。

五、科学化

政策科学化是指政策运行过程中,由传统的经验决策向现代科学决策转变。包括政策观念的科学化、政策理论的科学化、政策主体的科学化、政策程序的科学化等。

第一,树立现代政策观念,提高决策者的决策素质。

第二,加强政策研究组织的建设,发挥现代决策咨询组织的作用。

第三,大胆借鉴、吸收、掌握和运用西方先进的政策理论、方法和技术,提高决策者的决策水平。

第四,优化政策运行机制,逐步实现决策过程的程序化。

六、法制化

其一,政策系统,主要是权责结构、运行过程要纳入法制化轨道;要建立健全决策责任制;要保障广大人民群众参与公共决策的民主权利,并使决策咨询特别是专家咨询制度化。

其二,依法行政。一是政府所制定的所有政策都不能违背宪法和法律。二是政策的制定和执行必须遵循法定权力和程序而不能超越。

其三,政策的合法化。政策的合法化是指法定的政策主体为使政策方案获得合法地位,必须依照法定权限和法定程序进行政策审查、通过、批准、签署和颁布实施。政策合法化包括两个方面:一个方面是政策的法律化。另一方面是任何政策都必须经过法定机关的审查、通过和法定主体的签署。

政策体制的改革是一项系统工程,上述五个方面,是相互依存、相互交融,不可分割的,任何一方面的单科独进都不能克尽改革的全功,相反,则会导致改革的转向或回潮。

第四章 政策工具与政策手段

政策工具是政府治理的手段和方式方法，是实现政策目标的基本途径。选择哪种工具和途径，直接关系到政策目标能否实现以及在多大程度上实现。因此，政策工具研究是十分有必要的。然而，目前国内对政策工具研究还处于起步阶段。

第一节 政策工具与政策工具研究的兴起

研究政策工具，首先要了解政策工具的基本内涵、政策工具的分类，还要了解政策工具研究兴起的背景。本节介绍关于政策工具的基本内容。

一、政策工具的基本内涵

政策工具（public policy instrument），也被称为政府工具（govermental tool），又称治理工具或公共管理技术，它是当代公共管理的一个重要理论与实践领域。

研究者们的理解角度不同，给出的政策工具的定义也是各不相同。有学者把政策工具定义为"影响政策过程以达到既定目的的任何事物"，或"一个行动者能够使用或潜在地加以使用，以便达成一个或更多的目的的任何事物"；也有学者通过分类或列出几组具体工具来对政策工具进行描述。这些观点都把工具看成是拥有某些共同特征的活动，例如一项计划、一条法令。

得到广泛认同的观点是把政策工具看成一种"客体"，胡德就认为"工具"概念可以通过将之区分为"客体"和"活动"从而得到更明晰的理解。[①] 首先，工具可以被当作"客体"，尤其是在法律文献中，人们把法律和行政法规说成工具，它指的是形成法律和法规的一整套命令和规则。其次，工具也可以被当作一种"活动"，如林格林（Arthur B. Ringeling）就把工具概念描述成为："致力

[①] C. Hood, *The Tools of Government*, London: Macmillan, 1983.

于影响和支配社会进步的具有共同特性的政策活动的集合。"[①]然而,这种定义却在一定程度上模糊了"政策"和"工具"这两个概念之间的界限。如果说政策是"与某一社会问题相联系的行动或行为",那么,政策工具又是什么呢?因此,人们更倾向于把政策工具看作"客体"。不幸的是,这种定义在将之具体化时却存在着困难。

欧文·E·休斯在《公共管理导论》一书中将政策工具定义为:"政府的行为方式以及通过某种途径用以调节政府行为的机制。"[②]中国学者张成福的定义则是:"政府将其实质目标转化为具体行动的路径和机制。"[③]陈振明的定义是:"人们为解决某一社会问题这一政策目标而采用的具体手段和方式。"[④]

要界定什么是政策工具,必须弄清楚几点。首先,政策工具存在的理由是为了实现政策目标,它是作为目标和结果之间的桥梁而存在的;其次,政策工具仅仅是手段,而不是目的本身。"条条大路通罗马",政策工具的范围相当广泛,对其的选择也可具有相当大的灵活性,再次,政策工具的主体不仅仅是政府,其他主体也可以拥有自己的工具。

综上所述,我们将政策工具定义为:政府或者其他政策主体为解决某一社会问题,达到政策目标而采用的具体手段和方式。

三、政策工具研究的兴起

政策工具的研究有着悠久的历史,可以说政策研究一开始就伴随有着对政策工具的研究。目前,学术界对政策工具的重视源于政府对自身行动及其影响的关注。在各国公共管理改革的实践中出现了大量新的政策工具类型。学界由此掀起了政策工具研究的热潮。

政策工具研究最早起源于社会科学领域,当初的研究主要集中于一点,即个人或公共组织通过什么样的方式和途径来有目的地影响和作用于社会进步。此后,大量的假设和提问都是以这一点作为基础的。工具研究并不必然地只与一个单一的学科相联系,相反,它存在于社会科学的不同领域。在经济学领域,工具途径已经流行了相当长时间,为了达到既定的经济利益,工资、价格以及社会福利政策在传统上一直就被当成工具来使用。在政治学领域,达尔和林德布洛姆在《政治、经济和福利》(1953年)已论及政策工具的基本原理,

---

① See, B. Guy Peters and Frans K. M. van Nispen (eds.), *Public Policy Instruments*. Northampton: Edward Elgar Publishing. Inc. ,1998,p.14.
② [澳]欧文·E·休斯:《公共管理导论》,第99页,中国人民大学出版社,2001。
③ 张成福、党秀云:《公共管理学》,第62页,中国人民大学出版社,2001。
④ 陈振明:《政策科学——公共政策分析导论》(第二版),第170页,中国人民大学出版社,2003。

在此之后,政治学中的政策工具研究沿着两个不同的方向发展——一是注重对工具的政治属性的研究,它以政治文化及意识形态的研究为基础;另一个发展方向是沿袭结构—功能传统,力求通过对工具的研究来确定公共政策功能。法学领域同样包含着工具研究途径,20世纪初,庞德(Pond)就提出过法律是一种社会控制工具的观点;公共行政学研究的发展也同样为工具途径的产生和发展作出了贡献。①

在20世纪70年代之前,公共管理学界对于工具的系统研究非常匮乏,甚至关于是否应该研究这一领域的争论都几乎没有出现过。20世纪80年代以后,在公共管理学及政策科学领域出现了不少关于政府工具方面的论著。例如,胡德(C. Hood)的《政府工具》(1983、1986)、彼特斯(B. GuyPeters)和尼斯潘(FransK. M. VanNispen)主编的《公共政策工具》(1998)、戴维·奥斯本等人主编的《政府改革手册:战略与工具》(2000)、莱斯特·M.萨拉蒙(Lester M. Salamon)等人主编的《政府工具———新治理指南》(2002)等。现在,政府工具已发展成为当代公共管理学和政策科学研究的一个焦点,并正在成长为一个新的学科分支或主题领域。② 是什么推动了工具研究的盛行呢?

首先,理论与实践的结合。在实践上,政府管理方式的创新,特别是市场化机制、工商管理技术和社会化手段在政府管理中的引入,是21世纪行政管理发展的一个基本趋势。自20世纪70年代末开始,伴随着全球化、信息化、市场化以及知识经济时代的来临,西方各国相继掀起政府改革的浪潮。尽管西方各国政府改革的战略和优先性不同,但都以改进管理方式为核心,并采取以引入市场机制和工商管理技术为特征的"管理主义"或"新公共管理"措施,追求提高行政效率,改善管理绩效,加强责任制,放松管制,增加灵活性和回应性等目标。西方的"管理主义"改革在将市场机制、工商管理技术和社会化手段应用于行政管理的实践上已积累起成功的经验,也留下了失败的教训;西方学者对这个问题作了大量的实证分析与理论研究,取得了丰硕的成果。

其次,近代以来政策执行难度和复杂性程度的大大提高以及政府职能的扩张,导致对政府管理相关知识的需求增大,这就要求对社会政策问题作更多的科学与实证分析和研究。由于政策工具研究致力于如何把一个简单但却难以回答的社会问题付诸实施,因此,根据政策目标和途径来进行思考使政策工具研究为公共管理作出了重大贡献。

再次,工具研究途径的倡导长期以来得到政治和意识形态方面的支持。对福利国家的某些政府部门的不满使人们要求对政策失败的分析予以更多的

---

① 陈振明:《政策科学——公共政策分析导论》(第二版),第168页,中国人民大学出版社,2003。
② 陈振明:《政府工具研究与政府管理方式改进》,《中国行政管理》,2004年第6期。

关注。20世纪80年代初,荷兰的吉尔霍德(Geelhoed)委员会得出结论:政策工具知识的缺乏和不足是导致政策失败的重要原因。因此,解决政策失败问题的关键在于建立和发展一门政策工具理论并将它付诸实践。

二、政策工具的分类

在当今政策实践中,政策工具种类繁多。不同的学者根据不同的标准进行分类,丰富了政策工具的研究,为政府工具选择奠定了良好的基础。

荷兰经济学家科臣(E. S. Kirschen)最早试图对政策工具加以分类,他着重研究这样的问题,即是否存在着一系列的执行经济政策以获得最优化结果的工具。他整理出60多种一般化的工具,但并未加以系统化的分类,也没有对这些工具的起源和影响加以理论化探讨。

美国政治学家罗威将工具分为规制性工具和非规制性工具两类。

著名政策分析家狄龙(Van der Doelen)将政策工具划分为法律工具、经济工具和交流工具三类,每组工具都有其变种,可以限制和扩展其影响行动者行为的可能性。另一种更新近的三分法是将政策工具分为管制性工具、财政激励工具和信息转移工具。

胡德提出了一种系统化的分类框架。他认为,所有政策工具都使用下列四种广泛的"政府资源"之一,即政府通过使用其所拥有的信息、权威、财力和可利用的正式组织来处理公共问题。

加拿大公共政策学者霍莱特和拉梅什(M. Howlett and M. Ramesh)在《公共政策研究》(1995)一书中根据政策工具的强制性程度来分类。他们将政策工具分为自愿性工具(非强制性工具)、强制性工具和混合性工具三类。[①]

林德和彼得斯认为政策工具是多元的,他们列出了以下的工具:命令条款、财政补助、管制规定、征税、劝戒、权威、契约。[②]

欧文·E·休斯在《公共管理导论》一书中认为绝大多数的政府干预往往可以通过四方面的经济手段得以实现,它们是:(1)供应,即政府通过财政预算提供商品和服务;(2)补贴,它事实上是供应的一种补充手段,政府正是通过这种方式来资助私人经济领域的某些个人,生产政府需要的商品和服务;(3)生产,指政府生产在市场上出售的商品和服务;(4)管制,指政府运用国家强制力

[①] Michael Howlett and M. Ramesh, *Studying Public Policy: Policy Cycles and Policy Subsystems*. Oxford University, 1995, p. 85.

[②] S. Linder, and B. Guy Peters, *The Study of Public Policy Instrument*, Policy Current, 1992, Vol. 2, No. 2.

批准或禁止私人经济领域的某种活动。①

萨瓦斯(Savas)在《民营化与公私部门的合作伙伴关系》一书中将政府的行为方式划分为10种具体形式:(1)政府服务;(2)政府出售;(3)政府间协议;(4)合同承包;(5)特许经营;(6)政府补助;(7)凭单制;(8)自由市场;(9)志愿服务;(10)自我服务。②

奥斯本和盖布勒曾经用"政府箭袋里的36支箭"来形容政府的政策工具,他们又将这些机制分为传统类、创新类和先锋派三类:

传统类	建立法律规章和制裁手段、管制和放松管制、进行监督和调查、颁发许可证、税收政策、拨款、补助、贷款、贷款担保、合同承包
创新类	特许经营、公私伙伴关系、公共部门之间的伙伴关系、半公半私的公司、公营企业、采购、保险、奖励、改变公共投资政策、技术支持、信息、介绍、志愿服务者、有价证券、影响费、催化非政府行动、召集非政府领导人开会、政府施加压力
先锋派	种子资金、股权投资、志愿者协会、共同生产或自力更生、回报性安排、需求管理、财产的出售交换、重新构造市场

萨拉蒙在《政府工具:新治理指南》中,将公共服务的工具分为:直接政府、政府企业与政府资助企业、经济规制、社会规制、政府保险、公共信息、弹性税费与特许经营、合同制、授权、贷款与担保贷款、税收支付、凭单制、侵权责任、间接管理式政府、间接政府的金融责任及第三部门。德国学者克里斯托弗·理查德也将公共服务的竞争形式分为:标杆管理/绩效比较、行政性服务的内部市场、市场检验(公共/私人竞争的变体)、服务的一定时限的外包、私有化(将某一服务永久性地转移到私人商业性的供应商)以及转移到非盈利组织。

中国学者张成福在《公共管理学》中,按政府介入的程度对政策工具进行了分类,它们是:政府部门直接提供财货与服务、政府部门委托其他部门提供、签约外包、补助或补贴、抵用券、经营特许权、政府贩售特定服务、自我协助、志愿服务和市场运作。③

综合以上学者的分类,并结合中国的政策实践,我们将改革开放以来引入作为改革内容加以强调的政策工具分为市场化工具、工商管理技术和社会化手段。传统的政策执行手段,如行政手段、经济手段、法律手段和教育手段,也应该包括在政策工具的研究中(在下一节中,我们将对这些政策手段加以论述)。市场化工具指的是,政府利用市场这一资源有效配置手段,来达到提供

---

① [澳]欧文·E·休斯:《公共管理导论》,第98页,北京:中国人民大学出版社,2001。
② [美]萨瓦斯:《民营化与公司部门的伙伴关系》,第69页,中国人民大学出版社,2002。
③ 张成福,党秀云:《公共管理学》,第62页,中国人民大学出版社,2001。

公共物品和服务的目的的具体方式,民营化、用者付费、管制与放松管制、合同外包、内部市场等都可以用来帮助政府达成政策目标。作为政策工具,工商管理技术是把企业的管理理念和方式借鉴到公共部门中来,吸取有效经验达成政府的政策目标,它包括战略管理技术、绩效管理技术、顾客导向技术、目标管理技术、全面质量管理技术、标杆管理技术和企业流程再造技术等。社会化手段是指政府更多地利用社会资源,在一种互动的基础上来实现政策目标,如社区治理、个人与家庭、志愿者组织、公私伙伴关系等。

第二节　政策手段的基本类型

政策手段与政策工具是统一的,是指政策主体为完成一定的政策任务、达到一定的政策目标而采取的各种措施和方法。政策运行的每一环节都离不开一定的手段,政策手段恰当与否直接关系到政策目标能否顺利实现。研究政策手段是为了更好地运用这些手段,更有效地完成政策执行任务。政策活动的复杂性,决定了政策执行手段的多样性。概括说来,通常的政策手段主要有以下几类。

一、行政手段

行政手段是指依靠行政组织的权威,采用行政命令、指示、规定及规章制度等行政方式,按照行政系统、行政层次和行政区划来实施政策的方法。行政手段有着显著的特点:第一,权威性。采用行政手段的行为主体是上级政府机关或上级领导,作用对象是下级政府机关或工作人员。他们之间强调的是垂直领导关系、下级服从上级的关系。行政手段依靠强制性的权威将国家的各项方针、政策准确无误,坚决有力地推行和落实。第二,强制性。强制性体现于行政组织体系在思想上、纪律上要求服从集中统一的意志,这就是说,行政主体所发出的命令、规定、条例等都必须执行,有时属于根本不考虑价值补偿问题的无偿性服从,更有甚者是要求无条件的绝对服从。当然,这同法律所具有的普遍约束力那种强制不尽相同,它允许特别情况下的灵活机动。第三,对象的有限性和时效性。在实际工作中,行政指示、命令等往往是就解决某一具体问题、完成某一项具体任务而作出的,因此,它的内容和发布的对象是具体有限的。不仅如此,行政指令还有时效性,即它只对特定时间和特定对象有效,而不像行政法规那样,适用范围具有广泛性。行政命令是法律的具体化、细目化,它弥补了法律的不足。

行政手段构成任何一种政策执行的不可少的基本因素。行政手段具有较强的约束力,带有强制性,它要求在政策规定的范围内,任何单位和个人都必须执行,否则就要承担一定的行政责任,受到一定的处罚。因此,在政策执行中使用行政手段容易做到协调统一,令行禁止。特别是用此方法便于解决一些特殊的、紧迫的、突发性的问题,有利于扭转政策执行中的不利局势,保证政策的顺利运行。但行政手段对上级机关的要求甚高,上级如有失误将会导致连锁反应。另外,执行过程中的无偿性和下级的被动地位都不利于充分发挥下级的积极性和创造性。有鉴于此,要把它限制在一定的范围内,切不可滥用。

二、法律手段

法律手段是指通过各种法律、法令、法规、司法、仲裁工作,特别是通过行政立法和司法方式来调整政策执行活动中各种关系的方法。法律手段所依靠的不仅仅是国家正式颁布的法律,同时也包括国家各类管理机构制定和实施的各种类似于法律、具有法律效力的各种规范。法律手段除了与行政手段一样具有权威性和强制性外,它还具有稳定性和规范性的特点。所谓稳定性,是指行政法规一经国家立法和行政机关颁布,就将在一定时期内生效,不会经常变动,更不允许任何机关、社会团体和个人随意更改。行政法律和法规的修订必须根据客观形势发展的要求,由国家立法和行政机关遵循立法程序进行。所谓的规范性,是指它对一般人普遍适用,对其效力范围内的所有组织和个人具有同等的约束力。法律和法规都要用极其严格的语言,不能发生歧义,因为它是作为评价不同人行为的共同标准。不同层次的法律法规不得互相冲突,法规要服从法律,一般法律又要服从宪法。

法律手段是政策执行活动得以进行的根本保障,依法行政、依法管理不仅具有权威性而且具有科学性和客观性。只有运用法律手段,才能消除阻碍政策目标实现的各种干扰,保障政策执行活动有法可依、有章可循,从而有利于政策的顺利实施。法律手段使用的范围比较广泛,尤其适用于解决那些共性的问题。但是,在处理特殊的、个别的问题时,还需要与行政手段等相互补充。

三、经济手段

经济手段是指根据客观经济规律和物质利益原则,利用各种经济杠杆,调节政策执行过程中的各种不同经济利益之间的关系,以促进政策顺利实施的方法。经济手段运用价格、工资、利润、利息、税收、资金、罚款以及经济责任、经济合同等,来组织、调节和影响政策执行者和政策对象活动。经济手段不同于行政手段和法律手段,它有如下三个特性:第一,间接性。它不像行政手段那样是直接干预,而是利用经济杠杆作用对各个方面的经济利益进行调节来实行间接控制的。第二,有偿性。与行政手段下的无偿服从不同,经济手段的核心在于贯彻物质利益原则,注重等价交换原则,"有偿交换、互相计价"是其主要规则。有关各方在获取自己经济利益的权益上是平等的。第三,关联性。一种经济手段的变化不仅会引起社会多方面经济关系的连锁反应,而且会导致其他各种经济手段的相应调整,它不仅影响到当前,而且会波及今后。

实践证明,在政策执行过程中,只有正确贯彻物质利益原则,按客观经济规律办事,运用经济手段来调整各方面的经济利益,将实施政策的任务与物质利益挂钩,并以责、权、利相统一的形式固定下来,间接规范人们的行为,给人以内在的推动力,才能充分调动人们执行政策的积极性和主动性,增强政策的效力,使政策目标得以实现。

各种经济手段的功能是不同的,应根据不同情况采用不同的经济手段,切不可简单划一地规定,更不能不加分析地套用。同时,在政策执行过程中,应注意把经济手段与行政手段、法律手段有机结合使用,这样可以取得更佳的效果。

四、教育手段

教育手段是一种以人为中心的人本主义管理方法,它通过运用非强制性手段,诱使政策执行者和政策对象自觉自愿地去贯彻执行政策,而不从事与政策相违背的活动。常用的思想诱导手段有:制造舆论——在政策形成之时就大力宣传,使政策的内容深入人心;说服教育——对少数不按政策执行或抵触的对象采取个别谈心,做深入细致的思想教育工作,做到以理服人,而不是以强力服人,以大话压人;协商对话——在政策执行出现困难的情况下,决策者和执行者应就政策深层次问题商谈协议,并借此征询群众意见,尽可能在补充政策中作适当调整;奖功罚过——通过奖励或惩罚手段来诱发人们的动机,激励人们的积极性。它体现了社会主义按劳分配原则、公平原则和利益原则,实践证明这是一种很好的管理方法。对政策执行得好的单位和个人给予精神和物质上的奖励,对违抗政策的对象给予惩戒,达到宏扬正气、压抑邪气的目的。

教育手段有在对象上具有多元性、在方式上具有协调性、在作用上有着宏观控制性的特点。它的最大好处在于是通过政府有计划地循循善诱,使政策执行者和政策对象自觉地采取某种行为,这样,不仅可以节省许多人力物力,而且更主要的是由于这种行为是出自心悦诚服的自觉自愿,因而就能够牢固而持久;而其他行政手段的弊端则是"以力服人",其结果很可能是"非心服也,力不赡也"。因而,当今各国的一个共同趋势是,发展思想诱导,尽量减少强迫命令。

政策执行手段随着社会的发展而变化。只要政策执行者能不以权力与强制为满足,用心观察、总结和创造性地工作,就一定能学会使用多种有益的执行手段,大大提高政策的执行效能,保证政策目标的预期实现。

第三节　行政体制改革中的政策工具选择

在各国的行政改革中,政策工具选择至关重要。政策工具是实现政策目标的基本途径。行政体制改革在某种程度上可以看作是政策工具的选择过程。在特定背景下,一些工具会比另一些工具更有效;而一种工具失效后,就要转变为其他工具。可以毫不夸张地说,政策工具的选择关系到政府改革的成败。有学者认为,自20世纪70年代以后,西方国家面临的政府危机,主要就是在工具的层面上产生的,即传统的政策工具失灵。"今天我们政府失败的主要之处,不在目的而在手段。"[①]当代西方政府改革运动正是致力于政策工具的重新选择而获得了成功。可见,能否选择恰当的工具是政策成功与否的关键。

当今西方各国的行政改革中,除了采纳传统的政策手段之外,政府工具也在不断创新。我们把这些工具概括为市场化工具的选择、工商管理技术的移植以及社会化工具的运用。本节介绍这些政策工具的特征和应用成效。

一、市场化工具的选择

20世纪70年代以来,西方国家进行了大规模的政府改革。其主要内容是重新调整政府与市场的关系。在市场能发挥作用的地方,政府让位于市场,市场还扩张到传统上由政府发挥作用的领域,即在公共管理中引进市场竞争机制,取得了显著的成就,并影响到世界上其他国家。西方国家具体国情不同,市场化方法的选择和运用成效也不完全相同。采取的措施主要有:民营化、合同外包、放松管制、用者付费、分权化、产权交易和内部市场。

(一)民营化

广义而言,民营化可以界定为更多依靠民间机构,更少依赖政府来满足公众的需求。[②] 它往往指所有权的转移,将"原先由政府控制或拥有的职能交由企业私方承包或出售给私方",[③]通过市场的作用,依靠市场的力量来提高生产

[①] [美]奥斯本·戴正维、盖布勒·特德:《改革政府》,第46页,上海译文出版社,1996。

[②] E. S. Savas, Privatization, The Key to Better Govenrnent. 18Chatham, NJ: Chatham House, 1987.

[③] [美]斯蒂夫·H·汉克主编:《私有化与发展》,第4页,中国社会科学出版社,1989。

力,搞活国营企业。其中最典型的做法是国营公司一半以上的股票出售给私人,或全部直截了当地出售国有或国营企业。民营化的实质就是通过市场机制合理配置资源,使资源能够流向使用效率更高的部门。民营化并非为了弥补政府的预算缺口,而是要实现对公共部门资源的再分配。

作为一种政策工具,民营化的优点是:可以促进管理者降低成本,提高质量;民营化是一种新的管理形式和技术,同时也是获得资金的新来源;通过减少政府的直接行为,公共管理者可以专注于政策制定。但是,民营化的弊端也是显而易见的:政府丧失对公共物品和服务提供的直接控制;由于民营化,政府在经济发展方面的功能和角色有所消退;对私人部门管理的控制不容易做到等。此外,还有意识形态上的争议,一些反对者人为,市场是罪恶,私人部门唯利是图,由私人部门提供公共服务缺乏社会正义,总是令人不自在。一般而言,与私人公司相比,人们更信任政府能够有效率地提供公共项目。赞成民营化的人认为民营化更富同情心、更人道,通过民营化所节约的社会财富可以用于最需要的人,从而实现人们所期望的社会目标,尽管运用的方式完全不同。

(二)合同外包

合同外包也称合同出租、竞争招标,指的是政府确定某种公共服务项目的数量和质量标准,对外承包给私营企业或非盈利机构,中标的承包商按照与政府签订的合同提供公共服务,政府用财政拨款购买承包商的公共产品和劳务。合同是以双方当事人协商一致为前提的,变过去单方面的强制行为为一种双方合意的行为。政府与其他组织一样都以平等主体的身份进入市场。政府的职责是确定需要什么,自准购买,签订购买合同,然后依照所签订的合同监督绩效,而不是靠强迫。

合同外包被视为既提高服务水平又缩小政府规模的重要途径,是降低成本、节约开支的有效手段。作为一种政策工具,合同外包可以利用竞争力量给无效率的生产者施加压力,提高生产率;能够摆脱政治因素的不当干预和影响,提高管理水平;可以把通常模糊不清的政府服务成本以承包价格的形式明确化,有助于强化管理。但是,在承包权的授予上可能存在腐败和寻租行为,"政府合同和腐败是老朋友"。政府官员可控制招标过程,向承包商索取回扣,或采取拒付资金、拖延支付的方式,从诚实的合同承包商那里勒索钱财;可能形成对承包商的依赖,承包企业雇员罢工、怠工和企业破产会使公众利益受到损害。

(三)放松管制

放松管制,就是在市场机制可以发挥作用的行业完全或部分取消对价格和市场进入的管制,使企业在制定价格和选择产品上有更多的自主权。其基本的观念是:"政府无效率的主要原因是对管理层进行干预控制的内部管制的数量太多……基本的假设是,如果公共组织能够清除戒律,它就能更加具有灵活性和效率。"[①]它与管制一样,是"一种政府与其公民之间特殊的关系"。具体做法包括:(1)放松对定价权管制,放宽或取消最低限价和最高限价;(2)逐步减少价格管制所涵盖的产品的范围;(3)放宽或取消进入市场的规制等。

放松管制在美国的应用最为典型,成就也较显著:收费水平下降明显;收费种类、收费体系发生了很大变化;服务多样化,消费者能够选择价格与质量相结合的多种服务;企业内部效率有了提高;政府用于管制的开支减少。但是,放松市场管制,使得某些产品和服务的供给竞争更激烈,因而,会遭到既得利益集团的反对。

(四)用者付费

用者付费是指政府对某种物品、服务或行为确定"价格",由使用者或行为者支付这种费用,其主要目的是想通过付费把价格机制引入公共服务。"天下没有免费的晚餐",公众在消费政府提供的公共服务时也要适量交费,不消费不付费,多消费多付费。在实践中,用者付费常与特许经营相结合。用者付费也经常被用于控制负的外部性,特别是控制污染的领域,它也被用于城市交通控制。

用者付费是一种灵活的工具,它的主要优点是:第一,它能够克服免费提供公共服务所导致的对资源的不合理配置和浪费;第二,无偿提供公共服务将导致无目的的补贴和资助,对社会公平造成损害;第三,通过付费制,价格可以真正起到信号灯的作用,从而使市场机制在公共服务领域得以良好运用;第四,客观上,通过付费制也可以增加政府的财政收入,缓和政府的财政危机。从公平的角度来说,由直接受益者支付比用财政支付更公平。在美国的一项调查表明,在用者付费、财产税、地方销售税、地方收入税之间,用者付费是公民第一位的选择。[②] 其主要缺点是:收费水平难以准确确定;在得到一种最优化的收费标准的过程中,资源有可能误置;不能作为处理危机的工具;管理成本高且繁杂。

(五)分权化

这种方法既涉及中央与地方的关系,又涉及政府部门内上下级之间的关系。前者是指中央政府向州或者地方政府分权,比较典型的是美国联邦政府向州和地方政府放权,后者是政府部门内部上级向下级分权,最典型的是英国的"下一步行动方案"和新西兰的公司化改革。

---

① [美]盖·彼德斯:《欧洲的行政现代化:一种北美视角的分析》,载于《国外行政改革评述》,第70页,国家行政学院出版社,1996。

② 宋世明等译:《西方国家行政改革述评》,第102页,国家行政学院出版社,1998。

分权往往体现了决策与执行分离,它超越了层级节制的传统集权模式,实行参与管理,分散部门权力,组织结构扁平化,层级简化,致力于公共人力资源的开发和培训,使之有能力开展创造性的工作,实现上下级关系由直接隶属到契约关系的转变和上级对下级的控制由着眼于工作流程到着眼于工作效果的转变。

对于分权,特别是英国和新西兰把决策和执行分开,在政府内部实行绩效合同的方法存在很大争议。在《作为公共管理工具的合同:他们在北美的奇缺》一文中,彼得斯认为:(1)这种方法过于追求简单化和机械化,可能不太适用于完成政府所必须承担的复杂的社会与发展任务。(2)将决策完全分散给更多的拥有自主权的组织,就会产生有效控制和协调的问题,增加交易成本。(3)这种方法也不具有普遍有吸引力的。

(六)产权交易

财产权利指的是"一系列用来确定每个人相对于稀缺资源使用时的地位和经济社会关系",[①]它由使用权、收益权、决策权和让渡权等组成。产权交易基于这样的假定:市场通常是最有效的配置工具,政府通过产权拍卖,在没有市场的公共物品和服务领域建立起市场。政府通过一定数量的为消费者指定的资源和可转移的产权而建立起市场,这可以创造人为的稀缺,并让价格机制起作用。

"长期以来,产权交易作为一种管理渔业、电波波段、环境的工具方法被人们讨论,许多传统上由公共部门拥有的资产,如港口、机场、公路、森林,还有最近的航空航线系统也是如此。"[②]现在,许多国家用这种方法来控制有害物的排放。1990年美国的《洁净空气法》允许每一个企业排放不超过一定量的二氧化硫,但该法案允许一个排放量少于许可限度的公司出售未用完的许可给另一家公司,然后,这家公司就可以运用这些额外的许可超出它自己的排放许可限度。我国也开始进行了这方面的试点,如太原市控制二氧化硫排放就采取了这种方法,还有如城市出租车牌照的拍卖。

产权交易的最大优点是它创造了市场,将竞争机制引入公共物品和服务的提供,并且它是一种具有灵活性的工具。产权交易主要存在的争议是其合法性、公平性。以美国污染控制为例来说明:(1)在政治支持和合法性上,环保组织虽然没有坚决反对,但认为,这无疑是给了企业一个污染的执照,没有合法性,他们还担心给予企业排污许可看起来像是赋予了产权——一个可排放的权利,在将来,这种权利是难以通过政治过程将其取消的。(2)在公平性上,

---

① 卢现祥:《西方新制度经济学》,第174页,中国发展出版社,1996。
② *Managing with Market-Type Mechanisms*, Organization for OECD, 1993.

这种方法通过免费分配排污许可给现存企业使其受益,对新进入者构成了障碍。(3)允许一个地方有更多污染,通过在另一个地方有更少污染来平衡,这种想法也是有争议的。

(七)内部市场

"从广义上来说,内部市场指任何把生产和购买职能相分离的公共部门改革;从狭义上来说,指对行政部门自身提供的某种服务供自己使用的模式进行改革(也就是市场模拟)。"[1]我们这里是指广义上内部市场。这种方法在英国、新西兰、瑞典等欧洲国家运用较多,而在北美(主要是美国和加拿大)较少。彼得斯认为,这是因为在这些国家中,很少有服务是政府特别是联邦政府直接提供的。

它的最大特点是将提供公共物品和服务的政府部门人为地划分为生产者和购买者两方,这样在政府组织内部就产生了"生产者"和"消费者"两个角色。一个政府可以雇佣或付费给其他政府以提供公共服务。公共服务提供的内部市场方式相当普遍,在社会服务如医疗、社会保险的提供中的运用最为普遍。[2]

在英国,这种方法主要应用于医疗保障改革方面。英国是公费医疗的国家,在1991年梅杰政府实施内部市场方法之前,政府把款项拨给医院,造成医疗效率越高的医院越亏损。改革以后,实行"钱跟着病人走"的方法,政府把大部分款项拨给家庭医生,医院的手术和住院费用明码标价,形成医疗服务的内部市场,家庭医生与病人协商选择医院,然后从自己的预算中向医院支付费用。这就在不影响公民免费医疗的前提下,迫使各医院提高质量,降低价格,为吸引更多的"顾客"而竞争。改革的成效显著:(1)改革四年后,效率提高了1%。(2)对治疗成本的信息披露得到了极大改善。(3)病人的候诊时间明显缩短,满意度提高。

中国也有一些部门引进了内部市场的方法,如云南和青岛推行了公路养护内部市场化改革,有效地提高了公路养护的水平和质量。

二、工商管理技术的移植

在公共管理的历史中,一直有借鉴私人部门管理方法和技术的传统。一个很重要的原因是公共组织的管理和私人部门的管理有一定的相似性,私人部门先进的管理方法可以为公共部门所借鉴。

---

[1] *Managing with Market—Type Mechanisms*, Organization for OECD, 1993.

[2] Rowan Miranda and Karlyn Anderson, *Alternative Service Delivery in Local Government* (1982—1992). In Municipal Year Book(1994). Washington, D.C.: *International City Management Association*, 1994, pp. 26—35.

作为政策工具,工商管理技术是把企业的管理理念和方式借鉴到公共部门中来,吸取有效经验达成政府的政策目标,它包括战略管理技术、目标管理技术、全面质量管理技术、顾客导向技术、绩效管理技术、标杆管理技术和企业流程再造技术等。

(一)战略管理技术

"战略"(strategy)概念最初来自于军事领域,后来被广泛应用到政治、经济、社会、科技、文化等各个领域,其含义扩展为对重大的带全局性问题的谋划。战略管理兴起于20世纪80年代。企业战略计划和公司战略计划有其局限性,导致了战略管理的出现。战略管理更加精确和细致,包含了战略计划的功能,但内容比战略计划更丰富、更全面。战略管理关注战略的执行,关注整合组织的力量去实现战略目标,而且规划或计划的制定不再是一个特殊部门的活动,而是全部管理者的责任。

在私人部门战略计划和战略管理模式的示范性影响下,公共部门战略规划(或计划)和战略管理途径也随后兴起。休斯(Owen E. Hughes)在《公共管理导论》一书中指出,预算与财务控制在公共部门很早就出现了。从20世纪60年代开始,公共部门开始借鉴私人部门的长期计划。战略计划在公共部门的运用,是在20世纪80年代,它落后于私人部门十几年;而战略管理的引入,却是在20世纪80年代后期,只比私人部门晚了几年。

战略分析(strategic analysis)、战略选择(strategic choice)和战略执行(strategic implementation)三部分构成战略管理的核心框架。这三者之间的相互作用形成战略。其中,"分析部分"解决政策的定位问题,某一项政策所要解决的问题是什么,它面临什么样的外部环境。"战略选择"对可能的行动进行评估并形成选择方案。"战略执行"将战略推向实施。①

作为一种政策工具,战略管理提供了一种全面、综合的组织观念,可以实现重心从即时的工作任务向组织整体目标、产出和影响的转变,更好地实现对组织资源和目标的控制。但是,它需要花费大量的管理性时间和分析性资源,同时战略管理不仅要让人明白组织要做什么,还要说明组织不做什么,对于公共部门来说,这可能产生政治上的困境,因为它可能激起反对派和利益团体的反对。

(二)目标管理技术

政府中的目标管理就是通过预先设计的政府工作目标,激励和引导政府部门和公务人员的管理行为,并对这种行为实施控制,最终实现政府工作目标的管理方式。通过目标管理,把发展和改革的总体目标,转化为政府工作目

---

① 王革非:《战略管理方法》,第8页,经济管理出版社,2002。

标,协调发展,突出政府工作重点。

作为一种政策工具,目标管理在公共部门中的应用要求按照统一、效能的原则,将竞争机制引入公共管理活动,落实公共管理系统工作责任制,促进公共部门转变作风,克服官僚主义,提高工作效率,按照职能和目标逐步理顺公共部门的权限和职责,把各部门、各单位的思想和行动统一到实现预定目标上来。

目标管理的优点是:可以调动每一个雇员的积极性,提高公共部门的工作效率;把总目标分解下达各部门,可以增强部门间的沟通协调,保证政令畅通,从而强化行政权威。缺点在于:目标体系的构建,公共管理目标的量化和可行存在技术难题;目标管理的双向沟通等均与员工素质有极大关联,尤其是在公共组织中,创造一种上下级共同议事、平等对待的氛围,无疑对上级和下属的素质都有特殊要求。

(三)全面质量管理技术(TQM)

这个方法是20世纪50年代美国通用电器公司的费根堡姆和朱兰提出的。主要内容是对全面质量的管理、对全过程的管理、由全体人员参加的管理。全面质量管理的核心业务是同供应商合作、不断分析工作流程、同顾客不断地沟通。全面质量管理的特点是:用户至上、预防为主、突出人的因素以及计算机支持的质量信息管理。

政府的全面质量管理,就是将企业的全面质量管理的基本观念、工作原则、运筹模式应用于政府机构之中以达到政府机构工作的全面、优质、高效。其特点和内容是:以人为本,讲求人力资源的最佳配置;既要求人员素质的全面高质量,又强调全面素质的持续不断的发展。

全面质量管理技术的优点是:促使政府学会如何利用现有的资源配置取得更多的成果,改进政府所提供的服务质量;激发员工的积极性,赋予他们一些权利,能够激励成功。但是,它也存在一些难题:全面质量管理是一种新的思维方法,人们无法一下改变原有的工作方式——官僚作风;只有机构人员有这种意愿,全面质量管理才能起作用,但人们接受新知识、变革工作方式的能力各不相同,且绝对是有限的,所以需要勇气和决心。

(四)顾客导向技术

公共部门管理以顾客满意为导向最初是从企业管理中借鉴过来的,其基本取向是:(1)以顾客为中心,即从顾客的角度出发开展活动和提供服务;(2)以追求顾客满意为基本精神;(3)以社会和顾客的期待为理想目标。这些基本取向被发达国家引入到政府公共部门的管理中。

在私人部门中,一直有"顾客是上帝"的传统。奥斯本和盖布勒在《改革政府——企业家精神如何改革着公共部门》一书中提出坚持顾客导向,满足顾客的要求而不是官僚政治的要求是对政府的一项基本要求。新公共行政学派的代表人物弗雷德里克森早在20世纪60年代就认为,在组织形态的设计上,要坚持顾客导向,即将公众——公共行政服务对象的需求作为组织存在和发展的前提。

顾客导向技术可以使政府更加重视公众的要求和呼声,使得政府政策更具有回应性,更好地满足公众的需要。但是,也有一些学者对此提出了质疑。公众不等于顾客。新公共服务的代表人物登哈特指出,政府是为公众服务,而不是为顾客服务。简单地将公众等于顾客可能会造成对公民的其他权利的忽视。

(五)绩效管理技术

绩效管理是指为了达成组织的目标,通过持续开放的沟通过程,形成组织目标所预期的利益和产出,并推动团队和个人作出有利于目标达成的行为。①绩效管理是一个完整的过程,绩效管理的过程通常被看作一个循环。这个循环的周期通常分为四个步骤,即绩效计划、绩效实施与管理、绩效评估、绩效反馈面谈等。

在工商管理领域中,"绩效"是指"从过程、产品和服务中得到的输出结果,并能用来进行评估和与目标、标准、过去结果以及其他组织的情况进行比较"。绩效可通过财务和非财务的项目表示。把"绩效"用于对政府行为效果的衡量,反映的是政府绩效,包含政府在社会经济管理活动中的业绩、效果和效率,是政府能力的基本体现。因此,"政府绩效"是指政府在社会经济管理活动中的结果、效益、效能,是政府在行使其功能、实现其意志过程中体现出的管理能力。

西方公共部门绩效管理的实践始于20世纪初。但一直到20世纪70年代,公共部门绩效管理与评估才开始全面推行。这一时期,传统官僚政治体制导致政府机构臃肿、效率低下、资源严重浪费,政府面临着严重的管理危机和公众信任危机。与此同时,理论界也出现了新右派体系,力主减少政府干预,采用私营部门的管理哲学及管理方法,用企业家精神重塑政府。公共部门绩效管理的侧重点是经济和效率,追求投入产出比的最大化。到20世纪90年代,绩效管理与评估达到鼎盛时期。其过程也更加规范化、系统化,绩效评估侧重点是公共服务的质量和效益。

绩效管理可以促进政府提供优质高效的服务,提高办事效率,优化行政过程,节约行政成本,更加具有责任意识。但是,也要看到,政府与私人部门有所不同,政府的很多业务都难以量化;绩效评估和绩效管理也要耗费一定的资

---

① 武欣编著:《绩效管理实务手册》,第13页,机械工业出版社,2001。

源;绩效评估和绩效管理会受到某些人的反对;现阶段,评估和管理的方法技术还有待提高。

(六)标杆管理技术

标杆管理(benchmarking)又称"基准比较"、"标杆学习"或"最佳实践标杆比较",最初由美国施乐公司发明,起源于上个世纪70年代末80年代初美国企业学习日本企业管理的运动中。美国著名学者罗宾斯认为,标杆管理是"寻求那些具有杰出绩效的竞争对手或非竞争对手的最佳实践","标杆管理的思想是,管理者可以通过复制领先者的方法来改进自身的质量"。[1] 标杆管理的精髓就在于学习和创新,其核心是通过向最佳实践学习,创造自己的更高绩效。

在私营部门中大获成功的标杆管理随着管理主义在公共部门中的盛行已经逐渐引起各国政府部门注意,并被尝试着用来改进政府工作,尤其被广泛用于政府绩效评估。欧洲就有14个国家尝试应用这一管理技术,建立适用于公共部门标杆比较的"业务卓越模型"。威廉·盖伊(William Gay)称标杆管理是"消费者给公共部门的报告","推动行业具备高水准的质量和生产管理竞争力的产物"。[2] 公共部门对标杆管理的运用不仅可以改变其组织的运行节奏,而且可以促使公共部门及时改进,使它能应对各种根本性的变革,以便继续满足市民的期望,避免福利的损失。对此,费希尔(Fischer,1994)提出了公共部门运用标杆的三个理由:(1)确定衡量绩效基础的标准。(2)在各自的服务领域内确定问题所在。(3)通过引进最佳实践改进服务的提供。

作为一种政策工具,标杆管理可以激励公共部门组织进行改变,积极采纳私营部门优秀的工作和管理程序;可以促成合作,使各不相同的职能部门聚合在一起,一旦一个机构与外部合作伙伴就标杆管理开展合作,那么各类公共部门、私营机构和其他参与此项目的组织就成为了合作关系。但是,标杆管理也不是万能的。实施标杆管理的组织与其合作伙伴之间的相似度不易达成;一个组织的行政主管和标杆管理小组为了引入最佳实践所作出的努力和对革新的态度,很大程度上限制了标杆管理的成功;尚有大量的准备工作要做,如文化方面、运作方面、技术方面等的准备。

(七)企业流程再造技术

汉默(Michael Hammer)和钱皮(Janes Champy)在《企业再造——经营革命宣言》一书中给"流程再造"所下的定义是:再造是对公司的流程、组织结构

---

[1] [美]斯蒂芬·罗宾斯:《管理学》,第235页,中国人民大学出版社,2004。
[2] [美]帕特里夏·基利、史蒂文·梅德林、休·麦克布赖德、劳拉·良迈尔等:《公共部门标杆管理——突破政府绩效的瓶颈》,第7页,中国人民大学出版社,2002。

和文化等进行彻底的、急剧的重塑,以达到绩效的飞跃。①

政府流程再造是指以现代信息技术、系统思想为基础,以最大限度地满足公众服务需求为出发点,把与公众服务有关的各个方面,按一定的方式有机组织起来,形成一个完整的服务流程的过程。其主要内容是:以公众服务为核心,以"一站式"公众政务为目标,以"服务链"为纽带建立服务型的政府。其中"服务链"是政府流程再造的核心。从根本上讲,政府的一切活动都是为了最大限度地满足公众的需求,在了解公众需求的基础上为公众提供优质的服务,并为之创造良好的社会环境。

作为一种政策工具,政府流程再造的优越性具体表现在:增强政府服务的主动性;潜心研究公众需求的发展趋势,把握好公众需求的特点,为公众提供具有前瞻性的服务;为公众提供一种全方位、全过程的服务;从各方面完善服务流程,使公众在享受政府服务的整个过程中都能得到超值服务。但是,与私人部门不同的是,公共部门的成本难以量化,所以难以评估提高服务和降低成本的比例关系;相对于企业而言,打破部门界限和壁垒在政府机构中难度更大。

三、社会化工具的运用

社会化工具是指在社会或者公民能够提供物品和自我服务的领域,政府逐渐退出。从而,社会、公民、自愿者等代替了传统上政府的角色。社会化工具主要包括:社区治理、个人与家庭服务、自愿服务、公私伙伴关系、公众参与等。

(一)社区治理

奥斯本和盖布勒在《改革政府》一书中提出了"社区拥有的政府——授权而不是服务"的改革思想,提倡政府授权给社区,依靠社区进行自我服务,自我管理。博克斯在《公民治理:引领21世纪的美国社区》一书中指出,21世纪的美国是地方治理的一个新的时代,公民治理应该成为新世纪社区发展的主题。当前,中国政府改革的一个重要方面就是政府与社会分离,从企业和政府中分离出的大量社会管理职能都将由社区来承担。

中国社区主要承担的管理职能包括:开发和利用社区文化资源、人力资源等,在社区内通过建立各种敬老院、福利院、康复中心、医疗站、托儿所、幼儿园等设施,对老年人、儿童和残疾人等实行社区照顾;调动社区居民不定期地参加保护社区环境的清洁卫生工作,美化居住环境;加强社区治安管理等。

---

① M. Hammer, and J. Champy, *The Reengineering the Corporation: A Manifesto for Business Revolution*. New York: Harper Collins, 1994, p. 31.

社区治理具有一定的优越性。可以节约政府的人力和物力,在不增加成本的情况下,提供公共物品和服务。社区更接近公民,更能了解公民的需求,更具有回应性。但是,社区治理也有一定的不足,即社区的力量是有限的,它不能完全代替政府的作用,而只能是对政府作用的一种补充。

(二)个人与家庭服务

在每个社会中,个人和家庭都承担了一定的本应该由政府承担的职能。如在自己家安装报警器,在某种程度上减轻了对于警察服务的依赖;在自己家安装灭火器,减轻了对消防服务的依赖;由家人照顾老人,减轻了政府的养老责任;自己购买私家车,减轻了对于公共交通的需求等等。这些表明,个人和家庭可以在一定程度上弥补政府在社会服务方面的不足。

作为政府的一种社会化工具,个人与家庭可以减轻政府的负担,但是,个人和家庭的能力是有限的,有些社会服务,如贫困救助、社会安全,主要还是要靠政府来解决。

(三)自愿服务

现代经济学在对公共物品的融资上,采取了两条路径:一条路径是收费,如果要消费,则需付费;另一条路径是征税,不管你消不消费。但在实际中是有第三条途径的,那就是通过自愿的贡献来支持公共物品的供给。在生活中,人们并非总是企图"搭便车",世界上每年都有数以亿计的美元捐赠给慈善事业和各类团体。国外的许多学者提出了"自愿供给模型",认为现实中有可能在不存在强制性征税或必然性消费的情况下,人们还愿意承担提供公共物品的成本。比如,在美国,沿海的救生艇服务就是自愿提供的,许多医疗研究是靠捐赠进行的,许多剧院、交响乐团都是靠没有报答的捐赠维持的。在中国,这个典型的例子是义务献血和近年来兴起的志愿者行动。

志愿者提供社会服务可以减少对政府行动的需要或减轻政府的负担;另外,政府部门有时需要向不同的社会群体,特别是特殊的社会群体提供不同的或特殊的服务,但由于官僚体制的制约而难以实施,这时通过向志愿事业组织的资助由他们协助完成可能是一种比较便捷的途径。正如市场和政府失灵一样,志愿事业机制的运作也有其自身的局限性,使之无法依靠自己的力量推进志愿事业和慈善事业的发展。"志愿失灵"(voluntary failure)或公益失灵最突出的表现是志愿事业组织运作所需要的开支与其所能募集到的资金之间存在着巨大的缺口。这说明,志愿者服务只能作为政府的一种辅助工具。

(四)公私伙伴关系

公私伙伴关系(public—private—partnership)作为资源配置的治理方式,具有弥补市场失灵的作用。单独依赖政府或者市场都不可避免地会带来"政府失败"和"市场失灵",公私伙伴关系是一种多中心治理的方式。它是政府与私人部门、政府与社会的合作。

在实践中,公私伙伴关系有多种形式:租赁/购买—建设—经营(LBO/BBO)——民营企业从政府手中租用或收购基础设施,在特许权下改造、扩建并经营该基础设施;它可以根据特许权向用户收取费用,同时向政府交纳一定的特许费;建设—转让—经营(BTO)——民营企业投资兴建新的基础设施,建成后把所有权移交给公共部门,然后可以经营该基础设施 20~40 年,在此期间内向用户收取费用。建设—运营—转让(BOT),BOT 与 BTO 类似,不同在于:基础设施的所有权在民营部门,经营 20~40 年后才转移给公共部门;转让—运营—转让(TOT)、建设—拥有—经营(BOO)——民营部门在永久性的特许权下,投资兴建、拥有并经营基础设施。公私伙伴关系多用于基础设施建设,如桥梁、道路、自来水厂、污水处理厂等方面。

作为一种比较新的政策工具类型,公私伙伴关系可以使得政府在资金不足的条件下,利用私人部门的力量,提供公共物品和服务,并且能够引进私人部门的先进技术,提高公共项目管理的效率。然而,作为比较新型的政策工具类型,公私伙伴关系对政府提出了更高的要求,如政府要具备比较高的与私人部门谈判的能力,还要具备监管私人部门的能力。另外,对于私人部门来说,还存在政策变动的巨大风险。

(五)公众参与

公众参与是当今世界的一大政治潮流。当今的"新公民参与运动"(new public involvement)正在改变着公共管理传统的工作环境。党的十七大报告指出:"坚持国家一切权力属于人民,从各个层次、各个领域扩大公民有序政治参与,最广泛地动员和组织人民依法管理国家事务和社会事务、管理经济和文化事业。""要健全民主制度,丰富民主形式,拓宽民主渠道,依法实行民主选举、民主决策、民主管理、民主监督,保障人民的知情权、参与权、表达权、监督权。"可见,公民参与公共决策过程已经是大势所趋。

公众参与公共决策有多种途径。公民可以通过投票、选举等来选举政治领导人;公民可以通过游行、示威、罢工等来向政府表达意见;公民可以通过参加听证会对影响其自身的重大决策表达看法。总之,现代社会中,公众参与的途径越来越多。

作为一种政策工具,公众参与听证会在一定程度上扩展了民主的内涵,增强了政府决策的透明度,使公共政策更能反映公众的要求。当然,听证会需要完善的管理,听证会参加人的选择、发言的程序、主持人的选择每一个环节都会影响最重要的决策结果。当前,在中国听证会还处于起步阶段,还存在不完善的方面,需要在实践中进一步探索、改善。

第五章 政策制定

政策制定(policy-making)是政策运行过程的起始阶段,是政策科学的核心问题。学术界关于政策制定有两种主要观点。有些政策科学学者如德洛尔将政策制定理解为整个政策运行过程,把政策执行、政策评估和政策监控与终结等环节称之为"后政策制定阶段"。大多数政策科学学者都是从狭义的角度把政策制定理解为政策形成(policy formation),是指发现并界定政策问题—形成政策方案—方案抉择—政策合法化的过程。我们是从后一种意义上来理解政策制定的。本章将讨论政策议程、政策制定的程序和原则、中国的政策制定等问题。

第一节 政策议程

一、社会问题和政策问题

政策开始于问题。在公共管理活动中之所以要制定某项特定的公共政策,就是因为需要解决某种实际问题。因此,公共政策制定过程中的第一个环节就是发现和确认问题。从公共政策制定者来说,首要的工作是要弄清什么是问题,怎样去认识和确定政策问题。公共政策问题是一种特殊的社会问题,要确定公共政策问题,必须先弄清问题、社会问题、公共问题和政策问题的含义。

(一)社会问题

问题是现状与理想状况的差距。社会问题是人类社会生活与生产中出现的实际状况与社会期望之间的差距,通常是指人们的价值、观念、利益或生存条件受到威胁,引发了人与环境的关系或人与人之间的关系失调,对社会生活和生产造成不良影响而出现的问题。所谓"实际状况",就是人类社会生活和生产中的社会关系或环境已经达到的状态,也就是人们在社会生活和生产中所面对的现实。所谓"社会期望",是指在实际状况的基础上产生的、人们想要达到的理想状态。社会问题是一种客观存在的问题,它不以人们的主观意志和观念为转移,始终存在于人类社会的发展过程之中。

社会问题的内容和形式都是丰富多样的,但就其本质而言,就是包括人与自然和人与人之间两类关系的矛盾。人类要求得生存与发展,必须做到人与自然以及人与人之间相互关系的和谐与平衡,即:一方面必须处理好人与自然的关系,也就是既要加快经济发展、从自然界获得越来越多的物质生活资料,又要维护良好自然环境;另一方面必须处理好人与人之间的社会关系,也就是既要使个人的利益得到维护,又要营造和谐的社会环境。但是,人与自然界、人与人之间的和谐与平衡常常会被各种矛盾和冲突打破,造成社会实际状态和社会期望之间差距的不断产生,也就是各种社会问题不断产生。比如,为了地方经济发展的一己之利,在大江大河上、中游流域对森林和矿藏资源进行掠夺性采伐和开采以及大建水坝和发电站,造成森林矿藏资源枯竭、植被破坏和水土流失;同时大坝和发电站又使原本有规律的河流运动规律被打破,使库区周围气候反常、中下游汛期水位枯竭,使人们面临的生态和资源环境日益恶化,影响经济与社会的稳定、可持续发展。再如,中国经济发展在改革开放以来所坚持的非均衡区域发展战略和优先工业化、城镇化发展战略的实施,在一定程度上形成了对中西部地区、资源和农业性地区、农村居民的政策不公平,表现在政策倾斜、工农业产品价格和资源性产品与加工性产品价格的剪刀差上,导致地区间、城乡间经济与社会发展的不均衡,形成了区域与城乡间的不公平,使得区域之间、人与人之间的平等关系遭到较大的破坏,所引发的社会问题也日益严重,如不能从宏观层面加以政策调控,在一定程度上会影响社会和谐与经济发展。

(二)公共问题

社会问题可以分为个人问题和公共问题两类。"一般说来,仅仅涉及某个人的期望与实际状态之间的差距问题无疑具有个体性,这个问题仅仅涉及具有个体独享性的私人利益,往往通过市场交换机制和个人自治机制解决;而当两个以上或很多人的期望与实际状态出现差距时,问题就超出了个人的界限,呈现出团体性和社会性,这又涉及具有组织共享性的团体利益和具有社会分享性的社会利益,就需要通过团体协商、公共选择机制来加以解决"。[①] 个人问题是整个社会问题的基础,是构成公共问题的前提。公共问题涉及整个社会,它超越了个人、单个组织和局部区域的狭小的生活与生产空间,与整个社会公众生活和生产相联系,影响到相当大一部分人的生存与发展。公共问题是由个人问题不断积累至一定深度和广度并具有广泛社会性转化而成的。由上所述,我们认为:公共问题是社会问题的一种,是指社会上相当多数人或大多数

---

① 赵瑞峰:《公共政策分析——理论、方法与实务》,第128页,中国时代经济出版社,2007。

人所共同面临的现实状况和社会期望之间所存在的差距,是大多数社会公众共同利益需求的集中反映。个人问题转化为公共问题必须具备三个基本条件:一是问题产生的影响具有广泛性。个人所遇到的问题不仅仅涉及个人自身,而且还涉及整个社会成员或相当多的社会成员的利益和社会生活,牵涉方方面面的自然与社会因素,对整个社会生活和社会进步产生不良影响,阻碍人们需求的满足。二是问题的解决具有广泛性。此类问题绝不是某个人或少数人、个别单位与部门的努力可以单独解决的,而是需要通过社会权威机构(公共部门)协调动员社会各方面的力量才有可能改善和解决的。三是利益共享性。公共问题的解决和改善所获得的利益,不能为某一单或某一个体所独享,而是由具有相同需求的社会成员所共享。

(三) 政策问题

关于政策问题的含义,学术界有着各具特色的解释。安德森认为:"政策问题可以被定义为某种条件或环境。这些条件和环境引起社会上某一部分人的需要或不满足,并为此寻求援助或补偿……社会上存在着各种各样的需要和问题;然而,只有那些促使人们行动的问题才是政策问题。"[1]威廉·N·邓恩认为,政策问题是指:"有待实现的需要、价值和机会,不论其是怎样确定的,都可以通过公共行为实现。"[2]德博拉·斯通认为:"对于政策问题的界定和变成了一个具有战略意义的复杂问题。为了争取到强大的群体的积极支持,就有必要将政策问题描述成为对于这些群体来说有着高度集中的代价或者利益。"[3]国内学者对公共政策问题定义的理解一般有:张金马认为:"公共问题、社会问题只有当通过个体与集团的行动向政府有关部门提出,而且该问题又属于该部门的权限,政府又试图采取干预的手段去解决时,才会把他们列入政府议程,此时的问题就成为政策问题。这种问题的起因是由于人们的价值观、利益与现实冲突而产生的挫折与不满足感。"[4]赵瑞峰认为:"公共政策问题是指,客观存在的对社会上大多数人的利益、生存、发展条件和价值观规范中产生重大不良影响,并经过一定的渠道和途径反映到政府有关部门,列入政府的政策议程并成为政策制定者所分析和研究,等待解决的社会公共问题。"[5]吴元其、周业柱认为:"公共政策问题来自于公共问题。当某个公共问题出现并影响到经济与社会发展时,政府和公共政策的制定者已经觉察到并准备制定相

---

[1] [美]安德森:《公共决策》,第66页,华夏出版社,1990。
[2] [美]威廉·N·邓恩:《公共政策分析导论》,第94页,中国人民大学出版社,2002。
[3] [美]德博拉·斯通:《政策悖论·政治决策中的艺术(修订版)》,第225页,中国人民大学出版社,2006。
[4] 张金马主编:《政策科学导论》,第134页,中国人民大学出版社,1992。
[5] 赵瑞峰:《公共政策分析——理论、方法与实务》,第129页,中国时代经济出版社,2007。

应的公共政策来解决时,公共问题就转化为公共政策问题。"①

综上所述,我们认为:政策问题是大多数社会公众共同利益经一定途径反映到公共部门后,公共部门和公共政策制定者认为是自己职责所在并决定通过制定相应公共政策加以解决的公共问题。

政策问题与社会问题、公共问题相比,具有相互依赖性、主观性和动态性等特征。相互依赖性是指任何政策问题都不是孤立的,而是社会问题系统中的一部分,它总是与其他社会问题交织在一起,是相互包容、相互影响和相互制约的,要解决任何一个政策问题都不能简单化和绝对化,而必须将与其相关的社会问题联系起来,系统地考虑并加以解决。主观性是指政策问题是公共政策主体的主观观察和体验,是以公共政策主体的利益、价值或观念为基础,人为判断而确认的公共问题。动态性是指政策问题始终处于动态发展和变化中。一是政策问题的时间动态性,即政策问题会随着时间的发展而不断变化,它是不会等着被解决的;二是政策问题的解决方法动态性,随着时间的发展,解决政策问题的方式方法也必然发生变化,同一问题在不同的主客观条件下的解决方式是不同的;三是政策问题与社会系统的动态性,解决政策问题,必须要考虑它与整个社会系统其他相关问题的互动性,以系统思维为指导寻找解决问题的方法和措施。

二、政策议程

公共政策制定是一个复杂的系统活动过程,它由一系列功能活动或环节所构成。安德森认为,公共政策形成涉及三方面问题:"公共问题是怎样引起决策者注意的;解决特定问题的政策意见是怎样形成的;某一建议是怎样从相互匹敌的可供选择的政策方案中被选中的。"②陈振明认为:"政策议程实际上也就是政治组织尤其是国家(政府)确定政策的轻重缓急。"③王满船认为:"在现实社会中,每个时期会出现很多的公共问题——不同的群体、阶层、地区会提出各种各样的公共需求,公共部门的领导人可能有许多美好的愿望和目标,然而可供公共部门支配的人、财、物力资源总是有限的,因此不可能针对所有的问题都制定政策,有关部门只能从中选择比较重要、紧迫的问题,考虑通过公共政策予以解决。这些决策机关考虑通过政策措施予以解决的公共问题就成了政策议程。"④综上所述,我们认为:政策议程是指政策问题引起社会公众、

---

① 吴元其、周业柱等:《公共决策体制与政策分析》,第105页,国家行政学院出版社,2003。
② [美]安德森:《公共决策》,第65页,华夏出版社,1990。
③ 陈振明主编:《公共政策分析》,第182页,中国人民大学出版社,2003。
④ 王满船:《公共政策制定:择优过程与机制》,第61页,中国经济出版社,2004。

执政党和国家政权机关(主要是政府)注意并最终使政策制定者(主要是政府)接受并准备制定政策和采取措施解决的过程。也就是将政策问题提上执政党和政府的议事日程,纳入政策制定领域的全过程。政策议程根据不同的标准可以有不同的划分,一般来说,公共政策议程可以分为公共议程(系统议程)和政府议程(正式议程或机构议程),这也是公共政策议程的两个主要环节。

(一)公共议程

公共议程又称"系统议程",是由一定社区成员普遍认识到某些影响社会公众共同生活的公共问题已经产生,而且又属于政府权限范围内的问题,极力寻求解决途径与方法的过程。公共议程从本质上说是属于社会公众和社会组织与团体讨论议程,是整个公共政策议程的起始阶段,主要表现为无序的交流和讨论。首先,当影响社会公众生活的公共问题出现时,社会公众对其形成原因和影响的范围与程度要作一定的确认,并进一步寻求解决问题的途径与方法。其次,当社会公众认识到所发生的公共问题与政府有关,且只有政府能够有效解决时,就会动员各种力量、通过各种渠道将公共问题向政府反映,以引起政府公共政策制定者的注意而将公共问题列入政府的议事日程,以期通过政府制定公共政策而加以解决。如农村居民在其集体土地和所承包经营土地被征收时,由于基层政府和开发商为各自利益所驱使,使农民所得到的土地征收补偿费用过低和被拖欠,严重影响农民自身及其后代的生活来源和生存状况,使其因失去土地而难以生存、基本生活难以保障时,农民们就会通过请愿、上访等各种渠道和方式向上级政府传递信息,以争取地方政府能将其列入议事日程,并最终由地方政府制定出社会保障、提高补偿款、帮助再就业等公共政策来保障其基本生活。

在社会实践中,并不是所有的社区成员所关心和议论的问题都能形成公共议程。一般来说,社会问题要形成公共议程,必须具备以下四方面的条件:(1)该问题必须在社会上广泛流传并受到广泛注意,或者至少必须为社会公众所感觉。(2)大多数社会公众认为有采取行动的必要。(3)社会公众为寻求问题的解决,通过各种途径和方式进行深入而广泛的讨论,包括运用各种媒体和平台进行讨论和对意见诉求进行广泛的反映等。(4)社会公众在讨论和意见反映的过程中普遍认为,该问题是属于政府权限范围的事务,政府应该给予关注和解决。

(二)政府议程

政府议程又称"正式议程"或"机构议程",是社会公众经过公共议程后而将所面临的急待解决的公共问题向政府和公共政策制定者提出要求,或者是在政府和公共政策制定者的积极关心和密切注意中使特定的公共问题进入政府的议事日程,政府和公共政策制定者决定接受社会公众的利益诉求并着手研究和制定公共政策加以解决的阶段。如淮河流域治理污染和保护环境的问题由公共议程向中央政府反映后,国家环境保护部门开始对其着手调查并决定制定相应公共政策加以解决时,该问题便进入政府议程阶段。

政府议程一般分为常规议程和非常规议程两类。常规议程是指政府职能范围内经常出现的、政府必须定期加以解决的公共政策问题。比如政府要制定国民经济和社会发展的年度计划、五年规划和长期规划;政府要为履行经济调节、市场监管、社会管理和公共服务职能而依法制定相应的公共政策等。非常规议程是指因特殊情况或突发事件所导致的公共政策问题。如美国"9·11事件"发生后,美国政府为维护国家安全、稳定社会经济与生活秩序而立即将在全球范围内打击恐怖主义的政策问题提上政府议程,着手制定相应的政策并采取一定的措施以化解危机。又如,2008年5月12日,中国四川汶川发生里氏8级特大地震后,胡锦涛总书记立即批示并于当晚主持召开中央政治局常委会议研究抢救生命、组织救援、防止次生灾害、安置和救治受灾群众等政策问题。对于常规议程,由于其所要制定的公共政策问题都有先例可循,政府公共政策制定者对其比较熟悉且解决问题的方法也比较规范,因此,公共政策制定的难度小、公共政策制定者也比较容易优先考虑。但是,对于非常规议程来说,由于所面临的公共问题都是突发性的,没有先例可循,事发的背景较隐蔽且难以把握,解决问题的难度大,在政策制定时必然要冒一定的风险,因此,公共政策制定者往往对此类问题采取规避或拖延,这便使得非常规的公共问题进入政府议程的难度加大。

(三)公共议程和政府议程的关系

公共议程和政府议程既有区别又有联系。两者的区别主要是:公共议程一般是比较笼统的,社会公众对其认识并不是十分明确,只是处于发现问题、提出问题的阶段,也不需要提出具体的解决问题的方案。政府议程则是对特定而具体的政策问题进行科学有效的界定或陈述的阶段。各种政策问题经过界定以后,一旦为公共政策制定系统所接受并采取具体方案加以解决时,公共议程便转入政府议程。公共议程和政府议程又是紧密联系的。首先,政府议程主要来源于公共议程,公共议程是政府议程的基础。在一定的国家与社会之中,社会公众所面临的公共问题有许许多多,由于人们的认识和需求各不相同,因此形成了各不相同的公共议程,这为政府议程的确立奠定了基础。其次,公共议程所涉及政策问题的解决,必须通过政府议程的确立才能寻求解决的途径与方法,否则将无法得到有效解决。再次,现代法治国家责任型政府要求,政府议程必须是对公共议程的回应和抉择,政府的主要职能就是要回应社会公众的利益需求,政府的一切公共政策和管理行为必须适应和维护社会公众的公共利益需求。因此,公共议程又是现代法治国家政府议程的前提。

三、建立政府议程的主要途径和因素

虽然政府所面临的公共问题有很多,但并不是所有的公共问题都能进入政府议程。有些公共问题虽然所涉及的社会问题具有一定的代表性和广泛性,并且对社会公众的生活和生产活动带来一定的影响,但是,由于公共政策的制定者对其认识与社会公众不一致,或是信息沟通渠道不畅而无法使公共问题被政府和公共政策制定者所接受,公共问题无法进入政府议程变成政策问题而得不到解决。公共问题要进入政府议程,在内容上必须具有广泛的代表性、属于政府职能范围且又为政府和公共政策制定者所接受。公共问题进入政府议程的途径和因素有很多,国内外有代表性的看法见下表5—1。

表 5—1

安德森《公共决策》	科布和爱尔德:《美国政治中的参与:建立议程的动力学》	琼斯:《公共政策研究导论》	陈振明:《政策科学》	王满船:《公共政策制定:择优过程与机制》	赵瑞峰:《公共政策分析——理论、方法与实务》	吴元其、周业柱:《公共决策体制与政策分析》
1.政治领导人 2.危机/引人注目事件 3.抗议活动 4.大众传媒注意	内部: 1.自然大灾难 2.不可预测的人为事件 3.技术变革 4.民权抗议 5.工会罢工 外部: 1.战争行为 2.武器技术革新 3.国际冲突 4.世界联盟变化	1.政治运动 2.对大量人员造成威胁的事件 3.大规模的宣传 4.个人的努力 5.先前政策的应用	1.政治领导人 2.研究人员、专家学者 3.行政人员 4.政治组织 5.代议制 6.利益集团 7.大众传播媒介 8.人民群众 9.危机或突发事件	1.正式途径 (1)自下而上,先民间后政府 (2)自上而下,先上层后下层 (3)只上不下,自行决定 (4)先自上而下再自下而上,上下结合 2.非正式途径 (1)突发事件 (2)个人关系	1.政治领袖 2.专家学者 3.政治组织 4.利益集团 5.大众传媒 6.科学技术进步 7.危机和突发事件 8.公民个人	1.政治领导人 2.社会公众需求 3.专业研究人员 4.突发(或危机)性事件 5.大众传播媒介

(一)建立政府议程的主要途径

1. 正式途径

正式途径是指公共问题按照比较规范化的政府公共管理程序,通过正式的政府组织渠道被列入政府决策部门的政策议程。公共问题通过正式途径进入政府议程是以一系列关于政府部门内部运作、政府部门与社会公众及其他主体互动等方面的制度和相应的组织体系为基础的。在通过正式途径的情况下,公共问题进入政府议程的过程有以下四种走向:[①]

(1)自下而上,先民间后政府。即先由社会公众、利益集团、市场主体就特定的公共问题向有关政府部门提出政策诉求,负责与该公共问题相关领域公共事务的政府部门经过深入分析、反复讨论和综合权衡,对公共需求作出反应,将该公共问题列入政府议程。在现实的公共政策制定实践中,这种走向的政府议程拟定过程类似于公共政策制定的系统模型,最为常见。如近些年来,党和政府高度重视新农村建设并就此出台一系列公共政策,从公共财政、基本公共服务均等化、农业生产、农村居民教育、文化、卫生以及居住和生态环境等方面为切实加强新农村建设奠定坚实的政策基础,就是因为广大农民、农村管理工作者、专业研究人员不断向有关政府部门反映农业、农民、农村问题对中国经济与社会可持续、和谐、稳定发展的不良影响,积极呼吁党和政府采取政策措施加以解决的结果。

(2)自上而下,先上层后下层。此处的上层和下层是指整个政府系统内部的不同层级。"自上而下"走向的政府议程拟订过程指的是,一些公共问题被有关公共政策制定政府部门列入其政策议程,不是因为该公共政策制定部门对公共需求作出反应,也不是因为其自身认识到公共问题的重要性,而是因为上级政府部门要求或是其法定职能要求它必须就该公共问题制定公共政策。在现实的公共政策制定实践中,这种公共政策的政府议程拟订过程很多。我国是实行单一制国家,与联邦制国家相比,这种情况更为常见。我国的许多政策问题进入政府议程,最先是由中央政府先根据调查研究、民意反馈、重大公共政策执行的监督反馈而将政策问题列入政府议程,并出台相应公共政策。地方政府和基层政府再根据中央政府、上级政府所制定的公共政策制定执行性公共政策。

(3)只上不下,自行决定。有一些公共问题被列入政府部门的政府议程,是因为该部门的决策者特别是主要决策者认为这些公共问题非常重要,需要制定公共政策来加以解决。这种走向的政府议程拟订过程类似于公共政策制定的精英模型,即由政府决策部门特别是其首脑自己提出就一些公共问题制

---

① 参见王满船:《公共政策制定:择优过程与机制》,第62页,中国经济出版社,2004。

定公共政策。决策者自己提出公共问题并将之列入政府议程,有时候是从自己的价值观出发,认为需要通过制定相应的公共政策来使社会朝着自己认为"正确"或"必要"的目标发展;有时则是对于一些潜在的公共问题或长远性的需要,社会公众一时没有认识到,而决策者因其个人的经验和智慧、因其所处的职位能掌握更多的信息而能较早察觉和意识到。决策者自行提出公共问题并直接列入政府议程未必意味着公共决策体制不民主,即使在高度民主的公共决策体制下,也有一些公共问题是这样列入政府议程的。

(4)先自上而下再自下而上,上下结合。在少数情况下,一些公共问题进入政府部门的政府议程的过程是:先由上层决策者提请政府部门以及广大社会公众注意某些公共问题,从而唤起下级政府、基层政府和社会公众对这些公共问题的意识,引发了对这些公共问题的广泛讨论,在此基础上,社会公众或者基层政府部门向政府决策部门提出要求和希望,呼吁就这些公共问题制定公共政策,从而导致政府决策部门将这些公共问题列入政府议程。这就是一种自上而下与自下而上相结合的政府议程。

2. 非正式议程

在现实的公共政策制定实践中,有一些公共问题不是通过制度化、规范化的程序和渠道,而是因为一些偶然性的、非常规的因素而被政府决策部门列入政府议程的。这就是公共问题进入政府议程的非正式途径,其偶然性因素主要有突发事件和个人关系。

(1)突发事件。即有一些公共问题是由于突然爆发了某种对社会影响重大的事件很快便被政府决策部门列入政府议程。后文将详述。

(2)个人关系。有时促进公共问题被列入政府议程的偶然性因素是个人关系。即在少数情况下,一些公共问题之所以引起决策者的注意并被列入政府决策部门的政府议程,是因为与决策者有较好私人关系的某个或某些个人对决策者施加了影响。被政府决策部门所列入政府议程的公共问题可能很重要,此前社会公众可能已经呼吁过,但因为没有适当的沟通渠道,公共政策制定者一直未给予重视,直到某个或某些与主要决策者私人关系较好的人提出该问题;有些被政府决策部门所列入政府议程的公共问题也不是那么重要和紧迫,但因为这个或这些个人对主要决策者具有较大的影响力,所以能使公共问题进入政府议程。这种因个人关系影响政府议程拟订的事例虽然并不多见,但确实存在。

(二)影响公共问题进入政府议程的主要因素

1. 政治领导人

政治领导人是最基本的政府议程的发起者。政治领导人一般是指执政党和国家、政府部门的领导者,他们一是根据国家的重大公共政策在具体执行中的效果反馈,决定要采取相应的调整措施而将政策问题引入政府议程的;二是通过他们对社会公共问题的敏锐洞察与分析而将事关国计民生和国家前途命运的重大公共问题引入政府议程的。如邓小平在《关于农村政策问题》中说:"农村政策放宽以后,一些适宜搞包产到户的地方搞了包产到户,效果很好,变化很快。安徽肥西县绝大多数生产队搞了包产到户,增产幅度很大。'凤阳花鼓'中唱的那个凤阳县,绝大多数生产队搞了大包干,也是一年翻身,改变面貌。有的同志担心,这样搞会不会影响集体经济。我看这种担心是不必要的。我们总的方向是发展集体经济……关键是发展生产力,要在这方面为集体化的进一步发展创造条件。"[①]由于邓小平通过对过去农村集体经济政策问题的反思,1980年9月,中共中央在调查研究的基础上,下发了《关于进一步加强和完善农业生产责任制的几个问题》的政策文件,对包产到户作了充分的肯定,为进一步建立和完善农村联产承包责任制和双层经营、统分结合的农村集体经济运行政策奠定了坚实的公共政策基础。

2. 社会公共需求

公共政策制定的目的是为了满足社会公众和市场主体对政府配置公共资源、调整公共利益的要求。一旦社会公众利益要求日益强烈并通过一定的组织和渠道向政府传递和表达,而政府处于内外压力不得不作出反应时,这就使得此类政策问题能够进入政府议程。一般来说,社会公共需求是通过一定的社情民意形式表现出来的。如在城市住房建设中,由于改革开放以来,一方面,由于国有企业或机关事业单位吸纳劳动力总量有限;另一方面,由于企业改制、机关事业单位改革等因素的影响,使城市居民中下岗和失业人员不断增加,同时,由于劳动力供大于求的趋势不断加大,使得城市居民中的低收入或无劳动收入人群不断扩大,在新一轮城市开发建设中无力购买商品房和经济适用房,住有所居的问题日益突出,因此其住有所居的基本公共需求便通过各种渠道向政府传递和表达,最终使政府相关决策部门将建设政府廉租房的政策问题列入政府议程,进而制定了相关的政府建设和提供廉租房的公共政策。

3. 利益集团

利益集团是基于某种共同价值、共同利益、共同态度、共同事业等而形成的正式和非正式的社会组织。利益集团的基本职责是维护并增进本团体成员的共同利益。社会公共需求是反映社会公众利益需求的总体概念。在实际的公共政策制定过程中,多数情况下并不是所有的社会公众和市场主体都就某个政策问题向政府部门提出公共政策诉求,而是具有共同利益的一些团体为了争取和维护共同的利益而给有关政府部门施加压力和影响,要求将一些政

---

① 《邓小平文选》第2卷,第315页,人民出版社,1994。

策问题纳入政府议程。这种利益集团对政府议程拟订乃至整个公共政策制定过程的影响,在美国表现得最为突出。在过去很长的一段时间内,中国不承认存在不同的利益集团,认为我国人民群众的根本利益是一致的。但在实践中,当我们需要制定一些具体的公共政策时,就会发现,在人民群众根本利益一致的前提下,其实也存在着各种不同的利益群体,如不同的行业、不同的部门、不同的区域、不同的阶层、不同的职业群体等,它们对政府部门的政府议程拟订发挥着重要的影响和作用。在我国政府公共政策制定的实践中,人民群众的利益诉求都是通过一定的组织(利益集团)表达出来的。公共政策本质上就是利益整合与表达,通过各利益集团竞争、博弈和讨价还价,最终达到妥协和均衡的过程。各种利益集团对与自己利益相关的问题,单独地或联合其他团体向政府提出要求,并通过游说、宣传、助选、抗议和施加压力等手段,迫使政府将其列入政府议程。如中国部分城市出租车司机在其行业协会的组织下开展罢运,而要求政府干预并出台相关公共政策以维护其自身合法权益。

4. 专业研究人员

专业研究人员由于他们接受过良好的教育,在各自的管理和研究领域有着渊博的知识、丰富的经验,对于人类社会经济与社会发展的运动过程有着敏锐的洞察力和超前的预见力,每当经济与社会发展面临转折或将发生重大变化之前,他们往往能够先知先觉,运用其所学理论对经济与社会发展趋势和进程进行科学预测并研究分析相关的对策和建议,出于社会责任感和回报社会的价值观,他们便会通过各种舆论媒介和组织管理渠道向政府提出自己客观合理的见解,以促使政府接受并将制定相应的政策措施列上政府议程。在中国公共政策制定实践中,专业研究人员或以个人名义或以学术、咨询、研究组织的形式,通过直接在人大、政协会议上提出议案、网络或新闻媒体以及组织管理程序向政府提出公共政策建议,以使某项政策问题很快进入政府议程。如当中国经济增长在人均 GDP 超过 1000 美元时,经济与社会学者根据对世界当代经济发展规律的研究而提出在人均 GDP1000～3000 美元之间应高度重视社会公平的建议,使社会公平问题的相关政策问题很快进入了政府议程。

5. 突发(或危机)性事件

突发事件一般是指突然发生的、造成或者可能造成严重社会危害,需要采取应急处置措施予以应对的自然灾害、事故灾难、公共卫生事件和社会安全事件。社会生活中某些突发性事件和政治、经济等方面的危机,对社会公众的正常生活与工作秩序产生着重要的影响,从而促使处理危机实事件的各种政策问题能够很快进入政府议程。如国际政治经济格局的变更、国际或国内战争的爆发、自然灾害、民族或种族矛盾与冲突、敌对分子的武装叛乱、重大责任事故、社会公众的示威和抗议活动等,都有可能促使政府立即作出反应并采取有效政策措施予以解决。

6. 大众传播媒介

大众传播媒介由于它具有信息量大、涉及面广、影响力强和传播迅速等特点,使得某些公共问题能很快被社会公众所认同,由此形成的强大舆论,对政府的影响力也不断地增加,使政策问题能够很快进入政府议程。"第一,大众媒体是公众、各种利益群体、民间组织表达需求、发表见解的平台,因此,除了政府系统内部的情报信息机构、智囊机构外,大众媒体是决策机关了解公众需求和意见的重要渠道。第二,大众媒体以其特有的高度灵敏的嗅觉,往往可以通过发掘一些影响范围小的个别事件而发现具有普遍性的公共问题、揭露一些被蓄意掩盖的问题。第三,通过媒体对一些问题的聚焦和放大,可以唤起公众和公共部门对某些问题的意识,激发公众提出政策诉求,促进公共部门作出政策反应。第四,通过媒体,公共部门的决策者可以有意识地激发公众对一些具有重要意义的潜在问题或长远需要进行讨论,从而为将之列入政策议程争取足够的政治支持"。[①]

7. 公民个人

公民是公共政策制定的重要参与者和监督者,既有权要求政府对某些涉及公共利益的政策问题作出必要的反应,也可以直接向政府提出公共政策建议与要求,促使某项政策问题进入政府议程。在一般情况下,公民主要是通过自己所在的组织表达自己的政策诉求。在中国,《宪法》第二条规定:"中华人民共和国的一切权利属于人民……人民依照法律规定,通过各种途径和形式,管理国家事务,管理经济和文化事业,管理社会事务。"第四十一条规定:"中华人民共和国公民对于任何国家机关和国家工作人员,有提出批评和建议的权利。"这就明确规定了公民个人可以直接参与公共事务管理、民主行使公共政策制定的建议权。在目前政治民主化的发展进程中,中央和各级地方政府正不断采取措施,为公民开辟多元化的公共政策参与渠道,使公民个人参与公共政策制定过程,推动政策问题尽快进入政府议程。可见,公民个人所提出的问题也有可能被决策者列入政府议程,成为推动政策问题进入政府议程的一条重要途径。

---

① 王满船:《公共政策制定:择优过程与机制》,第68页,中国经济出版社,2004。

第二节 政策制定的程序和原则

一、政策制定的科学程序

美国公共政策学者邓恩认为,公共政策制定过程与公共政策分析过程是平行的。他认为公共政策制定的过程的阶段主要是:问题构建、预测、建议、监测、评估。① 美国公共政策学者卡尔·帕顿和大卫·沙维奇认为公共政策制定的程序是"六个初步过程:界定问题、确定评估标准、确认备选方案、评估备选方案、比较备选方案以及评估结果"。② 国内外许多学者将公共政策制定的过程与整个公共政策形成的过程并列起来,如我国著名公共政策学者陈振明认为:"政策制定就是政策形成(policy—formation)或政策规划(policy-formulation),指从问题界定到方案抉择以及合法化的过程。"③单纯就公共政策制定的技术路径而言,我们认为公共政策制定的科学程序应为:发现并界定问题—确定目标—设计方案—方案评估—抉择方案。

(一)发现并界定问题

发现问题是政策制定的起点和首要环节。公共政策制定者要通过公共议程和政府议程的环节,通过自己的分析和研究,以发现公共管理实际状况与社会公众需求、公共管理理想状况之间的差距,或者说是发现实现社会公众所追求的公共利益而需要加以解决的各种各样的矛盾,科学而准确地确定政策问题。发现问题,需要公共政策的制定者对公共管理中存在的各种政策问题进行诊断,了解问题的状况和问题的形成原因,同时要区分出各类问题的轻重缓急,抓住急需解决的主要政策问题来进行分析研究。政策问题的界定主要包括两方面工作:一是对政策问题进行准确的定性。能否对问题进行准确的定性,是能否制定出科学合理的公共政策的基本前提。要在掌握真实全面信息的基础上,深刻认识问题的本质和外在表现,对政策问题产生的时间、地点和条件,问题的性质、范围、程度及其价值或影响进行准确的定性,为全面有效地解决问题打下基础。二是对政策问题形成原因进行系统分析。政策问题形成

---

① 参见[美]威廉·N·邓恩:《公共政策分析导论》(第2版),第14页,中国人民大学出版社,2002。

② [美]卡尔·帕顿、大卫·沙维奇:《公共政策分析和规划的初步方法》,第34页,华夏出版社,2002。

③ 陈振明主编:《政策科学》,第212页,中国人民大学出版社,1998。

的原因有很多,包括主观原因和客观原因、主要原因和次要原因、直接原因和间接原因、近期原因和长期原因,等等。只有弄清政策问题形成的原因,才能有针对性地找出解决问题的最佳方案。公共政策的制定者对政策问题的形成原因系统而全面的分析,包括进行纵向和横向分析。纵向分析是从政策问题形成的表面原因入手,由表及里、由浅入深地进行深入剖析,直到弄清不同层次原因及其相互间的关系,找出根本原因。横向分析是指对同一层次的各种原因及相互关系进行分析,从中找出最主要的原因。政策制定者对政策问题的正确分析和界定,一要充分掌握信息。要尽可能地收集到与政策问题相关的、能够反应其真实状况的系统信息。只有深入调查研究,广泛收集资料,从而准确完整地掌握政策问题的各种相关信息,才能对政策问题作出全面准确的分析。二要坚持实事求是的原则。要坚持辩证唯物主义和历史唯物主义的认识观,坚持系统地、全面地、发展地、辩证地认识和分析问题。三要采用科学的手段和方法。要定性分析和定量分析相结合,全面分析和重点分析相结合,尽可能对政策问题作出客观、系统、全面的分析和界定。

(二)确定目标

政策目标是政策制定者希望通过公共政策的实施所要达到的目的和效果。政策目标来自政策问题,它决定着政策方案要努力解决问题的方向,是判断政策方案是否优劣的根本,也是今后检验政策执行效果的基本尺度。正确的政策目标具有导向和激励作用,它能够极大地调动公众的主观能动性和为实现政策目标勤奋努力的积极性。如果政策目标选择错误,就会从根本上影响和阻碍政策问题的有效解决。一般来说,要科学合理地确定解决问题的政策目标,应注意处理好下列几个方面的问题:

1. 目标要有针对性

制定公共政策的目的是解决某些政策问题的公共管理活动,政策目标必须是为了解决某个或数个政策问题而确立的。政策目标的确定应针对实际要解决的政策问题,寻找事关政策问题要害的突破口,制定有针对性的解决方案,使公共政策能够积极有效地促进政策问题的解决。

2. 目标要有可行性

要采用预测技术和可行性分析手段,对政策目标内容及相关因素进行科学预测和可行性论证,正确处理客观需要与现实可能、有利条件与不利因素的关系等,使政策目标的实现能有一定的弹性和基本保证。

3. 目标应系统

政策目标的确定,一定要系统全面,形成由总目标和分目标及各层级目标相互联系和制约的目标网络系统,使各级各类公共部门及其工作人员和社会公众在政策问题的解决和公共利益的实现方面,都有相应的责任目标和努力方向。

4. 目标价值准则要适度

政策目标的确立,切忌十全十美的纯理性主义,应将政策目标实现的价值确定在合适的"度"上,即该政策目标应同时体现社会公众所共同认可和遵循的经济价值、社会价值和伦理价值的有机价值构成。

5. 目标应有边界条件

要确定政策目标所要解决问题的边际界线,也就是实现政策目标最低和最高边际界线,要能将政策问题解决在较为合理的范围内,为设计实现政策目标的方案提供科学合理的依据。

6. 目标应具体

政策目标必须是定性和定量相结合的形态,它必须是明确而具体的。政策目标的概念、时间、条件与数量和效益等方面都必须清晰地确定,以便于公共政策的实际执行者能够准确领会和把握,可操作、可检验。

(三)设计方案

设计实现政策目标的方案是寻找解决政策问题的各种有效途径和办法的关键活动。公共政策在制定过程中要求设计多个实现政策目标的方案,以供决策者选择。在设计解决政策问题方案时,关键是前瞻性、创造性研究,要根据经济和社会发展的趋势,结合公共管理主客观现状,大胆设想,精心设计科学方案,多途径、多方法地寻找实现政策目标的有效途径。

设计政策方案,一般可分为两个步骤,即框架构建和细节设计。

1. 框架构建

政策方案的框架构建主要应包括指导方针、行动准则、基本措施与手段、政策的发展阶段等主要内容。在设计框架构建时,要注意以下几方面问题:一是构想政策方案的框架要符合政策目标的要求,必须为实现政策目标服务。二是尽可能构想出多种多样的政策目标实现的方案,并尽可能使各个方案具有独立性,避免彼此相互雷同。三是各方案必须抓住实现政策目标的不同的环节和方法,使解决政策问题的步骤和方法具有多样性。四是实现政策目标的方案框架要有超前性,要能对今后社会经济与政治发生变化的情况进行准确预测,并有针对性地设计各种解决方案与办法。五是要体现创新精神,在设计政策方案时,必须通过创造性思维方法,大胆构想解决政策问题的新思想和新方法。

2. 细节设计

政策方案的细节设计主要是对所构想的政策方案框架的具体完善和加工,包括确定实现政策目标的具体途径、措施和手段,主要涉及具体政策界限的规定、实现政策目标的机构、人员、财力、物力和制度保证等内容。在实际的细节实践中,一是要使政策方案有量化描述,为政策方案评估提供科学的量化依据;二是一定要有可行性研究,分析实现政策目标的各方面因素,包括有利和不利条件,以供决策者筛选;三是要有所取舍,对政策方案框架构建时的某些方案,根据其对实现政策目标作用的大小而作适当取舍;四是要留有余地,要对具体的资源配置和政策措施计划安排留有可调节的弹性,以便公共政策在实际执行时可以动态调整,以确保政策目标的实现。

(四)方案评估

方案评估是指政策制定者对方案设计后所形成的若干可供选择的多种可行性方案进行分析、权衡利弊、综合评价的过程。政策方案的评估,是确保最终确定政策方案的必要环节和手段。一般来说,要以下列标准来衡量各方案的优劣:一是目标取向。涉及国家和社会公众长远利益的公共政策,主要是以政策方案所设计的解决政策问题的目标是否有利于坚持正确的政治方向和有利于政治与社会稳定的大局为标准。二是有效性。任何一个政策方案都既有正效应,又有负效应。对各种政策方案的评估,要分析和比较其取得正效应的成本效益比与要消除负效应的成本效益比,科学合理的政策方案应是前者大于后者。三是效率。对各个政策方案的政策目标和具体实施措施能否在一定程度上用一定速度实现,要作量化分析,这包括社会公众的可接受度和约束度,以使各方案能够尽快、彻底地为社会公众所接受并执行,高效率地实现预期的政策目标。四是公平性。政策方案中政策目标的实现,其最终受益者的空间和时间分布状况如何,是公共政策制定者必须加以评估的。也就是说,要评估整个社会中哪些阶层和社会团体受益?他们在什么时间区域受益?是否考虑到社会公平?五是程序公正性。要评估政策方案所要解决的政策问题进入政府议程的程序是否公正,各项方案措施在将来实际执行时是否有比较公正的操作程序。六是可行性。要对各种政策方案是否具备现实条件下的可执行性进行评估,力求各项政策措施都可能被社会公众所接受并在实际操作过程中得到有效实现。七是预测性。要预测国家经济与社会发展的总体趋势,对各项政策措施在实际执行时可能遇到的困难和障碍予以充分的估计并采取相应对策,分析并预测政策目标的最终实现度。

(五)抉择方案

在方案评估的基础上,全面分析和比较各个政策方案的优劣,最终选择其中某一最佳的方案或是对多种政策方案进行修改与综合,形成一个最佳方案而作为公共政策按法定程序提交审议通过。为确保最终抉择的政策方案科学和优化,政策决策者在拍板决断时,必须注意三点:

1. 把握公共政策方案的满意标准

公共政策制定者切不可一味追求最优决策的理想境界,应将着眼点放在在现有条件下抓住机遇,确保政策目标实现,相对花费少、时间短、风险小、副作用小的方案上。

2. 要借用辅助系统进行评价

要充分发挥公共政策咨询系统的作用,利用专家、学者的"外脑"进行科学论证和系统评估,力求使所选的公共政策方案能够科学合理。

3. 要认真考虑无为政策

政策决策者不要急于选择政策方案,应该充分考虑不对政策方案作出选择或是不制定公共政策会发生什么样的变化,要学会在特定时间和环境下无为的艺术。也就是公共政策制定者在选择政策方案时,要充分考虑新政策是否一定比现行政策更好,否则就不制定公共政策,这往往也是一种较合理的选择方法。

二、政策合法化

(一)政策合法性、合法化和法律化

政策"合法性"和"合法化"是两个相关的概念,政策的"法律化"则是对公共政策法律权威的最终确认。关于这些概念,国内外学者有不同的解释。

1. 政策合法性的概念

"合法性"的概念有广义和狭义之分。广义的"合法性"概念被用于讨论社会的秩序、规范或规范系统;狭义的"合法性"概念被用于理解国家的统治类型或政治秩序。广义的"合法性"概念涉及比法律、政治更广泛的社会领域,并且潜含着广泛的社会适用性。韦伯所谓的"合法秩序"(a legitimate order)是由道德、宗教、习惯、惯例和法律等构成的。合法性是指符合某些规则,而法律只是其中一种比较特殊的规则。因此,合法性的基础可以是法律程序,也可以是一定的社会价值或共同体所沿袭的各种先例。一个组织是否具有合法性,那就取决于它能否经受某种合法秩序所包含的有效规则的检验。由此可见,合法性概念无论在广义还是狭义的用法中都包含着同一要旨:由于被判断或被相信符合某种规则而被承认或接受,合法的统治是公民对政府或群众对政党的承认,是一种"下"对"上"的承认。

政策的合法性是指:政策方案符合国家的法律、法规、政党制度、社会伦理道德、宗教、行为习惯等并被其接受和认可,由社会公众通过一定途径对公共政策权威性的确认。

政策合法性的主要作用:其一是能够为国家法律、法规、政党制度、社会伦理道德、宗教、行为习惯等某项规则认可和接受,使公共政策具有一定的合法权威;其二是能够被政策对象(社会公众、市场主体)认可并接受,内化成其参与社会生活和社会生产活动的行为准则,有利于公共政策在公共管理实践中

顺利有效地运行。

2. 政策合法化

关于"政策合法化"的概念，国内政策学者有多种不同的理解。

张金马认为："政策合法化是指经政策规划得到的政策方案上升为法律或获得合法地位的过程。它由国家有关的政权机关依据法定权限和程序所实施的一系列立法活动与审查活动所构成。"①

兰秉洁、刁田丁认为,政策合法化"就是通过法定程序,提交有关机关讨论通过,并以公报、决定、决议等形式向社会公布,使政策决定取得公认的合法地位和全国人民的认可、接受和遵照执行的效力"。②

刘斌、王春福认为："政策方案一般还应通过有权限的机关,依照一定的法定程序,予以审议与核定,才能转变为正式的政策而具有合法性,从而得到社会的认同和遵循。这种政策方案成为正式决策的过程即政策合法化过程。"③

陈振明认为："所谓的政策合法化是指法定主体为使政策方案获得合法地位而依照法定权限和程序所实施的一系列审查、通过、批准、签署和颁布的行为过程。"④

我们认为：政策合法化是指法定主体依照法定权限和程序对所选择的政策方案进行的一系列审查、决议、批准、签署和颁布政策的行为过程。其含义是：首先,所有公共政策,都必须经过合法化过程。因为公共政策最终是要被社会公众接受并执行的,如果不经过法定形式和程序予以确认而使其具有法定权威,就无法顺利实施。其次,确认政策合法化的主体应是法定主体。政策方案能否具有法定权威性,不能由某个利益集团或组织来认定,必须由国家法律、法规明确规定的权威主体经过一定的法定程序才能予以确认。一般来说,对政策合法化予以确认的法定权威主体是立法机关、政府机关及其领导者。再次,公共政策合法化的法定主体依照国家法律规定的职责和程序实施一系列行为。由于公共政策的内容、形式和效力的不同,政策合法化的主体和程序也就不同。如对人身自由限制的政策和对经济权利限制的政策,前者必须由立法机关予以确认,后者则由政府机关即可确认,同时,立法机关的确认要经过的程序和环节要比政府机关复杂得多。

政策合法化在政策运行过程中具有及其重要的地位和作用,在公共政策实践中也具有极其重要的意义。这主要体现在：

---

① 张金马：《政策科学导论》,第172页,中国人民大学出版社,1992。
② 兰秉洁、刁田丁：《政策学》,第127页,中国统计出版社,1994。
③ 刘斌、王春福：《政策科学研究》,第213页,人民出版社,2000。
④ 陈振明：《公共政策分析》,第197页,中国人民大学出版社,2003。

(1)政策合法化既是公共政策制定过程的重要阶段,也是政策执行的前提和基础。在民主、法治的社会,政策合法化是政策运行过程必经的重要阶段。政策方案只有经过合法化过程,才能为社会公众所接受而成为合法有效的政策,才能通过公共政策的执行来顺利有效地解决政策问题。公共政策的执行必须是以政策方案具有合法性为前提,具有合法性的政策方案才能取得政策对象的认可、接受,才能具有让政策对象遵照执行的效力。没有经过合法化过程的公共政策,就不具有合法性,也就不可能付诸执行。

(2)政策合法化是实现公共决策民主化、科学化和法制化的重要保障。政策合法化既是一个扩大社会公众民主参与公共决策、加强政治沟通与协调的过程;也是一个公共决策择优,对公共决策方案不断修改、完善,对不良方案过滤、淘汰的过程;更是一个坚持由法定的决策主体,依照法定的权限和程序进行决策,对公共政策制定行为实施法制监督的过程。因此,政策合法化是确保公共决策活动民主化、科学化和法制化的重要保障,没有政策合法化的程序和制度保障,所谓公共决策民主化、科学化和法制化都只能是子虚乌有的空话。当前,随着《中华人民共和国立法法》、国务院《行政法规制定程序条例》、《规章制定程序条例》、《法规规章备案条例》等国家法律、法规的颁布实施,一些地方人大和政府也分别制定和颁布实施了一系列地方性法规、地方政府法规,明确规定了公共决策过程中要确保社会公众广泛参与、民主决策、科学决策的法制要求。

(3)政策合法化是依法治国和依法行政的迫切需要。依法治国既是现代国家的基本标志,也是我国的治国方略。政策合法化的过程,就是明确要求在公共事务管理的活动中,人民群众依法参与公共政策制定活动,政府按照法律规定的权限、经过法定的程序、采用法定的手段开展公共管理活动。只有将政府的公共政策制定活动的全过程置于人民群众的参与和监督之下,才能确保各级政府依法行政,从而真正贯彻依法治国的治国方略,实现对国家事务、社会事务和经济文化事业的法制化管理。

3. 政策法律化

政策法律化一般是指公共政策向法律的转化。具体来说,是指享有立法权的国家机关依照立法权限和程序,将已经颁布实施的重大且成熟、稳定而又有立法必要的公共政策转化为法律的立法活动。它包括立法机关的立法和行政机关的行政立法两部分,一般也称"公共政策立法"。

政策法律化是广义的立法过程。这里所说的"法律"或"法",在我国具体表现为宪法、法律、行政法规、行政规章、地方性法规和地方行政规章等。在我国公共政策立法实践中,公共政策立法的主体主要包括的国家机关是:全国人大及其常委会,国务院,国务院各部、委、办、局,省、自治区、直辖市人大,省、自治区、直辖市人民政府,省会市和自治区首府所在地的市人民政府和国务院批准的较大的市人民政府。此外,特别行政区的立法体制法律另有规定。

政策法律化并不是指所有的公共政策都要转化为法律。只有具备一定条件的政策才能转化为法律。政策法律化的基本条件是:

(1)有立法必要的公共政策。公共政策与法律对公共事务的调整和约束范围不完全相同。一般情况下,公共政策对公共事务调整的范围是大于法律的,但其对政策对象的约束力却要小于法律对法律对象的约束力。有些公共政策,如执政党调整党内各种关系的政策,对社会公众不具有普遍适用性,也就没有转化为法律的必要。在宗教、民族领域中的许多公共问题,也应由公共政策加以引导,不能由法律硬性约束。只有调整属于法律调整范围的社会关系的公共政策,才有必要转化为法律。

(2)成熟、稳定的公共政策。公共政策与法律都具有一定的稳定性,朝令夕改会使政策对象和法律相对人无所适从,影响公共政策和法律的权威性,甚至会对经济与社会发展产生不利的影响或阻碍。但就公共政策和法律相比较,公共政策具有一定的时效性,它一般是在特定时期为解决某一特定公共问题而制定的,在政策实施的方法和手段上都具有一定的灵活性;法律则较公共政策更具有长期、稳定性,具有更强的权威性和约束力。公共政策可以根据经济与社会发展状况的变化而及时调整解决公共问题的方法、措施;法律则比较定型、规范化,其制定、修改、补充或废止都要经过法定的、严格的程序,并受到法定的时间限制。因此,公共政策制定和实施以后,经过社会实践的检验,证明其是对经济与社会发展是有效的、成熟的、系统性的规范要求,且又有长期生效、稳定、连续执行的必要时,该项公共政策才能最终转化为法律。

(二)政策合法化的程序和要求

政策合法化一般是由审查、决议、批准、签署和颁布几个环节构成。审查是指法定主体对政策制定者所选择的政策方案的各项条文和规范是否合法逐条审阅和评价;决议是法定主体的组成机构与人员以会议的形式对政策方案科学、合理与合法性进行认定,通过一定的民主方式加以裁决,对有违反相关法律法规和缺乏公平公正的政策方案予以否定,对科学可行、合理合法的政策方案予以通过;批准是法定权威主体对经过决议而通过的政策方案以文字形式予以确认;签署是由公共政策合法化的法定主体的法定代表人在所确认的书面文件上表明意见并署名;颁布政策是对已确认了法定权威性的公共政策,在法律规定立法机关和政府机关公报(白皮书)、新闻媒体等大众传播媒介上将公共政策全文予以公布,让社会公众了解、接受并顺利实施。

政策合法化的基本要求是:

(1)主体的法定性。政策合法化的关键是公共政策制定的主体必须是具有法定权威性的主体。法律针对不同的国家机关规定了不同的职权,政策合法化的主体必须在各自的法定权限内使相应的政策方案合法化,超越法定权限,就不能制定和颁布公共政策。一般来说,主体在政策合法化过程中要注意的法定权限问题是:政策主体是法定权威机构;政策主体必须有合法的依据;政策主体必须注意公共政策所涉及事项、地域、措施和手段等职权限制。

(2)程序的法定性。政策合法化过程必须有法定的程序作保障。任何公共政策的制定,为保障公共政策的公平、公正性,都必须履行法定的程序,否则就不具有合法性,就不能使政策合法化。

(3)内容的合法性。政策内容必须符合国家法律、法规的基本要求,公共政策种所采取的政策措施必须是在法定授权的范围内,凡超越法律规定或法定权限的政策都不能实现政策合法化。

(4)抉择的法定性。政策主体对政策方案的抉择方法和手段,必须符合法律、法规和国家公共管理体制和制度要求,必须体现民主、法制、科学的公共决策的原则要求。

(三)中国政策合法化的问题和对策

1. 当前中国政策合法化的有关制度

当前中国的政策合法化形式繁多,但根据《中华人民共和国立法法》、《中华人民共和国行政许可法》、《中华人民共和国行政处罚法》、国务院《行政法规制定程序条例》、国务院《规章制定程序条例》等法律、法规的规定,正式和规范的合法化形式往往还要经过共产党、国家权力机关和国家行政机关的法定会议等批准和颁布。

全国人民代表大会及其常务委员会是我国宪法规定的法定的最具权威性的政策合法化机构。按照宪法和法律的规定,全国人民代表大会及其常委会拥有政策合法化的权力包括:

(1)国家立法权,包括审议通过对法律的制定、修改和废止,而法律是政策的最权威形式。

(2)政策审批权,包括审查和批准国民经济和社会发展计划、国家财政预算计划;国务院、最高人民法院、最高人民检察院的工作报告;批准省、自治区和直辖市的建制及特别行政区的设立等。

(3)最高决定权,包括决定国家机关的重大人事任免、决定战争与和平问题、决定重大工程的立项建设等。在上述政策合法化过程中,还包括对法律和决定的公布,除人大自身公布外,通常由国家主席来进行。

除了全国人民代表大会及其常委会和国家主席外,中国共产党的全国代表大会、中央全会、政治局会议、政治局常委会议和书记处会议等,也是重要的政策合法化途径。中国共产党的各种高层会议所通过的决定,都具有公共政策的性质,而且往往是最基本和核心的公共政策(通常称为路线、方针等)。另外,国务院的全体会议和常务会议也是经常性的政策合法化渠道。一般来说,国务院会议所通过的政策与党和全国人大相比,一般是比较具体的、涉及范围较小的公共政策,而对于更为重大的公共政策,通常需要全国人大和党中央的会议进行合法化。

中国地方公共政策的合法化过程,也是遵循中央政策合法化体制和程序进行的。

2. 中国政策合法化存在的问题

在中国政策合法化实践中,政策合法化的过程主要有行政机关和立法机关两种法定的程序,前者一般是由法制工作机构审查、领导集体决策会议讨论决定、行政首长签署发布政策等环节构成;后者则是由提出议案、审议议案、表决和通过议案、公布政策等环节组成。当前中国政策合法化在实践过程中存在的问题主要有:(1)政策合法化过程缺乏民主监督机制。一般来说,在各项公共政策的制定过程中,缺乏明确的民主参与、民主监督的制度约束,政策合法化大多由政策主体自我完成。(2)地方公共政策制定缺乏完善的法律、法规。与中央政策合法化有《中华人民共和国立法法》、《行政法规制定程序条例》等法律、法规的约束控制相比,地方政策合法化却没有形成系统完善的政策合法化程序的法规、规章约束规范制度,使得地方政策合法化缺乏必要的程序约束,影响到公共政策的合法性、权威性,使地方公共政策制定难以实现科学化、规范化。(3)政策合法化缺乏刚性约束和责任机制。在中央和地方各级政策合法化的有关法律、法规中,缺乏对政策合法化的刚性约束和责任要求,尤其是对不遵循政策合法化要求,不履行政策合法化程序的公共政策制定行为缺乏必要的责任追究机制,导致公共政策制定的主观随意性较大,在一定程度上阻碍了公共政策制定的科学化、民主化、法制化的实现。

3. 保障中国政策合法化的对策建议

在中国政策合法化的实践中,要切实保障各项公共政策制定履行政策合法化程序,使公共政策具有法定权威性,实现公共政策制定的科学化、民主化和法制化,当前应采取以下措施:(1)完善政策合法化法律、法规体系,加强政策合法化的民主、法制监督。要根据国民经济和社会发展的需要,按照贯彻落实科学发展观的要求,对现行的《中华人民共和国立法法》、国务院《行政法规制定程序条例》、国务院《规章制定程序条例》等法律、法规进行修改、补充、完善工作。在《中华人民共和国立法法》中应增加对政策合法化的民主参与、民主监督等条款,规定重大公共政策的制定在政策合法化过程中必须举行听证会、论证会或人民群众政策建议与讨论,将民主参与、民主监督作为政策合法化的必要条件。要尽快制定全国统一的《行政程序法》,以进一步规范、统一

《行政法规制定程序条例》、《规章制定程序条例》中关于政策合法化的内容要求,将政策合法化上升到国家法律的层面,以国家法律强制性来规范公共决策的程序,将公共决策行为置于国家法律的规范、约束之下,确保公共政策制定的科学化、民主化、法制化。(2)建立健全地方公共政策合法化的法定程序的制度体系。要以《立法法》和《行政程序法》为总体法律依据,结合各地实际,制定和完善政策合法化的地方性立法和行政程序的规范性法律文件体系,以制度来保障各级地方公共政策制定都能有切实可行的、完善而系统的政策合法化程序设计,确保地方公共政策制定都能在法律、法规的约束下自觉履行政策合法化的程序。(3)合理划分政策合法化的权责,加强政策合法化的责任追究制度。根据责、权、利一致对等的原则,合理划分各级执政党、国家权力机关、国家行政机关在政策合法化过程中的权力和责任,明确各自的权力和责任以及履行政策合法化程序应承担的后果,依法追究违反政策合法化程序的公共政策制定行为的责任,切实维护政策合法化程序的法律权威,增强公共政策制定者履行政策合法化程序的自觉性和责任心,真正将政策合法化过程置于广大人民群众和法律法规的监督之下,切实保障公共政策制定的科学化、民主化和法制化。

三、政策制定的原则

政策制定的原则是指在公共政策制定的过程中必须遵循的客观规律和公共利益的基本准则。一般来说,公共政策的制定应遵循下列基本原则:

(一)追求公共利益原则

追求公共利益是现代政府制定公共政策的核心价值标准。政府所制定的公共政策,必须反映社会公众的利益要求并以追求公共利益为永恒目标,为实现和维护公共利益提供必要的政策支持。政府制定的公共政策应努力达到四方面标准:一是利用有限的资源提供更多、更好的服务。政府公共政策应对公共资源进行高效的组织和配置,要讲求投入产出效益比,避免公共资源的浪费。二是尽可能降低公共政策制定和执行的成本。政府公共政策的制定与执行是需要国家财政预算作保障的,而国家的财政预算资金则是来源于社会公众所交付的税费,政府应尽可能花费更少的资金制定科学规范的公共政策并确保其高效执行,以回应社会公众对社会所作的贡献。三是给社会公众更多的选择权。政府制定的政策,对社会公众的生存与发展的私人政策问题应尽可能不干预,使其有更多的选择权,在政府的积极正确的引导下走自主发展之路。四是确保社会公平。政府制定的公共政策应侧重于健全市场机制、维护公平竞争和调节社会分配等,在提高效率的前提下,确保社会公平,以全面调动社会公众的积极性,促进经济与社会发展。因此,现代政府应摆正自身利益与社会公共利益的关系,以社会公共利益为最高目标,坚决杜绝通过制定公共政策而动用公共资源谋取本位利益的"寻租"现象和与公众争利的不良行为,以此铲除腐败现象产生的温床。

(二)信息完备原则

信息是政策制定的基本依据。信息完备原则是要求政策制定者必须在掌握大量、及时、准确、真实的信息基础上,才能制定公共政策等。公共政策的制定过程究其实质而言,就是一个与公共政策密切相关的信息的输入—加工(处理)—输出的过程。政策问题一旦进入政府议程,政府便要通过调查研究进行信息的广泛搜集并对其进行分析研究,以寻找能够解决问题的关键信息,研究解决办法和对策,形成政府的公共政策后,又将公共政策的相关信息输出至社会领域,为社会公众所知晓、接受并执行。因此,在公共政策的制定过程中,公共政策的制定者所掌握的有关公共政策的信息是影响公共政策质量的关键因素。信息越真实、越全面、越准确、越及时,公共政策的科学性就越强、社会公众的接受度就越大、最终的执行力度就越大。反之,公共政策便难以取得应有的效果。

政策的制定必须遵循信息完备的原则,但在实际制定公共政策时,也要注意克服片面追求信息全面、完整的倾向。因为人们对客观事物及其规律的认识是不完全的,且是有一定过程的,所以政策制定者无须在所有相关信息都搜集齐全时再制定政策。这会错过政策制定和执行的最佳时机。在实际政策制定的过程中,只要有一定信息量积累时,就应根据经济与社会发展的形势加以分析和判断,把握时机,及时制定科学合理的公共政策。

(三)预测原则

预测是政策制定的重要前提。公共政策就是面向未来,作为未来要实现某项公共利益的行动指南和行为规范。因此,在政策制定之前,必须对经济与社会形势发展和未来趋势作出科学的预测,尤其对政策所要解决问题的中、长期发展趋向加以认真把握,了解其发展规律、时空条件及其所产生的后果与影响,从而制定出科学合理的公共政策。如中国加入WTO政策的确定,就是在对世界经济和政治发展总体趋势进行科学预测的基础上,根据对中国经济和社会发展趋势的预测以及利弊分析预测的基础上确定的。

(四)系统原则

政策牵涉面广、问题复杂、解决和执行的难度大,要使所制定的政策能最大限度地满足社会公众的利益需求,最大程度地为社会公众接受并付诸执行,在政策的制定过程中,必须以系统原则为指导,充分运用系统工程理论和方法来制定政策。在实际政策制定时,要将政策问题放在它所处的社会系统中去考察,综合分析整体与局部、内部条件与外部环境、当前利益和长远利益、主要目标和次要目标及上述各种因素的相互作用关系,结合经济与社会发展形势,寻找解决政策问题的方法和实现公共利益的途径。只有从整体出发,作系统而协调的全面安排,方可实现政策制定的科学化与合理化。否则,公共政策有可能出现片面性或不合理性,引起部分公众的不满而最终导致公共管理活动遭受挫折和损失。

(五) 创新原则

政策总是要变革现在,开创未来,要消除或缩小现状与期望目标之间的差距。尤其是在现代科技迅猛发展并向知识经济发展的今天,创新意识和创新举措成为推动经济和社会发展必不可少的关键因素。政策的制定者必须适应形势发展的需要,培养创造性的思维能力,打破常规,创造性地制定符合社会公众利益要求、能够引导和规范社会公众行为、促进经济与社会发展的公共政策。特别是对因突发性事件或危机而形成的政策问题,由于没有常规的先例可循,更需要灵活有效的创新思路和方法,使各项政策具有较强的生命力。

(六) 可行性原则

各项公共政策制定后,最终是要付诸实施的,而要实施政策则必须具备实施公共政策的现实条件。任何政策中政策目标的确定和实施,均需论证其可行性。因为公共政策的确定,涉及诸多复杂因素,只有对涉及政策制定与实施的主客观因素,加以认真分析比较,从人力、物力、时间、技术各方面得到保证,才能使政策目标确定和政策实施都建立在牢固的现实条件的基础上,使政策具有可操作性和最大成功的可能性。过去革命战争年代的"左"倾冒险主义和社会主义建设时期片面追求高速度、高指标的教训,就是很好的例证。

(七) 动态发展原则

公共政策的制定、执行、修改是一个连续的动态过程,而公共政策所要解决的政策问题则是随着社会经济的进步而不断发展变化的,在制定公共政策时,任何一个细节的疏忽或政策规范限制过多,都有可能在实际执行时造成巨大的不良影响。因此,公共政策的制定要富有远见,能适应未来的发展,保持可调节的弹性,以辩证思维方式指导政策规范的制定,留有相应余地,准备应急措施,确保政策能够得到持续、稳定的实施,避免朝令夕改和政策规范的大起大落而影响社会稳定。同时,任何政策规范体系都是一个开放系统,总是要与外界环境处于不断的物质、能量和信息的交换之中。环境变化了,政策规范体系也必然要随之作出相应的变动与调整。这便要求公共政策的制定者在公共政策的实施中应注意信息反馈,随时检查实施状况,一旦发现政策规范体系与客观情况不相适应,就应及时调整和修正,使公共政策得以补充和完善。

第三节　中国的公共政策制定

一、中国公共政策制定的法定程序

中国公共政策的制定，这里既指国家权力机关依法制定法律的公共政策行为，又指政府对公共产品的提供和社会资源进行合理配置而颁布的行政法规、政府规章以及政府投资与重要经济活动等重大决策。根据2000年3月15日第九届全国人民代表大会第三次会议通过的《中华人民共和国立法法》和2001年11月16日国务院颁布的《行政法规制定程序条例》、《规章制定程序条例》以及组织法等行政法律文件规定，中国公共政策制定的法定程序一般是由以下环节构成的：

（一）立项

政策立项是政府部门根据经济与社会发展形势和社会公众的需求，对事关国家、地区和多数社会公众利益的公共产品和公共服务提供以及社会公共资源配置的，必须由政府管理的国家与社会事务政策问题予以采纳并将其列入政府议程，准备采取相应措施加以解决的公共政策制定的环节。在实际政策制定过程中，以政府规章形式出现的公共政策的制定和重大政府工程的决策都必须向其上级政府或向本级国家权力机关（人大）提出立项申请，在获得法定机关论证通过的前提下才能正式启动政策制定程序。《中华人民共和国立法法》第五十七条规定："国务院有关部门认为需要制定行政法规的，应当向国务院报请立项。"国务院《行政法规制定程序条例》第七条规定："国务院有关部门认为需要制定行政法规的，应当于每年年初编制国务院年度立法工作计划前，向国务院报请立项。国务院有关部门报送的行政法规立项申请，应当说明立法项目所要解决的主要问题、依据的方针政策和拟确立的主要制度。"第八条规定："列入国务院年度立法工作计划的行政法规项目应当符合下列要求：（一）体现改革、发展、稳定的需要；（二）有关的改革实践经验基本成熟；（三）所要解决的问题属于国务院职权范围并需要国务院制定行政法规的事项。"省、自治区、直辖市和较大的市的人民政府所属工作部门或者下级人民政府认为需要制定地方政府规章的，应当向该省、自治区、直辖市或者较大的市的人民政府报请立项。立项申请，应当对制定规章的必要性、所要解决的主要问题、拟确立的主要制度等作出说明。

（二）起草（设计）

在政策制定的立项申请获批准后，主持公共政策制定的政府部门便要组织专门机构与人员成立起草小组,开始公共政策法律规范的起草(或公共政策方案的设计)工作。专门起草小组一般由政府主管部门负责人、相关部门负责人、行政人员、政策专家和法律专家等人员组成。《行政法规制定程序条例》第十一条规定:"起草行政法规,除应当遵循立法法确定的立法原则,并符合宪法、法律的规定外:(一)体现改革精神,科学规范行政行为,促进政府职能向经济调节、社会管理、公共服务转变;(二)符合精简、统一、效能的原则,相同或者相近的职能规定由一个行政机关承担,简化行政管理手续;(三)切实保障公民、法人和其他组织的合法权益,在规定应当履行的义务的同时,有的规定其相应的权利和保障权利实现的途径;(四)体现行政机关的职权与责任相统一的原则,在赋予有关行政机关必要职权的同时,应当规定其行使职权的条件、程序和应承担的责任。"由于公共政策的制定是事关全局,关系到国计民生的大事,因此,在具体起草法律规范文件或是设计政策方案时,必须深入实际进行认真的调查研究,充分占有信息资料,对公共政策所要调整的社会关系的各个方面,都要全面地了解和掌握。尤其是关系到社会公众切身利益的政策方案与法律规范,更要慎之又慎,进行系统思维,统筹协调方方面面的关系。《中华人民共和国立法法》第五十八条规定:"行政法规在起草过程中,应当广泛听取有关机关、组织和公民的意见。听取意见可以采取座谈会、论证会、听证会等多种形式。"《规章制定程序条例》第十五条规定:"起草的规章直接涉及公民、法人或者其他组织切身利益,有关机关、组织或者公民对其有重大意见分歧的,应当向社会公布,征求社会各界的意见;起草单位也可以举行听证会。"第十六条规定:"起草部门规章,涉及国务院其他部门的职责或者与国务院其他部门关系紧密的,起草单位应当充分征求国务院其他部门的意见。"

(三)审查

在精心设计和广泛而深入论证基础上形成的公共政策方案和法律规范草稿,起草单位要将其连同方案的说明和相关材料一起送交上级政府主管部门或本级政府法制主管部门审查。《中华人民共和国立法法》第五十九条规定:"行政法规起草工作完成后,起草单位应当将草案及其说明、各方面对草案主要问题的不同意见和其他有关资料送国务院法制机构进行审查。"《行政法规制定程序条例》第十七条规定:"报送国务院的行政法规送审稿,由国务院法制机构负责审查。国务院法制机构主要从以下方面对行政法规送审稿进行审查:(一)是否发挥宪法、法律规定和国家的方针政策;(二)是否符合本条例第十一条的规定;(三)是否与有关行政法规协调、衔接;(四)是否正确处理有关机关、组织和公民对送审稿主要问题的意见;(五)其他需要审查的内容。"

公共政策法规文件的法定审查单位是上级政府主管部门和本级政府法制机构。在审查阶段,国家法定的审查机构将依据《立法法》和有关法律、法规,对公共政策草案的制定机构的法定权威性、与国家相关法律法规的一致性、与相关部门管理工作的协调性以及草案自身的科学合理性进行审查通过并提出修改意见。凡在以上几方面有违国家法律、法规的相关规定以及存在不协调、不够科学合理的，法定审查机构有权将公共政策草案退回。

(四)决定和公布

经过审查通过的公共政策法规草案修改定稿后，必须经有法定权威的国家行政机关以会议的形式集体讨论和通过。通过后的公共政策法律规范文件还必须由法定权威机关的法定负责人签署后才能公布。在我国制定公共政策的实际中，公共政策法规文件的最终确定是由公共政策起草部门的领导集体以会议的形式研究并表决通过的，该部门的行政首长最后在所通过的公共政策法规文件上签署后，即可公布生效。《中华人民共和国立法法》第六十条规定："行政法规的决定程序依照中华人民共和国国务院组织法的有关规定办理。"第七十五条规定："部门规章应当经部务会议或者委员会会议决定。地方政府规章应当经政府常务会议或者全体会议决定。"第七十六条规定："部门规章由部门首长签署命令予以公布。地方政府规章由省长或者自治区主席或者市长签署命令予以公布。"

公共政策法规文件的公布必须在法定的政府公报或报纸上全文登载，并通过其他刊物、电台、电视台、公共网站等新闻媒体进行广泛的宣传，以做到人人皆知，家喻户晓，使全体社会公众都能了解和掌握政策的基本内容，公共政策由此才能正式生效。《行政法规制定程序条例规定》第二十八条规定："行政法规签署公布后，及时在国务院公报和在全国范围内发行的报纸上刊登。国务院法制机构应当及时汇编出版行政法规的国家正式版本。"

二、中国公共政策制定的特点

(一)共产党在公共政策制定中处于主导地位

《中华人民共和国宪法》赋予了中国共产党在全国各项社会主义建设事业的核心领导地位，它对公共政策的制定理所当然地起主导作用。首先，在事关国家整体长远发展规划和全国性重大公共事务的政策选择上，中共中央在广泛征求各民主党派和社会团体意见的基础上，向全国人民代表大会提出政策建议，由中央人民政府具体设计完善后提交全国人民代表大会全体会议通过后公布执行。其次，各级各类政府机关中都设有党的委员会或党组，这是各级各类政府机关的领导核心，政府机关所设计或研究的各项政策的最终通过，都必须在党组会或党委会上讨论通过。再次，各级各类政府机关中的公务员，大多数都是中国共产党党员，他们在开展各项政策研究和政策方案设计的过程中，始终都与党的根本目标保持一致，在公共政策的制定过程中也较充分地体现了党的意志。这种公共政策选择的程序,体现了中国国家政权的性质和国家机关的民主集中制的组织原则,能够较好地将党的政策主张和人民群众的根本利益结合起来。它在实践中是较为成功的公共政策制定的范式。

(二)人民的根本利益是公共政策制定的根本宗旨

坚持从人民利益出发,是中国共产党及国家机关(包括人大和政府)制定公共政策的基本特点。江泽民同志指出:"我们党要始终代表中国最广大人民的根本利益,就是党的理论、路线、纲领、方针、政策和各项工作,必须坚持把人民的根本利益作为出发点和归宿,充分发挥人民群众的积极性主动性创造性,在社会不断发展进步的基础上,使人民群众不断获得切实的经济、政治、文化利益。"[①]长期以来,在各项事关国计民生和社会公共事务政策的制定过程中,党和政府始终坚持以最广大人民群众的根本利益为根本宗旨,努力寻求能够最大限度地满足广大人民群众需求的政策方案,最大限度地将国家利益与人民群众的利益兼顾起来,得到了广大人民群众的拥护和执行。

(三)解放思想、实事求是、与时俱进是公共政策制定的指导思想

解放思想、实事求是,是毛泽东思想、邓小平理论的精髓,同时也是改革开放以来中国公共政策制定的根本指导思想。以邓小平同志为首的和以江泽民同志为核心第二代领导集体、第三代领导集体,在改革开放和社会主义现代化建设过程中所作出的每一项政策和重大决策,都立足于社会主义初级阶段这一基本国情,体现了解放思想、实事求是、与时俱进这一革命胆略和科学精神相统一的思想路线。各级党委和政府在"解放思想、实事求是、与时俱进"思想路线的指导下,坚持联系自身实际,积极探索,大胆创新,制定出既顺应经济与社会发展潮流又符合中国国情和各地实际情况、满足广大人民群众需求的有利于推动经济与社会发展的公共政策。

(四)民主集中制是公共政策选择的主要形式

民主集中制是中国共产党和中国各级政府的基本组织原则,党和各级人民政府,在具体设计和选择政策方案的过程中都是严格执行民主集中制原则的。实践证明,坚持这一原则能够有效地防止公共政策制定过程中的个人专断和极端民主化倾向,从而有利于制定出正确的公共政策。一旦违背民主集中制的原则,就会制定出错误的公共政策。如"反右"和"文化大革命"等政策的出台,都是在党的民主集中制组织原则遭受严重挫折时期,主要领导者的个人意志凌驾于领导集体之上,结果给中国革命和社会主义现代化建设造成了重大损失。民主集中制原则在政策实践中,首先是要坚持公共政策制定的民

---

① 江泽民:《在庆祝中国共产党成立八十周年大会上的讲话》,《人民日报》2001年7月1日(第一版)。

主化。一是要求公共政策决策者充分发扬民主,广泛听取各方面意见,使公共政策的各方面都尽可能考虑周全,只有在充分发扬民主的基础上,才能做到正确的集中。二是在政策方案的最终确定中,主要领导者必须尊重参与制定公共政策的每一个人的意见,尤其是与领导者本人不一致的意见,真正实现群言堂,不搞一言堂,这样才能真正做到将正确的意见予以集中,使公共政策方案的选择更具科学性。其次,在发扬民主的基础上,也要强调必要的集中。否则,任由每一个参与政策制定者为满足其个人意愿而无休止地争论下去,也无法制定出正确的政策。领导者要善于将各方面意见集中起来,分析研究,总结提高,最后形成正确的公共政策。再次,在公共政策选择时,各级党和政府的领导机关,必须做到少数服从多数、个人服从组织、下级服从上级、地方党委和地方政府服从党中央和中央政府。坚持这"四个服从",才能保证中国社会主义现代化建设各项公共政策的整体统一性,才能形成上下一致、同心同德、齐心协力建设社会主义新国家的良好局面。

(五)群众路线是公共政策制定的基本方法

一切为了群众,一切依靠群众,从群众中来,到群众中去,这是中国共产党80年来在革命斗争和建设实践中形成的群众路线,是党的根本工作方法与领导方法,也是中国公共政策制定的基本方法。"从群众中来、到群众中去"的工作方法,是同"从实践中来、到实践中去"的认识过程完全一致的,是马克思主义认识论在领导工作和中国公共政策制定工作中的创造性运用。"从群众中来",就是在公共政策制定工作中深入群众,集中群众的智慧和要求,反映群众的愿望和要求,并形成正确的决定;"到群众中去",就是将集中起来的正确政策变为群众的自觉行动。

自改革开放以来,中国共产党在制定公共政策的过程中,始终注意坚持群众路线,党和政府始终将"从群众中来、到群众中去"作为公共政策制定的基本方法。各级党委和政府的领导者,在公共政策制定之前,都能够深入人民群众,了解群众需求、倾听群众呼声,集中群众的智慧,制定出既适应社会主义市场经济发展要求,又合乎民意、顺乎民情的公共政策;然后又把所制定的各项公共政策放到人民群众的社会实践中,在人民群众的社会实践中检验公共政策的正确与否,并根据人民群众社会实践的结果加以修正、丰富和完善原有的公共政策。

(六)利益表达与综合遵循"内输入"途径

"内输入"概念最初来自伊斯顿的《政治生活的系统分析》一书。中国学者胡伟在《政府过程》一书中采用伊斯顿的政治系统分析方法,研究中国政治过程的制度结构与非制度性结构,突出了权力精英在中国政治决策中的作用(主要表现为权力精英对社会利益的综合与表达),进而借用"内输入"的概念,认为"内输入"是指在社会没有利益多元化的条件下,由政府精英代替人民进行利益的综合与表达,其特征表现为权力精英之间的政治折中,而不是多元决策下的社会互动。这种由国家聚合社会利益、倾向和意愿的方式与社会学家费孝通所说的"单轨政治"有异曲同工之处。所谓"单轨政治"是指国家与社会关系中,只有自上而下的行政要求而没有自下而上的政治吸纳的一种形式。

在西方,由于其社会利益结构分化明显,压力集团往往作为特定利益群体的代表出现,因而西方的政策输入过程更多地表现为各种政治力量的括全互动过程。由于中国的社会利益结构分化并不那么明显,长期以来没有形成较为明显的多元利益结构,也没有分化出相应的利益集团以及其他社会性的政策输入结构。所以,基于党的群众路线的决策规范,以及党的领导和政府官员们"从群众中来、到群众中去"的决策方法,当代中国的社会利益表达与利益综合并不主要由社会性结构来承担、各级政府官员来体察和认定。

中国传统的社会利益群体(工会、妇联等)主要不是作为利益集团向政策制定者施加压力,而是更多地发挥了在党组织和政府与人民之间沟通信息、反映情况的"桥梁"和"纽带"作用,更多地呈现出"高度组织化"的政府整合特征,这可以看作党组织和政府机关的"附属物"。它们在政策输入过程中所承担的基础性利益表达和初步利益综合功能也可以看作党组织和政府"内部输入"功能的一种合理的非政府延伸。与此相适应,它们在政策输入过程中所承担的功能并不具有多少社会互动的色彩,而是与党组织和政府"内输入"功能交织在一起。"它们既代表一部分群众向中国共产党和各级政府表达意见,又常常反过来协助党和政府做自己所代表的那部分群众的工作,而不是简简单单地施加'压力'",①从而使当代中国的政策输入过程表现出高度的政府整合性和组织化一体性。正是基于这一点,有些学者认为,这一特征使中国政策问题的提出更多地使用内在提出模型和动员模型,而较少使用外在提出模型;也使中国公共政策制定过程中的决策更多地呈现出"单方案决策"的特征,而不是多方案的择优。②

三、中国公共政策制定的科学化

(一)以"三个代表"重要思想和科学发展观统帅各项公共政策制定工作

中国共产党是执政党,在领导有中国特色社会主义建设的全过程中,必须始终代表中国先进生产力的发展要求,代表中国先进文化的前进方向,代表中国最广大人民的根本利益。各级政府无论是政府议程的建立还是政策方案设

---

① 朱光磊:《当代中国政府过程》,第83页,天津人民出版社,1997。
② 参见孙光:《现代政策科学》,第123页,浙江教育出版社,1998。

计以及最终确定,都必须以"三个代表"重要思想为指导,将符合生产力发展规律、体现民族的科学的大众的社会主义文化的要求、符合人民的根本利益社会公共问题筛选出来,列入政府议程,组织机构和人员围绕政策问题的解决设计政策方案,并最终制定出符合"三个代表"重要思想要求的公共政策。科学发展观是对党的三代中央领导集体关于发展的重要思想的继承和发展,是同马克思列宁主义、毛泽东思想、邓小平理论和"三个代表"重要思想关于发展的理论,与马克思主义既一脉相承,又与时俱进,是马克思主义中国化的最新成果,是当代中国的马克思主义;是我国经济社会发展的重要指导方针,是发展中国特色社会主义必须坚持和贯彻的重大战略思想。"科学发展观,第一要义是发展,核心是以人为本,基本要求是全面协调可持续,根本方法是统筹兼顾"。① 坚持以科学发展观统领公共政策的制定工作,就是要在公共政策制定过程中:必须坚持把发展作为党执政兴国的第一要务;必须坚持以人为本;必须坚持全面协调可持续发展;必须坚持统筹兼顾。

(二)构建合理的公共政策制定系统的权责划分体系

要实现中国政策制定的科学化,必须对公共政策制定的法定相关主体的职能加以确认并进行重新构建,以建立和完善具有中国特色、符合社会主义市场经济要求的公共政策制定主体的权责划分体系。具体来说,就是要对中国共产党、人民代表大会、人民政府、政治协商会议和公民、其他社会组织等政策主体对公共政策制定的职责权限进行合理划分。确保共产党在公共政策制定过程中的主导地位、人民代表大会的立法权和审议权监督权,使政策方案能合乎人民意志;政治协商会议与公民、社会组织参与政策制定的讨论、咨询、监督、评论等权利;政府的独立调查研究、科学设计并选择公共政策的权力。

(三)科学确定市场经济条件下公共政策制定的价值取向

在社会主义市场经济条件下,政府制定公共政策的逻辑起点就是为了弥补市场缺陷,纠正市场失败,通过及时制定和有效实施公共政策来规范市场,保证经济效率,维护社会公平。各级党委和政府在制定公共政策时,首先,要以实现一定的经济效率为价值前提,以是否能够促进经济与社会发展效率的提高为评价和选择政策方案的基础标准。其次,要明确政府作为公共权力的最主要的载体,必须以追求社会公平为最高目标价值,维护社会公众整体利益,实现社会公平。

(四)提高公共政策制定的透明度,扩大社会公众的参与度

要实现中国公共政策制定的科学化,必须实行政务公开,通过提高政策制定的透明度,扩大社会公众的参与度,来制定"深入了解民情、充分反映民意、

---

① 《十七大报告辅导读本》,第14页,人民出版社,2007。

广泛集中民智"的、为广大人民群众所欢迎和接受并自觉执行的公共政策。首先，要改革传统政府制定政策"暗箱操作"的陋习，实行政务公开，将各级政府的各项管理工作与政策制定制度与内容向社会公布，以增强政策制定的透明度。其次，建立和完善社会公众参与政策制定的制度体系，通过各种形式和渠道来扩大社会公众对政策制定的参与度，使各项政策的制定具有最广泛的群众基础并在群策群力的基础上实现公共政策的科学化。

（五）加强公共政策制定的法制建设，努力实现"依法行政"

社会主义市场经济是法制经济，现代国家管理是法制管理，"依法治国"是党领导人民治理国家的基本方略。国家各项公共政策的制定，必须按照宪法与法律的规定。为此，必须建立健全公共政策制定的法律、法规体系，对公共政策制定相关主体的权力、义务、程序、方法、措施予以明确规定，加大执法力度，严格约束和规范各级政策主体的公共政策制定行为。

（六）建立健全公共政策制定的责任追究机制

公共政策一旦制定并付诸实施，就会对经济与社会发展产生重要的影响，尤其是事关国计民生的公共政策，如果制定得不科学或是不能被社会公众所接受，不仅会影响经济与社会发展的进程，甚至会引发社会不稳定因素，引起社会动荡。对公共政策制定工作应慎之又慎，必须建立健全公共政策制定的责任机制，尤其是对制定了错误的公共政策的公共政策制定者集体和主要领导者的责任追究机制。通过建立层层负责的政策制定责任体系，使每一个政策制定者都能增强自己的责任感和法律意识，本着对人民负责和对法律负责的精神，认真负责地开展公共政策制定工作。

（七）加强公共政策研究咨询组织建设

完善由公共政策决策系统、信息系统和咨询系统三位一体的公共政策制定系统，是实现中国公共政策制定的科学化的重要条件，当前尤为重要的是要加强中国公共政策咨询系统建设。包括：一是设立政府机构内设的政策研究机构，如政策研究室、咨询委员会等；二是设立独立的专业性政策咨询机构，如民意调查机构、投资咨询机构、管理咨询机构等；三是政策制定者定期或不定期聘请专家顾问团等。通过加强公共政策咨询系统建设，借助专业机构和专家学者的外脑帮助制定政策，必将大大提高中国公共政策制定的科学化程度。

（八）努力提高公共政策制定者队伍自身素质

中国公共政策制定者队伍主要是各级党委、人大、政府的领导干部。他们的整体素质和政策水平如何，直接关系到公共政策本身的科学化程度。提高公共政策制定者的素质应从以下几方面着手：一是在全国范围内对公共政策制定机构的工作人员开展政策科学的知识普及教育，使其增强对公共政策制定科学性和规范性的认识，树立科学的政策制定观念，掌握现代政策制定的理论；二是加强政策科学培训和研究机构建设，通过对国内外政策科学前沿理论的高层次的研究，将研究成果提供给参加政策科学培训的政策制定者，让他们能够增强对政策制定的规范程序和科学方法的感性认识，同时通过严格的政策制定的实证训练，提高其实际参与公共政策制定的能力；三是做好公共政策制定专门人才的交流和引进工作，通过与国内外政策科学专门人才的交流研讨，开阔政策制定者的视野，同时引进部分高层次政策科学人才，促进政策制定者相互之间的竞争，达到共同提高的效果。

第六章 政策执行

政策执行是政策运行过程的关键环节,是政策执行主体通过运用各种资源将政策目标(理想)转化为政策现实的唯一途径。可以说是政策制定后政策运行过程的最重要的阶段,政策执行的有效与否事关公共政策的成败。

第一节 政策执行的特点和原则

一、政策执行的含义和特点

(一)政策执行的含义

政策执行是在政策制定之后,将政策中的各项内容和目标变为现实的过程,它是公共政策运行过程的一个极其重要的环节,是公共政策能够对公共产品和公共服务的提供与社会公共资源有效配置得以实现的动态过程。具体来说,政策执行就是政策执行者通过运用一定的公共资源与管理手段,让政策对象接受并遵循公共政策,最终实现公共政策目标和内容以完成对公共事务实施有效管理的公共行政行为过程。这一概念具有下列含义:

(1)政策执行的主体是政策执行者,包括执政党组织、国家立法机关、国家行政机关、国家司法机关以及各类非政府公共组织及其成员。在中国,除中国共产党对公共事务提出政策建议并通过一定的法律程序上升为公共政策,同时监督各项公共政策的执行以外,主要的政策执行者是各级政府和政府所管辖或委托的行使部分行政权力的各类非政府公共组织及其成员,他们根据公共政策的规范要求,依法行使法定的权威,动员和组织各种资源以实现公共政策的目标和内容。

(2)政策执行的客体是公共政策受益和约束对象,包括公民、法人和其他社会组织,他们在享受公共政策所带来的各项利益的同时,也受公共政策规范的约束并依法履行相应的义务。

(3)政策执行的目的是为了实现政策目标,政策执行主体通过宣传解释、计划组织、试点推广、协调监督等环节让政策对象接受并自觉履行公共政策所规范的义务,以实现政策目标、完成对公共事务的有效管理。

(4)政策执行的方法和手段是运用一定的公共资源、经过法定的程序、采用法定的手段来实现政策目标的。政策执行所运用的公共资源主要包括人力、物力、财力、法定权力等;政策执行的程序应遵循的是国家法定的行政程序;政策执行所采用的方法主要包括行政方法、法律方法、经济方法和思想政治工作方法。

(5)政策执行的性质是法定公共组织依法执行国家法律、法规和各项公共政策,民主、公开、公平、科学、规范地管理国家公共事务的公共行政活动。可以说,整个国家行政机关所开展的公共行政活动就是广义的公共政策的执行活动。

(二)政策执行的特点

1. 强制性

由于公共政策的制定是经过有关的法律程序认可并最终以法律、法规等规范性法律文件形式公布的,因此,公共政策本身就具有一定的法律权威性,受到国家强制力保障。政策执行要求政策执行者依据国家法律、法规和政策规范,按照法定的程序来开展工作。在政策执行过程中,政策执行者可以依法采取必要的强制方法和手段,如对人身或财产自由的一定程度的限制、对一定行为作为与不作为的许可和禁止等,让政策对象接受并遵循各项政策规范,从而保证各项政策目标与任务的实现。政策执行者依法所采取的措施和方法,政策对象必须无条件地接受与服从,否则将会受到国家相关法律、法规的处罚与制裁。正因为政策执行具有的法律强制性,使得公共政策的执行能够在国家法律强制力的保护下顺利实现其预期的目标。

2. 综合性

综合性是指任何一项公共政策的目标和内容,所涉及因素是多种多样的,而且各种因素相互关联、相互作用和相互影响。政策执行者要顺利实现政策目标,必须以系统思维为指导,采取多种有针对性的方法措施,对所要解决的社会公共问题系统地加以研究和解决。就事论事难以有效实现政策目标。如中国中部崛起政策制定后的执行,既要考虑中部安徽、河南、江西、湖南、湖北和山西6个省各自的优势而对各项发展措施予以平衡考虑,确定实现中部崛起的战略与步骤,同时还要系统考虑东部、西部、东北老工业基地与中部地区的利益协调,在国家实行财政转移支付支持中部地区建设项目的同时,要考虑对中部地区根据其对全国各地、尤其是东部发达地区改革开放以来经济与社会发展所作贡献的大小予以适当的政策补偿,以调动东、中、西部地区和东北老工业基地协调发展的积极性。

3. 具体性

公共政策的目标与各项措施都有较为明确而规范的要求,这就是政策执行的具体性和可操作性。它要求政策执行者在执行政策时要把握住三点:一是政策对象的适用性,即一定的政策只适用于一定的对象;二是政策范围的有限性,即一定的政策只在一定的范围内实行;三是政策措施的针对性,即为确保政策目标的实现,只能采用某些特定的措施;四是政策执行的标准性,即执行政策必须按公共政策所明确规定的具体要求及其标准,以确保政策执行的公平、公正性。

4. 效率性

政策制定之后需要立即付诸执行,并且还要求政策执行者坚决、彻底和廉价、高效地实现各项政策目标和任务。在现代公共管理活动中,衡量政策执行效率的标准,就是公共政策目标和任务实现与完成的速度和程度,各种拖拉推诿、犹豫不决甚至拖压不办等,都是与现代公共管理的效率精神相违背的。同时,在政策执行活动过程中,要有资源稀缺性意识,牢固树立效率观念,以尽可能少地动用公共资源,实现更多、更好的政策目标,提高公共事务管理的整体效率。

5. 动态性

政策执行是一个动态的连续发展过程。任何政策的执行往往都不会在短时间内完成,要求政策执行者的思想和行为要根据变化了的主、客观实际不断地作出变化和调整。政策执行的动态性往往又表现为政策执行的阶段性和连续性的统一。由于政策目标和方案实现的本身带有阶段性,需要政策执行者分步骤地完成,因而政策执行也必然呈现出时间上的阶段性。但是,政策执行的各个阶段之间并不是相互孤立的,它具有较强的内在联系并需要保持相互之间的连续性。因此,要求政策执行者在执行公共政策时必须把握政策执行的整体连续性,在确保公共政策能够得到连续不断执行的前提下,对具体阶段的政策执行的方式、方法进行调整,确保阶段性目标高效率的实现。

6. 创新性

创新是指人类为推动经济与社会发展,自觉地将创造性思维活动的结果运用于社会实践,创造出新颖独特的具有一定社会价值的政治、精神和物质产品的活动。政策执行过程中的创新性是指在政策执行过程中,政策执行者要将原则性和灵活性统一起来,创造性地开展工作,高效率地实现政策目标。由于政策在制定过程中考虑的是绝大多数政策对象的需求,因而其政策规范和保障措施多数是较为笼统和抽象的,而对不同地区和不同层级的政策对象个体需求则无法充分满足。政策执行者在具体执行各项政策时,不仅要完整准确地把握政策目标及其精神实质,而且还要结合本地区、本部门的实际情况来制定执行政策的实施计划,尤其是要能够针对不同地区与不同层级的政策对象的不同政策需求来创新设计和灵活选择政策执行的个性化方案与措施。

二、政策执行的地位和作用

(一)政策执行运动的兴起①

20世纪七八十年代,西方尤其是美国公共政策研究领域出现了一场研究政策执行的热潮,形成了声势较大的"执行运动"(implementation movement)。政策执行研究的学者们出版了大量的论著,提出了各种关于政策执行研究的途径、理论及模式,拓展了政策科学的研究范围,丰富了政策科学的理论内容。

在政策科学或公共政策研究中,人们习惯上将政策运行过程划分为政策制定(规划)、政策执行和政策评估等阶段。尽管政策执行构成政策运行过程的中介环节,是将政策理想或目标转化为政策现实的唯一途径,因而具有十分重要的地位,但是,在西方政策科学发展的相当长时期里,政策执行并没有引起政策科学学者们的应有重视,政策科学被认为是研究政策制定的学科,而在政策运行过程链条上缺少政策执行这一环节。例如,在德罗尔的政策科学范式中,政策科学被界定为对政策制定的研究,其目标是改善公共政策制定系统,提高政策制定的质量;政策运行过程相应被分成元政策制定、政策制定和后政策制定(包括政策执行和评估等环节)三个阶段。

政策执行不受重视的主要原因在于,人们往往将政策执行看作政策运行过程中的一个不重要的阶段,认为只要政策一出台,便自然地得到贯彻执行而取得预期目标。米德和霍恩(Van Meter and Van Horn)将政策执行研究被忽视的原因归结为四个方面:(1)一个天真的假定——执行过程是简单且人所共知的,并没有什么值得学者关注的大问题;(2)以计划—项目—预算(PPB)为焦点——强调权威决策者的作用而排除了"低层次"官员对执行过程的负责;(3)任务的困难——从方法论上看,执行过程涉及严重的边界问题,往往难以界定相关的行动者;(4)时间和资源的巨大消耗。

政策执行研究是一种相对新的现象,它的兴起以1973年普雷斯曼(T. L. Pressman)和韦达夫斯基(A. Wildavsky)对美国联邦政府创造就业机会的政策项目——"奥克兰计划"执行的跟踪研究而写成的报告《执行》(Implementation)一书为标志。尽管在20世纪60年代,有一些组织理论家[如考夫曼(Kaufman),德西克(Derthick),贝利(Bailey)和莫舍(Mosher)]的著作已涉及公共机构如何运作政策的问题,但是真正以政策执行作为主题,并

---

① 参见陈振明:《公共政策分析》,第220页,中国人民大学出版社,2003。

进行全面案例跟踪研究的开创性著作则是《执行》这本书(该书后来成为政策执行领域的经典,是政策科学或政策分析的学者和学生的必读之书)。普雷斯曼和韦达夫斯基的研究表明,"奥克兰计划"并不是按政策制定者所设想的那样被执行的,它并没有取得预定的目标,问题就出在执行的方式上,尤其是"联合行动"的困难上,他们的工作引发了政策执行研究的热潮,导致了七八十年代所谓的"执行运动"的兴起。

西方的"执行运动"持续近 20 年,政策科学学者们发表了大量的论著,开展了大量的实证案例分析,提出了种种关于政策执行研究的途径、模式或理论。纵观这一时期的执行研究文献,西方学者们所提出的政策执行研究的途径主要有如下几种:

一是"自上而下"(top-bottom 或 top-down)途径,或称为"以政策为中心的途径"或"政策制定者透视"途径。这种途径假定,政策是由上层规划或制定的,然后,它们被翻译或具体化为各种指示,以便由下层的行政官员或职员执行。依照这种途径,政策运行过程被看作一种指挥链条,其中,政治领导人形成政策偏好,这种偏好随行政层次的降低而不断被具体化,为下层行政官员所执行。这种途径关注的焦点是政策制定者,考察他们做什么以及如何将政策付之于实践而生效。普雷斯曼和韦达夫斯基的《执行》一书所采取的正是这种途径。

二是"自下而上"(bottom-top 或 top-down)途径。与"自上而下"途径相反,"自下而上"途径以组织中的个人(即参与政策运行过程的所有行动者)作为出发点,政策链条中的较及最低层次被当作政策执行的基础;它强调政策或项目的成功与否依赖于参与执行项目的行动者的承诺与技巧。这一途径以韦瑟利和利普斯基(R. Weatherley and M. Lipsky)的《基层官僚与制度创新》一文为代表。

三是"政策—行动连续统"(ploicy/action continuum)途径,该途径或多或少有作为"自上而下"和"自下而上"两种途径综合的意味。按巴雷特和富奇(S. Barrett and C. Fudge)的说法,应该将执行"当作一种政策—行动的连续统",其中,在那些寻求将政策执行付之于实践者与那些采取行动者之间随时发生相互作用和谈判的过程。在这个意义上,将可以看作"自上而下",也可以看作"自下而上",政策制定者将作出限制其他行动者权力的决策,而行动者将作出规避决策者权力的决策。因而这一途径可以说是以权力作为焦点的。

四是工具选择途径(instrument-choice)。这种途径从这样一个观察开始——政策执行在很大程度上包含了将一个或更多的政府的基本工具应用到政策问题上,这些基本工具被称为政策工具(policy instruments 或 policy tools)。不管我们是以"自上而下"设计的方式,还是以"自下而上"的更传统的行政管理方式研究政策过程,政策决策的实质或形式的过程总是包含着在可利用的政府工具箱中选择一种或几种工具。这种途径处理为什么政府可以从许多可利用的工具中选择特定的工具以及是否可以在政策执行过程中探明工具选择的模式或风格等问题。

"执行运动"的倡导者和追随者们提出了各种执行理论。较有影响的有如下7种:(1)行动理论——政策执行被视为对某项公共政策所要采取的广泛行动;(2)组织理论——强调组织在政策执行中的地位,认为只有了解组织是怎样工作的,才能理解所要执行的政策以及它在执行中是如何被调整和塑造的;(3)因果理论——将政策看作一种假设,将政策执行看作引导人们达到目的地的地图,关心政策过程中的因果关系;(4)管理理论——强调政策执行是一个管理过程;(5)交易理论——认为政策执行是一个政治上讨价还价的过程;(6)系统理论——将政策执行理解为政策行动者与环境的相互作用;(7)演化理论——主张在政策执行中重新设计目标和修改方案,政策的制定与执行是一个演化的过程。

(二)政策执行的地位和作用

1. 政策执行是现代公共管理的核心职能

现代政府管理不再是大包大揽与直接具体的全面管理,而是向追求效率的有限政府行为和间接宏观的管理转变。有限政府行为是对涉及社会公众根本利益和国家安全与社会公共秩序的事务进行管理,其最基本的职能是公共政策和公共行政两大类。通过公共政策确立事关经济与社会发展的目标与方案;通过公共行政而将公共政策中的目标与措施加以实现和落实。公共政策是现代公共管理的基本职能,而各项政策目标能否顺利实现,关键还是要靠公共行政这一关键职能的有效发挥。离开了政策执行,政策本身毫无价值。政策执行是公共管理的关键与核心职能,没有政策执行就难以实现公共政策预期的目标要求,同样,没有政策执行政府公共管理也就没有实质性的工作内容与方向。

2. 政策执行是实现政策目标的重要途径

公共政策方案要变成现实,实现其对公共事务管理的规范、约束职能,必须依赖于有效的政策执行,如果没有规范有效的政策执行,再科学、规范的公共政策也只能是一纸空文,公共政策预期的目标也就无法实现。在政策过程实践中,公共政策制定是对公共事务实现有效管理的前提和基础,政策制定以后则需要政策执行主体付出大量的努力,采取各种有效措施去执行政策并努力实现政策目标。美国政策科学学者艾利森曾说,在实现政策目标的过程中,方案确定的功能只能占10%,而其余的90%取决于有效的政策执行。

3. 政策执行是检验和修正公共政策的实践依据

政府所制定的政策,如果仅仅从理论上加以分析和评估是难以判断其正确与否的。只有实践才是检验政策正确与否的唯一标准。"判定认识或理论之是否真理,不是依主观上觉得如何而定,而是依客观上社会实践的结果如何而定。真理的标准只能是社会的实践。实践的观点是辩证唯物论的认识论之第一的和基本的观点"。① 在公共政策的实际执行中,各项政策目标及方案是否能够被政策对象所接受并有效执行,其最终的政策目标能否顺利实现,都在一定程度上反映了政策自身的目标与方案是否正确。一般来说,凡是在政策执行过程中,能够促进经济与社会发展并得到社会公众拥护的政策,就是正确的公共政策;否则,公共政策必然存在着不完善之处、甚至是错误的。同时,通过实践检验,我们能够认识到公共政策的错误或不完善之处,从而采取一定的措施加以修改和完善。

4. 政策执行是规范公共行政行为的重要保障

政策执行既是公共政策目标得到实现的公共行政过程,也是政策执行者受政策规范的调整与制约,从而逐步实现其自身行政行为规范化的过程。一方面,政策执行者要按照公共政策法律规范的要求而依法开展公共管理活动并规范政策对象的各种行为,包括督促其履行一定的政策义务、作出一定的行为及对不作为的行为予以处罚等,以确保各项政策目标的顺利实现。另一方面,政策执行者本身也要受公共政策法律规范的约束,必须首先遵守政策规范要求,按照政策规范程序,采用法定的规范行为来开展公共管理活动,执行各项政策内容与任务,这样,政策执行者执行政策的公共行政行为才能是合法的、有权威和有效力的。这种政策执行者遵守政策和执行政策的过程,实际上就是公共行政行为规范化过程。

三、政策执行的原则

(一)人本主义原则

政策的执行者对政策执行过程的参与度、主动性、积极性和创造性,直接影响到政策执行的效果及其实现程度。同时,作为公共政策的受益对象或约束对象的广大社会公众对政策执行的认可度、支持度等,也对政策执行有着重要影响。因此,在政策执行实践过程中,必须坚持人本主义原则,不仅要注意调动政策执行者的积极性和创造性,而且还要充分调动政策对象参与和支持政策执行的积极性。具体在政策执行中,首先要牢固树立政策执行者的主体意识,要以法律规范文件的形式明确政策执行者的职责权限及其主体地位,使

---

① 《毛泽东选集》第2版,第1卷,第284页,人民出版社,1991。

其积极主动、认真负责、开拓创新地完成各项政策执行工作。在此基础上,要通过制定科学合理的政策执行责任制,正确运用激励奖惩机制,以维护政策执行者的工作意愿,保持其长期稳定的各种积极性,确保政策执行工作保质、保量而灵活高效地完成。其次,政策执行也要充分注意政策对象对政策执行工作的反应和态度,在政策执行中要根据人本主义原则,尽可能考虑政策对象的认可和接受程度,采用能够为他们所接受和理解的方法和手段来推行政策,以最大限度的调动广大政策对象参与和支持政策执行的积极性和主动性,高效率的实现政策目标与完成政策任务。

(二)合法公正原则

政策执行必须明确执法守法的问题,也就是说政策执行必须依法定职权进行,遵守法定程序,采用法定的方法与手段,并接受国家法律、法规和公共政策本身的约束。在政策执行的过程中,要依法维护政策的严肃性、权威性、原则性和稳定性。政策执行还必须坚守公平正义原则。胡锦涛同志在谈到构建社会主义和谐社会时指出:"公平正义,就是社会各方面的利益关系得到妥善协调,人民内部矛盾和其他社会矛盾得到正确处理,社会公平和正义得到切实维护和实现。"[①]坚持公平正义原则,就意味着在执行政策协调和处理各方面利益关系时,要坚持在政策面前人人平等,政策执行者不能根据自己的好恶、远近、亲疏搞区别对待,要始终坚持政策标准,严格执行政策;要确实保证政策决策者、政策执行者和政策对象都是平等的,在政策面前都要平等对待。

(三)规范高效原则

在政策执行过程中坚持规范高效原则,就是要求政策执行者对各项政策目标和内容的执行,必须做到准确、及时、高效。准确是要求政策执行者准确把握政策目标和内容的内涵与精神实质,不折不扣地贯彻实施。及时是要求政策执行者在公共政策生效时,要迅速制定政策执行计划、调动各种公共资源、采取有力措施来保障各项政策目标和内容的尽快实现,使公共政策能够在最短的时间内为广大社会公众所接受并遵循。高效是要求政策执行者要牢固树立成本效益意识,在政策执行过程中要充分考虑政策执行的社会效益与经济效益,在确保各项政策目标和内容准确、及时实现的基础上,尽可能减少公共资源的投入和消耗,切实提高政策执行的效率和效益。

(四)灵活创新原则

公共政策在具体执行过程中,各种新情况、新问题会不断出现,政策执行所依赖的各种公共资源也会随着时间和空间的变化而发生变化。因此,在政策执行过程中,公共政策执行者必须坚持解放思想、实事求是、与时俱进、开拓

---

① 胡锦涛:《提高构建社会主义和谐社会能力学习读本》,第2页,中央党校出版社,2005。

进取的指导思想,根据国家法律法规和公共政策允许的自由裁决范围,充分发挥自身的创造性,结合自己的条件和所处的具体环境,敢于打破既定思维模式,积极主动、创造性地执行政策并规范高效的实现既定的政策目标和精神实质。在政策执行的实践中,遵循灵活创新的原则,一定要与规范高效原则结合起来,决不能只考虑地方或部门利益而片面强调所谓的"灵活创新"——唯自己本地区、本部门的局部与个别利益为政策执行的价值标准,或者是为了谋求本地区、本部门利益,而在中央和上级政策精神与要求之外,自行制定与其相违背的执行措施,从而破坏和干扰了整个国家政策整体上的稳定统一和协调。

(五)服务至上原则

政策执行活动直接关系到政策目标和内容能否实现以及实现程度,直接关系到政策对象主要是人民群众的切身利益,因此,政策执行者必须正确认识自己的社会角色,摆正自己在公共管理活动中的位置,明确自己作为"社会公仆"的管理职责,在政策执行活动中牢固树立服务至上的思想观念,围绕国家经济建设与社会发展的总体目标,在具体实施政策时服务于社会公众、服务于政策对象的不同需求,努力实现政策目标和内容。坚持服务至上的原则,就是要求政策执行者坚持"三个代表"的指导思想和"三个有利于"的根本标准,要从国家大局和人民群众根本利益出发,正确处理权力与服务的关系,不搞特权,不违规行事,不以权谋私,依法规范地执行各项政策,同时也要发扬待人热情、办事诚恳踏实的优良传统,努力提高政策执行和服务水平。

(六)检查督促原则

为保证各项政策目标和内容能够得到准确而彻底的执行,防止政策执行出现偏差和失误,并使各项政策执行活动都能严格依法而规范地开展,必须加强对政策执行活动的监督和控制。政策监控包括政策执行的方向、政策精神的掌握、政策执行的程序、方法和手段以及对政策执行活动效果的全面评价。通过政策执行的监督检查,及时发现公共政策自身是否适应经济与社会发展的要求,及时了解和掌握公共政策在执行过程中可能出现的新情况和新问题,以便对原有的公共政策进行适当修正,同时,也可以及时调整政策执行的方法、手段和过程,使各项政策目标和内容得以顺利实现。此外,通过对政策执行过程中政策执行者自身是否具备较高的素质、是否有违规违法行为、是否采用科学高效的方法与手段等的检查与评价,也可以加强对政策执行者的监督,提高政策执行者的素质与政策执行水平。当然,在实际开展政策执行活动的检查督促活动时,要防止检查督促活动过多、过滥状况的出现,还要对检查督促活动自身加以规范和约束,以避免对正常政策执行活动过多的干扰。

第二节 政策执行的过程

政策执行的动态过程是由准备阶段、实施阶段和总结反馈阶段构成的。其动态过程模型如下图：

在具体的政策执行过程中，各阶段又要经过各自的不同环节，如准备阶段的学习宣传政策、制定政策执行计划，建立政策执行组织，政策实施阶段的试点与推广，总结反馈阶段的协调监督反馈等具体环节。

一、学习宣传政策

学习宣传政策是政策执行的首要环节。政策制定并颁布生效后，首先要组织政策执行者进行学习，以统一思想认识；并在此基础上通过各种舆论媒介对政策精神实质和内容进行广泛而深入的宣传，以争取政策对象的理解和支持。这既是政策执行活动的准备工作，又是政策执行活动的首要内容。

学习政策是执行政策的重要前提。学习政策的目的是使政策执行者正确理解和把握政策的精神实质与基本内涵，以便更准确、及时、高效地执行政策，顺利解决各种政策问题。学习政策一般包括三方面内容：一是学习马克思主义基本理论。因为党和政府的各项公共政策都是在马克思主义基本理论指导下制定的，是经过充分的理论分析和论证的，都表现出政策与先进理论的高度统一。政策执行者应该认真学习理论，提高用马克思主义基本理论分析政策、把握政策和执行政策的基本能力。实践证明，越是马克思主义基本理论水平高，对党和政府的各项公共政策的精神实质和基本内涵就越能理解透彻、越能在实践中创造性的执行政策，反之，只能是生搬硬套、照本宣科或是对政策曲解与片面对待。二是学习政策内容。政策是一个完整的法律规范系统，它包括政策目标、政策措施、政策界限、适用范围以及实施政策的程序、条件、方法和手段等内容。政策执行者通过认真学习和分析政策的精神实质和基本内涵，准确而全面地理解和把握其全部内容并及时掌握相应的手段与方法，才能保证政策能够被正确无误地执行。三是研究实际情况。任何公共政策都是针对一定的政策问题提出的，都有其产生的社会背景，因此，要想使政策能够得到准确、及时、高效地执行，必须对政策所要解决的政策问题产生背景的实际情况进行深入的调查研究和科学分析。

宣传政策是对政策对象而言的。各项政策只有让政策对象知晓、了解、认可、支持,才能使其真正从内心里自觉接受和服从政策规范要求,从而使政策中所要解决的问题得到顺利的解决。因此,政策执行者必须努力运用各种手段,利用各种舆论媒介,大张旗鼓地宣传政策的意义、目标和内容,宣传和解释实施政策的具体方法和步骤,使政策对象能够充分认识政策与他们自身的利益关系,自觉遵循政策规定,从而减轻政策在执行过程中可能会遇到的思想阻力,为准确、及时、高效地执行政策打下坚实的思想基础。

二、制定政策执行计划

政策执行是一个连续有序的过程,需要政策执行者在将公共政策付诸实施时作系统的计划安排。政策执行计划是政策执行者根据政策目标与内容结合实际情况,把执行政策规范的各项工作分解成连续有序的具体环节与实施方案,使政策执行活动有依据、有组织、有步骤地进行。政策执行计划的实质是围绕政策目标和内容的实现,具体确定在政策执行中做什么?为什么做?什么人做?什么时间做?什么地点做?如何做?做到什么程度等实际操作问题。公共管理中称为5W+2H(What\Why\Who\When\Where\How to\How much)。

政策执行计划的内容包括政策目标分解、政策执行的资源配置、政策执行的方案、政策执行的防范措施等。一是政策目标分解。公共政策的目标是一个完整的目标网络系统,从纵向看,根据公共政策制定与执行的政府机构管理层级,可以将政策目标分解为总体目标、分部目标、子(个体)目标。从横向看,每项公共政策的分部目标都可以根据对政策目标实现要求分解为各个单项目标系统,它有着各不相同的规范要求。此外,根据公共政策目标实现的时间顺序,政策目标可以分解为近期目标、中期目标和长远目标,它们对政策目标的实现有着不同的时间要求,需要政策执行者合理安排人力、物力与财力,分时间、分步骤地完成。二是资源配置。要使公共政策得以顺利执行,必须在实际执行前将政策执行者所拥有或可调度的公共资源加以合理配置,包括确定政策执行的组织机构和人员以及作出科学合理的经费(财政预算)计划。政策执行者应根据政策方案的要求,协调、统筹组织力量,明确各级各部门政策执行者的不同的工作任务,使政策执行工作都有明确的组织机构和工作人员具体承担和落实,同时根据各级各部门所要完成任务的轻重繁简而合理安排和调度财力、物力,使政策执行所必须消耗的公共资源得到保证。三是政策执行的方案。政策执行的方案主要包括政策执行中可以采用的手段、方法和措施以及对政策执行的合理合法性的界定(即政策执行的具体规章制度),以此对政策执行者予以约束和激励。四是政策执行的防范措施。政策执行者在执行公共政策之前,要充分考虑政策在执行后可能出现的潜在问题以及这些问题可能带来的影响和后果,通过对潜在问题出现概率和危害程度的分析预测,制定相应的防范措施,使政策目标与内容得以顺利实现。

三、建立政策执行组织

政策执行组织是公共政策有效执行的基本保障。在政策执行计划制定以后,政策执行主体应着手建立健全政策执行组织。首先,明确政策执行的组织机构。根据中国《宪法》、《中华人民共和国国务院组织法》、《中华人民共和国地方各级人民代表大会和地方各级人民政府组织法》以及国家编制管理部门的有关规章制度,中国各级人民政府所属的工作部门都有较为稳定的管理职责,要根据公共政策约束对象、规范内容和所需权限的要求,确定相应的政府部门作为政策执行的组织。其次,要根据公共政策的内容和目标要求,依据国家法律和法规,明确界定政策执行组织应有的职责权限,明确政策执行组织执行公共政策应依据的法律、法规,应经过的执行程序和应采用的政策执行手段。要使政策执行组织有明确的职、责、权、利相对应的权责制度体系,明确规定其在履行职权、执行政策的过程中应承担的责任、所拥有的权力和应该享受的权利与应得到的利益。第三,要选拔优秀的政策执行人员。政策执行是一项细致和复杂的系统工程,由于公共政策所调整的对象和利益关系主体各不相同,尤其是对政策对象利益的调整涉及当事人和相应组织的切身利益,政策执行的难道较大,所面对和要处理的关系复杂,这就需要政策执行人员队伍具有较高的素质和较强的执行能力,因此,要对政策执行组织中的政策执行人员进行选拔、培养,以确保建立一支高素质的政策执行人员队伍,依法、规范、高效的实现政策目标。第四,科学配置必要的政策执行资源。任何公共管理活动的开展都必须动用一定的公共资源,政策执行活动也不例外,要使政策执行活动能够顺利实现政策目标,必须为之配置必要的政策执行资源。主要是:(1)必要的政策执行经费。政策执行是需要一定的预算经费作保障的,如果在政策执行中缺乏必要的经费保障,甚至像计划经济时期那样需要政策执行者在政策执行中靠向政策对象收取一定的费用以维持自身的运转,就难以保证公共政策能够得到公平、公正的执行。因此,政策执行者所需要的政策执行经费必须有一定的预算经费做保障。(2)必要的政策执行硬件。要改善政策执行者的执行条件,配备必要的政策执行所需的办公设备,确实保障政策执行人员能够方便、快捷、高效地执行各项公共政策。

四、试点与推广

试点是中国政策执行的重要原则。政策执行的试点是指对重大政策的执行,必须先经过建立模拟系统,选择一定的政策对象进行政策执行的实验,通过对公共政策模拟执行系统运转情况的观察、分析并总结经验教训,再决定是否在全社会范围内全面实施。在政策试点、实验过程中,既可以检验政策的正确与否,发现问题与偏差,及时向政策制定者反馈信息,修改和完善公共政策;又可以从实验中获得带有普遍指导的意义信息,如执行的程序、方法、步骤、注意事项等,为公共政策的全面实施取得有益的经验。

政策试点实验本身也有严格规范的程序,它包括选择实验对象(选点)、设计实验方案、模拟或实际运行政策、总结试验结果几个阶段。选择实验对象或确定试点范围一般要根据政策的具体要求寻找具有代表性的、典型的与有影响力的政策对象。如以接受度为标准,试点对象应在中等接受度偏上的社会公众、地区与部门,也就是要求选择执行政策条件较好的政策对象。政策试点实验方案设计,主要是要计划好开展试点工作的机构、人员、经费、工作步骤、工作重点和工作方法。可以设计两个以上的方案进行对比实验。模拟或实际运行政策,就是根据政策试点的计划,在选定的地区与部门严格而规范地实际运行政策,同时观察和分析政策运行的过程与结果并进行详细的记录。总结试验结果是政策实验(试点)工作最为重要的环节,也是政策实验的目的所在。要总结政策试点成功的原因、失败的教训,准确把握试点经验的适用范围与条件,必要时要选择其他的具有代表性的点进行再实验,以避免在政策的推广执行中照搬照套的"一刀切"错误。

政策推广也就是公共政策的全面实施,是政策执行过程中操作性、程序性最强,涉及面最具体、最广泛的关键环节。在政策实验的基础上,政策执行者要组织、动员一切可以利用的公共资源,根据公共政策的目标和具体要求,遵循政策执行的基本原则,充分发挥各级各类政策执行者的积极性、主动性和创造性,尽可能地采用为广大政策对象所能理解与接受的方法和手段,顺利地将公共政策目标和内容在法定区域与范围内全面推广实施,使公共政策的各项政策规范能在实践中发挥其应有的作用。在政策推广的过程中,尤为重要的是政策执行者必须遵循法定的操作程序,严格规范地执行政策,确保政策在执行中不走样、不偏离。

五、协调监督反馈

政策执行过程不仅直接影响到政策对象的利益,而且也会涉及政策执行者自身的利益。由于政策执行者和政策对象在公共政策约束条件下的利益是不相同的,有些甚至是冲突和对抗的。因此,在政策执行的过程中,必须根据公共政策法定规范和要求,对所涉及的不同利益各方进行必要的协调、监督与反馈,以使政策执行者自觉接受监督,维护公共政策所体现的整体利益,不侵犯政策对象的合法权益。

协调就是政策执行者在政策执行系统的各部门各层次之间、政策执行系统与政策对象之间、执行系统与外部环境之间沟通信息、统一思想认识与行动,以达到改善关系、调整行为、协同一致地实现政策目标和内容的政策执行活动。如果没有及时有效的协调,不仅不能减少政策执行者与政策对象等各方面的利益冲突与矛盾摩擦,而且可能会造成组织秩序紊乱和人力、物力、财力等的巨大浪费,使政策目标和内容推迟甚至根本无法实现。更为严重的是,如果政策对象对政策目标和内容的认识有偏差或是抵触与反对,如果不加强沟通和协调就盲目地加以实施,必然会使政策执行者与政策对象之间的矛盾激化,并进一步引起社会不稳定和动荡。政策执行的协调,从其调整利益关系的方向上,包括纵向的政策执行者组织层级和横向的政策执行者不同部门与人员之间的协调,同时也包括政策执行者与政策对象及政策执行环境的综合协调;从其调整的具体内容上,则包括人力、物力、财力等的协调。政策执行的协调应遵循整体性、合理有效性、客观公正性和灵活变通性等原则。政策执行的协调方法主要有平衡协调法、目标协调法、权威协调法、组织协调法、会议协调法,等等。

在实际政策执行过程中,由于政策执行者对公共政策目标、内容和精神实质的理解等存在差异以及政策执行者队伍素质的参差不齐和政策执行的环境状况等因素的影响,政策执行的结果往往与政策的规范要求发生偏差。因此,在政策执行过程中,要由一定的监督主体按照公共政策的规范要求和标准,运用适当的监督方法和手段,对政策执行者及执行行为进行检查、督促和纠正,从而将各种政策执行活动规范到政策允许的范围内,以防止和纠正政策执行和落实不到位等不良行为。

政策执行的反馈,是通过对政策执行活动的协调、监督等,对反映政策执行实际运行状况的各种信息进行收集、分析、加工后,将其中对政策执行效果有影响的信息及时反馈给政策制定者和政策执行者,以使政策制定者能够及时对公共政策进行修正,政策执行者则可以根据反馈的结果来调整政策执行的方法和手段,从而使公共政策更加符合经济与社会发展和政策对象的实际需求,公共政策的执行更加准确高效。

由于政策监督及反馈对于政策执行和政策目标的实现有着极其重要作用,后面我们将进行专门论述。

第三节 影响政策执行的因素

一、政策执行体制

政策执行体制是影响政策执行的关键因素。政策执行体制对政策执行的影响主要表现在以下几方面：

(一)政策主体的权威影响政策执行的效果

一是政策执行主体自身是否具有相应的权威性，直接影响公共政策能否顺利执行。二是政策执行主体对公共政策权威性的认可程度决定着政策执行的效果。三是国家政治主体系统的权威性影响的政策执行的效果。在中国政策执行实践中，由于政策执行主体的权威性缺乏明确的界定，中央政府与地方政府及其工作部门之间的权力配置不够规范，导致公共政策执行的效果受到一定的影响。因此，应当加强中央政府与地方政府职权关系的法制化建设，以法律来规范中央政府与地方政府间的职权关系，包括双方关系的总原则、职责权限的划分原则、各自的职权范围、职权划分的程序和手段等，从制度上防止中央政府收权放权的随意性和地方政府逾越冒犯的可能性，使中央政府对地方政府的权力关系在法制化轨道上健康发展。从各级政府本身的横向看，各职能部门之间的职能配置交叉重叠也应该由法律和法规加以明确界定和重建，以确保政策主体的权威性，提高政策执行的效果。因此，应通过机构编制管理立法，特别是对于行政机关的具体职能配置、内部机构配置等，需要机构编制的专项法律予以具体、明确的规范，以弥补宪法和组织法在编制管理方面的不足，并将政府机构设置及其职能配置纳入法制化轨道，避免政府部门之间因机构设置缺乏规范而造成职能配置的交叉重叠，以确保各部门能依法履责行权，依法高效地实现政策目标。

(二)政策执行机制影响到政策执行的效果

政策执行机制对政策执行的影响主要体现在政策执行中政策执行主体的责、权、利三者之间的关系上。一般来说，政策执行主体责权利相统一的政策执行机制，有利于政策执行。因为政策执行主体在政策执行中承担相应的法律责任，为履行法定职责，必须正确运用权力，并通过对政策执行职责的准确高效的完成而获得相应的利益回报，这就使得政策执行主体必须从其自身利益出发而坚定不移地执行政策。反之，政策执行主体缺乏竞争力和积极性，则妨碍政策目标的顺利实现。当前，我国政策执行实践中存在着政策执行主体职、责、权、利不够对等一致的现象，主要表现在：

1. 政府职能与责任对应失衡

首先,从政府自身角度考虑,是以所应履行的宪法和组织法赋予的职责能够最大限度地完整履行为出发点,而将其尽可能系统、完整地配置到相关工作部门。其次,由于缺乏权威的法律依据,各级政府也难以在确定授予各工作部门职权时明确对应其应承担的法律责任。再次,从政府部门自身角度考虑,因受"经济人"行为意识的影响,尽可能多争取相应的职权并规避应承担的责任。此三者决定了政府部门职能配置出现偏重职权设置的现象。各级政府部门如只拥有并行使权力,而无须承担相应责任或不承担相应责任,责任的约束、预防、惩罚、救济等功能就不能实现,就会出现法律可以执行,可以不执行,管理公共事务,可以这样管,也可以那样管,我国建设法制政府和服务政府的目标就无法实现。

2. 政府部门职能与责任对应缺乏法律依据和制度保障

如前所述,中国宪法和组织法中,尤其是组织法中,对各级政府在行使职权、履行公共事务管理职能活动缺乏具体的责任要求与规定,使得各级政府在其职能配置过程中缺乏设定与职能对应责任体系的法律依据,客观上导致政府部门职能与责任难以对应,也就缺乏对地方政府部门履行职能进行责任追究的权威依据。目前,在政府部门职能配置实践中,建立了一些单项责任追究、工作监督等制度,但由于缺乏对政府部门履行职能对应责任设定的前置条件,对政府部门履行职能对应责任评价与追究因缺乏权威性制度保障而无从开展。

3. 政府部门职能与责任对应存在"权力回收、责任外放"的趋势

虽然宪法和组织法对政府部门履行职能所对应的责任未作具体规定,但在公共管理实践中,对政府部门履行职能行为制约是有一些单项的法律法规相对应。如《行政诉讼法》、《行政复议法》、《国家赔偿法》等法律和国务院《全面推进依法行政实施纲要》、国务院办公厅《关于推行行政执法责任制的若干意见》、《党政领导干部重大安全责任事故责任追究制度》等行政法规。不过,由于这些法律法规本身的缺失,在政府部门职能与责任对应上存在着"权力回收、责任外放"的趋势。具体表现为:一是政府上下级之间,权力向上级政府集中,责任向下加压。如审批权、监督检查权、人权、财权等有进一步向上集中;而须面向社会公众和市场主体提供公共服务、承担管理责任的事项则下移给下级政府的有所扩张趋势。这种"权力上收、责任转移"的趋势如任其扩张,则极不利于下级政府部门履行责任积极性、主动性的发挥,同时,也在一定程度上助长了横向工作部门之间的相互推诿、不主动履行责任的风气,我们建设法制政府、服务政府的目标就难以真正实现。

(三)政策执行中的信息影响政策执行的效果

政策执行过程中执行主体所依据的信息是否客观真实、准确、及时以及能否顺畅传递和交流等都影响公共政策执行的效果。信息对政策执行效果的影响主要体现在三方面：一是政策自身信息影响政策执行的效果。描述政策目标和任务的信息必须是简单、明了和准确的，这样就便于政策执行主体把握并顺利执行。二是信息传递的渠道影响政策执行的效果。政策执行过程究其实质来说就是政策执行主体对公共政策信息的接收——加工——传递——存储与反馈的过程。如果在执行过程中信息交流与传递的渠道不畅，使得政策执行主体无法顺利完成政策制定者与政策对象之间的信息沟通与协调，政策目标就难以顺利实现。三是政策执行状态信息影响政策执行的效果。政策执行主体在执行政策的过程中，政策执行状态的信息能否得到准确、客观而及时的反馈，是政策执行主体及时把握政策执行进度与政策运行效果的必要前提。如果政策执行状态的信息不能及时、准确地把握，政策执行主体就无法根据主客观情况的变化而及时采取有效的应对措施和手段，往往就会贻误政策执行的最佳时机。

因此，政府要运用各种手段宣传、解释政策，让全体社会公众认知、认同政策，接受并且参与政策执行活动，以推动公共政策得以有效执行；同时，要建立政策执行的反馈机制与评估机制。公共政策在执行过程中的各种"表现"和执行后的具体"反映"需要通过反馈机制来进行科学的评估，这样才能对公共政策在执行中出现的偏差进行及时、科学的调适，从而保证公共政策的有效执行。因此，政府必须加强信息系统的建设，建立和健全信息网络组织。各级政府应有自己的公共信息机构；一定层次的政府职能部门应有本部门的专业信息机构。同时要保持信息渠道的畅通，使信息能顺畅上传、下达和横向交流。在实现信息的手段方面要建立全国政府系统的互联网络，加快网上政府的建设，通过电脑查询所需要的信息，保证信息在传递中的时效性和准确性。

(四)政策执行的监督制度不健全影响政策执行的效果

在中国政策执行活动实践中，因缺乏必要的监督机制而影响政策的执行。具体有以下几种情况：(1)政策执行系统的监督机制因体制的依附性而难以正常运转。中国现行的双重领导体制实际上使政策执行系统内部的监督机关成为政策执行机构的附属品。(2)权力机关的监督因其有"权"无力而无法履行。在我国，人大在政府人事方面的有权无力致使人大的地位未被政府官员真正认同。(3)新闻媒体的舆论监督因受行政干扰而无法释放能量。在中国，新闻媒体的监督作用常常因来自方方面面的行政干预而难以正常发挥。(4)社会监督因体制不畅、缺乏保障而难以发挥作用。在许多地方，特别是农村，民众对地方官员实施监督的言路常常堵塞不通，有的投诉即便被接受也往往无果而终。因此,必须加强政策执行的监督制度体系建设,才能通过强有力、以法律为保障的、社会各界广泛参与的政策执行监督,使公共政策得以顺利有效地执行。

二、政策方案

政策方案本身存在着多种因素影响公共政策的执行及其效果。主要表现在:

(一)公共政策调整利益的性质

公共政策可分为分配性政策和限制性政策两类。分配性政策是通过政策对象积极有效执行而使其获得一定社会利益的公共政策,如为鼓励外向型经济发展而对重点出口企业实行出口退税政策等。限制性政策是通过规范政策对象行为从而使政策对象行为受到约束的公共政策,如《公务员法》中明确规定公务员不得"经商、办企业以及参与其他盈利性的经营活动"等。公共政策所调整利益的性质直接影响到地方政府、下级政府或政策对象执行上级政策的积极性,具体表现为政策对象执行分配性政策的积极性较高,而执行限制性政策的积极性则较低,常常缺乏主动性,甚至采取一定的抵制措施。

(二)公共政策目标和任务要求

政策目标反映的是政策制定者所追求的方向和程度。任务是对实现政策目标要求的各项工作或执行政策行为的具体的、量化的分解。就公共政策目标的本身而言,它有定性目标与定量目标的区分。定性目标是较为模糊,定量目标则较具体准确。在政策执行的实践中,定量目标为主的公共政策易于政策对象或政策执行者了解、接受并自觉执行,而且执行的准确性高、效果好;定性目标为主的公共政策,由于缺乏量化的标准和要求,使政策对象和政策执行者难以有效把握,增加了政策执行的难度,影响到政策执行的效果。同时,一项政策所包含的实现政策目标要求的量化任务的多少、解决问题难度的大小也都影响到政策执行的效果。任务多、难度大的公共政策在执行过程中遇到的问题必然要多而复杂,需要耗费较多的人力、物力、财力和时间资源,执行的整体效果相对要低。

(三)公共政策自身的完善程度

公共政策本身所涉及的政策措施是否完善,直接影响到政策执行的效果。公共政策措施可分为完备性与非完备性两类。完备性政策措施应具有以下特征:一是政策方案自身措施的完备性,它包括为实现政策目标而应具有的全部政策措施。二是政策体系的配套性,即在出台为实现某一政策目标而实施的单项政策时,政策体系中应有其他相关政策配套,以克服单项政策实施后产生的负效应,并保证政策实施后产生良好的综合效应。三是政策措施的可操作性,即政策措施具有严格的执行界限、科学的操作程序、可精确评估的标准等。不完全具备上述三个特征的政策措施称为非完备性的政策措施。在政策执行实践中,具备完备性政策措施的政策有利于政策对象和政策执行者理解、把握并自觉执行,政策目标也就能够较顺利地实现,不具备完备性政策措施的政策则不利于政策对象和政策执行者对政策执行合理合法性的界定,从而影响政策执行的效果。

三、政策执行者

政策执行者对政策执行的影响主要体现在政策执行组织与政策执行人员两方面。

(一)政策执行组织的影响

政策的执行都是以一定的公共组织为依托而展开的,担负政策执行的公共组织依法拥有实施政策的资源、技术、方法和手段,是联系政策制定者和政策对象之间的桥梁,他们的积极主动与否直接影响公共政策的执行。

政策执行组织对政策执行的影响具体表现为:一是执行组织行为的主动性程度。二是执行组织选择是否合理。如果选择具备与执行公共政策所需条件相适应的政策执行组织,则有利于政策执行。选择政策执行组织的标准就是政策的性质、任务、难易程度等,其重要原则就是事能相符。三是执行组织间能否相互配合影响政策的执行。在政策执行过程中需要政策执行组织之间的密切配合协调与相互支持,以实现组织资源的最佳组合,促进政策目标的顺利实现。

(二)政策执行人员的影响

政策执行人员是政策执行中最为活跃的因素。政策执行人员自身素质的高低,对政策目标的能否顺利实现有着至关重要的影响。

政策执行人员对政策执行的影响主要体现在以下几方面:一是政策执行人员自身的政治素质。政策执行需要政策执行人员具备较高的政治素质和坚定的政治立场,要在政策执行过程中始终保持与中央政策的一致性;在思想品德等方面要有较高的修养,充分发挥自己的主观能动性,积极高效地执行政策;同时,能够以法律规范来严格规范和约束自己的行为。二是政策执行人员的能力素质。政策执行人员的能力包括智力和技能两方面。政策执行人员的智力水平越高、实际操作能力越强,其政策执行的能力就越高,政策执行的效果就越好。三是政策执行人员的心理能力。政策执行工作由于涉及面广,工作难度大,政策执行过程漫长,政策执行人员必须具有坚强的意志力,必须具有健康沉稳的心理素质,保持积极进取的心态,才能积极主动地执行政策并克服政策执行过程中的各种困难。

四、政策对象

政策对象是指政策所要规范和约束的客体,也是政策作用的目标团体。政策能否得到顺利执行,并不是由政策制定者和执行者单方面决定的,政策对象对政策执行及效果有着至关重要的影响。具体表现为:

(一)政策对象的规模影响政策执行的效果

一般来说,公共政策所涉及的政策对象人数越多、范围越广,政策执行的复杂性就越强、难度就越大,预期效果也较难实现。反之,政策目标的实现就相对容易些。

(二)政策对象对公共政策的认同度影响政策执行的效果

政策对象是根据自身利益对公共政策进行选择的,一是认同政策,二是不认同政策。政策对象如果对公共政策内容能够有较高的认同感,就会主动接受政策规范,按照政策原则和要求去行事。反之如果不认同公共政策,甚至对公共政策中的某些规范要求有抵触,则政策执行的难度就大,政策目标就难以顺利实现。影响政策对象对公共政策的认同度的主要因素是政策自身的性质和政策对象在政策制定和执行过程中的参与度。

(三)政策对象行为的调节量决定政策执行的效果

政策对象在一定的社会环境中会形成较为固定的行为模式是难以改变的。如果政策目标的实现需要对政策对象的行为作较大的调整,或者政策目标与政策对象的期望值相距过大,必然会受到政策对象的抵触,政策目标就难以顺利实现。

五、政策执行的手段

政策执行手段是指政策执行者为实现一定的政策目标,在国家法律法规的范围内所采取的各种措施和行为。正如毛泽东所比喻的,政策执行是要过河,但不能缺少桥或船等手段,政策执行的各个环节都离不开一定的执行手段,政策执行手段的恰当与否直接影响到政策目标实现的程度,要正确有效地执行公共政策,就必须把握各种政策执行手段并能在政策执行实践中加以灵活运用。如前所述,政策手段包括行政手段、法律手段、经济手段、教育手段。各种手段有各自的特点与功用,也各有利弊,因而有各自的适用条件。在政策执行中,即使政策目标正确、政策执行有力,但如果政策执行手段不恰当,往往会事倍功半,甚至南辕北辙。这在中国是有沉痛教训的。改革开放以前,为了迅速改变中国"一穷二白"的落后面貌,我们确立了加快经济建设,在20世纪末建立起"四个现代化"的社会主义强国的雄伟目标。这个目标是正确的、伟大的。但是,在"一切以阶级斗争为纲"的理论指导下,在计划经济体制的约束下,我们采用的主要是行政手段,辅之于教育手段,甚至以群众运动、政治运动的方式来推动经济建设,完全摒弃了市场经济与经济手段。其结果是,建国三十年,我们连温饱问题都没有从根本上解决。

六、政策执行的环境

政策执行环境对政策执行效果的影响。具体表现在:一是政治环境。政策执行所处的政治环境越民主,社会公众对公共政策制定的参与度越高,对政策执行的认同度越高,越有利于公共政策的执行。二是经济环境。政策执行所面临的经济环境越发达,物质文明度越高,则政策执行的物质保障性就越强,政策执行的效率就能得到相应的提高。三是时间环境。也就是政策的时效性越长,政策执行所面临的时间环境就越复杂。因为随着经济与社会发展的不断进步,政策对象的物质和精神文明程度也在不断提高,使得公共政策的规范要求的适应性便越来越差,政策目标往往难以达到预期的效果。四是文化环境。同样的政策方案,在不同的文化环境中,会产生不同的执行模式,取得不同的政策效果。关于文化环境对政策执行的影响,有以下几点值得关注:"第一,文化的过滤和放大功能。政策如水,文化如器。文化因素发挥作用的重要表现就是它对政策信息和功能的选择性发挥。特定的文化类型会过滤掉某些政策信息,又会放大部分政策功能,正是这种特定的抑制和放大过程,构成了文化对政策执行的影响作用。第二,所谓文化对政策执行的影响必须有载体,其最重要的载体就是政策执行者和目标人群,文化对政策执行的影响也主要是通过这两个途径来发挥。政策执行者必然是处于特定文化背景下的人群,他们的思维形式和行动规范不可避免地浸透着特定文化的蕴涵,这其中包括他们对政策方案的特定理解、认同和行动方案的选择和取舍。同样,政策的目标人群也是从属于某种文化类型的,他们对政策执行的反应除了利益的多寡,还有一种文化上的认同和感受。第三,文化是动态的概念,文化也是可以被改变的,这些改变力量中,政策就是很重要的一种。所以,文化在影响和制约政策执行的同时,政策执行的过程也在不同程度上改变和影响着文化。如计划生育政策受到中国重男轻女、多子多福等传统文化观念的影响,执行遇到很大阻力,但随着计划生育政策的广泛推行和功能显现,对上述传统文化观念同样产生了巨大的冲击和改变。"① 五是国际环境。国际环境包括国际上政治、经济事件的发生和变化等,都对政策执行产生一定的影响。

---

① 谷雪:《公共政策执行诸影响因素分析》,《内蒙古社会科学(汉文版)》2008年第6期。

第四节 政策执行的原则性和灵活性

一、政策执行的原则性和灵活性的辩证统一

政策执行中的原则性是指政策执行必须严格遵循政策的精神实质，保证政策的统一性、权威性和严肃性，严格按照政策的目标与精神实质，规范而科学地开展政策执行工作。执行政策要坚持原则性，这是由公共政策本身所固有的属性所决定的。公共政策是国家、政党为了指导社会实践、调整社会关系、引导和约束政策对象行为，实现一定的政治、经济与社会利益而制定的规范性法律文件。在中国政策执行的实践中，党和国家的各项政策的制定，一般而言都体现了社会生产力发展和社会文化前进方向，代表了广大人民群众最根本的利益，对全国各族人民推进社会主义现代化建设的各项行为具有广泛的指导意义。因此，在政策执行过程中必须坚持原则性，确保党和国家政策能够得到不折不扣地执行。政策执行中坚持原则性要做到两点：一是"必须切实地、不折不扣地执行政策"，二是即使中央政策的"某些方面不适合当地当时的具体情况……在中央没有作出新的规定之前，仍然必须坚决执行中央既定的政策"。[①] 中央政策在空间和时间方面有一定的局限性，在空间上它不可能在具体要求方面适应所有局部的要求；在时间上由于政策具有相对的稳定性，有时会滞后于客观形势的变化。因此，在政策执行中坚持原则性，还必须做到在局部利益与全局利益和中央政策要求有不一致时，必须维护中央政策的权威性和稳定性，在中央政策没有调整之前，必须坚定地执行中央政策。

政策执行中的灵活性原则，是指政策执行者在不违背政策原则精神和目标方向的前提下，坚持从实际出发，因地制宜，采取灵活多样的方法、措施与手段，使各项政策目标得以切实实现。灵活性的基础是具体问题具体分析，关键是要深刻理解和把握政策的精神实质，创造性地组织和利用各种资源，采取有针对性的方法、措施，实现既定的政策目标。

在政策执行中坚持灵活性原则，是由政策的时效性、层次性和不完备性所决定的。首先，政策的时效性决定了执行政策的灵活性。任何公共政策都是在特定时空条件下针对特定的政策问题所制定的，随着政策执行过程中时空条件的变化，政策执行者必须从实际出发，面对变化了的形势，采取及时有效的方法措施，灵活主动地解决政策执行中出现的新问题。其次，政策的层次性

---

① 《刘少奇选集》（上），第389页，人民出版社，1981。

包括纵向层次和横向领域两方面的不协调。一般来说,中央政策具有方向性和全局性,具有普遍的指导意义。但由于纵向管理层次较多,越是往基层越需要具体而明确的政策规范要求,中央的宏观政策规范就难以满足其执行的要求。即使在同一管理层次上,各部门和行业由于所处的地位不同,中央宏观政策往往也难以满足其各不相同的个性要求。在实际政策执行中,各地区、各部门都要根据自身实际而灵活运用各种政策手段,争取最大程度地实现政策目标。再次,政策的不完备性也决定了执行政策的灵活性。任何政策的制定,由于受到政策制定者自身素质、所处的时空环境和所采用的技术手段的限制,都不可能是十全十美的,都需要在实际执行过程中根据所遇到的新情况和新问题,及时采取各种有效的措施而加以修改和完善。

原则性和灵活性在政策执行的实践中是辨证统一的。灵活性是在不违背政策基本原则前提下、在政策原则许可的范围内的灵活,绝不能违反政策原则而随心所欲地歪曲、支解政策目标和措施;原则性是政策执行者根据实际情况而灵活采用各种政策措施和手段的合理合法性的界定依据,政策执行的措施和手段可以根据实际情况而作灵活的调整,但在涉及政策对象根本利益和政策的基本原则、方向上,是绝不允许抛弃原则性而滥用灵活性的。同时,政策执行的灵活性是政策执行原则性实现的基础。灵活性的实质是实事求是的执行政策,充分发挥政策执行主体的主动性与创造性,具体问题具体分析,具体问题具体解决。离开了这种灵活性,必然是教条主义的照搬照套,政策不可能贯彻执行,原则性就只能成为空洞的口号。

二、政策执行的创造性和政策变通

(一)政策执行的创造性

政策执行中的创造性,是指政策执行者在政策执行的过程中坚持原则性和灵活性的统一,稳定性与可变性的统一,解放思想,实事求是,在遵循政策精神实质的前提下,在法律法规允许的范围内,充分发挥自己的创造性思维,结合自身所处的实际环境和所具备的条件,灵活高效、积极主动而又创造性地实现政策目标。政策执行过程中创造性的实质是要在具体执行政策时实现有效的政策变通。

(二)政策变通

政策变通是政策执行者根据客观实际,采取灵活的政策措施和手段,因人、因时、因事、因地制宜而创造性地执行政策。灵活变通是政策执行的客观要求,是一切以政策对象、时间、地点、条件为转移的辨证方法在政策执行过程中的具体运用。其目的是为了更有效地执行政策,而不是为了违背政策。在政策执行的实践中,政策执行者对公共政策的变通形式主要有以下几种:

1. 重神似、轻形似

这是政策执行中正确的变通形式,政策执行者能够把握公共政策的精神实质,严格遵循公共政策规范要求,在坚持原则性与灵活性统一的前提下,不拘泥于政策词句和具体措施,结合政策执行的具体环境,创造性地采取灵活措施手段,将各项政策目标和任务加以贯彻落实。

2. 轻神似、重形似

这是一种不正确的变通形式,政策执行者对公共政策的精神实质把握不透、不求甚解,只看重政策具体措施要求。在政策执行过程中,照搬、照抄、照套、照转上级政策内容,缺乏灵活性。这种变通形式,表面上看是在坚持政策的原则性,是坚决服从上级政策决定,实际上不负责任,脱离了本地的实际,违背了政策执行的灵活性原则,是教条主义和形式主义的做法,对公共政策的顺利执行有极大的危害性。

3. 非神似、非形似

这是种极端错误的变通形式,政策执行者过于跨大政策执行的自由裁量度,无视政策的权威性和统一性的要求,完全从地方或部门利益出发,随意支解和变通政策,最终导致政策执行的无序性,使政策在实际执行过程中发生偏离与变样,以致预定的政策目标无法实现。

一般来说,要实现科学有效的政策变通,应注意以下两方面因素:

(1) 把握政策变通的合理性

首先,政策变通必须有利于政策目标的顺利实现,有利于减少政策执行成本、提高政策执行的效率。其次要具体把握政策变通的客观环境因素。一是要了解上情。加强政策学习,领会公共政策的精神实质,在政策精神实质的指导下进行政策变通。二是要摸清下情。要深入开展调查研究,了解政策对象对公共政策理解、认可、支持度和对政策执行的要求。三是实现上下情有机结合。对公共政策中的刚性原则和目标任务,必须制定明确具体的实施规范加以认真贯彻执行;对公共政策中只规定原则而无具体刚性要求的,要在把握政策精神实质的前提下,结合地方和部门实际提出具体执行措施和方法。对公共政策中明显不符地方实际的内容和要求,要及时向政策制定者反映并提出符合地方实情的合理化建议。

(2) 把握政策变通的合法性

把握政策变通的合法性,一是指政策变通中所采取的措施和手段,尤其是涉及政策对象权益的政策变通措施,必须有相应的法律依据。政策变通不允许政策执行者采取没有法律、法规依据执行措施和手段。二是指政策变通的措施和手段,必须是在政策执行者的法定职权范围内,有明确的法律授权。三是指政策变通的各项措施和手段,都必须遵循法定的程序。

三、"上有政策、下有对策"现象及其治理

"上有政策、下有对策"是我国政策执行中长期存在的一种消极现象。进入新世纪以来,随着我国改革开放的进一步深入、经济体制改革逐步加快、地方自主权的逐步加大,"上有政策、下有对策"现象不仅未能有效克服,而且有加剧发展、蔓延的趋势,成为影响政策有效执行的障碍性因素。为此,我们必须对这种现象认真进行分析研究。

(一)"上有政策、下有对策"的主要表现形式

1. 替换性执行政策——"你有政策,我有对策"

当政策执行者所要执行的公共政策对其自身利益不利时,政策执行者便会想方设法地制定与政策要求表面上一致,实际上却相违背的实施方案,在实际执行中将公共政策的核心内容抛弃掉。

2. 选择性执行政策——"曲解政策,为我所用"

政策执行者从自身利益出发,在政策执行过程中对公共政策的精神实质刻意曲解或选择其中符合自身利益的部分内容执行,最终导致政策目标无法真正得到落实,甚至是与政策精神相背离。

3. 象征性执行政策——"形式主义,象征执行"

政策执行者采取形式主义的方式,看似轰轰烈烈,实则不加执行或变相执行。

4. 附加性执行政策——制定"土政策"

政策执行者在执行政策过程中,常常附加一些原政策所没有的内容和规定,严重影响和干扰政策目标的顺利实现。所谓"土政策"就是打着贯彻执行上级政策要结合实际的旗号,自立规章,自行其是,以谋取自身利益。

(二)"上有政策、下有对策"的形成原因

"上有政策、下有对策"现象产生的根本原因,是政策执行主体的自利性。政策执行的主体是各级政府,根据布坎南的观点,政府也是"经济人",它在执行政策活动的过程中,也"会为个人或团体的利益去行动,去寻求自己利益的最大化,为统治者自己谋利益。当统治者与国家的公共利益不一致时,常常会为了自己的利益而忘却社会利益,甚至牺牲社会的利益而谋求统治者的个人或集团利益,从而影响公共政策的制定和执行"。①

1. 中央与地方的"成本—收益"预期失衡

利益是人类生存和发展所需要的一种资源和条件。由于人们在社会生产和生活中所处的地位不同、社会分工不同,会产生不同层次、不同性质的利益

---

① 李学:《公共政策中的政府利益分析》,《公共行政》2002年第3期。

要求。公共政策所要调整和规范的就是人与人之间、地区与地区之间的利益关系,协调和处理种种利益矛盾。改革开放以来,我国中央与地方关系发生了很大变化,传统的单一的利益格局被打破,利益主体出现了多元化的发展趋势。随着社会主义市场经济体制的建立和逐步完善,中央不断向地方下放权力,增强地方政府的政治、经济实力,以调动地方政府的积极性。与此同时,地方自主权的扩大和地方财力的增长,也使地方的利益要求进一步膨胀,出现了地方与中央的博弈现象。中央政策一般是代表国家利益的,国家利益也是一国之内的最高利益,所有部门、地方和个人的利益都要服从。但在一定时期内,国家利益总量是一个常数,由于中央和地方的政策执行者所处的地位不同,因此考虑问题的角度与方式就不同,从而对政策执行的"成本—收益"的期望值也不同,双方都为了在既定利益总量中争取到更大的份额而导致彼此的利益博弈,尤其是当政策向国家倾斜较多而导致地方利益可能受损的情况下,地方政策执行者就有可能采取抵制措施,使中央政策难以得到顺利执行。

2. 公共政策本身的缺陷

一是政策制定者在政策制定过程中,对公共政策所涉及的公共利益分配和政策问题解决的方式方法的系统性思考不够全面,主要体现在新老政策之间,宏观与微观政策之间,政治、经济和社会各个领域或部门政策之间,政策执行的环境与具体实施措施之间,缺乏必要的衔接和配套,没有能够形成较为科学合理的政策体系,这给政策执行增加了难度,同时也在客观上为政策执行者钻政策空子和寻找不合理对策提供了方便。二是公共政策缺乏稳定性和持续性。由于政策制定者对经济与社会发展形势缺乏必要的预测,因而对政策执行过程中可能会出现环境变化难以适应,只得不断地制定新的政策,使得公共政策不具备必要的稳定性,难以持续有效地执行,最终导致公共政策反复无常,朝令夕改,变化多端,政策执行者只能采取拖拉或另立对策而变相执行。三是"一国三公",政出多门。由于我国政府机构改革还有待深入,政府职能转变未能完全到位,尤其是现行政府机构设置仍受计划经济体制思想的影响,政府机构繁多,部门林立,在制定和执行政策时常从各自利益的角度考虑而匆忙出台各种政策,其中有许多政策是相互抵触或互为条件的,使得地方和下级政府无法执行,只能采取相应对策或有选择地变相执行。

3. 责任追究制度的缺损

公共选择理论认为,政府也是"经济人",政府有追求自身利益最大化的行为取向。作为"经济人",地方政府的各级政策执行者有可能利用手中所掌握的权力牟取私利,进行"政策寻租",从而出现某些"过失行为",使政策得不到很好的执行或政策执行走样。在中国现行的政策执行体制中,由于依法行政的法律规范尚不健全,对政策执行活动缺乏"刚性"的责任追究制度。首先,对政策执行主体的政策执行过程缺乏必要的监督。地方政府在执行中央或上级公共政策时,缺乏明确的执行程序规范,导致地方和下级政府为了实现其自身的利益需求而不遵循政策执行的程序,使公共政策难以得到有效的执行。其次,对政策执行的效果缺乏明确而科学的考核。由于中央或上级政府的公共政策中一般对政策执行的效果没有明确的标准和要求,尤其是对公共政策执行的效果没有明确的评价和考核标准与机制,考核的方法不够科学、系统,也就难以追究政策执行者的执行责任。再次,对政策执行考核的结果缺乏必要的激励约束制度。在中国政策执行实践中,由于缺乏系统的地方政府绩效考核办法,也就难以制定对政策执行考核结果的激励约束机制,使执行效果好的执行者得不到应有的奖励,对肆意歪曲、支解或片面地执行政策的政策执行者无法给予应有的处罚。

(三)"上有政策、下有对策"现象的治理

1. 建立合理的中央与地方事权划分制度

要坚持发挥中央与地方两个积极性、妥善处理中央与地方关系。地方要坚决服从"全国一盘棋",中央要充分照顾地方的多样性,按照中央政府和地方政府在国家事务中的地位和作用,科学地规定各自的管理范围和相应的管理权力,建立合理的中央与地方的事权划分制度。一般来说,在国家事务管理实践中,宏观政策由中央决定,微观政策由地方自主决定。中央政府在制定重大经济与社会发展的公共政策时,必须考虑其在不同地方所面临的不同环境,尤其是涉及中央和地方两级经济和政治利益时,绝不能只考虑中央利益而忽视地方利益而使政策规范偏向中央,必须在不损害地方利益和充分调动地方积极性的前提下来制定关系国计民生的重大公共事务管理的公共政策。地方政府则在确保中央政府关系国计民生的重大公共事务的公共政策得到顺利执行的前提下,对富有地方特色的经济与社会公共事务应有自主决定权。

2. 加强民主政治建设,提高政策执行主体素质

要加强有中国特色社会主义民主政治建设,强化政治社会化功能,不断扩大政策执行主体参与政策制定的渠道。党的十七大报告中强调要坚定不移发展社会主义民主政治,"人民民主是社会主义的生命。发展社会主义民主政治是我们党始终不渝的奋斗目标……要坚持中国特色社会主义政治发展道路,坚持党的领导、人民当家作主、依法治国有机统一,坚持和完善人民代表大会制度、中国共产党领导的多党合作和政治协商制度、民族区域自治制度以及基层群众自治制度,不断推进社会主义政治制度的自我完善和发展……人民当家作主是社会主义民主政治的本质和核心。要健全民主制度,丰富民主形式,拓宽民主渠道,依法实行民主选举、民主决策、民主管理、民主监督,保障人民

的知情权、参与权、表达权、监督权"。① 要提高政策执行主体的素质。政策执行主体的素质主要是在积极参与各项政策制定与评估活动中学到的,是通过政治民主化机制不断强化的。高素质的政策执行主体才能自觉地执行政策,从而避免"上有政策,下有对策"现象的发生。

3. 增强政策的透明度,提高政策认同感,便于政策对象的监督

党的十七大报告明确指出:"推进决策透明度和公众参与度,制定与群众利益密切相关的法律法规和公共政策原则上要公开听取意见。"②公共政策必须具有较高的透明度,必须为政策执行者所熟悉、了解与认同,才能使各项政策得到规范有序的执行。同时,也为政策对象根据政策规范对政策执行活动进行监督提供法定依据,有利于克服政策执行过程中的"上有政策,下有对策"弊端。

4. 建立健全政策执行的责任追究制度

只有建立健全公共政策执行的责任追究制才能从制度上杜绝"上有政策,下有对策"现象的发生。要严格政策执行考核评估制度,建立科学可行的政策执行考核评估的指标体系,对政策执行主体的执行活动及效果进行严格考评,并根据考评结果,对政策执行人员进行必要的奖惩或岗位与职务的调整。要严格责任追究,根据政策执行主体执行政策的结果和所产生的社会影响,对在政策执行过程中玩忽职守、欺上瞒下、自行其事的,尤其是对给国家利益造成损失或是侵害了政策对象合法权益的责任人,依法追究其责任,给予行政的、民事的或刑事的处罚。

---

① 《中国共产党第十七次全国代表大会文件汇编》,第27、29页,人民出版社,2007。
② 《中国共产党第十七次全国代表大会文件汇编》,第27、29页,人民出版社,2007。

第七章 政策监控、评估与终结

政策监控、评估与终结是政策运行过程的必要环节,公共政策制定并付诸执行时,需要对其进行必要的监控,确保政策能够遵循科学的原则、程序与方法而依法制定和执行,高效地实现政策目标。同时,要通过对政策制定科学性、规范性及政策执行效果的评估,及时调整、完善和终结公共政策,以实现对公共事务的有效管理。

第一节 政策监控

一、政策监控概述

(一)政策监控的含义

政策监控,即公共政策的监督与控制,是法定监控主体对公共政策的制定、执行、评估和终结等活动进行监督、控制并加以调整完善的政策活动和过程,其目的在于保证政策系统的顺利运行,提高政策制定与执行的质量,确保政策目标的实现,提高政策效率。政策监控是政策过程的一个基本环节或功能活动,它贯穿于政策过程始终。

这一概念包括以下几层含义:(1)政策监控有特定的主体。(2)政策监控有特定的客体。(3)政策监控表现为一个完整的活动过程。它是由监督、控制和调整等功能活动组成的动态过程,有规范的监控程序。(4)政策监控有特定的标准与方法。(5)政策监控有特定的机制。(6)政策监控有特定的目标指向,即保证政策系统的顺利运行,提高公共政策的制定和执行质量,确保政策目标的实现,提高政策效率。

(二)政策监控的主体和对象

政策监控的主体即法定的从事监控活动的个人、团体和组织,在许多时候,政策监控的主体与政策的制定及执行的主体是一致的,包括立法机关、司法机关、行政机关、政党系统、利益集团、人民群众等,如立法机关通过质询和询问等方式对公共政策加以监控;司法机关依法对公共政策内容合法与否进行裁定;行政机关对政策目标、内容的调整和政策执行手段与方法的选择;执政党通过提出政策建议并通过法定途径影响政策制定、监督党员在政策执行中的行为、对政策执行的效果进行评价;人民群众和其它团体、组织则通过法定的途径与方式,参与政策制定与执行,并对政策执行的过程和结果进行全面的监督等。

政策监控的客体即政策监控的对象,就是公共政策系统及其运行过程。政策过程的各个环节以及承担这些功能活动的个人、团体和组织的政策行为,都属于监控的对象。

需要指出的是,政策监控的主体和客体的划分是相对的,它们之间并不是简单的监控与被监控的一对一的关系,而是相互交叉、重合,呈现为复杂的网络状结构。以立法机关为例,一般来说,立法机关主要承担公共政策的制定工作,它又负责对下级立法机关以及相应的执行机关进行监督与控制。同时,立法机关也受一定的机关、政党、其他组织和人民群众的监督与控制。可见,在公共政策的运行过程中,政策监控的主体往往同时也是政策监控的客体,二者处于复杂的相互作用、相互转化之中。

(三)政策监控的特点

从政策监控的定义及对政策监控的主体和客体的分析中我们可以发现,在政策运行过程中,政策监控表现出如下几个方面的特点:

1. 广泛性与系统性

公共政策具有复杂性和整体性的特点,这就决定了政策监控必然涉及到政策系统的各个方面,因而具有广泛性;同时,政策监控必然涉及政策的整个运行过程,即政策监控具有时时、处处、事事的系统特点,必须对政策监控活动进行系统的监督和控制。

2. 群体性和民主性

公共政策涉及社会生活的方方面面,现代公共政策是民主机制运作的产物,其运行的各个环节如政策制定、政策实施、政策监控都会吸引广大群众通过各种途径被动或主动地参与到政策运行过程中来,因而,政策监控具有广泛的群众基础和一定的民主性。

3. 监控主体与监控客体的特定性

政策监控的主体是进行政策监控活动的个人、团体和组织,它是一般政策主体的有机组成部分,政策监控具有特定的主体。首先,不同层次的政策由不同层次的机关及其工作人员负责制定、执行、评估,政策监控的主体也因而随之有所不同,表现出明显的层次性和差异性;其次,政策监控在政策运行过程的不同环节之中由不同的机关及其组成人员负责实施,因而政策监控的主体表现出多样性的特点。

政策监控的客体也具有特定性，在政策监控过程中，政策制定、执行、评估的程序和结果以及参与上述阶段活动的个人、团体与组织，都是政策监控的客体和对象。在不同的政策运行阶段上，被监控的对象与客体是确定的。但是，政策监控的具体客体又是相对的，因为政策监控的客体与主体既是交叉的，又是经常转化的。

4. 政策监控是有目的的活动过程

一方面，政策监控本身是由监督、评价和调整等功能活动及确立标准、了解信息、分析偏差、纠偏调整等运行程序组成的动态过程，政策监控是有目的的活动。政策监控具有目标指向，其目标在于保证政策系统的顺利运行，提高公共政策制定与执行的质量，促进既定政策目标的实现，提高政策效率，避免政策的变形走样，保持政策的权威性和严肃性。

(四) 政策监控的意义

政策监控的意义在于政策系统通过政策监控系统及监控活动，决定政策方案是否合理、合法，找出政策目标与执行手段之间、预期政策目标与现实政策绩效之间的差距，发现问题之所在，并从中寻找解决问题的新办法，如调整政策目标，调整政策执行方式以至政策终结等，以保证公共政策的健康、平稳、有序运行。具体来说有以下几个方面：

1. 保证政策的合法化

政策合法化是政策制定过程中，使政策方案获得合法地位，具有合法性、权威性和约束性，获得人们的认可、接受和遵照执行的效力，从而使公共政策有效地发挥规范和指导人们行为的作用，最终实现政策目标，解决政策问题。应当注意到，决策者在制定公共政策时，并不会始终严格遵守宪法和法律所规定的规则与程序，可能与法律法规相抵触，这样，制定出的公共政策不一定具有合法性。而政策监控可以确保公共政策的合法化，它包括政策权威的合法化、形式合法化与内容合法化三个方面。

2. 保证政策得到贯彻执行

政策监控贯穿于整个公共政策运行过程尤其是政策执行过程之中。我们知道，公共政策只有贯彻执行才能产生实际的作用并可能达到预期的目标。但是，由于物质、人力等资源投入不足，政策执行主体利益的干扰，对政策理解上的偏差，在执行手段与方法上有误，执行计划的疏漏，政策目标团体或对象不配合等原因会出现政策在执行过程中不为人们所知晓、理解、接受和服从，出现误解、曲解、滥用、消极抵抗甚至反抗。通过政策监控活动，根据一定的标准对公共政策的执行活动进行检查、监督，监控执行者是否执行以及执行得如何，对不执行或执行不力者，予以纠正或处罚，以保证公共政策得到忠实全面的实施，实现预期目标；或者发现实际绩效与预期目标发生偏差，并找出其出现原因,提出纠偏措施纠正偏差。如果是因为预期目标太高或目前不具备现实可能性,就必须根据现实环境对政策目标和计划加以调整;如果目标和计划是正确、可行的,政策实际绩效却不理想,则可能是由于执行中未能忠实、全面贯彻实施政策造成的,要根据问题产生的具体情况与原因进行分析,提出纠偏措施并督促纠偏实施。

3. 实现政策的调整与完善

客观世界总是处在不断的发展变化之中,而人对事物的认识也是一个不断深化的过程。人的认识常常会落后于外部世界的变化。公共政策作为人类认识的一种产物,它通过一定程序制定并付诸实施后,具有相对稳定性和惯性,如果政策问题及其环境发生变化,公共政策便显得滞后,通过政策监控可以及时将政策执行情况及环境条件变化的信息反馈给决策子系统,以便决策子系统根据新的情况,对政策方案及执行手段、步骤等进行修正、完善、调整或终结。只有这样,才能使政策目标、实施步骤、执行手段等与现实更相符合,以便产生良好的绩效,使公共政策日臻完善。

4. 促进政策终结

公共政策具有相对稳定性,在政策运行过程中,原来的政策由于客观条件或政策环境的变化,而不再符合客观现实需要了。其中的许多情况就不是仅仅作出调整所能解决的,必须审慎而又坚决地废除那些错误的、过时的、无效的或多余的政策,及时向有关方面提出终结报告建议,促进政策终结的实现,这是提高政策绩效,避免政策僵化,促进政策优化,节省政策资源的一个关键环节。

可见,政策监控是公共决策科学化、民主化和法制化的重要保障,强有力的政策监控系统及其功能的充分发挥有助于制定并执行好合理的政策,至少可以减少公共政策的失误,避免出现灾难性后果。

二、政策监控的类型与程序

(一)政策监控的类型

从不同角度、不同标准,可以将政策监控划分为多种的类型。

1. 按政策监控活动实施的时间来分,可分为事前监控、事中监控和事后监控

事前监控是指公共政策进入实施之前所进行的监控活动。它主要是对政策议程、政策方案设计、政策方案评估、方案选择等活动进行监督与控制,以确保政策目标的正确性、政策制定程序的合法性、政策方案的可行性等。

事中监控是指在公共政策实施过程中进行的监控活动。由于政策问题的复杂性与变动性,政策执行过程中会出现许多问题,这其中有相当多的问题是政策制定主体事先难以预料的。对政策进行事中监控,就是具体了解与分析

政策在实际执行过程中的情况,明确政策是否得到严格地贯彻执行,是否作用于特定的对象,是否按照原有政策设计执行,人、财、物等政策资源是否到位、充足,政策是否同政策对象和政策环境发生冲突,政策实施机构是否高效合理,实施人员的原则性、灵活性、创造性和效率如何等,从而实现对政策执行过程进行较好的控制、监督、管理和调整。

事后监控是指对政策执行的效果进行评价,对照原定政策目标,看是否达到或基本达到,分析原因,总结经验教训。根据政策环境的变化和政策问题的改变,提出坚持完善原来政策,或终止原来政策,或制定新的政策等不同的政策建议。

2. 按政策监控主体系统来分,可分为内部监控与外部监控

内部监控是指政策运行体制内的相互监督与控制,主要包括立法监督、司法监督、行政监督和执政党的监控,实施内部监控的监控主体,通过收集信息、了解问题,对政策偏差加以分析,对政策方案、政策目标和政策措施等迅速作出调整。

外部监控指政策运行体制外的组织或人员对政策运行的监控,如人民群众来信来访及举报、舆论、社会组织、在野党、利益集团等对政策活动的监控。它既包括合法的监控,也包括不合法的监控。外部监控同内部监控相比,常常旁观者清,相对比较可观,但是获取资料困难,监控缺乏权威性,因此有时要通过内部监控才能发挥更为有效的监督与控制作用。

3. 按政策监控主体的法定权威性来分,可分为正式监控与非正式监控

正式监控是指国家专门机关依法对政策运行过程进行的专门监控,如我国的共产党的纪检机关、国家权力机关、行政监察机关、国家检察和审判机关、国家审计机关等的监控活动。非正式监控是指国家专门监控机关以外的个人、组织如人大代表、政协委员的建言、公众舆论、群众来信来访等对公共政策系统及其运行各环节进行的监控活动,也包括行政机关内部上下级之间、部门之间的相互监控。

4. 按政策监控过程的不同阶段来分,可分为政策制定监控、政策执行监控、政策评估监控和政策终结监控

(1)政策制定监控。是指对政策制定过程中的信息收集、问题界定、目标确定以及方案的规划设计、选择和合法化等活动的监督和控制。通过对政策制定的监控,保证公共政策本身的科学性、民主性与合法性,以尽可能减少政策本身的失误。

(2)政策执行监控。在政策执行过程中,可能是执行者本身的问题,也可能是目标团体的不配合或抵制等原因造成政策的变形、扭曲、走样以至失效。因此,为了保证公共政策的全面落实,必须对政策执行过程进行强有力的监督

和控制。

(3)政策评估监控。由于现实的政策评估工作中存在的障碍可能会阻碍政策评估的顺利开展,所以必须对政策评估工作进行监控,才能保证获得客观、全面、准确的政策制定与执行效果的信息,从而为公共政策的继续执行或终结提供客观、真实的依据。

(4)政策终结监控。通过对政策终结过程的监控,可以及时废止失败或过时的公共政策,以减少损失,提高政策绩效。

5. 按政策监控的层次来分,可分为自我监控、逐级监控和越级监控

(1)自我监控。指政策制定和执行主体根据政策目标要求,在政策运行过程中进行自我检查、自我分析,及时发现、纠正偏差,从而实现政策监控。

(2)逐级监控。指上下级的政策制定和执行主体之间按照法定职权关系,自上而下或自下而上逐级对政策进行监控,包括上级对下级的检查、监督和下级对上级的反馈和建议等。

(3)越级监控。指在层级节制的科层制组织体制下,越过中间层级,上层政策主体对下层政策主体直接进行监控,或者下层政策主体对上层政策主体进行政策监控。

6. 按政策监控的内容来分,可分为目标监控、关键点监控、程序监控和方法手段的监控

(1)目标监控。指以政策目标的实现与否作为监控的核心,通过把握公共政策运行中的目标实现的状态,最终实现目标与结果相一致。

(2)关键点监控。指以公共政策的重点内容作为监控的核心。如以政策的重点目标为关键点;以政策的重点内容为关键点;以政策的重点主体为关键点等。

(3)程序监控。指以政策制定和政策执行的程序是否合法、规范为监控的核心,通过对政策制定与政策执行程序的有效监控来确保以程序公正、合理,促进政策过程的实体公正、内容科学合理及执行的公平、公开、公正,最终规范、高效地实现政策目标。

(4)方法手段监控。要保证政策内容科学合理、政策执行规范、高效,就必须对政策制定与政策执行所采用的方法和手段进行监控,确保政策制定和政策执行主体能够依法行政、规范高效的实现政策目标。

此外,根据政策监控的主体,还可以将政策监控分为立法机关的政策监控、行政机关的政策监控、司法机关的政策监控、政党的政策监控、利益集团的政策监控、社会公众的政策监控和大众传媒的政策监控等。

(二)政策监控的程序

1. 确立标准

只有设定一定的标准才能够对公共政策的执行及实际效果即政策绩效进行衡量,并进而找出政策执行与政策规范之间、政策实际绩效与预期目标之间的偏差。政策监控的目的是为了保证政策的顺利运行,降低政策成本,最大限度达致预期目标。因此,政策监控的标准必须与政策目标相一致,从根本上服从并服务于既定政策目标。但是公共政策的目标,即使是具体政策目标在实际政策运行过程中也显得较为一般、原则和抽象,不能直接变成政策控制标准。要将政策目标转化为政策监控标准,就必须将政策目标具体化、细化,即把政策目标转化成一系列包含可以从质和量两个方面进行衡量的监控指标。政策目标转化为监控标准主要有两种形式,一是将政策目标按其时间和空间细化为阶段性、地域性、部门性的标准,比如初期标准、中期标准、终期标准,或东部地区、中部地区、西部地区,或GDP指标、环保指标、生活指数等;二是政策目标细化为带有指标和数字,可以对政策绩效进行直接衡量的标准,即量化标准,从而可以对政策现有绩效达到既定政策目标的程度、政策成本与政策收益之间的关系等进行量化分析,这些量化标准包括成本标准、效率标准、收益标准、进度标准等。

应当指出,标准的确立除要根据政策目标进行细化、指标化外,还要根据组织结构和各自的职责,将其落实到具体的单位和个人,才能在政策监控中寻求原因,分清责任,便于纠偏。标准的确立还必须考虑政策执行地区、组织、单位的政策资源,有区别地订立标准。比如经济增长的目标,资源相对薄弱的地方和资源丰富的地方,在时间标准上就不能完全一样,前者可以推迟,后者则要加快。

2. 收集信息

"没有调查就没有发言权",政策作用对象是政策问题及相关的目标团体,政策监控是依据政策作用前后政策对象及环境状态变化进行的。因此,政策监控必须对有关政策制定本身和政策执行前后的第一手资料进行收集,了解相关信息,才能进行对照比较,进行监督控制和纠偏。收集政策信息的技术与方法很多,社会调查是获取有关政策信息资料的最可靠方法,社会调查主要包括:

(1)普查。对调查对象的全部组成单位一个个地进行调查,如中国的人口普查工作。普查的优点是资料全面,准确性高,但又具有时间长、人力、物力、财力耗费大等缺点。

(2)典型调查。从调查对象中选择若干个有代表性的单位来调查。

(3)抽样调查。从调查对象中按随机原则抽取一部分单位作为样本,对这些样本进行调查。

另外,调查方法中还有个案调查、重点调查、非随机调查等方法。

各种收集信息的方法与技术相互配合与补充,可以保证所收集的相关信息具有广泛性、系统性和准确性。

3. 分析偏差

在获取政策相关信息资料的基础上,可对政策作用结果作出分析,找出政策作用结果中存在的问题以及与既定政策目标间的偏差。一般主要从政策效果、政策效益和政策效应三个方面寻找有无偏差存在,偏差是否严重,以及偏差存在的原因,从而为纠正偏差,或对政策进行调整打下基础。

政策效果分析。即对一项政策实现目标的程度加以分析,其前提条件是确定政策结果。政策结果是由政策实施后所引起的政策对象及社会环境所达到的状态。在确定政策结果之后,政策结果与政策目标进行比较,就能得出政策效果。如果政策结果与政策目标越接近,政策效果就越好,也即政策实现目标的程度就越高。

政策效益分析。政策效益是对政策产出和政策投入之间关系所作的判断,目的在于分析政策在进行了各种投入后是否取得了充分的利益,与其他政策相比,政策投入是否更加经济。政策效果分析注重的是政策目标的实现程度,而政策效益评价注重的是投入—产出比。

政策效应分析。就是把一项政策放到整个社会系统中,从与之相关的其他要素的相互联系中,对该政策的作用、产生的影响所作的综合判断。政策效应分析难度较大,对政策的正、负效应、短期与长期效应以及直接与间接效应都要进行细致、科学、全面的分析。

要找出政策运行过程中出现的偏差,就要注意运用好各种分析方法,这其中比较分析方法尤为重要。通过对政策执行前后政策对象及社会环境状态的比较,通过对政策目标与政策结果的比较,通过对政策投入与政策结果的比较,通过对政策积极效应与消极效应的比较,来实现对政策偏差的相关分析。

4. 调整纠偏

如果确认了某一项政策在运行中确实存在偏差,而且又有必要加以消除时,政策监控主体就要对偏差的原因进行分析,在此基础上对该项政策的决策层或执行者提出调整建议,以纠正偏差。

要寻找偏差产生的原因,然后对症下药,确定调整的形式、方案以及调整的时机、力度等。如偏差主要是因为政策执行不力造成的,则纠偏的主要方向应是明确执行责任,加大执行的力度,督促执行者纠偏;而如果政策偏差是因为政策本身的失误造成的,则纠偏的主要方向就在决策子系统如何修正原政策。

三、政策监控的机制

(一)发达国家的政策监控机制

发达国家主要是指欧美等现代国家,它们的政策监控历经数百年的建设,形成较为完善的系统与机制。发达国家政策监控机制的主要特点有:

1. 政策监控的理论基础——分权与制衡理论

西方政治理论是在反对封建专制的斗争中形成的"一切权力都必须是有限制的"成为其政治信条。数百年来,为限制权力集中,防止权力滥用,监督权力运行,西方发达国家以分权与制衡作为国家政策机构和政策运行的重要原则。例如美国的双重分权制度、英国的国会两院制、瑞士的联邦委员会制度等。

权力的分立与制衡这一原则运用于政策运行过程就是任何一个国家机关即任何一种权力都不能单独操纵政策运行过程,公共政策的制定与实施及调整或终结根本上是各种利益集团进行谈判与交易的结果。1953年林德布洛姆(Charlse E. Lindblom)在《政治、经济及福利》一书中提出社会政治过程包含价格体系、层级体系、多元体制和议价四种基本形态,从价格体系角度上看,价格不可能单方面决定;从层级体系角度来看,除最高层外,其他层次也无法单方面作决定;从多元体系来看,决定是各政治权力中心互动的结果;从经济的角度看,决定又是双方妥协的产物。这样,决策是各种力量彼此间相互作用的结果,无一方可以单独作出决策。① 可见,公共政策方案的提出、制定、采纳、实施及调整等,都必须照顾到社会有关各方面的利益、愿望和要求,任何一方的利益都不能被忽视,也不能仅仅考虑某一方的利益,这就使得西方发达国家的公共政策过程由于各方面的参与而成为遵循市场规则的政治交易过程。

2. 社会舆论在政策监控中起着显著作用

在西方,新闻自由权是人民主权的一种具体表现。既然国家的权力来源于人民,政权的合法性来自人民的认同与支持,建立国家及政府的目的就在于谋求人民的幸福、自由等。所以,人民可以表达自己的利益、愿望和要求。这一方面表现在由宪法所肯定和保护的选举权中,另一方面则体现在新闻自由中。舆论是社会上相当数量的公民对他们的共同关心的某个问题所表示的个人意见、态度的汇集,它反映了一个社会中某些群体的需求。可以为执政者及其决策提供信息和支持。单个人的意见并不构成舆论,它只有通过一定的渠道,以一定的形式公开表示出来,才能形成舆论。毫无疑问,大众转播媒介是舆论表现的重要渠道,是舆论的启动者和组织者。

---

① 参见[美]詹姆斯·E·安德森:《公共决策》(中译本),第210~211页,华夏出版社,1990。

新闻舆论监督在西方发达国家日益发展成为一种不容忽视的政治监督力量。在今天的西方国家,人们把大众转播媒介称为立法、行政、司法之外的"第四种权力"。按照西方国家的传统观念,大众传播媒介应该是独立的、自由的、能够反映各种观念与政见,并且对政府行为构成一种不可替代的监督作用。在自由主义思想家们看来,言论与出版自由不仅可以辨明真理,纠正错误,而且它可以起到对民众的宣传、教育和鼓动作用,同时对政府形成强有力的约束,美国现代政治学家萨托利(Giovanni Sartori)认为:"选举权本身是民主的保障机制,而民主实质性的保障却来自这样的条件,即公民们能够获得信息,并且面临舆论制造者的压力。"①

不可否认的是,大众传播媒介对政策的监控并不是以反对西方现行制度为前提的,相反,它首先是现行制度的支持者和维护者。大众传播媒介对政策进行监控的目的是要使国家机关及其工作人员的行为符合现存的社会和政治价值准则,从而使国家机关在现行制度的既定轨道上行使权利。

3. 司法审查对公共政策的监控

司法审查学说是美国政治理论的一个独特之处。根据司法审查确认联邦行政机关和国会的行为是否违宪,而且有权以州政府的政策违宪为由而宣布其无效。因此,以美国为代表的西方各国的司法机构对公共政策的监控是非常有力的。

(1)司法审查的内容。首先,对联邦行为的审查。美国联邦法院的司法审查权始于1803年的"马伯里诉麦迪逊案",该案判决中宣称联邦最高法院对宪法拥有解释权,明确宣布1789年的《联邦司法条例》中的第十三条违宪,从而确立了联邦最高法院拥有审查国会通过的法律是否违宪的职权,后来逐步形成了美国特有的司法审查制度。经过1974年"合众国诉尼克松案"后,总统颁布的各种行政法规和命令也成为司法审查对象。其次,对州政府行为的审查。早在1801年,最高法院就曾宣布一项州法律为宪。在1816年对"马丁诉亨特的承租人案"的裁决中,就明确了联邦最高法院对州法院行使管辖权。

(2)限制司法审查的具体原则。进行司法审查并不意味着联邦法院可以为所欲为,它同样也要受到许多限制。其中,既有宪法上的限制如《宪法》第十一条修正案的限制性规定和案件或诉讼规定即只对实际存在的诉讼进行判决;也有政策限制。此外,最高法院还可以根据一些具体原则拒绝受理某些案件,而不去裁决它是否违宪。这包括:一是诉讼资格问题,即什么人可以对是否合宪问题提出诉讼;二是时机问题,即何时可以对是否合宪问题提出诉讼;三是标的问题,即什么样的宪法问题可以向联邦法院提出诉讼。

---

① 转引自马啸原:《西方政治制度史》,第177~179页,高等教育出版社,2000。

司法审查制度在日本也有表现,日本宪法规定日本最高法院可以对法律、命令、条例等是否违宪作出裁决。

4. 国家权力向中央不断集中与政策监控手段更新

欧美各发达国家都先后经历了一个中央政府的权力扩张的过程,这一过程直到现在仍在继续之中。以美国为例,两百多年来,美国政治制度发展变化的主要趋势是中央权力的不断集中。美国建国初期,联邦政府与州政府各有其权,各用其权。当时,各州还保留着相当一部分主权,宪法仅是各主权州之间的"契约",当时的联邦制被人们称为"分离联邦制"。美国宪法虽然规定了联邦政府的地位高于各州,但实际上,各州总是在不断地维护自身的主权地位,州与联邦政府这种争夺权力的斗争,在美国持续了一个多世纪。

南北战争后,战败的南方各州威严顿失,美国国家权力开始集中,"分离联邦制"开始动摇。19世纪末,垄断资本主义的发展带来经济上的集中,这必然要求政治上的集中,各州权力逐渐被联邦削弱,联邦权力逐渐加强。1933年美国经历了严重的经济危机之后,罗斯福推行新政,国家全面干预社会经济生活,联邦中央的权力进一步扩张。二战后美国成为资本主义世界的盟主,为了政治、外交等方面的需要,联邦中央的权力在实际上已处于对地方各州的绝对支配地位。过去,国会不能管制或干预制造、采矿、发电、农业、商业,现在联邦政府已经可以名正言顺地加以管制和干预。

随着中央政府权力的膨胀,中央政府对地方政府的政策监控手段也不断更新。西方各国中央政府对地方政府进行监控的手段没有固定的格式,随着具体情况而不同。目前西方国家的中央政府已掌握了足够的手段来影响、制约与监督地方政府包括政策活动在内的各种活动,除财政拨款外,还包括发布指令、命令、制定条例、规章和计划、借款、贷款、补助、调查、视察、人事任免等方式。由于地方政府对中央政府在财政上的依赖日益加强,中央政府所实施的政策监控越来越具有实质性意义,效果也日益明显。一方面,中央政府的政策一般能够得到地方政府较为忠实、全面的执行与落实;同时,中央政府对地方政府的国民经济与社会发展、财政收支、福利等公共政策的方案选择、实施、调整等都有一定的发言权和较大的影响力。

(二)中国的政策监控机制

中国的政策监控机制主要由来自权力机关(全国人民代表大会及地方各级人民代表大会)、行政机关(国务院和地方各级人民政府)、司法机关(各级人民检察院和各级人民法院)、执政党、各民主党派、人民团体及人民群众等几个方面对公共政策所进行的监控活动所组成。由此所组成的政策监控系统可以确保正确政策的采纳、制定、实施和运行,从而保证政策效率的提高和政策目标的实现。

1. 中国共产党对政策的监控

中国的社会性质和中国共产党的执政党地位决定了中国共产党在政策监控系统中居于特殊地位,起着极为重要的作用。中国共产党对政策进行监控的主要方式有:

(1)党的领导决定政策的方向、原则。党对国家生活的领导表现为政治领导、组织领导和思想领导。政治领导就是根据特定时期的实际,制定发展战略及路线、方针与政策;组织领导表现在两个方面:一是挑选德才兼备的干部到各级各类国家机关中工作,党的干部就是政策的制定者、执行者、监督者;二是发挥党员在各方面的模范带头作用。思想领导就是用发展着的、与中国国情相结合的马克思主义教育、武装全党,使之能自觉贯彻执行党和国家的路线、方针和政策。

(2)党纪监督。主要通过党的中央和地方各级纪律检查委员会对党的各级组织和党员、干部进行监督和控制,从而实现对政策运行过程的监控。

(3)通过控制与影响大众传媒、社会团体来进行政策监控。中国共产党可以用其所掌握的大众传播媒介和所领导的各类社会团体对政策运行的各个环节产生影响,进行监督,加以制约。

2. 权力机关对政策的监控

中国宪法规定,全国人民代表大会是国家最高权力机关,也是最高监督机关,地方各级人民代表大会是地方各级权力机关和监督机关。中国人大的政策监控在总体上可分为法律监督和工作监督两个方面。法律监督是人大及其常务委员会对规范性文件在制定程序或内容上是否违宪、是否违法所作的裁决。工作监督是指人大对行政机关和司法机关的政策活动(政策制定和执行)以及官员的具体行为所实行的监督。工作监控主要表现在行政、司法、人事监督三个方面:行政监督是人大对同级行政机关的行政行为的合法性、合理性等进行的监督;司法监督是人大对同级司法机关的司法行为进行的监督,如听取和审议同级人民法院、人民检察院的工作报告和专题报告等;人事监督则主要是人大根据宪法和法律的有关规定,对同级政府官员和司法官员的任命、考核、罢免等。

中国人大主要通过下列途径对政策实施监控:

(1)立法活动。公共政策的制定和实施必须遵循法律所规定的法定权限和程序,任何机关的政策活动都必须在宪法、法律允许的范围内进行,这就形成了对公共政策强有力的制约与控制。

(2)审议活动。中国宪法规定,全国人大及地方各级人民代表大会有权听取和审议同级"一府两院"的工作报告,有权要求政府部门报告预算、决算、立项等情况,并加以严格审议,其实质就是对政策制定加以监控。

(3)质询。质询是一种较为严重的监督形式。人大有权就法律及政策实施的有关事件对政府部门进行质询和诘问,政府部门不可避而不答,以此保证法律和公共政策的有效执行。

(4)人事任免。中国的全国人大和地方各级人大依法享有一定的人事任免权,它可以通过选举、任命和罢免有关国家机构的负责人和工作人员来对政策运行过程进行调控。

另外,中国的权力机关通过视察、检查等对政府各部门的政策及其执行情况进行监督,发现问题并提出意见或建议,以此来督促政府各部门改进工作,提高绩效。

3. 行政机关对政策的监控

中国行政机关对政策的监控是一种纵向的在行政系统内部进行的监控活动,主要是通过上级主管机关对下级执行机关工作的指示、检查、布置、督促等实现。由行政机关实施的政策监控主要采取以下两种形式:

(1)行政管理机关的政策监控。它是上级政府部门根据行政法规定的行政管理权限对下级政府部门及其所属机构所实施的一种监督和控制。

(2)专门行政监督机关的政策监控。它是由专门的监督机关对行政机关内部的工作人员在政策制定、政策执行等环节中的行为进行监控,这种监控又被称为行政监察,其内容侧重对政策运行过程出现的违法、违纪现象进行查处,对具体违法人员进行惩处。

随着中国行政体制改革的不断深化,政府职能也正在随之发生重要变化,行政机关对政策的监控也正在增加一些新的内容,如中央政府通过财政拨款和税收返还等方式可以有效地控制或影响所属部门和下级政府的政策行为。

4. 司法机关对政策及其运行的监控

司法机关的职责在于通过严格执法以维护法律的尊严。各级人民法院和人民检察院通过检察、审查、提起公诉、审判等行为,对严重违反国家法律、政策的工作人员、公民个人、单位或其他组织形成强有力的制约,以此进行政策监控。这种监控以法律为武器,以国家强制力为后盾,具有强制性和权威性,能够产生直接的法律效力。司法机关实现政策监控的主要途径有:

(1)依法对政策制定程序和原则是否合法进行裁定;

(2)依法对政策内容是否合法进行裁定;

(3)依法对政策执行是否合法进行监督,如对行政裁量权使用的合法性进行监督等。

5. 民主党派对政策的监控

中国各民主党派是参政党,在政策监控中发挥着重要作用。民主党派对政策的监控主要是通过人民政协这一社会主义统一战线组织实现的。人民政协的章程规定:"中国人民政治协商会议全国委员会和地方委员会密切联系各方面人士,反映他们及其所联系的群众的意见和要求,对国家机关和国家工作人员的工作提出建议和批评,协助国家机关进行机构改革和体制改革,改进工作,提高工作效率,克服官僚主义。"政协委员通过政协向中央和地方各级党政领导机关提出建议案,委员通过视察、提交提案、举报或以其他形式提出批评建议。

6. 人民群众与人民团体对政策的监控

中国是人民当家作主的社会主义国家,国家的一切权力属于人民。因此,人民群众与人民团体有权对一切国家机关及其工作人员的行为进行监督,维护自己的合法权益。人民群众及人民团体可以通过选举代表,向有关部门投书、上访,接触大众传播媒介等消极或积极行动表达自己对公共政策的态度、意见、建议或批评,采用各种形式对政策运行的各环节进行监督与控制。

(三) 完善中国政策监控机制的若干思考

1. 当前中国政策监控存在的问题

中国的政策监控机制在历经几十年的建设与运行之后,已经初步形成一个较为完善的政策监控体系和运作机制,对公共政策的制定、执行、调整、终止等,都起着积极作用,各种政策监控主体既明确分工、各负其责,又密切协作,通力配合,对提高政策绩效、实现政策目标,促进整个社会、经济的持续健康发展,发挥着不可替代的重要作用。

但是由于中国政策监控机制建立的时间短,无论在理论还是实践上还存在许多不足之处,仍有待进一步发展与完善。目前,我国的政策监控机制存在的突出问题主要是:[①]

(1) 监控机构缺乏独立性和权威性。在中国公共政策内部监督体系中的专门机构,如监察、审计机关,都设置在行政机关系统内部。在领导体制上,监督机关不仅受上级业务部门的领导,同时也受同级党委、政府的双重领导。同时,监控主体的财政经费、机构编制、人事任免等方面由监控客体(同级党委、政府)控制,监控主体不仅没有与监控客体平等的地位,还形成一种监控主体受制于监控客体的监控关系,因而严重削弱了政策监控的权威性,弱化了监控机构的职能,致使政策监控不力的现象频频发生。

(2) 国家权力机关监督力度不够。由于法律制度及体制等方面的原因,中国国家权力机关——各级人民代表大会监督实施不力,没有收到明显的政策监控效果:有的监督走了过场,没有起到应有的作用;有些地方人大对法律法规和人大的有关决议及实施的监督检查不够,对人民群众关心的热点问题监

---

① 参见周晓红:《我国政策监控存在的问题及对策分析》,《黑龙江教育学院学报》2006年第4期。

督不力;另外,人大实施监督的范围还不够广泛,监督内容所触及的面还远远不够。

(3)政策监控法律、法规不健全,法律制约不力。首先,迄今为止,中国虽已出台一系列关于政策监控、权力监督方面的法律法规,但原则性的法律法规较多,缺乏详细的实施细则,结果是原则性的规定可操作性不强,也很难落实。其次,我国宪法和其他法律法规虽然都有关于政策监控和权力监督的条文,但不系统、不具体。比如,中国至今仍然没有形成或颁布"国家监督法"、"行政程序法"、"公职人员财产申报法"等法律,人民对国家权力监督制约的性质、地位、作用、基本原则和方法、途径以及公共政策制定、执行、评估、终结的程序和方法等缺乏系统而具体的法律依据和保障,一定程度上使得人民对公共政策的监控处于软弱无力的地位。

(4)政策监控制约不协调,未形成合力。公共政策监控制约体系应是一个由多种制约组成的有机整体,不同的政策监控制约形式之间必须密切协调、互为补充,才能有效的发挥政策监控的整体功能。目前,中国政府内部政策监控的几种形式,如审计监督、行政监察、行政执行监督检查等形式之间经常发生不协调、不配合甚至摩擦与相互抵触等现象,而且各种监督制约形式由于缺乏明确的职责权限和监督制约范围,工作中又互不沟通交流,这样一方面既造成了许多重复监督制约现象,同时又使许多应该受到监督制约的对象处于无人监控的"盲点"状态,从而难以实现对公共政策的有效监控。

(5)党政职能不分,责权不统一。一方面,执政党在很大程度上包揽和取代了其他政策监控主体的监督制约。这极易导致在执政党政策违法或不当政策行为往往难以受到查处。另一方面,当前中国行政机关责权不统一的现象也普遍存在。如管事的机关和人员没有权,有权的机关和人员不管事;民主集中制下的行政首长负责制没有得到正确的理解和运用,往往是决策、决定是行政首长个人说了算,而出了问题该承担的责任却是又领导集体来负责。这往往扼制了有关行政机关和行政人员的自主性和创造性,降低了公共政策的效率,也使得政策监控难以实现合法与高效的统一。

(6)司法监控在实践中相对薄弱。中国实行"议行合一"的宪政制度和行政体制,这是社会发展史上科学合理的政治制度。这种制度设计有利于对公共政策实施全方位、高效的监控。但在公共政策监控实践中,作为司法机关的法院和检察院在对公共政策行为的监督工作中却被相对弱化,难以独立、有效地开展政策监控活动。主要原因是在审判机关、检察机关与行政机关相比,地位较低(比同级政府低半级),且其日常经费来源是政府的行政预算等,因此,对公共政策的监督、控制缺乏独立权威性。

(7)社会舆论对政策监控的作用发挥不够充分。社会舆论对公共政策的监控取决于国家(政府)对社会化工具和传播媒介的控制程度。如果绝对控制,则意味着只允许一种声音即国家的声音;如果控制程度弱,则意味着有多种声音和舆论存在。只有在多种声音和舆论并存的情况下,社会舆论才能真正发挥对公共政策的监控作用。西方各国的社会舆论之所以能够对公共政策的制定、实施、评估、调整以及终结等各环节产生较大的影响,就在于其新闻独立自由有宪法上与制度上的保障。中国大众传播媒介的舆论监督控制功能,是在共产党领导下的积极性的控制手段,主要是以舆论、宣传、教育的手段去影响和引导社会公众的价值观和行为方式,预防和制止社会越轨行为。它要在必要的时候,对社会问题作出最迅速、最灵敏、最有效的反应,主动承担起填补"真空的社会"责任,并以揭露、批判、谴责和坚守、维护、弘扬等手段,完成社会控制的任务,同时为其他的社会控制手段提供必要的辅助配合。但在实践中,由于政务信息不够公开,人民群众缺乏知情权和参与权,社会舆论对社会公众的需求与意愿表达不畅,网络影响有限等,社会舆论对公共政策的监督、控制功能发挥得不够充分。

2. 完善中国政策监控机制的对策建议

为进一步健全中国政策监控机制,消除政策监控功能弱化现象,必须采取一些必要对策措施。

(1)建立健全法律体系。将公共政策运行过程纳入法制化轨道。用法律规范公共政策的制定、实施、评估、监控及终结等各个环节。一方面要加强立法,使公共政策的运行有法可依;另一方面加强执法,使公共政策依法运行。这同时也为公共政策监控活动确立了明确的标准,使政策监控有了法律保障,从而更具权威性。具体在立法方面,要尽快制定《国家监督法》、《行政程序法》、《公职人员财产申报法》等法律,将公共政策过程纳入法定程序,明确对公共政策过程的法定监督主体及其监控职权、程序、方法和手段,以国家法律强制力确保将政策制定、实施、评估、终结等公共政策全过程置于强有力的监督控制之下。在法律执行方面,要调整《预算法》、《行政监察法》,强化对公共政策行为和过程的监控力度。

(2)加强监控机构的独立性。监控主体的独立性是政策监控有效性的根本保障,因为权力本身是一种强制性的力量,如果权力监督主体失去应有的独立性,对权力的制约就缺乏强制力,从而导致对国家机关和领导干部公共政策行为的监控软弱无力,甚至会使政策监控主体成为权力的附庸。综观古今中外,凡是能较好发挥监察职能的监控机构都实行垂直领导的监察体制。我国东汉时,御史中丞、司隶校尉和尚书各自独立,直接对汉帝负责。英国议会查弊专署直属议会,行使专门调查中央政府各部门及公共团体的舞弊行为;香港廉政公署是直接隶属于香港特首的肃贪倡廉专门机构,其工作权力不受干涉,是廉署打击贪污腐败最有力的武器。鉴于此,为保障政策监控工作的相对独立性,必须对我国党的纪律监察和政府行政监察机关的双重领导体制进行合理的权责界定,建立起我国权力监控自上而下的独立的垂直领导体系。

(3)强化国家权力机关的监督。一是强化国家权力机关实施政策监控的权威性。通过颁布《国家监督法》,赋予国家权力机关对公共政策运行过程进行有效监控的法律权威。二是深化政策监控机构改革,除国家权力机关所设的各专门委员会依法开展政策监控工作外,进一步强化国家权力机关政策监控机构设置,可以将国家审计署、国家行政监察机构从各级政府中剥离,直接作为国家权力机关所属工作机构,强化国家权力机关开展政策监控工作的组织保障。三是提高国家权力机关工作人员素质。要优化国家权力机关领导班子结构,推荐年富力强、专业型、知识型的优秀人才进入权力机关,增强对公共政策运行过程的监控能力。

(4)构建政策监控网络联动机制。要建立中国共产党党内监督与国家权力机关监督、法律监督、行政监督、司法监督网络联动机制,各政策监控主体在依法开展政策监控的同时,要加强彼此之间的沟通、协调与相互配合,通过信息共享、资源整合、网络联动,从而形成全方位、全过程、多渠道、多手段的政策监控网络联动机制体系,更加有效地防止权力失控、决策失误、政策失公、行为失范。具体是:首先,要强化网络体系建设,建立政策监控的信息网络平台,使各监控主体能够相互沟通,资源共享。其次,要建立政策监控的沟通、协调、配合的制度体系,以制度形式确保各政策监控主体定期沟通信息、交流工作经验、研究协调配合工作。

(5)合理分权、完善民主集中制的政策监控机制。进一步完善民主集中制,就是要研究分权与集权、民主与集中的具体结合方式及其实现形式。防止权力过于集中和膨胀、权力不受监督和制约、滥用职权和产生腐败、破坏民主集中制。中国宪法规定:中国各族人民将继续在中国共产党的领导下;中华人民共和国的国家机构实行民主集中制的原则;国务院实行总理负责制,国务院各部、委、办、局实行部长、主任、局长负责制;地方各级人民政府实行行政首长负责制。在维护党中央最高领导权威的前提下,各级政权组织民主集中制的具体实行形式要有所区别。在政府领导班子中要坚持集体领导和分工负责的领导制度,坚持做到重大决策和政策问题实行民主制,不能由领导者个人独自决定;日常事务由领导者个人负责。对各级政府所作出的重大决定和重要公共政策,实行工作责任制,依法追究当事领导人的责任。

(6)大力推行政务公开、增加政策透明度、提高政策监控的效率。以国家法律的形式明确公共政策主体应公开政务信息的领域、内容、范围和渠道;明确公共政策制定、实施、评估和终结应遵循的程序、应采用的方法和社会公众参与的途径与方式，以将政策监控通过法律的途径明确并公布，让广大人民群众知晓和掌握，从而确实保障广大人民群众能够依法对公共政策过程实施有效的监控。同时，国家有关机关在履行职能，从事公务活动和相关政策活动过程中，要根据国家法律、法规和政治体制改革与社会主义民主政治发展的要求，大力推进"政务公开"工作，自觉接受来自各方面的监督，尤其要接受大众传播媒介和广大人民群众的监督、批评，倾听人民群众的意见和呼声。

（7）切实加强社会公众和大众传媒的舆论监督。作为公民的社会公众的政策监控有着其他主体的监控所无法替代的地位和作用，它既促使国家机关及其工作人员依法科学制定和执行公共政策，又使民意得到充分反映，保障公民的合法权益、民主权利。马克思曾深刻地指出："报刊按其使命来说，是公众的捍卫者，是针对当权者的孜孜不倦的揭露者，是无处不在的眼睛。"[①]大众传媒是社会舆论集中反映的平台，其所反映的社会舆论可以及时反映广大人民群众的政策需求和对公共政策的态度，对政策监控有着重要的作用。因此，应当使新闻媒体尽量多的反映百姓心声，这样既有利于人民群众反映对公共政策的意见和看法，也有利于政策制定者及时获悉民意，科学制定公共政策解决社会问题；同时，新闻媒体对公共政策的监控也能对政府形成较强的压力，促使政府更加依法科学地制定和执行政策。因此，我们应在加强正面引导和坚持四项基本原则不动摇的同时，适当放宽对各种大众传媒（包括互联网）的控制，以进一步发挥充分社会舆论的政策监控作用。

（8）健全制度体系、提高监控者素质。要制定具体可行的制度、程序与实施细则的制度体系。要以法律、法规的形式更明确细致地对政策监控的主体、地位、性质、作用、职权、基本原则、监控对象、监控范围等作出规定，才能使各监控主体的权力不再仅仅是象征性的，政策监控将会更加及时、有效。要提高监控者的素质。这主要指对具体进行政策监控的工作人员特别是专门监控机关的工作人员的素质提出更加严格的要求。要严把入口关，通过公开竞争、考试录用和公开选拔等，从源头上提高政策监控人员素质。要对政策监控人员加强培养、锻炼与公共政策知识的培训。同时，在国民教育系列中应增加法律、法规和公共政策知识的教育，以提高全体社会公众的政策监控素质。

（9）完善政策监控的辅助手段。包括建立国家机关工作人员的财产申报制度、制定公共政策程序法律法规、建立法定的信息中心、扩大政务公开的范围、完善各级政府网、实行网上办公与政策互动等。此外，也可以学习西方国家的有关做法：如允许公民经申请旁听人大会议和政府办公会议；建立与所辖区域社会公众的政策协商制度等。

---

① 《马克思恩格斯全集》，第3卷，第36页，人民出版社，1971。

第二节 政策评价

一、政策评价的含义、作用与类型

(一)政策评价的概念

政策评价也称政策评估,国内外学者对其内涵的把握,"概括起来,有三种不同的观点。一种观点认为,政策评估是对现行政策在实现其预定目标方面的成效进行客观、系统的考察。第二种观点认为,政策评估的对象不只局限于现行政策,还应包括执行之前的政策方案;政策评估除关注预定目标的完成程度和执行情况外,还应关注政策的非预期影响以及政策所需投入的成本。第三种观点认为,政策评估的内容不仅包括一项政策或政策方案实现其预定目标的程度、被有效执行的程度、其相对于所投成本的效率水平,还应包括对政策需求的评估,即通过研究分析一个社会或社区、特定的群体需要什么政策"。[①]

我们认为政策评价是:政策评价即政策评估,是采用现代社会科学研究方法,依据一定的标准、程序和方法,对特定社会和群体的政策需求、拟定中的政策方案和已付诸实施的公共政策执行的情况、产生的效率与效果以及其对经济与社会发展所带来的各种影响等进行客观、公正、系统考察与评价的行为。

政策评价的目的是通过对政策需求、政策方案、政策执行等进行客观、系统评价而获得相关方面的信息,并将其直接或间接地反馈给政策制定者和政策执行人员,帮助和推动其适时作出政策反应、确定并选择好的政策方案、及时调整不当的政策、废除无效的政策、改善政策执行行为,从而提高公共政策制定的质量,促进经济与社会持续、稳定的发展。它是政策运行过程这一有机链条中的重要一环,尤其是政策监控的基本手段、前提和依据。

(二)政策评价的作用

政策评价对于改进政策制定系统,克服政策运行中的弊端障碍,增强政策的活力和效益,提高政策水平等具有重要作用。

首先,政策评价有利于检验政策的效果、效率、效益。制定的政策究竟好不好,政策实施以后有没有达到预定结果,公众的回应如何,这些都不能凭制定政策时的主观预测来衡量。必须在政策实践中通过严格的程序、周全的资料和科学的手段进行客观评估才能得出结论。

---

① 王满船:《公共政策制定:择优过程与机制》,第157页,中国经济出版社,2004。

其次,政策评价有利于提高公共决策的科学化和民主化水平。现代社会中,公共政策面对的政策问题与政策环境日益复杂和多变,它对公共决策的科学性提出严峻挑战;现代社会人们的利益趋向多元化,公众参与包括政策运行过程在内的政治生活的要求高涨,对公共决策的民主化程度提出了更高要求。公正、公开地进行政策评估是回应这两方面挑战的有效途径。

第三,政策评价是有效配置公共资源的基础。如何把有限的公共资源进行合理的配置,以获取最大的效益,这是公共政策决策者和执行者都必须认真考虑的问题。只有通过评估才能知道公共资源配置的结构和顺序是否正确,在政策周期的不同阶段上公共资源投入量的比例分配是否恰当,以及在政策运行过程中人力、物力、财力的组合是否合适等。

第四,政策评价是决定政策修正、调整、继续或终止的重要依据。由于政策问题本身及其所处的社会环境的复杂性与变动性决定了公共政策的稳定性是相对的。因此,为让公共政策收到预期的效果,政策执行一段时间后,政策决策者必须根据政策执行的实际情况来决定一项政策是否延续、改进或中止,而政策评价正是作出这种决定的主要依据。

(三)政策评价的的种类

采用不同的标准,政策评价可以进行多种分类。

1. 需求评估、过程评估、效果评估和影响评估(包括风险评估)

(1)需求评估是指通过调查、研究和分析,了解一个社会或社区有什么问题需要政府制定公共政策来解决。在实际的需求评估中,有时是针对社会或社区所有方面的"需求",而更多的时候则是针对某个具体方面(如义务教育、环境保护等)的需求,或特定社会群体(如城市小商贩、城镇下岗职工等)的需求。也就是说,实际所开展的政策需求评估更多的是了解某个方面或某个群体遇到什么具体问题需要政府制定政策来解决。一般说来,需求评估是要回答以下一些问题:一个社会或社区的社会经济状况如何?某个群体在哪个方面的需求未被满足或存在哪些需求解决的问题?需要解决的问题的性质是什么、范围有多大?某个问题影响的对象是哪个群体?可以看出,政策需求评估是政府构建政策议程、制定政策(或重大公共决策)计划的必要前提和重要依据。

(2)过程评估是指在公共政策开始执行之后对公共政策得以按原定设想运行的程度进行的考察研究。过程评估要回答的问题包括:政策方案所包含的各项措施(如拨款、设立或指定机构、物资调配等)是否按原计划顺利实施?公共政策所针对或服务的对象是否为预定的目标群体?政策执行机构和人员是否具备预期的执行能力、是否付出了足够的努力?在现实中,设计很好的公共政策由于执行不力而导致目标偏失、效果不佳甚至事与愿违的例子频有发生。通过过程评估,可以使有关机构及早发现政策执行中存在的问题,并及时采取适当措施,保证公共政策取得较好的效果。

(3)效果评估是对政策制定与执行的效果进行研究、分析和评价的活动。需要注意的是:首先,所谓的政策效果,不仅指政策付诸实施后实际取得的效果,也指尚未付诸实施的政策方案可能取得的效果。对政策方案可能取得的效果的评估是政策设计和选择的依据。其次,政策效果包括三个具体方面:一是政策的有效性,即政策实施后实现其预定目标的程度;二是政策的效率,即相对于其实施所需的全部成本,政策取得的效果如何;三是政策实施后带来的利益或造成的损害在相关群体中的分配是否公平。

(4)影响评估是指对公共政策产生的、预定目标之外的积极或消极的影响开展的评估。由于社会不同领域之间的相互联系,一项公共政策的实施除了在其所针对的领域产生效果之外,还可能对其他相关领域产生影响,即外部影响。例如,出于保护环境的目的,政府提高排污收费标准,这不仅会导致污染排放量的减少,而且可刺激企业进行技术开发,带来新技术、新工艺、新能源的诞生。现实中的政策评估尤其重视对政策带来的消极外部影响的评估,因为如果一项政策的消极影响严重,即使完全实现了其预定的目标,它也不是好政策。特别是在政策方案的设计和择优阶段,我们必须尽可能对政策的这种负面影响做充分的估计。另外,相对于政策制定的时间而有言,政策总是在未来发生作用。而未来的环境可能存在一定的不确定性,因此,有些政策的制定带来一定的风险。在这些政策的方案设计和择优阶段,对其风险进行评估也是政策评价的一个重要部分。

2. 正式评估和非正式评估

从评估组织活动形式上分,可分为正式评估和非正式评估。非正式评估指对评估者、评估形式、评估内容没有严格规定,对评估的最后结论也不作严格的要求,人们根据自己掌握的情况对政策作出评价的评估。正式评估指事先制定完整的评估方案由确定的评估者进行的评估,并严格按规定的程序和内容执行。它在政策评价中占据主导地位,其结论是政府部门评价政策的主要依据。

3. 内部评估和外部评估

从评估机构的地位分,可分为内部评估和外部评估。内部评估是由政策制定者与执行者自己所完成的评估。它可分为由操作人员自己实施的评估和由专职评估人员实施的评估。外部评估是由政策制定者和执行者之外的评估者所完成的评估。它可以是由行政机构委托的非营利性的研究机构、学术团体、专业性的咨询公司、高等院校进行的,也可以是由立法机构组织的专家组织进行,还可以由媒体、民间团体等其他各种外部评估者自己组织的。内部评估和外部评估各有利弊,在实践中应将两者结合起来,取长补短。

4. 事前评估、执行评估和事后评估

从政策评价在政策运行过程所处的阶段分,可分为事前评估、执行评估和事后评估。事前评估是在政策执行之前进行的一种带有预测性质的评估。包括三个方面:政策对象发展趋势的预测,政策可行性的评估,政策效果的预评估。执行评估就是对在执行过程中的政策实施情况的评估,就是具体分析公共政策在实际执行过程中的情况,以确认公共政策是否得到严格地贯彻执行。事后评估是政策执行完成后对政策效果的评估,旨在鉴定人们执行的公共政策对所确认问题达到的解决程度和影响程度,辨识政策效果成因,以求通过优化政策运行机制的方式,强化和扩大政策的效果。它在政策执行完成以后发生,是最主要的一种评估方式。

二、政策评价的要素

一般来说,政策评价是由评估主体、评估客体、评估目标、评估程序、评估标准和评估的方法与手段等构成。

(一)政策评价主体

政策评价主体是指政策评估者,主要包括政策制定者、政策执行者、政策研究和咨询组织、政策对象等。

1. 政策主体

政策主体包括政策制定者和政策执行者。政策主体能够比较全面、直接的掌握政策制定与执行活动的第一手资料,在获取公共政策实施效果、效率、效益等有关信息上有独特的优势,他们最熟悉整个政策制定与执行过程中所发生的一切情况,能够对政策方案和政策执行情况进行直接、有效的客观评价。但是,政策主体会受到各种因素的影响,包括传统观念、思维方式、部门利益、上级压力、目标管理与效能考核的制约、心理因素等,从而导致政策评价难以做到客观、公正。此外,政策评价是一项专业性极强和技术性要求极高的工作,而政策制定者和政策执行者大都缺乏这方面的专业理论和操作技能方面的训练,也在一定程度上制约了政策评价活动的科学性。

2. 政策研究和咨询组织

专业性的政策研究和咨询组织是政策评价的重要主体。作为专业性政策研究和咨询组织,拥有专业理论水平高、实际操作技能强的专业人员团队,他们普遍受过系统的理论训练,掌握政策评价的先进理论、科学方法,且与政策主体和政策对象保持一定的利益独立性,能够在政策制定与执行过程之外,以第三方的角度客观、公正、科学地开展政策评价活动。但其也因存在种种制约因素而影响政策评价活动客观、公正、科学的开展。比如,受制于政策评价经费来源于政策主体或是受政策主体委托与暗示;出于与政策主体保持一定合作关系对自身利益影响的考虑;政策研究和咨询人员自身素质良莠不齐;政策制定与执行的相关信息掌握不够全面、准确、及时等。在国外,邀请和委托第三方政策研究组织开展政策评价以成为政策评价发展的基本趋势。

3. 政策对象

政策对象既是各种公共政策执行的直接受体,又是政策制定与执行的参与者,并且与公共政策成败有直接的利害关系。任何一项公共政策的实施,都会对政策对象产生影响,可能使一定政策对象受益,也可能使一定政策对象利益受损,因而对政策评价更有切实需求。政策对象能够根据自己或他人对政策效果的切身体会、对自身利益需求的影响度,积极参与政策评价活动,做出较为真实、具体和客观的评价。重视政策对象的评价是实现公共政策民主化的重要途径,当今各国政府都较为重视。但是,由于政策对象是公共政策的受益或受损者,出于其自身利益的需求,可能会出现对约束性政策反应激烈,对利益性政策的要求又过高,从而导致政策评价活动出现不公正、不客观、不实际的评价。

(二) 政策评价客体

政策评价客体是政策评价的特定对象,即所要评价的具体公共政策。政策评价主要侧重于对政策方案的科学性、公平性、可行性和对政策实施后的效果、效率、效益的分析评价。由于政策资源的有限性,虽然各种政策都可以作为评价的对象,但实践中并不可能对所有公共政策进行评价。又因政策内容与环境因素具有很强的互动性,所以评价政策不能不考虑环境条件的发展变化。政策评价活动在确定评价对象时,必须具备下列前提:第一,有效性。即选择的评价对象必须确有价值,能够通过评价达到一定的目的。第二,时间性。即选择对政策评价对象进行评价的时机是否合适。第三,可行性。即所选的评价对象必须是可以进行评价的,即从时机、人力、物力、财力上均满足评价所需的基本条件。第四,必要性。即所选择的评价对象必须是经济社会发展需要的,必须通过评价才能检验公共政策的效率、效益和效果。

在政策评价客体中,人们特别注重对政策效果的评估。有观点认为,政策评价就是对政策实施后的效果评价。[1]

可以将政策效果看作政策执行后对客体及环境所产生的影响。对政策效果的概念理解必须注意两点:一是避免将政策效果和政策输出混为一谈。政策输出泛指政策从事的工作或已经做过的那些事情以及与此相关联的一系列统计或经济数字。这些只能向人们描述政府做过了什么,而不能告诉人们政

---

[1] 参见陈振明:《公共政策分析》,第407页,中国人民大学出版社,2003。

府的政策行为产生了什么结果或影响,而政策效果所要回答的正是人们关注的问题,它描述既定的政策行为作用于相关的各种环境或政治系统所引起的变化,包括政策对目标团体的影响、对目前和未来的影响、政策所负担的各种直接或间接的成本等。二是不能把政策效果等同于政策预定目标。政策效果有很多种,直接的、间接的、意外的、潜在的、附带的、象征的等,政策制定者在制定政策时,并不一定能把所有的可能效果都纳入政策预定目标。但我们不能因为它们没有列入预定的政策目标而不予以考虑。

(三)政策评价的目的

政策评价目的,是政策评价活动的出发点,它要回答"为什么要进行政策评价"的问题。从某种程度上说,评价目的决定了政策评价的基本方向和内容,以及评价标准的选择。政策评价的目的主要有三个方面:

1. 政治评价

政治评价侧重于评价政策的执行是否会破坏原有的政治,是否有利于政权的巩固与发展,对国际、国内或地区产生了什么政治影响?是否有利于社会的安全与稳定,是否会影响现有的国民收入分配状态?是否树立了良好的政府形象或损害了政府形象,是否达到了社会公众和社会舆论界的认同与支持等。

2. 行政评价

行政评价侧重于政府制定和执行公共政策能力的评价,即评价某个或某些政府机构在制定政策和宣传、组织、实施政策方面的能力与成效。主要是评价政府在开展政策制定与政策执行的过程中,政策方案是否体现了对经济与社会发展等公共事务的计划、组织、指挥、协调和控制能力,政策执行是否顺畅和得到政策对象的理解和支持。能否在政策执行过程中获得对经济与社会发展应有的效率、效益和效果,能否有效克服在对公共事务组织和管理方面存在的问题。

3. 个体评价

个体评价即评价公共政策本身的应用价值,评价通过公共政策的实施是否能够达到预期目标,政策产出是否大于政策投入(包括人力、物力、财力等资源),政策的实施是否对政策环境构成预期的影响等。对公共政策进行个体评价,需要针对不同类型的公共政策,采用不同的评价标准体系和方法,具体、有效地开展评价活动。

政策评价的要素还包括政策评价的标准、政策评价的方法,我们将在以后的章节中展开论述。

三、政策评价的标准

政策评价的标准是对政策方案和政策运行过程加以测量、评定的参量体系。建立政策评价标准是进行政策评价的起点。在建立政策评价标准前,必须确立建立政策评价标准的原则。首先,政策评价的标准应具有全面性。政策评价标准必须尽可能地对政策方案和政策运行过程进行全面的、完整的评定。其次,政策评价的标准必须使参量的测定具有简便性。确立的各种参量必须易于把握,利于操作,容易衡量。第三,政策评价的标准必须在技术上有可行性。政策评价活动的有效开展,要求选取的参量既能进行收集、加工,又能在量化的基础上加以分析。

在确定了政策评价的具体内容之后,就需要确定以什么标准来评价某一项公共政策及其运行效果。同样的政策方案和政策运行过程,依据不同的标准进行评价,常常会得到不同的结论。因此,针对不同的政策评价内容,有着不同的政策评价标准。一般而言,政策评价既是一个事实判断的过程,也是一个价值判断的过程,因此政策评价既要建立事实标准,也要建立价值标准。事实标准的确立以特定事物和既定事实为依据,更多的是通过调查、统计等实证方法建立数字、比例等量化关系,旨在确定一项公共政策在事实上产生了哪些实际的效果和影响。事实标准主要关注的是"是不是"、"行不行"的问题。而价值标准则是建立在道德、伦理、观念、文化等社会和政治价值观基础上的,旨在确定一项公共政策的价值影响。价值标准则更多关注政策的"该不该"、"值不值"的问题。一般来说,政策评估的标准主要有:

1. 价值标准

(1)生产力标准。生产力标准是评价每一项政策的根本标准。任何一项公共政策,都应当满足大多数人的利益,其中最重要的是经济利益,而经济利益和其他社会利益的满足都要依靠经济的发展,归根结底是要依靠社会生产力的发展来实现。一项公共政策正确与错误,好与坏,进步与落后,归根结底取决于它有无或在多大程度上解放生产力,促进生产力的发展。凡是在这方面表现出巨大生命力的公共政策就是正确的、好的、进步的;反之,就是错误的、坏的、落后的。

(2)社会发展标准。任何一项政策活动都应当以推动社会持续、健康、稳定发展为标准。具体在任何政策活动中都要以系统思维为指导,正确处理当前利益与长远利益、局部利益与整体利益的关系,正确处理经济效益与社会效益的关系,正确处理经济政策与社会政策的协调配合关系,还要正确处理好文化、环境、资源与发展的关系等。只有统筹协调好各方面政策对经济与社会协调发展的合理影响,推动社会全面发展,才是评价公共政策是否科学、可行和有效的根本标准。

(3)公正标准。公正标准主要是衡量政策方案、政策制定和执行的成本、收益在不同的利益集团、社会阶层和利益群体中分配的公平程度,并通过对政策实施前后经济与社会发展总体状况的变化的描述和分析,评价公共政策的实施给社会带来什么影响,造成什么后果,作用程度多深等。公正是评价公共政策的重要标准,一项好的政策应该是政策对象感到公正、公平、合理的政策。一项公平的政策必然是一个公共资源能够公平分配的政策,同时政策制定和执行成本又能公平分担的政策。公共政策作为对公共资源的权威性分配手段,必须坚持公平或公正的标准,而且公共资源的分配与政策制定与执行成本的分担应该扶持和帮助社会弱势群体的原则,尽可能使社会分配福利最大化,使弱势群体分担的政策制定与执行成本有所减轻。

(4)回应度。政策方案制定和实施都必须满足社会公众的需求,公共政策能否对社会公众需求及时回应以及其满足需求的程度,是政策评价的回应度标准。一项公共政策若是回应度不高,即使有较高的投入、效益和效率,也不能认定是一项十分成功的政策。每一个国家或执政党都要通过制定和执行政策为自己所代表的阶级或阶层的利益服务。一项公共政策不论关系到全体公民还是关系到一部分公民,只要政策对象认为满足了自己的利益需求,焕发出较高的热情和积极性来执行政策,这就可以说公共政策的回应度高;反之,公共政策的回应度就低。

2. 事实标准

(1)效果标准。政策效果是政策方案执行后产生的行动结果,也就是政策方案执行后对政策对象、政策环境和其他社会公众与市场主体产生的实际影响和后果。效果标准是政策评价的核心标准之一。政策效果既包括政策的预期效果,也就是政策要达到的目的;也包括政策实施后所产生的政策目标之外的非预想的效果。政策效果还包括正效果和负效果,前者是指政策方案选择及其实施对经济社会发展有促进作用的效果;后者则指对经济社会发展产生阻碍与不利影响的效果。在实际开展政策评价活动中,要注重多种政策效果的综合评价。

(2)效率标准。政策效率是指达到政策目标的程度和时间,这个标准关注政策的实际效果是否与理想目标相符,在多大程度上相符,还有什么距离和偏差等。

(3)效益标准。即对政策收益与政策投入之间的比率的衡量,其实质是经济理性的体现。确定政策效益标准的目的是要衡量一项政策要达到某种水平的产出所需的资源投入量或是一定量的政策投入所能达到的最大价值,它表现为政策正效果与投入量之间的关系和比例。效益标准所关注的核心内容是一项政策是否以最小投入得到最大有效的正产出。政策效益标准在具体运用时需要考虑各种因素的影响。首先，明确而具体的政策目标是进行政策效益评价的前提。其次，要分析效果的充分性，即执行和完成政策目标的充分性。这不仅表现为政策实施的结果满足政策对象需要的有效程度，还表现为满足需要的人数和范围；不仅包括解决公共问题的深度，还包括解决公共问题的广度。也就是说，实现政策目标的充分性越大，公共政策的效益就越高。

四、政策评价的过程及步骤

规范的、科学的政策评价，一般都要经过准备、实施和结束三个阶段。

(一)组织准备阶段

1. 确立评价对象

并不是任何一项公共政策在任何时候都可以而且有必要进行评价，在确定评价对象时我们必须根据理论研究和实际工作的需要，遵循有效性与可行性相结合的原则，选择那些比较成熟、政策效果与环境变化有较为明显的因果关系以及评价结论较有推广价值的公共政策作为评价对象，以使政策评价收到最佳效果。一般来说，有四类政策是可以确定为评价对象的：一是正在执行的、比较成熟的政策；二是实施效果与环境变化之间有明显因果关系的政策；三是评价的结论有代表性、有推广价值的政策；四是负面效应突出、普遍引起社会公众和市场主体质疑的政策。

2. 制定评价方案

制定评价方案是政策评价准备阶段最重要的工作，评价方案设计科学合理与否直接关系到政策评价的质量优劣和政策评价活动的成败。完整的评估方案一般包括六个因素，即评价主题、评价对象、评价目的、评价标准、评价程序和评价方法。

3. 组织与设施准备

主要是选择或建立相应的政策评估组织，挑选政策评估人员，进行必要的理论和实践培训，确定评估活动进行的场所，配备必要的设备，划拨一定的经费等。

(二)实施阶段

1. 了解政策的基本内容及相关背景

包括政策出台的时间、所针对的公共问题、政策的基本意图、政策对象、政策出台前后的有关经济和社会发展状况、具体政策措施、政策基本法律和理论依据、政策执行的环境等。

2. 广泛采集整理政策信息

信息是政策评价的基础和前提，大量、及时、准确、真实的信息是政策评价科学化的重要保证。从一定程度上说,政策评价的过程首先是信息收集的过程。政策信息可以采用文献研究法、观察法、调查法、实验法、比较法等进行收集。

3. 综合分析政策信息

就是对收集到的政策信息进行去粗取精、去伪存真,通过统计分析、逻辑分析和理论分析对政策信息进行整理、分析、统计和处理。

4. 运用评价方法获取评价结论

通过运用多元评价方法,以马克思主义的辩证唯物主义和历史唯物主义的方法论为指导,对公共政策进行评价,做出科学、客观、公正的政策评价结论。在形成评价结论的过程中,政策评价者应该依据全面、完整、准确、真实的政策信息,坚持客观、公正的原则,排除来自政策制定者、政策对象和相关利益集团的干扰而独立评价,切不可仅仅依据偏狭的政策信息对公共政策作出不客观、不全面的评价,或者用自己"先入为主"的观念左右政策评价,更不能屈从于政策制定者、政策对象或相关利益集团的压力而做出肯定性的有违实际的政策评价结论。

(三)结束阶段

1. 撰写、提交政策评价报告

政策评价的最后一个环节是撰写政策评价报告,并根据政策评价的发起人、委托人或资助人的目的,决定政策评价报告的去向,及时提交给政策制定者或委托人,由其决定是否公开发布。要根据简明扼要、清晰生动和准确并值得依赖的原则撰写政策评价报告。评价报告要对公共政策的制定与实施进行总体的评价,对政策结果、政策效率、政策效益作出定性与定量的分析与说明;不仅要指出成绩,更要反映问题,尤其是要指出问题的原因及改善措施,以便政策调整;如果评价结果证明政策使命已完成或政策存在重大失误,应建议尽快实施政策终结;同时,还要对未来政策的制定与实施提出建议。

2. 对政策评估活动作出总结

在撰写和提交政策评价报告后,政策评价者还要对所开展的政策评价活动作出总结,为以后提高公共政策评价活动的质量和效果奠定基础。主要是对评估组织的效率、管理机制进行分析总结;对评估组织的人员选择与综合素质进行评估;对评估方案与评估程序进行分析等。

五、推进中国政策评价工作的若干思考

(一)中国政策评价的现状

20世纪80年代以来,中国政策评价进入新的发展阶段,主要表现在:

1. 政策评价开始走向职业化和学科化

除了党政机关的政策研究部门外,还出现了一些教育培训机构、政策研究咨询机构、基金会等与政策评价有关的组织,有一定数量的职业政策评价人员在这些组织工作;另一方面,中国政策科学与政策评价理论本身也开始建立自己较为完整的体系和各种自己独有的政策方法。

2. 政策评价的范围日益拓宽

从仅仅评估中央一级的公共政策过渡到评估各级政府的公共政策;评估的视野由重大决策扩大到所有公共决策。

3. 政策评价的功能不断完善

不仅能进行事后评价,还能进行事前、事中评价,包括政策方案选择和政策制定与政策执行的评价,逐步加强了政策评价对整个政策过程的有效控制。

4. 大量引进并部分吸收了国外较为先进系统的政策评价方法和手段

尤其是一些量化评价方法的引入和借鉴,较有力的推进了中国政策评价科学化进程。

(二)中国政策评价存在的主要问题[①]

1. 评价者缺乏对政策评价的科学认识和认真态度

中国还没有形成科学的政策评价机制,政策主体(评价者)往往视政策评价为可有可无的工作,能不评价的尽量不评价;迫于需要进行评价的,往往缺乏科学的态度和方法,甚至经常夹杂着种种不良的动机,有意识地夸大或缩小、掩盖或曲解政策评价中的某些事实,以求实现某种特殊目的。这就是政策评价的"主观误区",在中国政策评价过程中主要表现为以下五种形式:

(1)以研究代替服务。决策者有时寻找包括对政策问题进行调查和评估在内的各种借口延缓政策决定(如新决策、对原有政策进行追踪决策、政策终结等)的作出。

(2)以个人好恶代替科学。有时进行政策评估的意图在于使效果不佳的政策合理化。

(3)以评估作为沽名钓誉的手段。在政策评估中不恰当地鼓吹政策效果和政策效率。

(4)以形式取代实质。评估仅具有象征性的意义而无实质性的评估行动。

(5)以获取资源取代政策目的。往往是借政策评价来证明政策的重要性,同时证明客观资源不足是影响政策的主要原因,从而更多的获取政策资源。

2. 评价标准以价值判断为主,评价方法以定性分析为主

价值标准由于主观性强,容易受评价主体因素的影响,因此,将事实分析

---

① 参见陈振明:《公共政策分析》,第289页,中国人民大学出版社,2003。

和价值判断相结合是科学、准确评价的客观要求。由于中国传统与现实十分重视意识形态以及道德的作用,助长了评价者用原则判断取代事实分析的思维习惯。此外,由于政策评价者缺乏必要的专业理论和实践技能训练,使其在政策评价时不可避免地偏好用价值判断取代事实分析。在评价方法上由于定量分析的要求高、难度大,导致政策评价者多数以定性分析为主开展政策评价工作。

3. 缺乏独立的政策评价组织

中国各级党政机关内部都设有专门的政策研究组织负责承担政策评价工作,这属于政策主体的自我评价。此外,在现行政策评价活动中通过任期目标责任制考核、机关效能考核以及听证会、社会评议等方式,也引进了政策对象对公共政策的评价。作为政策主体的评价组织往往摆脱不了对政府的依赖性,再因受到来自上级机关和领导压力,使政策评价难以客观、公正的开展。作为政策对象的政策评价者,因其自身的利益限制,为实现其自身利益最大化和自身素质等影响,更难以开展客观、公正的政策评价工作。中国目前十分缺乏能够独立于政策主体和政策对象之外的、由专业政策研究和评价人员组成的第三方政策评价组织,严重制约了政策评价工作的有效开展。

4. 评价对象以政策输出为主,忽视对政策影响的评价

目前中国政策评价在很大程度上停留在对政府行为的检测,或者对政策实现预定目标的程度的检测,而对于更深层次的政策影响的评价却很少涉及,导致我国政策评价工作的不全面,政策评价对政策运行过程的影响力不大。

5. 社会公众未能广泛参与政策评价

由于中国还没有政务信息公开法、行政程序法等法律,有关政策信息公开度、透明度不高,社会公众对政府工作信息了解和掌握不足;同时,由于缺乏相应社会公众参与政策评价的制度与机制,缺乏政策评价的渠道,社会公众对政策评价的参与度不高,其参政议政的热情得不到调动与保护,极大地影响了政策评价工作的有效性和科学性。

(三) 推进中国政策评价工作的思考

1. 重视并科学认识政策评价工作

加强政策科学的研究和传播,使人们认识到政策评价是政策运行过程必不可少的一环,它不仅有助于政策主体认清公共政策的特点、优劣和成效,监督政策的执行过程,补充、休整和完善政策,而且有助于开发政策资源,增强政策效益,从而在思想上重视政策评价工作并采取相应行动。不要把政策评价当成或变成点缀与歌功颂德的工具。要正视政策评价的"批判性"功能,本着发现问题、解决问题、提高公共政策质量的评价态度,坚持全面客观、公正公平的态度开展政策评价工作,以求最大限度地发挥政策评价的建设性功能,为实

现公共政策的科学化、民主化服务。

2. 明确政策目标、精选评价对象

要使政策评价富有成效，就必须明确和把握政策目标。实际开展政策评价时必须回顾、审视当时的政策目标，了解政策的意图。同时，要精选评价对象，在坚持可行性和有效性的原则下，慎重选择评价对象。

3. 政策评价制度化

加强政策评价工作的制度建设，以法律和法规的形式将政策评价作为一项制度列入有关部门的实际工作，使之成为一种制度化的活动。一是实现政策评价的程序化。把政策评价列入政策运行过程之中，通过制度规定除象征性公共政策之外，所有政策都要进行政策评价。二是建立政策评价基金，明确政策评价的经费来源，确保各项政策评价活动能够有基本的物质保障。三是重视政策评价信息的反馈和评价结论的消化吸收，使政策评价结果能够有利于政策调整、完善和终结，以及为将来的新政策提供参考建议。

4. 健全政策评价组织、加强政策评价人员队伍建设

一是规范、健全官方的政策评价组织。对目前已有的党政机关内设的政策研究组织进行机构重组，整合资源，调整职能，必须改变现行的政策制定、政策执行和政策评价混为一体的状况，实行政策制定、政策执行和政策监督既相互独立，又相互协调配合政策运行机制，将政策评价的职能赋于政策监督组织，以加强政策评价的权威性和客观公正性。

二是大力发展第三方政策评价组织，并逐步使其成为政策评价的主渠道。大力发展民间政策研究和评价组织，使其能够独立于政策主体和政策对象之外，以第三方的角度和视野，采用科学的评价方法与标准，不受干扰地、独立地开展政策评价活动。

三是大力加强专业政策评价人员队伍建设。必须加强对政府政策评价人员和民间政策评价人员的教育、培训，使其掌握政策评价的科学理论和相关技术方法，尽快从外行转变为内行；必须采取有效措施，鼓励和吸引政策评价专业人员到政策评价组织工作；加强官方政策评价人员和非官方政策评价人员的交流与合作，最大限度实现资源共享，提高政策评价人员队伍的整体素质。

5. 制定科学合理的政策评价标准

合理的政策评价标准是确保政策评价科学、客观、公正开展的基础。一般来说要以"3E"（英文中效益、效率、公平三个词的首字母）和"3P"（英文中公众参与、可预测性和正当的诉讼程序）为基础，构建系统完整、科学合理的政策评价标准体系。

6. 引入科学的政策评价理论、方法和技术

长期以来，我国政策评价工作缺乏先进的政策评价理论、方法与技术，在

今后的政策评价活动过程中,必须大力引进国外成功的政策评价理论、方法、技术和成功的经验,尤其是定量化、数理逻辑推理、演绎推理等,以推动中国政策评价科学化、规范化、效率化进程。

7. 建立健全政策评价信息系统

政策评价信息系统要注意评价信息收集的及时性、准确性、全面性。要建立覆盖全社会的、快速的信息反馈网络。建立信息网络系统可以最大限度地实现政策主体、评价组织和社会公众之间的有效交流沟通,加速公共政策的科学化、民主化进程。

第三节 政策调整、政策终结与政策周期

一、政策调整

(一)政策调整及其作用

1. 政策调整及其内容

政策调整是政策运行过程中不可缺少的环节,是政策制定者根据政策评价的结论反馈的信息,对公共政策的内容和形式予以部分改变的行为,实质上是政策制定过程的延续。通过对公共政策进行相应的调整,及时纠正政策的失误或偏差,可以使公共政策更好地符合客观实际的需要,有利于尽快实现政策目标。

政策调整的内容主要包括公共问题的重新界定、政策目标的重新确定和政策方案的重新拟定等方面:[①]

第一,随着政策运行过程由制定到监控评价环节的推进,政策制定者可能发现对政策问题原有的认识并不全面,政策问题的某些重要方面或边界条件可能被忽视,环境的变化可能改变了政策问题的性质。因此,在这一阶段有必要根据已掌握的新信息,对政策问题加以再认识和重新界定。

第二,政策目标的校正、修订或再确立。这包括将原来模糊、不准确的目标加以明确化,根据变化了的环境校正或修订原有的目标等方面。当政策目标被实践证明超出或低于实际条件的要求,有时甚至严重脱离政策实际,就必须采取措施对政策目标进行必要的调整,或降低目标要求,或减少目标个数,或改变目标时限,从而使经过调整的新目标符合客观实际。

第三,对政策方案加以修正、补充和完善,甚至重新制定。这有多种情况:

---

① 参见赵瑞峰:《公共政策分析》,第247页,中国时代经济出版社,2007。

对基本可行的方案加以修正,使之更加适应变化了的现实;拓宽原有方案的适应范围或加强应付紧急事态能力;对证明基本是行不通的方案决议重新制定。

第四,对政策主体、客体的调整。政策的实施是一个动态的过程,其主体总是处于不断变化之中,有些客体也处于变化之中,为保证政策运行的连续性须及时调整政策主体;为保证政策的针对性,也须及时调整政策的客体。

2. 政策调整的原因

政策调整的原因可以从客观原因和主观原因两方面进行考察。

客观原因是指社会的政治、经济和文化的发展变化,即政策环境和政策问题本身的发生变化。在政策实施过程中,由于政策本身发生作用或者客观的政策环境自身发生变化,原来的政策问题发生了改变,或者解决了,或者出现了新情况、新矛盾,这就需要依据新的政策环境和变化了的政策问题,对原有政策加以及时调整。

主观原因是指人们对政策问题、政策环境以及政策方案等的认识深化,决定了人们总是要不断地重新认识、界定政策问题、政策目标和政策方案,以使政策真正达到解决公共问题的目的。任何一项公共政策,都是人们认识的产物。人们对政策问题的认识表现为一种不断深化的过程。在现实生活中,客观事物的发展趋势总是多变的,各种矛盾的暴露需要有一个过程,再加上人们自身认识能力的局限性,增加了政策制定的难度。对于政策制定者来说,如果政策制定中可预知的因素越多,其政策的成功率就越高;反之,其政策的失误率就越大。某些不可预知因素的出现和某些环节的失误,都会使政策与客观实际相脱离,部分或全部改变公共政策是必然发生的。

3. 政策调整的作用

第一,通过政策调整可以纠正政策的偏差和失误。尽管公共政策是在遵循科学程序的基础上制定的,但它作为一种主观认识,其正确与否无法在政策制定中得到检验和作出最终判断的,而是必须经过实践来验证。在政策实践中,一项政策的正效应大于负效应,那么这项政策就被证明是正确或基本正确的。反之,如果政策实施的后果是负效应大于正效应,这就说明政策本身出现了偏差或失误。这样的政策执行的时间越长,涉及面越广,造成的损失也就越大,只有及时调整政策才可以避免公共政策失误造成的损失。

第二,通过政策调整可以在客观环境发生变化时完善和更新公共政策。从外在方面看,由于客观环境和条件的变化以及政策问题总会有所变化,这就使原来比较符合客观实际的政策变得滞后,需要对原有的政策进行调整,以适应变化了的情况。从内在方面看,由于人们不可能一开始就一次性地获得全面认识,所以据此制定的公共政策往往比较原则,比较笼统,有时甚至失之片面。随着政策实践的不断发展,人们对问题的认识也会随之不断深入和全面,这就要求对原有的公共政策进行必要的调整。

第三,通过政策调整可以协调各部门政策之间的矛盾和克服政策执行中的混乱现象。在公共政策体系中,并不是所有政策都是由同一个制定者制定的。除了总政策和基本政策之外,许多具体政策往往是各级地方政府和各个部门制定的。如果某些地方政府缺乏系统考虑,只从本地区、本部门的利益出发,无视全局、长远和整体利益,那么他们各自所制定的政策之间就有可能互相矛盾、互相挚肘,执行起来就必然导致各行其是、混乱无序和执行者无所适从,并造成不应有的摩擦和内耗。因此,对各级地方政府和各部门制定的政策,需要不断进行必要调整,以使各方面的政策相互衔接,协调一致地发挥整体功能。

第四,政策调整可以保持公共政策的稳定。一个国家公共政策稳定与否,直接关系到国家的政治稳定、经济稳定和社会稳定。但是,强调公共政策的稳定性,并不意味着政策的绝对不变,恰恰相反,政策制定者根据反馈的信息不断地修改、补充和完善政策,使政策与客观环境始终处于协调状态,这才是保持政策稳定性和连续性的一种有效方法。它可以避免因公共政策的巨大变化而带来社会的动荡。

(二)政策调整类型①

1. 增扩型和缩减型政策调整

增扩型政策调整是对原政策目标及范围、措施等作相应的扩充。在政策调整过程中,其表现是提高政策目标要求,扩大政策作用范围,强化政策措施。

缩减型政策调整是指对原政策目标及范围、措施等作相应的缩减,使之更符合现实所具备的条件。这种调整表现为:降低政策目标要求、收缩政策范围、减弱政策作用力度、缩小政策弹性,增加政策的可行性、堵塞政策漏洞等方面的调整。

2. 合并型和分解型政策调整

合并型调整是将两个以上各自独立的政策,合并成一个新政策的调整过程。在政策实践中,原有一些政策在内容上相近,但由于制定政策是主体不同,容易出现政策之间的相互矛盾,甚至相互挚肘的现象,削弱了政策的效果,这需要权威部门对这些政策进行相应的合并,重新下发新的政策,统一口径。调整后的政策与原来的政策相比,其政策目标更加明确,内容更充实,措施更完善。

分解型政策调整,是将比较原则、抽象的政策,分解成若干个目标明确、可操作性强的政策过程。在政策体系中,高层次政策具有高屋建瓴和总揽全局

---

① 参见刘斌、王春福:《政策科学研究》,第331页,人民出版社,2000。

的指导作用,因此,政策内容原则性强,在政策实践中,要想将高层次政策落实,必须将政策内容分解成若干个目标明确、可操作性强的具体政策,否则,容易导致政策不落实,或者政策在执行中变形、走样。

3. 激进型和渐进型政策调整

激进型政策调整,是指政策调整的内容变化大、节奏快,是对原政策方案的根本性的调整。这种情况在政策调整中是不常见的,因为容易引起社会动荡,但是在政策调整中不可避免的。一般来说,其通常发生在:一是政策目标出现了方向性错误,政策目标与社会公众利益要求相背离。二是客观环境发生了根本性变化。

渐进型政策调整,是一个缓和的、渐变的政策调整过程,是对原有政策方案的部分修改和补充,是对原政策方案的一个不断修正的过程。与激进型政策调整相比,其表现为:一是能够根据客观实际情况的变化及时地作出相应调整,因此,能够保持政策连续性,增强政策作用的效果;二是在政策调整过程中,其调整的范围和幅度较小,容易被政策对象接受,并且不会引起大的震动;三是在政策实践中,根据客观环境的变化和政策认识的深化,逐步对现行政策的目标和手段进行灵活的调整,提高了公共政策成功率。

4. 废止型和延续型政策调整

废止型政策调整,是指一项政策经过执行过程后,从政策体系中消逝的现象。任何具体事物的发展都是有始有终的,公共政策也是一样,也有其产生的必然性和废止的必要性。政策废止有两种:一种是自然废止,随着政策问题解决,政策自然退出政策体系。另一种是人为废止,是指由于政策方案本身或其他种种因素对政策的影响,使政策在执行过程中其负效应越来越大,在这种情况下,政策制定者通常以分布公告或颁布新政策以取代旧政策的形式,废止原来的政策。及时废止旧政策是防止公共政策消极作用的一种有效措施。

延续型政策调整,是指公共政策由一种规范形式转化为另一种规范的过程。在政策实践中,有一些政策被实践证明是正确的、并具有长期生命力的政策,为了更好地发挥其规范、引导、约束的作用,将其由政策规范转化为法律规范的现象,即公共政策的法律化。

(三)政策调整程序

1. 获取反馈信息

即掌握由政策监控机构和评价机构获得的关于政策系统运行尤其是政策执行结果方面的信息和结论、建议,并对其进行整理、分析,以决定是否有政策调整的必要与可能。

2. 提出调整方案

提出政策调整方案是政策调整的基础环节。政策调整方案是对原政策的修改原则、内容、方法和步骤所作出的设计。政策调整方案的优劣,直接关系到政策调整的成功与否。在实践中应把握反馈原则、客观性原则、适度原则、动态原则和整体原则。

3. 选择调整方案

对所提出的各种政策调整方案进行评价、比较、综合、选优,最终确定政策调整方案。在实践中要对政策问题、政策目标和政策方案等进行认真的分析研究,以确定需要补充什么、修正什么或完善哪些方面。

4. 实施调整

根据调整方案对所要调整的公共政策进行实际的修正、调整、补充和完善工作,并将新的政策方案付诸实践,开始新一轮的政策监控及评价过程。

二、政策终结

(一)政策终结的概念与特征

政策终结是与政策评价相联系的一种政策现象,是人们在政策评价的基础上,主动进行的终止原有政策,以提高政策绩效的过程。一般来说,政策终结是政策制定者通过对政策或项目进行慎重的评价后,采取必要的方法与措施,以中止那些过时的、多余的、不必要的、无效的及有重大缺陷的政策或项目的一种政策行为。

政策终结有三方面特征:一是强制性。一项政策的终结会损害一些相关的政策对象的利益,会遇到强烈的反抗,因此,往往要靠强制力来开展。二是更替性。政策终结意味着新旧政策的更替,是政策连续性的特殊表现。三是灵活性。政策终结是一个复杂而又困难的工作,必须采取审慎而又灵活的态度,处理好各种动因和关系。

(二)政策终结的原因与方式

有三种情况导致政策终结:

(1)政策生命的结束。政策已经解决了政策问题,达致政策目标,完成使命。

(2)失误政策的废止。终止无效或失效的政策,制定出新的政策来代替它。

(3)稳定的长效政策转化为法律,有时又被称为"有效终结"。

针对政策终结内容的不同,具体地可以将政策终结的方式划分为以下四种:

(1)政策替代。新政策代替旧政策,但所解决的政策问题不变,政策目标不变。

(2)政策合并。旧政策虽然被废止了,但政策要实现的功能并没有取消,而是将其合并到其他政策中去了。

(3)政策分解。将旧政策的内容按照一定的原则分解成几个部分,每个部分各自形成一项新政策。

(4)政策缩减。通过逐渐减少对政策的投入,缩小政策实施范围,放松对政策执行的控制等措施,以最终完全终止政策。

(三)政策终结的作用

1. 政策终结有利于节省政策资源,提高政策绩效

政策运行过程要耗费政策资源,而政策资源本身是有限的。根据公共政策相关变量的新变化与新情况作出的政策终结决定,可以对现有政策资源进行重新配置,从而节省有限的政策资源,提高政策资源的利用效率,提高政策系统的总体绩效。

2. 政策终结可以避免政策僵化

政策僵化是指一项长期存在的政策,在政策问题和政策环境发展变化的条件下,继续执行该政策,不仅不能解决问题,反而成为解决问题的阻力与障碍。政策僵化只会遏制人们的积极性和创造性的发挥,延误解决问题的时机,陷入极为被动的困境。政策问题与政策环境复杂而多变,公共政策必须作出及时准确的反应,作出相应终止。

3. 政策终结可以促进政策优化发展

政策终结是淘汰和终止原由的陈旧、过时、失效的政策,以避免政策僵化,或优化政策方案,或促进新政策的产生,是政策跟随环境变化而发展的决定性环节。旧的政策不终结,新的政策很难产生,即使出台新的政策,也会由于新旧磨擦而导致政策执行的混乱。

三、政策周期

(一)政策周期的内涵

公共政策本身是一个运动、发展的过程,旧的政策渐趋终结,新的政策不断产生,形成政策的周期性循环现象。一般来说,政策周期是指政策经过制定—执行—监控—评价—调整或终结(新的政策制定)几个阶段后形成的一个周期;同时它还表明,新的政策往往不是凭空产生的,常常是原有政策的延续,是为适应新情况而对原政策加以修改调整,从而形成政策的一个新周期,实现新老政策的交替循环。

一个完整的政策周期一般都包括政策制定、政策执行、政策监控、政策评价和政策终结五个阶段。政策制定是核心;政策执行是关键;政策监控是保障;政策评价是检验;政策终结是发展。

(二)研究政策周期的意义

政策周期的研究既有理论意义又有实践意义。

首先,政策周期是政策科学研究的重要内容。研究政策周期问题,有助于建立和把握完整的政策科学的理论体系。

其次,政策周期研究有助于提高政策制定的科学性。通过政策周期阶段化的研究可以优化政策制定系统,促进政策决策的科学化,减少政策制定中的失误,确保公共政策发挥应有的作用,更好地达致既定政策目标。

再次,对政策周期进行研究有助于保持新旧政策的连续性和稳定性。政策制定者可以了解政策是否实现了预期的目标,政策执行是否产生了偏差,以及随着条件的变化,是否需要进行追踪决策;是否坚持原政策;是否需要修改原政策,或是终止原政策制定新政策。同时,可以根据原政策成功或失败的经验教训,使建立在原政策基础上的新政策在新一轮的周期中扬长避短,提高政策的绩效。

第八章　政策价值观与价值分析

公共政策本质上是一种价值选择,一切公共政策都是为了寻求价值、选择价值、确认价值、创造价值、实现价值和分配价值。所谓"价值中立"的公共政策是不存在的。对公共政策的价值取向、公正性、合法性、回应性进行评价分析是公共政策分析的基石。

第一节　政策价值观

一、价值与价值观

(一)价值

何谓价值?价值有不同意义上的解释。在日常生活中,价值是指某事物对人的有用性。从学理角度看,它最早是在经济学上使用的,指商品的使用价值和交换价值,使用价值指商品的效用,而交换价值则指生产商品的社会必要劳动时间。通过哲学抽象,价值被定义为客观事物与主体需要的关系范畴,指客观事物及其属性对主体需要的一种肯定的意义,或指外在事物能够满足主体人需要的一种属性,这种属性要通过主体人的评价而获得。正如马克思所定义的,"'价值'这个普遍概念是从人们对待他们需要的外界物的关系中产生的","人类为满足他的需要的资料的外界物进行估价,赋予它们以价值或使他们具有'价值'属性"。[①] 简言之,外在事物(物质的、精神的、自然的、社会的)当其能满足人(个人、集团、社会)的需要,有助于人的利益,我们便称其为有价值,无利则为无价值,有害则为负价值。

价值作为一个普遍的概念,包含着丰富的内容,学者们力求对价值进行分类,提出各种各样的价值类型学。其中,罗奇(M·Rokeach)在《人类价值的本质》中提出基本价值类型学,将价值分为:终极价值,即对"良好的终极状态"的信念,包括舒适的生活、成就感、和平的世界、平等、安全、自由、幸福、和谐、自

---

① 《马克思恩格斯全集》19卷,第406、409页,人民出版社,1972。

尊等18项;机械价值,即对"良好的行为模式的信念",包括雄心、有能力、思路开阔、勇气、诚实、自立、理智、富有爱心、负责、自律、礼貌等18项。① 雷歇(Rescher)的综合价值类型学则以七种主要原则及纬度进行分类。这七种原则纬度是:扶持者,如个人价值和团体价值等;对象,如环境价值、社会价值等;惠益,如经济价值、情感价值等;目的,如交换价值、威慑价值等;扶持者—受益者关系,如以自我为主的价值,以他人为主的价值;价值间的关系,如机械价值和终极价值;时间的接近,如目前价值和长远价值等。②

毫无疑问,公共政策是有价值的,它本身就是对"全社会价值作权威性分配"。重要的是,政策对于公共利益而言有着不同的价值效果,可能是有价值,可能是无价值,也可能是负价值;而对于同一政策,在不同的主体那里有着不同的评判。所以进行公共政策分析不能不将价值分析作为首要的分析内容。

(二) 价值观

公共政策的价值分析要以分析者的价值观为指导。人们对不同的事物有不同的价值评判,但对于同一主体,他们在作价值评判时总有一种相对稳定的思维定势,这种思维定势就是价值观。换言之,价值观是一定主体所形成的不依具体情境变化而改变的相对稳定地对事物价值的基本看法,它表现为对外在事物价值评判的稳定标准。价值观与评价主体的历史观、人生观密切相关,是历史观、人生观在价值评判上的体现。价值观和行为规范是互为表里的。价值观是行为规范的核心,行为规范则是价值观的外在表现。价值观通过行为规范向人们的行为举止提供具体指向,提供好与坏、对与错、有用和无用、可行和不可行的行为标准。

价值观作为观念形态,是社会存在至于人们意识的一种反应。社会环境、文化传统、教育熏陶、人生经历决定着人们价值观的形成。公共政策对于人来说本身就是一种社会存在,政策的导向和制约功能在人们的价值观形成过程中起着不可忽视的作用。而价值观一旦形成,就会作为标准反过来改变人们的信念、指导人们的行为选择、决定人们的生活态度。毫无疑问,政策主体的价值观会影响以至决定着他们的政策选择对某一政策的态度、对政策的评价。

价值观的独立性和稳定性是相对的,任何社会的价值观都是历史的价值观,都必然随着社会发展而发展,社会经济的增长、社会经济关系的改变以及社会经济制度和体制的变革都会引起价值观念的转变。某种价值观在特定的历史阶段是合理的,但在进一步的历史发展中却可能成为一种习惯势力或惰性力量,从而影响社会的稳定和阻碍社会的发展。中国正处于改革开放、社会

---

① M·Rokeach,The Nature of Human Values. Free Press,New York,1973.
② 参见张金马:《公共政策分析:概念、过程、方法》,第97~98页,人民出版社,2004。

转型时期,我们已从过去那种抽象的整体主体意识转化为现实的多元主体意识,从过去的大公无私观念转向今天对个人利益的尊重等,这些观念上的转变都使价值观表现出一种多元化的趋势,并且不同的价值观之间的冲突也越来越明显。价值观多元化及其冲突是一种社会意识现象,它集中体现着一定群体的利益和要求,在市场经济这一大的背景下,社会上充斥着各种各样的价值追求,如果不对这些观念进行有效的引导,必然会造成社会意识的混乱,从而导致社会的不稳定甚至分裂。所以,我国公共政策的意义之一就在于,通过有效的一以贯之的公共政策运行来培育、引导、推动、固化代表社会正确发展方向的主流价值观,从而使不同的价值观念得以有效地协调,促进社会和谐发展。

二、政策价值观

(一)政策价值观的内涵

政策价值观是指公共政策的价值取向模式、公共政策价值评价标准、政策参与者对公共政策的基本态度。E·R·克鲁斯克等主编的《公共政策词典》将政策价值观定义为:"政策制定者以及其他涉及决策过程的人共有的偏好、个人愿望和目标;价值观可能包括一个人的政治信条、个人偏好、组织目标以及政策取向;价值观关心的是一个人认为是诚信和美好的东西。"[1]

公共政策价值观也可以从不同的学科来确定含义。经济学、公共选择学和政治经济学一直把公共政策价值观定义为优先权益;政治学和社会学则认为公共政策价值观是维护社会秩序的主要规范;心理学和社会心理学则常常把公共政策价值观解释为个人或团体进行深入推理的能力;决策学把公共政策价值观看作修证主观预期效用的能力、使各种主观选择达到更大一致性的能力、将各种判断具体化,纳入决策者辩论中的能力。

(二)政策价值观的构成

公共政策价值观的构成也可以从不同的侧面加以分析。

从价值主体层次分析,可分为政策主体个人价值观和政策主体群体的社会价值观。个人价值观是指参与政策运行的个人的价值偏好和价值标准,社会价值观是指参与政策运行的组织的集体的价值偏好和价值标准。其实这两个层次是相互交融的。它们都来源于各自的利益诉求;组织由个人构成,个人的价值观会影响甚至代表代替组织的集体价值观,尤其是在组织中具有巨大权威的个人;反过来,组织的价值观也制约着个人的价值选择和价值评价,尤其在具有强势文化的组织中,在具有从众心理的个人价值选择中。

---

[1] E.R.克鲁斯克等主编:《公共政策词典》,第502页,上海远东出版社,1992。

从政策价值观的理论研究层次分析,可分为描述性的政策价值观理论、规范性的政策价值观理论和元政策价值观理论。描述性政策价值观主要是对政策运行中的价值选择与价值评价要素加以分类描述,比如罗奇的基本价值类型描述、雷歇的综合价值类型描述、科尔伯格的发展价值描述等。规范性价值理论偏重于对政策价值选择和评价标准进行提炼归纳,有义务论标准、目的论标准、价值论标准、实用论标准。元政策价值理论也称为超伦理观理论,它从本原上研究各种政策价值评价标准的最初依据,即对标准的标准进行研究。元政策价值理论研究有两大派:认知论与不可认知论。认知论分为自然主义认知论和非自然主义认知论;不可认知论则分为感情主义不可认知论、惯例的不可认知论和推荐的不可认知论等。[①]

从构成要素分析,政策价值观有两大层面:政策层面和心理层面。政治层面包括:政策理论、政策理想和意识形态。心理层面包括政策认知、政策感情、政策态度。政治的和心理的各因素之间相互渗透和转化,共同影响并作用于政策过程。

1. 政策理论

政策理论就是对国家政策系统和政策过程的基本看法和意向,它直接反映了社会经济运行和生产方式的状况,直接体现了社会阶级关系以及不同阶级的地位和利益。社会各阶级都有着自己的一系列的基本看法和意向,并通过本阶级的政治思想家们形成的理论化、系统化的政治思想体系,来指导本阶级的政策实践活动,直接影响政策主体的政策过程。

2. 政策理想

政策理想是对政策体系和政策过程的期望和对未来发展的设计,是社会的定向因素和精神支柱,从而规定了政策动机、政策目标、政策方向和指导原则。政策理想在政治社会化的作用下往往转化为一些坚定不移的政治信念,政治信念是政策价值观中最重要的方面,它在相当的程度上决定人们的政策行为。

3. 意识形态

意识形态是一定的阶级、政党及利益集团对政治现实、政治关系、政治发展的认知理解,是理论化系统化的政治思想体系,它是政策主体政策行为的出发点和归宿。而意识形态总是以某种价值体系为其核心组成部分的。正是意识形态的核心价值体系指导着一个阶级、政党、国家的政策实践,规范着公共决策体制的设计和运行。

---

① 参见张金马:《公共政策分析:概念、过程、方法》,第97~102页,人民出版社,2004。

4. 政策认知

政策认知就是人们对政策系统、政策规范和政策过程的看法和观念,这种认识贯穿在政策制定、执行、控制、评估和终结等各个环节。它是政策主体及参与者对政策体制政策规范和政策过程进行机制评价的基础。

5. 政策感情

政策感情指人们对政策系统、政策规范和政策过程的各种不同的感情倾向。政策系统的每一个环节的活动和每一层次的关系,都可能激发人们一定的感情倾向,如爱或憎、信或疑、认同或逆反、热切或冷漠的感情。这些感情倾向虽然往往是感性的,但对人们的价值取向和价值行为的选择有着很大的影响。

6. 政策态度

政策态度即人们在政策过程中所表现出来的精神状态和反应倾向。如参与政策过程的积极或消极的态度、对国家政治决策的服从或反抗的态度等。政策态度倾向对人们的价值行为的影响和支配作用是相当显著的,因此,分析政策态度,就成为分析政策过程的重要方面。

(三)政策价值观的特征

1. 政策价值观具有主体矛盾性

政策运行过程有众多主体参与,既包括执政党、政府、人大、参政党等官方主体,也包括公众、社会团体、新闻媒体等非官方主体;其中有个人层次、群体层次、组织层次。各类各层次主体的政策价值观由于各自的利益、立场、观点的不一,甚至个人经历性格的区别,必然是矛盾的,其间既有相统一的一面,可能更多的是相互差异、对立、以至冲突。公共政策的制定者、执行者、监控者、评估者就是要从分析这些价值观的差异、对立以至冲突入手,以公共利益为价值导向,通过政策的运行,最终从对立中追求统一。

2. 政策价值观具有动态变化性

在政策运行过程中,由于内外部环境生态的压力、执政党的路线选择、领导人的个人决断等因素的综合作用,不同历史时期会有不同的政策取向。受其制约,会出现不同的政策价值选择,比如,在新中国建立以后的三十多年中,所有的公共政策都受以政治挂帅和阶级斗争为主导的政策价值观的支配。在实施改革、开放以后,整个社会以经济建设为中心,因此,经济发展就成为各级党组织和政府的政策价值导向。这种政策价值观的变化还表现在同一时期中不同阶段上的政策价值的转环上,比如在 20 世纪 90 年代初至 21 世纪初,由于过分重视经济增长和效率优先,经济增长速度成为这一阶段上几乎所有政策的价值导向,评价各级政府政绩的好坏主要以 GDP 的增长速度的高低为衡量标准,而从 2003 年开始,执政党提出了以人为本的科学发展观,整个政策价值取向就转向了全面、协调、持续、和谐发展上来。

3. 公共政策价值观具有多样复杂性

在一定的时期中,社会的发展会要求政策主体同时坚持一些是相互矛盾的政策价值取向,这一点在社会的变革、转型时期表现得尤其明显,比如,中国社会在经过20世纪90年代到21世纪初的高速增长以后,就遇到经济社会发展中诸多两难问题的大挑战:既要GDP快速增长,又要保持社会协调发展;既要保持东部发展势头,又要推动中部崛起和西部发展;既要提高效率、增强活力,又要注重公平追求和谐;既要深化改革,又要保持社会稳定。政策主体必须依据实际情况,对多重的政策价值加以谨慎的协调,必须坚持合理的兼顾,而不能从一个极端跳到另一个极端。

4. 公共政策价值观具有不同的层次性

在存在多元公共政策价值的情况下,必须对多个政策价值取向作层次上的处理。一般地说,在同一时期、同一政策周期中,在不同的活动层面上,社会利益协调的指向是不同的,比如,在制定和实施医疗保障和教育政策时,在最浅表的行动层面上,人们都赞同效率的标准。我们都希望医院在管理中要尽量有效率,也希望学校在办学时要讲究效率,但是,如果只有这一层面的政策价值,医院和学校很可能为了追求效率而降低对社会的服务质量,或者以拒绝一些服务来节省开支,甚至不择手段、巧立名目多收费、乱收费。因此,对于医院和学校必须确立更深层面的政策价值,比如,必须强调医疗保障和享受教育权利上的公正。但是,公正、公平还不是最终的政策价值依据,无论是医疗保障,还是推行义务教育,其根本的政策价值取向是人本民先。正因为执政党和政府确立了人本民先的价值,才会有公正的价值,也才能确立有效的政策价值。我们可以将最深层的、最根本的政策价值观称为核心政策价值观,它是一切政策的根本出发点。处在最外表层面的是表层政策价值观,它是具体的政策价值取向。处于深层于表层之间的是中层政策价值观,它各类政策的价值分析标准。

三、政策价值观在公共政策中的地位和功能

政策价值观规定了政策体制权力设置的总框架、权责分配的总原则、政策制定的总目标、政策执行的总依据、政策评价的总标准。

首先,政策价值观是决策体制形成和运作的指导,规定着决策体制的性质。政策体制设计并非根据某种纯客观规律。政策体制的设计要有利于统治阶级和统治集团的政治统治的维护,要促进国家、政府、执政党的政治理想和政治目标的实现,要以体制设计者的政治理论和政治信念为导向,也要受到政策主体和政策客体的政策认知、政策感情、政策态度的影响。在政策体制的权

责分配中,谁是政策主体、谁是政策客体,谁是政策制定者、谁是执行者,谁负责监控、谁负责评价等,无一不受到政策价值观的制约。然而,政策体制的运行目标、原则、方式,同样必须以一定的政策价值观为依据来确定。

其次,政策价值观贯穿于政策运行过程,制约着政策运行的质量和效能。政策运行过程包括政策议程、政策规划、政策执行、政策监控和评价、政策终结诸环节。政策议程就是将社会问题转换成政策问题,什么样的社会问题能经过政策议程成为政策问题,是由政策制定者选择的。这种选择既取决于政策主体掌握的信息、经验、知识,更取决于政策主体的政策价值标准。具体政策目标是政策制定者对某政策实施结果的期望,它的确定总有一个提倡什么、赞同什么、肯定什么、否定什么的价值判断问题。政策方案的论证和抉择是用特定的政策评估标准和价值尺度对政策方案进行价值分析和判断的过程。政策能否得到有效的执行,取决于政策本身、政策执行者和政策指向的目标团体和个人。对于政策执行者来说,他们在执行政策之前总要对某项政策进行价值判断,如果认为政策符合自身利益,就会赞成政策,积极主动地实施政策;否则必然会消极抵制、阳奉阴违。对于政策对象的目标团体和个人而言,当人们认为某项政策符合自己的价值标准时,则对政策主体和政策本身具有认同感,就会赞成和接受政策的约束,支持和维护现行决策体制;反之则会采取某种不利于决策体制运行或某项政策贯彻实施的行为。至于政策效果的评价,在评价者的心目中,价值评价总是首位的。

政策价值观对于公共政策的功能,是通过制约政策运行参与者(包括政策主体和政策目标团体)的价值取向、政策选择和政策评价活动而体现的。

1. 对政策主体的功能

政策主体的政策制定、执行、监控评估行为要受一定的理论、信仰、态度、感情、认知的支配。政策价值观对政策主体的影响主要有以下几个方面:

一是规范功能。政策价值观是约束政策主体自己的思想和行为的规范,是认识政策系统的利益关系从而作出选择性决策的指导性原则。只有当政策主体的行为符合一定的社会价值标准时,政策才能被社会公众所接受,反之公众的反应可能是负面的。规范性功能将政策主体的行为控制在一定的范围内。

二是引导功能。一个社会普遍认同并提倡的某种政策价值观,即可引导政策主体的价值取向和价值判断标准,并以这些判断的结果来制定政策、执行政策和评估政策。一定的政策价值观昭示着特定的政策行为,无论是决策者自己的意识,还是公众的取向,在他们采取任何行动之前就已经具有某种确定的方向。

三是调节功能。政策价值观对政策主体个人的行为具有调节作用,当个人的行为不符合他所隶属的政策系统所应有的价值取向时,系统的共同取向将实际地产生对个人的压力,要求适当地调整其行为,使各种主观选择达到更大的一致性。政策价值观对政策主体行为的调整作用使政策过程与政策价值观保持理性,而不致相互矛盾、尖锐冲突。只不过其行为有时是依据公众的政策价值观的改变,有时是由于自身政策价值观的改变。

2. 对目标团体的影响

政策目标团体对政策与政策系统的态度、感情、认知等要素,影响其对政策系统和过程的要求,决定了他们执行政策的能力和程度。政策价值观对目标团体的政策行为的影响表现为引导和支配作用,包括三个方面的内容:

第一,对政策态度的影响。任何一种政策价值模式都会要求社会成员依据一些完整的、相互联系的信念建立一定的相对固定的政策态度,而人们的政策态度又会决定人们对政策作出反应的方式,例如积极参与、消极服从、不闻不问、信任或怀疑等。

第二,对政策情感的影响。一定的价值观包含着某种情感的取向,也就是阿尔蒙德所说的那种"系统感情"。正是这类感情的存在,才使系统成员在任何时候都能在行动上自觉地维护系统存在的各个方面。这种感情往往是着意培养出来的,而不是随意滋生的。这种感情是政治系统为了获得成员的维护和支持所要求的,因为这种感情决定成员的行动取向,成员对系统的感情依恋程度决定着他们对系统支持的程度。

第三,对政策认知的影响。一般社会成员的政策认知受到一定的政策价值观的制约,这种政策价值观制约着认知的性质。总的来说,社会成员的政策价值观必须与社会的存在相吻合,要求认识是正面的、积极的。然而,对同一政策的认识,往往由于社会成员属于不同的社会利益集团,或所受教育和所处环境的不同而表现出显著的差异。认知性质和程度的差异必然影响政策行为的方式和程度。

第二节 公共政策价值分析

一、事实分析与价值分析

任何公共政策分析都必须经历两种分析途径:事实分析和价值分析。

事实分析主要指本着具体情况具体分析的要求,对实际的、具体的、已经发生的相关事实进行客观的、公正的、不带任何偏见的分析和判断,借以发现事物的发展规律和趋势,主要回答"是什么"的问题。"实然"而不是"应然"构成事实分析的基本理念和方法。事实判断强调最大限度地全面准确收集一切与事实相关的资料或数据。事实分析是政策分析的基础,政策主体只有依据事实分析才能掌握客观事实及其规律,进而发现公共问题的实质和结症,从而制定出切实可行的政策。

问题在于,基于客观事物的普遍联系性,"事实"的边界经常是模糊不清的,甚至几乎是没有边际的,尽管人们真诚地力图收集全部的客观事实,但实际收集的却不一定能够反映或完全反映客观事实,或者说,永远只可能是部分的事实。同时,由于主体的多方面局限,人们还可能在事实描述的过程中有意无意地夹杂一些具有一定主观色彩的推理,甚至是想象,这就不能不影响到事实判断的可靠程度;事实判断的客观程度也与观察者的观察方式、专业水准等多种因素有关;更重要的是,公共政策直接关系到人们利益的分配和调整,人们在政策分析时不能不受到分析主体自身利益的影响。总之,事实分析总是不完全的,不可能是纯客观的。我们只能尽可能地接近"事实"。

价值分析是指政策主体根据自己的价值观和价值标准,在事实分析的基础上,分析判断某个问题是否值得制定公共政策加以解决,某个政策目标是否合理、值得为之争取,采取的政策手段能否被接受,政策执行有多大风险,政策效果是否良好。它要回答的问题是:"因为什么?目的意义何在?为了谁?有多大风险?值不值得?"等等。价值分析为政策运行提供方向和动力,只有依据价值分析,我们才能制定或者修正公共政策。不难理解,价值分析是整个政策分析的指导,它指导着人们对事实的分析。

问题在于,价值判断是价值主体依据客观事实作出的主观判断。这种主观判断一方面总是与主体所受的教育和经历直接相关,与主体归属的组织或群体的价值观直接相关,与几乎无所不在的利益关系直接相关。另一方面,这种价值判断深受特定文化传统与社会制度的制约,甚至可以说,政策就是特定制度和文化的体现。而制度和文化一开始就受制于制度设计者和文化创立者的价值目标和价值标准。所以,同样的事实在不同社会、不同的政策主体那里会产生不同的政策导向和不同的政策方案。政策的价值分析和判断比起事实分析和判断来更加难于形成一致性。这是政策分析中更大的困境。

正因为政策分析中事实分析科学性的要求和价值分析的困境,因而在政策科学和产生后的一段相当长时间内的政策分析中,学者们特别强调其"科学性"要求,而忽略价值分析的必要性与重要性,甚至有意将价值分析排除在政策分析之外,主张政策分析的"价值中立"。当时大部分政策分析者(不管来自经济学领域还是来自政治学领域)都坚持实证观点或理性主义观点。在20世纪70年代中后期出版的有影响的政策分析教科书或专著都采取这种态度。例如,斯托基和扎克豪斯在《政策分析入门》(1975)一书中主张,政策分析"应该把重点放在预测的差异上,而不是放在价值的差异上"。安德森的《公共政策制定》(1975)、托马斯·戴伊的《理解公共政策》(1978)和韦达夫斯基的《向权力讲真理:政策分析的艺术和技巧》(1979)都认为,科学的解释和预测是政策分析的合理目标,而政策倡导和其他形式的价值判断、规定和命令则不是。

出现忽视或否认价值分析的倾向有两个方面的原因。一是那时的政策分析者受逻辑实证主义哲学的影响。逻辑实证主义坚持只有能被感觉经验证实或证伪的事实才是科学的真理,而价值判断则属于"形而上学"的主观判断不属于科学的范畴,因而反对将价值分析作为政策分析方法的一个基本组成部分。他们坚持逻辑实证主义的事实与价值分开的观点,认为价值分析势必影响政策分析的科学性,政策分析应把重点放在对事实的分析和对事物发展的预测上,而不应放在主观价值的分析上。政策分析应严格区分事实与价值,政策分析完全是处理"是"的问题,而不是处理"应该"的问题。二是政策科学产生的科学背景。二战以后,政策这一学科的动力和方法技术主要来自于运筹学、系统分析和应用经济学,而这几个学科特别抵制和反对作伦理推论或价值分析。同时,政策分析的多学科的广阔视野扩展了传统的社会、行为和管理科学的边界,从而引出了大量新的不熟悉的研究任务,这也使得政策分析学者不愿把这一学科的边界超出对政策的原因与结果的科学研究或理性分析的范围之外。

其实,"价值中立"在政策分析中,理论是片面的,实践也是行不通的。逻辑实证主义之后的科学哲学尤其是历史主义学派已经证明了这一点。根据"观察渗透理论",价值分析对于科学发现、理论检验、发展和评价、理论选择等都是不可或缺的前提。在政策分析领域,纯粹的"客观的"事实分析或行为研究是不存在的。事实分析本身在许多方面都涉及价值观或价值判断:(1)系统边界条件的界定和分析人员的兴趣问题。系统的确定反映了人们和集体的爱好(价值观),而当问题出现时,其中固有的价值观念又和选择什么样的系统有关。(2)在事实的选择和对事实的观察过程中,行为研究或事实分析就表明了它的价值观,因为每一种这样的选择,都意味着对许多其他选择的直接或间接的拒绝。(3)在对自身的目标进行行为研究时,价值观与这种研究的整个前提关系极大;在人类组织系统中和进行分析的人当中,倾向于用他们的整套价值观来确认事实的性质。

有鉴于此,在以德罗尔为代表的政策科学发展的第二个"里程碑"里,价值观和价值分析成为政策科学的重要内容及政策分析的重要方法。德罗尔认为,政策科学很难"价值中立",相反它试图通过探索价值内涵、价值一致性、价值成本和价值承诺的行为基础而对价值选择作出贡献。德罗尔力图突破当代科学与伦理学、价值哲学的严格界限,建立一种可操作性的价值理论,作为政策科学的一部分。20世纪70年代末80年代初以来,公共政策的价值分析受到人们的日益重视,公共政策伦理学以及公共管理伦理学(行政伦理学)逐步成为政策分析和公共行政学的一个相对独立的研究领域,涌现出大量的关于这一领域的著作。当然由于价值分析的困境,这些成果显得杂乱无章,没有形成政策分析领域统一的公认的理论和方法。

二、政策价值分析标准

价值分析的首要问题是确定价值标准,由此才能依据标准分析判断政策及政策行为的正确、正当、有益和公正。

(一)价值分析的一般标准

1. 义务论标准

断言某些政策行为之所以是正确的,是因为在本质上符合某一传统原则。义务论标准又可分为实质性义务和形式性义务两类。实质性义务论标准是指正确行为的判断标准是行为本身可自我确认的,如诚实、负责、公正等,无需进一步证实。形式性义务论标准则主张,正确行为的判断标准存在于不证自明的规则或原则的必然逻辑关系中,它用推理原则及归纳逻辑来证明价值的正确性。比如,政府的遵守诺言、对公众的责任与法律程序的公正及政权的正当性是密切相关的。

2. 目的论标准

认为某些行为之所以正确,是因为它们导致了好的或有价值的结果,即根据行为后果的效益来评价行为。功利主义就是一种主要的目的论标准。传统功利主义认为,正确的政策行为是那些增进普遍利益的行为。新功利主义者认为正确的政策行为是基于最大限度地增加社会净收益的准则。目的论与义务论最显著的区别,如登哈特所说,目的论"旨在把行为的结果作为判断行为对错的决定性因素",而义务论则"旨在制定引导伦理行为的普遍规则和为制定政策提供合理的理由"。[①] 当然,目的论和义务论的界限也并非我们所想象的那样"泾渭分明"。正如拉尔裴·钱德勒(Ralph Chandler)和杰拉德·庞斯(Gerald Pops)所指出的:在讨论义务论的时候不可能不讨论伦理这块硬币的另一面。义务论和目的论是一种相互的妥协,在实践中,我们通常将两者结合起来。

3. 本质论标准

根据政策行为内在的良好或内在价值来评价政策行为。本质论把注意力集中在感受快乐、运用能力、完成自我实现或审美的内在价值上。本质论普遍

---

① 转引自陈振明:《公共政策分析》,第508页,中国人民大学出版社,2003。

认为,一种价值是人类在政治、法律、经济、科学、艺术、宗教、道德和习俗领域中进行评价时所感兴趣的任何东西。比如科学技术创新、创造良好的宏观经济环境、追求四位一体的协调发展等。本质论的前提也构成了有关政策分析方法论的基础:追求目标所得到的满足至少与实现目标所得到的满足相等。本质论属于一种混合的或综合的类型,它没有提出正式的或实质的具体义务准绳,所以不是义务论的;它没有提出具体的功利主义的准绳,所以也不是目的论的。

4. 品德论标准

它也被称作道德伦理理论。行动中蕴涵的道德是由行动实施者的个性特点所决定的。品德论者认为:"人,而不是行为,是价值评估的目标。"例如,我们认为,纵容盗窃是错误的,因为这是对他人财产和人身的自私的蔑视。他们同意向穷人捐赠大量钱财,是因为这一举动表明了一种"仁慈的本性"。

(二)现代政策价值分析的基本标准

1. 政治公正标准

现代民主政治的几乎一切基本原则直接构成了现代公共政策政治公正价值标准的基础。例如,选举权一律的原则、法律面前一律平等的原则、机会均等的原则等。在这些原则的基础上,公共政策过程中的政治公正标准主要集中在两点上:

第一,公民及公民团体之于公共政策制定过程的参与权,与此相联系,除法律特别规定保密外,现代公共政策讲求政策制定过程的透明度,讲求公众发表意见的合法途径,讲求新闻监督。只有具备一定的公开性,公民及公民团体才可能了解公共政策是否合法,是否合理,是否符合公众的利益。但在实际上,公众常常被愚弄。例如,1986年美国被揭发的"伊朗门事件",美国公众从一开始就被欺骗。

第二,公共政策必须符合利益普惠的原则。利益普惠主要是指,公共政策由其性质所决定,其目的在于为全体公民谋取利益,而不是为少数人或特殊利益集团谋取利益。据此,每一个受法律保护的公民都有获得公共政策所带来利益的权利。当然,一项公共政策、尤其是方面性的公共政策可能并不能同时满足全体公民的愿望或要求,但只要是公共政策就必须符合某种公众认可且为法律确认的规则。否则,政治公正标准是难以保证的。

2. 经济效益标准

经济效益标准是任何政策都必须严肃考虑的问题。公共政策的特殊性在于支出的每一分钱都是纳税人的钱,从政治权力的来源上说,都是委托人的钱,因此不允许浪费哪怕是一分一厘。但在实际上,不按经济规律办事、浪费国库资金的情况在许多国家屡见不鲜。造成违背经济效益标准的动机或原因是多方面的、复杂的,其中既有可能是动机不纯,譬如,利用公共权力换取金钱,进行"权钱交易",也有可能是政策制定者无知、无能或盲动,例如中国 1958 年"大跃进"中的土法炼钢。这从一个侧面提醒人们,强调和坚持公共政策的基本价值标准在现实公共政策中多么重要,多么需要持续不断地做出努力。一般而论,最佳的投入产出比是经济效益标准的首要判别标准。

3. 社会可行标准

社会可行标准主要是指,一项公共政策在政策宣示后可以较为顺利地加以推行。具体说来,社会可行标准包括两层意思:

第一,既定的政策至少不会遭到社会的普遍的或大部分人的强烈的抵制,最好可以得到社会的较为广泛的认可与支持。这说明本政策有着良好的民众基础。如果不仅不能得社会公众的响应,反而为社会公众所反对,那么该项政策就没有社会可行性,迟早是要改变的。

第二,既定的政策不会造成严重的社会现实问题或历史遗留问题,而是直接造福于国民、造福于社会、造福于人类。例如,允许自由堕胎的政策,一般说来有利于保护妇女权益,并因此可以避免某些不必要的社会问题,因而基本上属于文明和进步的政策。值得注意的是,有些政府政策在一定的阶段或时期在直观上是可行的,但有可能是强权的结果,也有可能是愚昧的结果,而不是理性选择的结果。这种情形通常不属于我们所说的社会可行标准的讨论范畴。

4. 实践检验标准

实践是检验真理的唯一标准,在政策价值分析上同样如此,上述的政治公正性、经济效益性、社会可行性,归根到底都需要政策运行的实践效果来加以检验。不能充分发挥实际效应的公共政策不是高品质的公共政策,产生严重消极影响的公共政策是不好的公共政策。那么,究竟是有效还是无效,有效或无效到什么程度,是积极效果还是消极效果,以及与政策效果直接相关联的理论、知识、经验、超理性感觉、分析模型、分析技术等等政策因素的正确与否,最终都必须在政策实践中才能得到检验。一般而论,实践效果证明符合社会公平或主持社会公正或维护社会公理的政策是好的政策,低投入高产出的政策是好的政策,得到社会普遍支持的政策是好的政策,没有直接或间接社会不良后果的政策是好的政策。当然,在具体的公共政策的评价中,不同的主体可能会由于利益、立场、观点等的不同而产生不同的政策效果评价,但以公共利益、绝大多数公众的立场和辩证唯物主义的观点加以评价才是真正的实践检验。

(三) 政策价值分析的哲学标准

从哲学层面考察,我们可以从人类行为特征角度提出一个综合性的公共政策价值评价标准——合规律性与合目的性统一标准。

依哲学价值论看来,一个客体能满足主体的需要,它就有价值;能够满足主体的特定需要,就有特定的价值。所以,主体的需要就成为客体有无价值、有何价值的衡量尺度。在价值关系中,人是唯一的价值主体,任何价值都是相对于主体人的价值,所以人的需要是价值评价的首要标准。具体到公共政策价值关系中,公共政策价值的主体是社会公众,公共政策及其行为只有满足了其主体——社会公众的一定需要即公共利益,才能够为社会公众所肯定和认同,才能说某项公共政策是有价值的。正如邓小平同志一再强调的,要始终将人民拥护不拥护、赞成不赞成、高兴不高兴、答应不答应作为制定方针政策的出发点和归宿,作为检验政策正确与否的标准。由此可见,主体的需要即公共利益是我们分析评价公共政策价值首要标准。主体需要是通过主体的行为目的动机表现出来的,所以这一标准也称为合目的性标准。但是公共政策价值主体的需要有性质上的合理与非合理之分,也有层次上的高低与时间上的长短之别,社会公众的主体需要不一定就是真正的公共利益所在,这可以从以下两个方面加以说明:

首先,从公共政策价值主体需要的性质上来看,并不是每一个需要都是合理的。理论和实践都已表明:主体往往会超越现实的条件提出不合理的要求,所谓"急于求成"、"异想天开"等词语在某种程度上、在某些层面反映的就是主体的超越现实需要的心态。很显然,主体的这种不合理的需要并不能作为公共政策价值评价的标准。只有主体的需要既不超越现实条件、又能够有利于主体的生存和发展时,这一需要才是合理的,才能够作为公共政策价值评价的尺度和标准。

其次,从公共政策价值主体需要的层次上看,公共政策价值的主体社会公众是一个抽象的集合性的概念,它又可以划分为个体主体、群体主体和社会主体三个层次。不同层次的主体由于受自身的生活阅历、知识结构、实践经验和利益取向等方面的制约和影响,必然有着不同甚至完全对立的需要。所以,如何处理好个体主体需要、群体主体需要和社会主体需要三者之间的关系就显得尤其重要。但必须坚持的是,在公共政策价值主体中,只有社会主体地位才是最为根本的,社会主体的需要才是公共利益的实质。

再次,社会公众的需要和利益还有时间上的纬度,即眼前需要利益与长远需要利益。人们以主体需要对政策价值评价时往往从当前眼下的需要出发,忽视政策运行的长远效果。政策执行似乎达到预期的效果,但随后的长远结果却违背了人们的利益,甚至破坏原来的政策初衷。所谓"急功近利"、"得不偿失"、"吃光祖宗饭,断了子孙粮"就是这种状况。正如恩格斯所告诫的:"不要过分陶醉于对自然的胜利。对于每一次这样的胜利,自然界都会对我们进行报复,每一次胜利起初确实取得了我们预期的结构,但往后和再往后却发生了完全不同的出乎意料的影响。"因此我们对政策进行价值评价时,不能仅以眼前的需要和利益作为唯一的评价尺度,相反,要将长远利益与暂时利益结合起来,服从长远利益,必要时可能需要牺牲眼前利益。

虽然政策该不该制定、政策目标正确与否、政策效果有无价值,要以政策主体的需要和利益为判定标准,但政策对于主体的利益有无风险、政策价值能否实现却并不取决于主体的利益和意志。如果仅仅以合目的性作为政策评价的唯一标准,必然导致"一厢情愿"的境地。

显然,政策价值评判还必须有合客观现实规律性的外在尺度。"价值评价作为主体对象性实践活动的一个重要内容,在评价过程中还应坚持以客体自身的本质和规律作为评判客体属性是否有价值的这个重要尺度。"①

具体到公共政策价值评价领域,公共政策运行有它自身的规律性,这是我们在对公共政策价值进行评价时所应把握的另一尺度和标准。坚持这一标准,有利于公共政策价值主体在进行公共政策价值评价中保持必要的理性。比如在不同的历史发展阶段都存在着社会公众对国家的过高的期望,指望国家能在短时期内迅速改变整个社会的面,带来社会生产力的大发展和生活水平的迅速提高,这就往往忽视了经济发展的客观规律,超越了社会发展的历史阶段而产生不现实的公共政策价值期望(expectation)。公共行政价值客体运行的规律性即国情、省情、市情及历史文化传统、社会政治环境等。它们对公共行政价值主体的需要和目的及其实现,对政策的制定执行都起着重大的制约作用。

公共政策价值评价正是公共政策主体在对公共政策客体的属性、本质和运行规律的全面深刻认识的基础上,以自身的合理需要为目的和前提,对公共政策价值主体和公共政策价值客体因互动而形成的公共政策的价值关系进行评判的。

综上所述,在对公共政策价值进行评价时,只有既符合以公共政策价值主体的合理需要为目的的内在尺度,又符合公共政策价值客体的规律性外在尺度,才能科学地揭示和评价公共政策价值。

三、政策价值分析的原则

公共政策的价值分析与评价,不同的政策、不同的运行环节、不同的分析者有不同的原则。但作为公共政策的社会评价的基本原则应该是统一的。国内学者基本上都坚持以下政策价值分析的基本原则。②

---

① 王玉樑:《价值哲学新探》,第300页,陕西人民教育出版社,1993。
② 参见陈庆云:《公共政策分析》,第244~245页,北京大学出版社,2006。

(一)合规律与合目的性的统一

如前所述,通常人们都会以自身需求利益为标准去进行政策价值分析,以千方百计地实现自身目的,个人是这样,组织是这样,国家也是这样。但困难在于这一目的追求和利益期望是否具有现实可行性,需要人们在政策价值分析中将主体需求的尺度与客观现实的尺度相结合,即合目的性与合规律性的统一。

(二)社会选择与个人选择的统一

作为公共管理的工具,公共政策要具有保障社会稳定和发展的功能。协调不同人、阶层和阶级的需要与利益,协调社会需要与个人需要的关系。而社会需要或价值,个体需要或价值,不同人的需要和价值,不同阶层阶级的需要和价值,均会处于矛盾以至冲突之中。只讲个人选择、团体选择,不讲社会选择,或者只谈社会选择,忽视个人选择和团体选择,都有其片面性。

(三)兼顾与急需的统一

任何选择都不是无重点的。对于那些多数人温饱尚无解决的贫困地区,当地政府的政策价值取向首先是脱贫;而对那些温饱早已解决的地区,其政策价值取向就是大步奔小康。急需解决什么,与兼顾解决什么是不同的,但突出重点与兼顾一般必须统一起来。

(四)择优与代价的统一

价值的选择总是要付出代价的,只要有选择,就要择优。政府在政策制定中,把握代价与择优的度是困难的。三峡工程上马,有反对者,也有拥护者,各自都从不同的价值标准进行选择分析。国家之所以对三峡工程一再论证,就是分析择优与代价结合的度,看付出的代价值得不值得,在付出代价的条件下如何少付代价多获益。需要指出的是,同类价值往往容易权衡,但在不同类的价值中权衡择优与代价的统一则很不容易。

总之,政策价值分析,对于发挥政策的导向和调控功能,对于正确评价政策效果,都是绝对不可少的。价值分析,不仅能帮助人们树立正确的价值观,端正制定政策的思想,有效地解决政策中的价值冲突,而且有助于政策运行过程的调节,使政策能被其对象所认同。

第三节 政策价值分析的过程和方法

一、政策价值分析的过程

政策价值分析过程,根据国内学者张国庆的观点,可以分为相互衔接又相互渗透的几个环节：价值考量、价值确认、价值认同与价值表达。①

按照一定标准来廓清和考量价值是政策价值分析的第一步，即判断、理解价值的过程，接下来的才是一个确认价值的过程。确认价值的目的在于肯定那些与特定的政策问题直接相关并对政策造成重要影响的价值。在价值考量与确认的过程中，必须涉及的问题是价值之间的对抗与互补。

价值间的对抗与互补往往是"谁的价值"、"对谁有用的价值"之间的对抗与互补。

由于公共政策是对价值包括资源和权力进行的权威性分配，所以，对抗与冲突是其基本表现形式。与此同时，在价值分配的过程中，要达成集体行动，价值组合也必不可少。价值对抗与价值组合贯穿于整个公共政策的制定过程中。

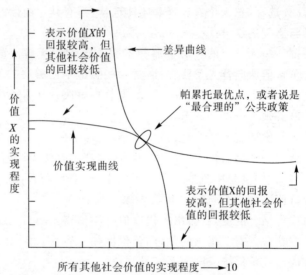

图 8—1　帕累托最优和公共选择

注：该图表明某一假设的社会价值 X 与所有其他社会价值实现程度的关系。

资料来源：[美]尼古拉斯·亨利著，项龙译：《公共行政与公共事务》（第七版），第 302 页，华夏出版社，2002。

价值对抗是指一种价值竞争，它表现为对特定的公共政策，相关主体表现出价值理念对立的现象或对立的潜在可能。价值互补则由于特定的公共政策，相关主体表现出价值理念趋同的现象或趋同的潜在可能。价值对抗可以通过不同价值间的冲突与竞争，显现出共同的属性，达成对共有价值的认同。价值互补可以形成有效的价值组合，在公共政策的制定中避免价值争论，降低

---

① 参见张国庆：《公共政策分析》，第 326 页，复旦大学出版社，2004。

成本。一个好的政策是最大可能避免价值对抗并促成价值互补的政策。如图8-1所示,在帕累托最优点达成的政策是符合这一要求的"最合理的"公共政策。

——无差异曲线表示不同价值的组合能给社会带来某一水平上完全等同的满足程度。

——价值实现曲线表示政府在资源有限的情况下可能鼓励的最优价值组合。

——价值 X 的最优实现曲线和所有其他社会价值的最优实现曲线相交的一点即帕累托最优。

麦克雷在《社会科学的社会功能》(1976)这一著作中详述了一种"对演式"价值分析的方法,以辨明价值间的对抗和互补关系。这种方法的一个中心概念是"价值假说"概念,这些假说就是政策行为的正确、良好或价值的规范假设体系。他提出了关于研究相互对立的价值假说的三个原则:

第一,详述价值假设。由两个以上倡议者提出的伦理假说体系应预先书面详述。"这种详述是为了维护'明晰'的准则,可能包括按不同于其他常用方式表明的定义,对文中突出的原理所作的论述以及逻辑或数学符号"。

第二,应用通用的评定标准。相互对立的伦理假说体系的建议者应采用通用标准评定规范争论。通用的评定标准包括普遍性(应用的范围)、内部一致性(一个伦理假说体系内部没有矛盾)、外部一致性(一个伦理假说体系同其他对于正当道德行为的信念之间没有矛盾)。"预料一个按此规定的内部一致伦理体系不会同它的倡议者们的全部具体的道德信念相一致;上述程序的目的是检验体系是否必须修改,或具体的信念是否必须排除以作为进一步辩论的基础"。

第三,评定情节的恰当程度。相互对立的伦理假说体系的倡议者应提出各种旨在从对立的论点中引出矛盾的"冲突情节"。"继每次这种摆出冲突情节的机会之后,处于鉴定中的伦理体系的倡议者须决定他是否希望改变其伦理体系或作出其体系所规定的抉择"。[①]

无论是价值对抗还是价值互补,都是以多元价值的存在为前提的。多元价值表明"价值中立"只是一种假定,尤其在政策分析领域,这一假定因纠缠着各种利益而几乎不存在。虽然事实判断是价值分析的基点,但有些情况却表明,一些事实问题由于存在着价值上的争论、冲突与对抗而不能被列入政策讨论的范围。价值的客观与中立不太可能,没有党派偏见也不切实际,因此,如果说存在一些共享利益的话,它将会通过价值间的对抗与互补显现出来。

---

① 转引自陈振明:《公共政策分析》,第510页,中国人民大学出版社,2003。

政策价值间的对抗与互补常常引起政策参与者价值选择的改变。确认政策参与者价值选择的改变至少要回答这样一些基本问题:价值选择发生了哪些变化? 为什么会发生变化? 价值选择的变化与特定的公共政策之间存在对应关系吗? 存在哪些对应关系? 进一步调整公共政策会强化或弱化某种价值选择吗? 如果再进行价值选择,很有可能预测到哪些变化? 只有在这一基础上,才能寻求并达致价值间的共识,从而进一步作出对价值的认同与表达。价值的认同与表达直接决定着政策目标的形成和政策方案的确立。

价值认同涉及两个主体和一种关系的认同,即政策制定系统的认同、政策适用系统的认同以及两个系统之间在特定政策问题上的认同。一般认为,认同的一致性越高,该项政策的合法性越高,在制定与执行的过程中效率越高;反之,认同的一致性越低,其合法性越低,在制定与执行的过程中效率也越低。

价值认同是价值表达的基础,价值表达是价值认同的实现。价值表达是对价值的明确、宣示。在政策制定的不同阶段,对于不同的政策参与者,价值表达的方式是不同的,暗示、语言、文字、图形、表格、数据、矩阵以及模型等都是价值表达的形式。可以认为,每一个政策方案都代表了一种主要的价值表达。即便是在相同的成本收益计算中,不同的政策方案也分别代表着对于不同价值的追求,是效率? 还是公平? 是增长? 还是稳定? 抑或是它们各自所可能产生的后果,是有益的? 还是不良的?

价值表达在一般情况下以准确、清晰、全面为要义,但在某些情况下,却需要一定的模糊度。换言之,政策的价值能够被明确到何种程度和应该被明确到何种程度在许多情况下是有限度的。甚至可以认为,对于理性的、有序的、可以调控的公共政策来说,公共政策的模糊度常常是有意识的、主动的政策选择。其模糊度主要表现在以下几种情形中:(1)对于突发事件或临时危机,来不及认定问题的性质,却又需要作出紧急的政策决断,此时的政策规定在价值表达上可能出现一定的模糊度。(2)政策的价值选择基本清楚,但因时机不成熟而在政策表达上选取一种模糊的表达策略,以便应对复杂社会价值体系的变化预留政策弹性和变更的空间。(3)政策结果提供的反馈信息与政策预期收益相悖,政策通过调整放弃了原来的价值立场,在价值表达上使用模糊语句。

公共政策不是纯粹的发现客观真理,然后由决策者从整理中推导出相应的解决方案的过程,由于它发生于政治情境之中,所以,一些隐喻、类比,甚至科学术语、道德概念经常被用来修辞论证,而价值分析的目的就在于能够找出各个政策利益相关人在专业、信息、技术、道德和话语优势等价值表达背后的真正价值所在,以说明什么是应该做的,什么是正确的,谁的价值应该被追求,谁的目标应该被实现,什么样的政策选择是公正的、有益的。

二、利益分析方法

公共政策的价值就是政策运行及其效果是否实现了、体现了公共利益,实现利公共利益,政策价值分析实质上就是利益分析,或者说利益分析是价值分析的基础。

政策价值分析首先要分析的是:政策代表和体现了谁的利益?向谁分配利益?谁获利益多?谁获利益少?

其次,政策利益分析离不开价值观的指导,在分析中必须渗透平衡公平、效率、公正、和谐、幸福等价值理念。

最后,政策价值分析要在各种关系的利益矛盾中寻找利益平衡,化解利益冲突,达到激励和约束多元利益主体行为的目的。

利益分析可以采取以下分析途径:

1. 利益主体及利益结构分析

利益分析首要的问题在于明确利益主体及主体间的关系和结构。"人们可能对利益的理解有较大的分歧,但大多数人都认为,利益总是与主体相联系的,离开了利益的主体,空谈利益是不实际的。一般来说,利益主体有以个人为载体和组织为载体两种表现形态,在个人利益和组织利益之外,还有缺乏明确利益载体的公共利益,它们构成了一个互动、冲突和相容的利益结构。"[1]

从组织形态的利益主体来看,利益分析包括如下基本内容:组织间的利益关系呈现水平型的还是垂直型的结构?如果是水平型的利益关系结构,主体间的利益冲突如何协调?如果是垂直型的结构,弱势主体的利益是否能够得到补偿?另一方面,从组织利益与个人利益的关系来看,个人利益是恪守组织利益,还是背离组织利益?哪些个体的利益与组织利益是一致的?哪些个体的利益会失去组织利益的庇护?这个层面的分析,更多的是基于事实的分析。

2. 利益需求分析

利益主体的利益需求可以是政治层面的,也可以是经济、文化等层面的。或者,可以大致分为物质与精神两个方面的需求。哪种类型、哪个层面的利益需求更容易被激励起来,使之与社会利益的实现和增进相协调,这可能是利益分析中的一个要点。

对利益主体需求的分析是一种行为动机分析。行为是受利益支配的,理解了人的利益需求,就可以对人的行为进行解释和预知。从这个角度上讲,利益分析属于行为主义分析的范畴。西方多数学者认为,一般来说,人们的行为动机遵循着一种"经济人"的自利性逻辑,并在这种自利性逻辑引导之下,形成

---

[1] 陈庆云:《公共政策分析》,第252页,北京大学出版社,2006。

一个由亲及疏的差序性格局。然而,人们的行为动机是复杂的,并不是一成不变地以自利性作为所有行动的出发点。在资源互相依赖的环境之中,利益主体必须把追求自身利益的愿望,与实现他人的利益结合起来,在利他和利己之间寻找一个平衡点。

3. 利益实现方式分析

从宏观政策层面上来看,利益的实现方式主要包括强制式的政府机制、交换式的市场机制和美德式的伦理机制。政府在公共政策的过程中,其主要责任在于弥补交换式的市场机制的只重效率、不顾公平的缺陷,用各种政策工具来对受损者进行合理的利益补偿,体现公平原则。除了市场和政府两种最为基本的方式之外,道德机制也是利益实现的主要途径。此外,在当前的中国社会中,还存在着基于以人情为基础、以社会网络为载体的关系型分配,以及政策过程中执行偏差所导致的冲突型分配,这些都是十分值得人们关注并需认真研究的利益实现方式。

在利益实现方式之中,最为核心的问题是如何体现效率与公平的统一。具体地讲,在利益实现活动中,如何杜绝个人通过搭便车和机会主义等途径实现利益的方式;如何按照付出与回报、成本与效益相一致的准则来规范逐利行为;如何遵循帕累托改进的原则,以不损害其他所有人的利益为前提去提高某一部分人的福利。

4. 利益分配结果分析

结果层面的分析也是利益分析的重要内容。通过判断公共政策活动,分析最终实现的是谁的利益,是长远的利益还是短期的利益,是大多数人的利益还是少数人的利益,并由此对公共政策进行价值分析。一般情况下,以下三类利益群体容易从公共政策中获取利益:与政府主观偏好一致或基本一致者;最能代表社会生产力发展方向者;普遍获益的社会多数或绝大多数者。

结果层面的利益分析,重要的目的在于研究如何在公共政策中实现社会利益的维护与增进。公共利益是公共政策期望实现的根本目标,但不是唯一目标。公共政策还包含着其他两类目标:一部分利益主体所追求实现的具有组织共享性的共同利益和具有私人独享性的个人利益。因此,公共政策最终达成的利益分配结果,是公共利益与组织的共同利益和个人利益的和谐与均衡。衡量公共政策成功与否的标准,就是看利益分配结果中公共利益是否基本实现。

三、理性分析与非理性的分析方法

1. 理性、理性主义与理性分析方法

理性是现代公共政策的基本价值观念之一,理性选择是现代公共政策的基本规范之一,理性分析是现代公共政策分析的主要方法之一。[①]

何谓理性,在哲学意义上,理性或理性主义是与经验或经验主义相对立的。它认为理性是知识的主要来源及检验标准,它依靠数学和逻辑的方法寻求适应于客观世界的普遍自然法则,是近代以来自然科学以至社会科学的理论基础。显然理性和理论是不可分的,理论是理性分析的工具。

在公共政策分析中作为分析工具的理论形式有:

哲学理论。公共政策首先要选择和信仰一定的哲学理论,进而以此为指导确定对于世界或社会的整体看法。对于公共政策而言,政治哲学、价值理论是其核心,它框定整个公共政策的方向,为政策分析提供基本的思维方式和价值坐标。

一般理论或系统理论。一般理论是指系统化的理论化的自然科学、社会科学知识,在政策价值分析中无疑要运用多方面的理论知识。在各种一般理论中,以系统论为代表的现代系统学科理论有着特别的工具意义。系统分析着眼于大系统的研究,力图阐明系统的整体运行,而不局限于系统的某些特殊方面或任一局部。系统理论有三重目标:其一,为鉴别所有系统中要求研究的重要变量确定标准;其二,详细说明这些变量之间的关系;其三,通过连贯的、相互依赖的、较为严密的逻辑分析,把一系列现象或系统有机地概括为整体,由此达到前两个目标。系统理论为公共政策价值分析提供宏观的分析框架。

因果理论。因果关系是事物发展变化的基本形态之一,以因果关系为研究对象的因果理论是政策价值分析的主要方法之一。"自变量"、"因变量"、"假设"、"验证"是因果分析的基本概念。由自变量设定(假设)因变量,再通过验证求出假设的的正确与否,是因果分析的基本逻辑框架。需要强调的是,在20世纪物理学的重大突破性成就——相对论、量子论和混沌学提出之后,人们关于因果关系的看法有了质的改变,即由传统的简单因果关系的视角,扩大为复杂因果关系的视角。在此意义上,内涵更为丰富、外延更为广大的因果理论,构成了现代公共政策分析最基本的理念。

方法理论。方法理论是关于一定研究方法的理念、逻辑、特征、技术途径、局限性的规定及其阐释。方法理论在公共政策价值分析中的应用是直接和广泛的。

理性在社会生活和公共政策领域,又进一步引申为人的行为模式,即"理性人",即建立在理性思考上的趋利避害的思维模式和行为模式。

自19世纪以来,推崇理性作为一种价值观念、思维方式、生活态度逐渐盛行于世,被称为理性主义,第二次世界大战以后,被抬高到无以复加的地步。

---

① 参见张国庆:《公共政策分析》,第37页,复旦大学出版社,2004。

受这一思潮的影响,政策科学自诞生以来,同样用理性的观点和方法建立最佳的政策分析模型并以此为基础推导政策决定,成为政策分析的基本价值理念,"理性决策"几近"科学决策"的同义语。公共政策的理性化或理性主义,即特定的政策主体为着一定的目的,利用一切可能收集到的信息,运用数学模型,经过客观和准确的计算或度量,依循最佳的政策手段和取得最大的政策效果。长期以来,理性化的公共政策分析不仅被认为是唯一科学的,而且被认为是高度可行的。

不可否认,用理性化的观点和方法看待、分析和解决问题,是"二战"以后自然科学与人文社会科学研究的主流,也是公共政策分析科学性的特征之一,但是对理性主义政策分析的极端迷信,在政策实践中造成相当的误区、困境与消极后果。一方面,在政策科学的学科领域,提出和形成了一整套关于理性化政策分析的理念、知识和经过详尽诠释的分析方法;另一方面,政策的制定者、执行者却往往因为这一套理论和技术在实际操作中不得要领而无所适从,更多地依靠自身在实践中积累和运用的经验。据统计,在美国,理性主义的公共政策分析只对20%～25%的公共政策产生影响,其余大部分公共政策都是依靠"非理性"的方法,或混合的方法组合而制定和执行的。在宏观公共政策领域,情况尤其如此。

2. 非理性或超理性的分析方法

在实际的政策分析中,理性分析方法是必须的,但是非理性或超理性的方法也被常常运用,甚至不可或缺。非理性的分析方法在牵涉分析主体的需求、利益、信仰、意志、态度的政策价值分析中更为突出。

政策分析中的非理性或超理性,是指人们超越感觉、不能直观、难以传授,但却深深影响着公共政策主体的政策分析评价的思维与心理活动。比如直觉、灵感、顿悟、意志、心血来潮、隐含的知识、超感觉交流等。

现代生物学证明,在视觉(眼)、嗅觉(鼻)、味觉(舌)、听觉(耳)、触觉(身)五种官能之外,与交感神经相联系,人类还具有第六感官及官能,即直觉或超觉。人类已经意识到,我们周围的客观世界除了可以直观的部分外,还有不可直观的另一个世界,这个世界对于人类的生存和发展具有极其重要的影响。为了把握这个世界,在人类的长期进化中,直觉和超觉能力不仅没有退化,反而有所增强。正是通过这种能力人们才能够感受和把握整个的客观世界。

直觉能力是一种至为复杂的自然和社会的现象。它具有"只可意会、不可言传"的特征,对其进行统一尺度的衡量是极为困难的。但显而易见,直觉与人的经验密切相关,是以经验为基础的一种把握世界的能力。经验具有个体的特征,直觉也具有个体特征,每个人的直觉能力千差万别。不管怎样,每个人在日常生活中总在自觉不自觉地运用自己的直觉能力去分析判断某些与自己密切相关、确信其存在、但又不能清楚加以表述的外在事物和内心活动,并且在许多时候,人们总是依靠这种直觉或超觉作出决定付诸行动。

同样,在政策价值分析中,许多判断、选择、决定和行动并不都是通过理性分析得出的,而更多的是由非理性或超理性的感悟而作出的。"因为大量的证据表明,纯粹由有经验的领导者根据判断作出决策,也能作出高质量的政策规定,而且这种做法仍旧是世界上个很多系统制定政策时的工作规范。与此相反的主张,即认为对于人类系统来说可以凭借纯粹的理性分析而制定出高质量的政策,却很少有事实的支持"。所以,在可以预见的将来,最为有效的方法,"还是要把理性分析的科学与超理性分析的艺术结合起来。理性的系统分析能够提供工具,但它不能提供智慧"。[①]

超觉理性的"分析"过程是极为复杂的,迄今为止人们仍然不能对其机理作出完整的描述。但是,人们根据现象总结可以知道,超觉理性基本上是非逻辑的过程,其直接影响人的决定和行为可以发生在一瞬间。

关于超觉理性"分析"过程中的一些典型表现,罗伯特·克朗进行较好的概括:见表8-1。[②]

表8-1 罗伯特·克朗关于超觉理性的描述

过程	定义
判断	从经验中获得的决策智慧
直觉	不依靠逻辑推理而在头脑中领悟到的知识
创造力	产生形式、构造和关系的脑力过程
灵感	通过非理性的方式而得到的偶然发现
隐含的知识	通过生活体验而获得的知识
信仰	未经理性检验而接受为真理
爱情、欢乐、歉意、憎恨、恐惧	从感情而产生的意识中的情绪状态
领袖的魅力	激发忠诚和称颂的能力
忠诚	对人或组织的忠顺和自觉承担义务
洞察力	理解能力
意志	达到目的的决心(越是耐心和克己,意志就越是坚强)
政治	决定什么人在什么时候怎么样得到什么的过程
超感交流	越出感觉的正常范围的交流
预见能力	预见未来事件的能力

---

① [美]R·M·克朗著,陈东威译:《系统分析和政策科学》,第38~39页,商务印书馆,1985。
② [美]R·M·克朗著,陈东威译:《系统分析和政策科学》,第38~39页,商务印书馆,1985。

四、规范分析方法

政策价值分析的目的是运用一定的价值标准对政策的目标、手段等进行评判,从而得出什么是应该的、什么是不应该的、什么是提倡的、什么是禁止的,从而形成一定的政策行为准则。这就是政策的规范分析。

规范,一般是指规则、标准或尺度。社会规范是指人们为实现其理想,根据特定的观念制定的,供一个社会群体诸成员共同遵守的行为规则和标准,它限定人们在一定环境中应该如何行动。人们的行为是多种多样的,规范研究的形式也是多种多样的,如科学规范、道德规范、审美规范、宗教规范和法律规范等。一切规范的核心问题是价值标准问题。

很显然,这些规范形式及内容,均在政策的制定与实施中,从不同方面表现出来。政策规范作为一种社会力量,除了推动人们去做那些一致愿意做的事情外,还诱导人们去做他们不一定都乐意去做的事,或阻止人们做正在乐意做的某些事情。人们创造规范,是为了借助规范的力量,确定与调整人们的共同活动及其相互关系的原则。所以,规范是维护社会基本秩序的重要机制。在社会共同生活中,绝不可以缺少规范的力量。因为社会是由无数人群组成的,每个人都有自己的目标和利益,人们之间会经常表现出需求与利益上的冲突。公共政策不仅要规范个体与群体的行为,而且要不断地解决人们行为中所产生的矛盾与冲突,达到对社会公共事务实行有效控制之目的。政策行为是政府最重要的一种政治活动,所以在社会活动中,政策的规范性有着更为特殊的意义。从政治的角度来看,政策规范所具有的社会教化作用是极其强大的。

规范分析,首先是价值分析。规范要有效,必须以相关的价值为基础。价值观念的变化必然带来社会规范的变化。在社会生活中,人们对事物的判断,存在着彼此联系的四种形式,即事实判断、价值判断、规范判断和命令判断。这种关系,在政策分析中处处都表现出来。比如,我们在讨论环境政策时,会有如下逻辑次序的判断:

自然环境是人类赖以生存的物质基础。

牺牲环境发展经济是十分有害的。

我们应当保护生态环境。

必须严禁对生态环境的污染与破坏。

很明显,这四句中,前三句分别是事实判断、价值判断与规范判断,最后得出的第四句是"命令判断"。由此我们可以看到,事实、价值、规范这三种分析是相互联系、相互制约的,每种分析在政策分析过程中都不会各自孤立。当提供了大量与政策问题相关的"事实的"信息后,往往需要通过特定的假设来过滤这些信息。这些特定的假设、理论或思想等,实际上包含了某些价值与伦理前提,并且具有排他性。

人们发现,同一信息常与相互冲突的政策主张相融,但各自所依据的价值假设却不相同。在一定的价值判断确定后,随之自然会引申出规范判断。在上例中,正是人们普遍认为,"牺牲环境发展经济是十分有害的",才得出"我们应当保护生态环境"这样的结论。如果政策分析中,只有事实分析,而没有价值分析与规范分析,或者只有事实与价值分析,而没有规范分析等,显然分析的结果是不全面的。特别需要指出,某些为了想说明政策分析的无偏见特征,试图将按一定价值取向的政策评价排除在外的看法显然不可能。恰恰相反,面对着各种不同的评价,人们需要有针对性地、明确具体地引入相关的价值前提。

五、范式分析方法

英国政治学家彼得·霍尔(Peter Hall)在研究公共政策制定的过程中,提出了"政策范式"(policy paradigms)的概念,扩充了政策价值观的内涵,为政策价值分析提供了一个新的框架,尤其是"政策范式"的转移理论为政策价值取向的转换研究提供了一条新的路径。

1. 政策范式与政策价值观

范式这个概念是科学哲学家库恩(Kuhn)在1962年出版的《科学革命的结构》一书中首先提出的,根据库恩的解释,"范式"指的是"特定社区成员共同拥有的理念、价值和技术的总和"(Kuhn. 1970),在科学发展中,范式是一个科学流派或学科据以形成其理论、规律和结论,以及进行相关实验的哲学和理论框架。广义上,任何一个哲学或理论框架都可以称之为范式。虽然每个范式都有其自身的完备性、价值观和假设,但它们并非不会遇到挑战。一个曾经稳定的范式如果不能继续为现有的问题提供适当的解决方法,它就会被弱化。这样范式转移(paradig shift)就会发生。

现在,范式概念已经被广泛应用于社会科学的各个学科,尤其是社会学和公共政策分析。在库恩范式概念的基础之上,霍尔等人率先使用了"政策范式"概念。霍尔认为,政策范式是"一个由各种理念和标准组成的框架,它不仅指明政策目标以及用以实现这些目标的工具类别,而且还指明它们需解决之问题的性质"(Hall,1993)。其要点是:那些影响人们理解公共问题及其解决办法之可行性的既定信念、价值和态度是政策内容的重要决定因素(Howlett and Ramesh,2003)。政策范式代表着"一套通过限定参与政策制定的精英可能认为有用和值得考虑的备选方案之范围以约束行动的认知背景假设"(Campbell,1998)。它影响到政策制定者们所追求的广泛目标、认识公共问题的方式,以及他们考虑采用的解决办法的种类。公共政策范式是构建和执行政策的决策者关于以下诸方面所共同享有的一系列理念:

(1) 基于特定世界观之上规范的、认识上的原则和基本价值观,是这些决策者个人或者集体的身份基础,它制约和驾驭着决策者们对特定政策领域内政策问题的界定和政策目标的诉求;

(2) 在政策部门行动策略上建立的因果理论;

(3) 特定政策部门日常采取的个体政策工具。

关于政策范式概念的解释路径包含了这样一个假设:每一个公共政策部门包含关于"要做哪些事情","应当如何去做"的一套内在一致的价值理念。这些理念由该政策部门主要主体所塑造。"要做哪些事情"构成了该政策范式或者政策系统的核心部分。它包含决定政策策略的基本的、不可动摇的价值观,代表了该理念体系的情感构成部分,并将支持该政策范式的主体粘连在一起。"应当如何做"构成了政策范式的认知性要素,即决定总体干预策略和选择个体政策工具的一系列因果联系。作为政策策略和工具选择基础的各种理念可以保护政策范式的基本价值观。因此,认知性要素是政策范式的保护带。

显而易见,政策范式与政策价值观是密切相关的。政策价值观是政策范式的"内核",政策价值观决定政策范式,有什么样的政策价值观就有什么样的政策范式,政策价值取向的改变,必然导致政策范式的转移。但另一方面,政策范式扩充了政策价值观的内涵,在政策范式中,包含三个关键变量:指导属于特定领域之政策的总体性目标(overarching goals);为了实现这些目标所采用的手段或政策工具(instruments);以及这些工具的精确设置(precise settings)(Hall,1993)。政策范式与政策价值观的关系可以用下图 8-2 表示:

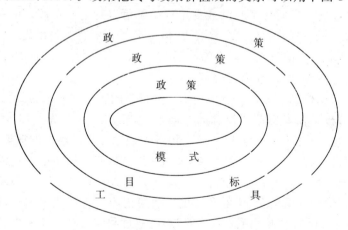

图 8-2 政策范式与政策价值观的关系

2. 政策范式转移与政策学习

一个政策范式一旦形成,就具有一定的稳定性,但并非绝对不发生变化。在坚持现有价值观的前提下,人们可能认为实现这些价值观的手段和方式是可以协商的。离政策范式的核心越近,要改变政策遇到的阻力就会越大。而当关于某项公共政策所有认知性要素,即政策目标、政策策略、方案及政策工具都发生根本变化时,就被认为是发生了政策范式的变化。

根据政策变化的程度,霍尔将政策变化区分为三个不同类型:现有政策工具设置的变化,实现政策目标的基本工具的变化,以及政策工具的设置、政策工具和政策目标三种要素都出现的变化。这三种变化分别命名为"第一序列变化"(first order change)、"第二序列变化"(second order change)和"第三序列变化"(third order change)(Hall,1993)。政策的第一序列变化可能呈现出渐进主义、例行公事式决策等通常与政策过程相联系的特点。政策的第二序列变化和新的政策工具的发展则是朝着战略行动的方向前进了一步。第三序列化是最根本的,因为它代表了政策制定的知识框架和核心价值理念,即"政策范式"的显著转移。在霍尔的分析中,第一和第二序列变化相当于库恩的"常规科学"(normal science),第三序列变化则是一个完全不同的过程。这个过程的标志是,政策话语中的某些重要术语发生了根本性变化,而这些政策话语就是与"范式转移"相联系的。这一过程就是政策范式的转移过程(见下图8-3)。

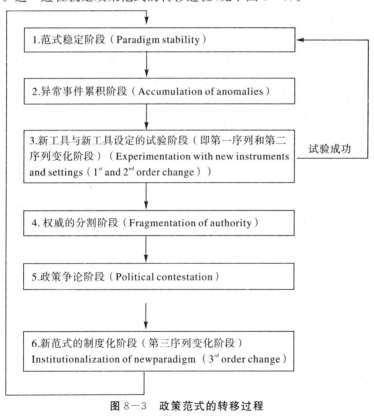

图8-3 政策范式的转移过程

霍尔认为,这些政策变化是不同类型的社会学习的产物。其中第一序列和第二序列变化往往发生在一个相对封闭的政策网络中,它们是比较简单的学习,即关于政策工具与手段的学习的产物,是"常规决策"的例子。这种政策调整不会挑战现有政策范式。政策变化往往呈现出渐进的、满意的和日常决策的特征。相反,第三序列变化往往与整个政策目标的重新构建联系在一起,是关于政策目标学习的产物。第三序列变化往往导致激烈的政策变化,将会引起政策范式的转移(Hall,1993)。

政策范式变化是政策学习的结果,第一序列和第二序列变化的累积不会自动导致第三序列变化的出现。政策范式转移是一个社会性的过程。一种范式能否取代另一范式,不仅仅取决于双方的论点,而在于支持该范式的政策主体的职位在特定的制度框架下是否处于优势地位,在于他们在相关冲突中控制辅助性资源的能力,在于掌握将自己的范式强加给其他主体所依赖的权力的外在影响等因素。权威在范式转变中至关重要,范式转移意味着政策权威(专家)地位的重大变化。政策试验和政策失败的案例也在范式变化中扮演重要作用。范式转移往往是在现行范式中被证明反常的事件所引发的。当一个既有范式无法解决某些问题时,这些"异常事件"(anomalies)不断累积,要求政策制定者改变政策工具的设置以及试验新的政策工具。如果该范式本质上无法解决这些问题,这些政策试验将导致政策失败,不断瓦解既有政策范式及其支持者的权威,从而推动人们广泛寻找替代性的政策范式。经过或短或长的阶段后,新范式的倡导者如果获得了权威地位,就能够改变既有的组织和决策安排,推动新范式的建立与制度化(Hall,1993)。

第九章 公共政策分析模型

模型这个概念为人们所熟知,如数学模型、物理模型等,模型是现实世界部分化、简单化和抽象化的代表,是对原型的抽象与仿真模拟。它是认识主体为了一定的认识目的,依据相似性原则而构造出来的一种理念系统,以代表作为研究对象的真实系统即实际存在着的事物。模型突出了原型的本质特点,忽略了次要因素,使错综复杂、变化纷繁的现实世界便于人们把握。模型作为研究原型的中介,也是一种重要的方法,它有助于人们分析和理解研究对象,有助于人们解释和阐述研究的问题。模型有实物模型(如地球仪)和理论模型之分。所谓理论模型也称概念模型,指的是一组概念或命题按照其相互间的本质联系被组织在一起,从而形成一个逻辑结构严整的网络或框架。

在进行政策分析时,概念模型得到了广泛的应用。"假如没有一个模型,那么就将无法考虑变量的选择以及推理的前提条件等问题"。[①] 政策分析中的模型既可指在具体分析中使用的模型,也可指政策分析本身的模型。这些概念模型是政策科学工作者为了帮助人们理解和解释公共政策产生的原因,认识和分析其社会效果,思考和预测未来的发展,在公共政策研究中不断总结出来的。这些模型体现了对公共政策思考的不同角度,为理解公共政策和进行政策分析提供了多种途径。

托马斯·戴伊(Thomas R. Dye)在《理解公共政策》这一论著中概括了公共政策研究的八种模型或途径,即制度模型、过程模型、集团模型、精英模型、渐进模型、对策模型、系统模型和理性模型。安德森(Jams. E. Anderson)在《公共政策》一书中则将其划分五种理论模型,即政治系统论、团体理论、杰出人物(精英)理论、功能过程理论、制度化理论。台湾学者伍启元先生在此基础上又给出了理性最佳模型、非理性主义模型、有限理性模型、综合模型、政治协调模型、渐进模型、个人判断与集体决策模型以及其他决策模型。

我们将根据模型建构的角度对其中的主要模型加以分类。

---

① [日]药师寺泰藏,张丹译:《公共政策》,第77~78页,经济日报出版社,1991。

第一节 政策主体角度的分析模型

政策主体角度的分析模型是从政策过程主要是政策制定过程有哪些主体在发挥作用以及如何发挥作用的角度所构造的模型。就现有的研究成果来看,主要有精英模型、团体模型和系统模型、小组决策模型四类。

一、精英政策模型

精英模型是古代以至近代精英政治的理论抽象,尤其在中国古代的封建专制中得到突出的体现。追根求源,中国古代占统治地位的儒家学说就是精英模型的始作俑者。所谓君子偃风、民偃草,即此之谓,草民的称呼也由此而生。"民可使由之,不可使知之"则是这一模型的注脚。

现代精英政治理论肇始于意大利学者莫斯卡(Gaetano Mosca,1858—1941)和帕累托(Vifredo Pareto. 1876—1936)以及德国学者米歇尔斯(Robert Michels,1876—1936),经由美籍奥地利人、著名经济学家熊彼得(Joseph Alois Schumpeter,1883—1950)和美国政治学家拉斯韦尔进行民主的改造,到第二次世界大战以后逐步地成为西方国家尤其是美国政治学研究的一个重要分析途径。

1. 精英政策模型的提出

1975年,托马斯·戴伊(T. R. Dye)和哈蒙·齐格勒(L. H. Zeigler)在《民主政治的讽刺》一文中在前人精英理论基础上提出精英决策模型。他们认为,社会客观存在两个阶级,一个是垄断国家权力、执行政治功能、由少数杰出人物组成的统治阶级,另一个是接受统治、控制和指挥的、由少数人组成的被统治阶级。

公共政策只是掌握国家权力的少数杰出人物的价值观念和价值偏好,而不是民主宪政体制所规定的人民意志的体现。精英理论是政府权力理论中的一项重要内容,它对政策分析领域具有很大的影响。

托马斯·戴伊在其《理解公共政策》一书中对精英理论的基本观点进行了概括,要点如下:

(1)社会分为有权的少数人和无权的多数人。少数人掌握社会价值的分配权,多数人参与不了公共政策的决定。

(2)作为统治者的少数人并非是作为被统治者的多数人的代表。精英人物主要来自于经济地位较高的社会阶层。

(3)从被统治的非精英阶层进入统治的精英阶层,这个变化过程一定是缓慢且持续的,从而才能保证社会的稳定并避免发生革命。在非精英阶层中,只有那些能够接受精英阶层共同观念的人才能被允许进入统治精英的行列。

(4)在社会制度的基本价值观和维护这一社会制度的发展方面,精英阶层表现出看法的一致性。

(5)公共政策所反映的不是大众的要求,而是政治精英的主要价值观。

(6)政治精英是活跃的,公众是麻木的,两者信息严重不对称,前者对后者的影响更大。

由这样一组命题形成的一个理论框架,在用于公共政策分析的时候就被称作精英政策模型(elite model)。按照上述说法,可以认为,所谓精英政策模型,是将公共政策看成反映占统治地位的精英们的价值和偏好的一种决策理论。其基本观点是,不是人民大众通过他们的需求与行动决定公共政策,而是占统治地位的精英阶层按他们的价值和偏好决定公共政策,然后由政府官员和官僚机构加以实施。

精英模型是将公共政策视为反映占统治地位的精英所持的信念、价值观和偏好的一种决策理论。该模型认为,民众远离公共政策过程,对政策既缺乏兴趣,又知之不多,一般民众很少向政府提出政策性要求;民众力量分散,缺乏组织,具有"搭便车"的倾向。因此,不是人民大众通过他们的需求与行动决定公共政策,而是占统治地位的精英决定公共政策,政府只是执行已经决定的政策。通常精英的政策立场并非受到民众舆论的影响,而是民众对舆论的看法常受到精英们政策立场的影响。政策是从精英向下流至民众,而不是政府响应民情的结果。尽管如此,精英们决定的政策并非一定会违背一般大众的利益,因为从根本上说,公共政策有赖于民众的支持,否则政治系统就不会持久和稳定;精英为了竞选连任或名垂青史,在任期内也必须表现其政绩。

精英是现行体制下的受益者,从而倾向于维持现状,态度保守,不轻易改变现行政策,即便改变也是渐进的,而非激进、全面的改变。只有当整个社会面临威胁时,精英为了保全其本身在政治系统中的地位,才会提出根本改革的建议。

2. 精英模型对公共政策的解读

(1)精英理论认为公共政策不反映公众的要求,而反映精英的兴趣与偏好。因此,公共政策的变革和创新只是精英们对其价值重新界定的结果。出于维护社会制度的需要,精英阶层怀有浓厚的保守主义情结,所以,公共政策的变化必然是渐进的,而不是激进的。

尽管公共政策经常被修修补补,但极少会被替换或取代。渐进的变革以现行社会制度最小牺牲和最小混乱的方式,对威胁社会系统的重大事件作出必要的反应。社会的稳定对维护社会发展和精英所处的地位起着至关重要的作用。精英们的价值观中可能含有很强的公众情结,公众福利可能是精英决策时需要考虑的一个非常重要的内容。精英理论并不认为公共政策一定会违背公众福利,相反有时强调"当官要为民作主"。只是说公共利益要由精英们来确认,公众福利的责任应由精英人物承担,而不是公众自己去承担。

(2)精英理论认为公众是被动、麻木和信息闭塞的,公众的情感往往被掌控在精英们的股掌之中,公众对精英价值观的影响微乎其微。精英与公众的沟通在很大程度上是自上而下的。因此,普选与政党竞争并不会使公众参与政治,政策问题的决定极少会通过民众选举或政党提出政策方案的形式进行。选举制和政党制这些民主制度在很大程度上只具有象征意义,它们作为民主的符号有助于把民众牢牢地束缚在政治制度之中。公民在选举日可以行使自己的权利,在平时也有权加入他们认同的政党,他们会以为自己能够而且已经在国家政治生活中发挥着作用,而实际上这是一种错觉。精英理论认为,公众对精英们的决策行为充其量有间接的、微小的影响。

(3)精英理论认为,对支撑社会制度的基础准则,精英集团有着一致的认识。他们对基本的"游戏规则"具有共识,对社会制度的延续看法一致。社会的稳定和秩序的存在依赖于精英阶层的这种共识,它们反映了社会的基本价值观。政策方案只有与此相符才能进入政策议程,得到决策层的认真考虑。当然,这并不意味着精英阶层之间不存在意见分歧,他们彼此也会为一些问题而斗争。从历史的发展情况来看,没有一个社会的精英之间不存在竞争,冲突的存在是一种必然。不过,精英理论认为,这类冲突往往是围绕枝节的问题,范围也比较狭小,不涉及根本性的问题。并且,精英之间观点一致的方面远远多于不一致的方面。

戴伊认为,20世纪60年代美国一些人权政策的形成过程,非常适宜用来解释精英理论的实际应用。这些政策是这个国家的政治精英对影响少数民族问题所作出的一种反应,而且并非是决策集团对大多数美国公众的情感所作出的反应。

3. 对精英决策模型的争论

精英决策模型揭示了现代民主国家的根本理念"主权属于人民"与实际的政治过程和政策过程中总是由直接掌管政权的少数人来主导这一难以克服的悖论。从这一视角所作的公共政策分析可以使人们清醒地认识到公共政策在本质上总是统治阶级的政策。对这一模型的批评,归结为一点就是认为它忽视了现代民主国家里公民参与政治的能力与要求,以及这种参与对政策形成的影响。

另外,精英理论最关心公共政策形成过程中领导人物所发挥的作用,所以在发展中国家特别是一些带有专制色彩的政治系统中,精英理论在解释和分析公共政策制定过程时,其作用可能会远远超出其他一些政策模型。

二、集团(团体)政策模型

集团政策模型是近现代以来西方民主政治和议会制度的理论抽象。政治学研究中的集团理论是美国政治学家戴维·杜鲁门(D. Truman)于1951年出版的《政府过程》一书中使用并更加系统化的。后来,另一位美国政治学研究者莱瑟姆(Earl Latham)从集团理论这一视角去分析政府在政策形成中的作用,形成了政策分析的集团模型。

1. 集团政策模型的提出及其基本观点

集团政策模型的基本假设是,在社会生活中,存在着各种有着自身利益的群体或团体,这些团体或群体经常会围绕不同的利益、权力、价值进行竞争。要使社会稳定地发展,就必须对各种群体利益或团体利益进行沟通、协调,以实现利益、权力及价值上的平衡。

由于社会上各种群体、团体有着不同的利益,所以不同的团体对同一政策问题和政策方案有着不同的理解和期望。各个有着利益差异的团体都会以国家为主要的政策诉求对象。因此,公共政策的制定就成为国家通过对团体的协调以使社会利益实现均衡的过程。

国家在政策制定过程中所能起到的作用在于组织不同团体进行讨论、对话和协商等沟通活动,尽量缩小各团体之间在政策期望上的差别,在相互妥协、协商的基础上,确定政策目标,选择各团体、群体都能接受的政策方案。

集团理论认为,所有政治现象都可以归结为团体现象。团体是个体的集合,是有着共同利益需要或理想价值追求的一些个人正式的或非正式的联合体。不同的团体有着不同的追求,来自不同团体的不同要求聚敛于国家及政府,从而对其形成政策压力。这种团体也被称为利益集团。"当一个集团通过任何一个政府机构或直接向任何一个政府机构提出某种要求时",[1]它就成了政治利益集团。社会中的个人只有在成为团体成员并为团体利益进行活动时才能在政治生活中发挥其作用。在政府与个人之间,团体成为不可或缺的纽带。团体之间的互动是政治生活的核心,政治实际上就是各团体为影响公共政策所进行的斗争。政治体系最根本的使命就是通过以下途径调和团体之间的冲突:(1)建立团体斗争的游戏规则并充任裁判;(2)平衡各方利益,力求彼此妥协;(3)以公共政策的形式出台折衷办法;(4)以各种手段推动政策实施。

集团理论认为,公共政策实际上是团体斗争相互妥协的结果,是不同利益集团之间的一种平衡产物。制约这种平衡的力量来自不同利益团体的相互影

---

[1] [美]戴维·杜鲁门,陈尧译《政治过程》,第37页,天津人民出版社,2005。

响。毫无疑问,公共政策往往更倾向于影响力较大的利益集团,政策制定过程是各利益集团之间相互作用的过程,政策是利益集团斗争的产物或所达到的利益均衡。集团理论模型的创立者之所以把利益集团当作主要的分析对象,这是基于假设集团是个人与政府之间发生关系的纽带,集团的存在和斗争是政治生活的基本特征,利益集团之间的互动是政治生活中的重要事件。当利益集团正式或非正式地向政府提出自己的利益要求时,就会涉及公共政策。在此,政府扮演一个重要的角色,政府的功能就是使用政策手段处理集团之间目标或利益的冲突,以公共政策的形式达成妥协方案,形成平衡稳定的秩序。一旦这种状态被破坏,公共政策就会变化,待到新的平衡形成,新的政策又会出现。任何利益集团政治影响力的减弱或增强都会延伸到政策制定领域,从而导致公共政策变化。变化的方向是更靠近力量增强的团体的要求,远离力量减弱的团体的要求。于是,在新的基础上达到新的平衡。团体对公共政策的影响力由其成员的数量、财力状况、团体实力、领导者能力、团体的凝聚力以及与政府决策层的关系等因素来决定。

集团政策模型试图以团体斗争的分析框架解释所有重要的政治活动。公共政策只是利益团体斗争结果合法化的表现形式,政策制定者的任务就是对团体的压力不断地作出反应,通过讨价还价、相互妥协、折衷调节等形式寻求利益团体间冲突性要求的平衡。政治家的作用实际上主要体现在团体联盟的建立方面,总是在试图联系更多的团体以形成更大的力量。

集团政策模型认为,政治体系本身实质上是所有社会团体的互动体系,这种体系的平衡有赖于几种重要力量的支撑:

(1)社会上存在着一些非常庞大的、极为普遍的、潜在的社会团体,它拥护和支持国家的宪法体系和维护社会稳定的运行机制。

(2)团体间成员资格的相互重叠会使任何孤立的团体难以偏离社会的基础价值观,从而对平衡的维系发挥重要的作用。

(3)团体之间的竞争能够使任何单个团体势力得到有效的控制,并使所有团体能够在相对基础上做到势均力敌,形成相互制约,以维护社会的稳定和体系的平衡。

2. 集团政策模型特点及评价

(1)各个团体或群体都有权参与决策过程。在民主政治社会中,由于社会利益的多元化,会形成多种利益团体,要实现决策科学化、民主化,就必须让不同的群体平等地参与政策的制定,团体理论模型正好提供了一种让各个团体平等参与决策的形式。

(2)政府在政策制定中处于被动地位。团体政策模型所追求的是使那些对政策方案的理解和期望存在差异的各个利益团体通过对话、妥协,最终在某个政策方案上达成协调一致。因此,政策协调的主题是各个利益群体或利益团体,政府只是组织者和协助者,处于被动地位。

(3)政策制定过程的核心是各种政策利益期望的平衡。各个利益团体,对政策方案的理解、期望存在差别,只有让他们竞争、妥协,并最后达到平衡、均势和协调,这样选择出来的公共政策才是合法的,在执行中才能得到贯彻。

(4)在西方的政治架构下,各利益团体的政策博弈舞台主要在议会,政府不过是议会中各利益团体博弈结果——政策的执行者。

集团理论模型的局限在于,它低估了政府决策者在政策制定过程中的独立性和创造性作用,无法解释发生危机事件时政府制定的许多反危机举措。此外,在民主政治之下,人们可以通过选举,向政府提出政策主张,并不是只有通过利益集团才能向政府提出政策建议。集团理论模型给我们的启示是,公共政策是利益集团之间力量均衡的结果,是政府受到集团压力的综合表现。

三、系统政策模型

贝塔朗菲的一般系统理论以及依据这一理论发展而成的系统科学、系统方法、系统工程在决策科学中得到了广泛的应用,同样也被应用于公共政策分析。美国学者戴维·伊斯顿1957年在《世界政治》(World Politics)杂志第九期上发表《政治系统的分析方法》(An Approach to the Analysis of Political Systems),1965年出版《政治分析的框架》(A Framework for Political Analysis)和《政治生活的系统分析》(A System Analysis of Political Life)两书,提出、阐释和完善了政治系统分析的框架。这一政治框架适用于全部政治生活,而当它被应用于公共政策学时,就被称作决策的系统模型。

系统政策模型把决策主体假定为政治系统,它由一个社会中那些可以识别同时又是相互关联的机构和活动组成。政治系统作出对社会具有约束力的权威决定,这就是公共政策。一项政策包含着一系列分配价值的决定和行动。接着,这个模型把政策过程假定为输入——决策——输出——反馈这一系统运行过程。输入指的是政治系统边界以外的环境对政治系统的要求和支持(政治系统的环境由系统以外的自然界、社会政治、经济和文化等各种事物所构成,主要是由公众积极行为构成);要求是指构成环境的个人和团体为获取一定的利益或实现一定的价值追求而向政治系统提出的政策倡议或政策主张;支持是指构成环境的个人和团体服从法律,遵守制度,纳税并接受政治系统作出的决定和采取的行动。由结构、程序、决策者构成的政治系统对要求和支持作出反应,进行加工,形成政策。

由于政治系统的内部运行过程一般不为外界所知,所以政治系统模型设定它是一个"黑箱"(black box)。政策形成后由政治系统进行政策宣示和政策执行,这个模型将此称作输出。具体地讲,输出是指将政策贯彻到环境中去以此回应输入,影响环境改变环境。最后,政策结果再反映到政治系统中去,这就是反馈。"反馈这一概念意味着政策输出可能改变环境,改变由环境提出的要求,以及改变政治系统自身的特点"。① 反馈是现实政策过程的终点,又是新政策过程的始点。输入——决策——输出——反馈是政治系统运行的周期过程。"在这种循环往复中,公共政策便源源不断地产生"。② 政策系统模型的运行机制见下图9—1。

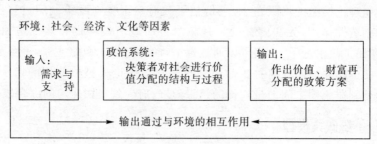

图9—1 政策分析系统模型

总之,政策系统与其外部环境之间的互动是一个反复循环的过程,政策环境的要求和支持引起政策系统的反应,制定政策、政策输出会引起公众行为的变化,公众行为的改变会导致政策环境的改变,而这种改变又会产生新的要求和支持,从而导致政治系统作出新的反应。

系统决策理论对政策分析的启发性作用体现在下列问题中:(1)什么样的环境条件促成其对政治系统的压力?(2)什么样的系统特征能得以将要求转化为政策,并维持系统的长久生存?(3)环境的压力怎样影响政治系统的特征?(4)政治系统的特征怎样影响公共政策的内容?(5)环境的压力怎样影响公共政策的内容?(6)公共政策怎样反馈作用于环境,并影响政策系统的特征等。

系统决策模型是公共政策分析中最具有解释力并且最具有普适性的一个模型。这个模型的缺陷与其长处共存,即它是一个适于宏观分析的模型,优长之处在于视野开阔而宏大,不足之处在于只能给人们提供一个轮廓,不能够指明所分析的政策的具体特征。

四、小组政策模型

美国学者詹尼斯(Janis)1992年出版了《小组意识》(Groupthink)一书,提

---

① [美]詹姆斯·E·安德森:《公共决策》,华夏出版社,第21页。
② [美]詹姆斯·E·安德森:《公共决策》,华夏出版社,第21页。

出了一种关于群体不良决策的理论模型。詹尼斯认为,在决策小组中存在着一种追求一致的行为模式,这种现象在面对面进行问题讨论的时候表现得更为明显。小组成员趋向于怎样更好地达成一致,注意力完全集中在这方面了,从而忽略了如何寻求更好的解决问题的办法。詹尼斯称这种行为趋向为心理传染病,或叫群体狂想症。

实际上,小组决策模型也就是集体决策模型或群体决策模型,其优越性是不言而喻的。群体都是由人组成的,而人总是要犯错误的。一个人观察问题的角度、信息处理能力是极为有限的,而且从心理因素来看,自满、失望、恐惧、愤怒、情绪波动都会导致决策的盲目性,这是因为人在情绪不稳定的时候最容易做些不可思议的蠢事。所以,现代决策往往都依赖于小组的决定,发挥集体的智慧和力量。在小组中,大家可以沟通情况、交换看法、分享知识、经验互补。小组决策还有利于决策的执行。詹尼斯对这一点并不否认,但在分析小组决策模型时更多的是从其弊端方面进行分析,并提出克服弊端的方法,以存优去劣、扬长避短。

现实中,小组决策有时比个人决策还差劲,同时小组决策还导致责任不清、决策失误无人负责。为什么呢?主要的原因还是在于群体首脑总想使其他成员成为自己的橡皮图章。如果他指鹿为马,大家也会趋炎附势。安徒生的童话《皇帝的新衣》是一个最好的例证。但更多的时候,情况并不如此,主要领导并不想这样去做,群体成员也没有必要去虚伪奉承。他们想直抒己见,但潜意识里会存在着一种微妙的压力,使大家都在努力寻求一致。按社会心理学的观点,寻求一致是人所共有的、极为普遍的心态。在凝聚力强的群体里表现得更为突出。我们习惯上认为,一致总是好的、正确的,没想到它有些时候会是不好的、错误的。生活中不难发现,"空前团结"的会议、"一致通过"的事项、"全体举手"的表决曾导演过许许多多的失误。在一个凝聚力很强的群体里,批评性意见难有存在的土壤。群体中的一个成员如持异议,就会受到其他成员的规劝,当规劝无效时就会遭到孤立、嘲笑或排斥,甚至发展到敌视。

小组意识表现出这样一些特征:

(1)一致性思维。表现为从众风气甚浓,群体压力明显。

(2)有倾向性地选择信息。表现为思考角度的单一和观点看法的片面。

(3)极端化的盲目情绪。表现为盲目乐观或悲观失望,要么对成功作出过高的估计,要么在困难面前丧失自信。

(4)对群体的过分自信。盲目相信自身群体的力量,忽视外界因素的影响。

(5)很强的群体凝聚力。表现为良好人际关系和强大的向心力。

(6)群体成员的共同性。表现为信息掌握、思考方法、价值观念、利益范围的一致性。

詹尼斯认为,小组意识的上述负面表现对决策会构成极大的障碍,能导致重大的执行灾难。但这种"群体狂想症"并不是没有办法克服的。在对众多案例进行分析和研究的基础上,詹尼斯提出了一些预防措施。

(1)决策小组的领导应鼓励成员尽可能多地提出怀疑和反对意见,在小组讨论中为意见的交锋创造良好的气氛。

(2)领导不要一开始就说明自己倾向于哪个方案,避免由于自己的主观好恶对成员造成心理影响。

(3)按照行政的要求,建立一些独立的政策计划和政策评估小组为同一项政策服务。

(4)可以把决策小组再分成若干小组,由不同的人主持小组的讨论,然后再把意见汇总。

(5)决策小组的成员可以和信得过的组外人士交换意见,然后把他们的意见带到组内,避免"当局者迷"现象的产生,发挥"旁观者清"的优势。

(6)一些专家和有关方面人士可以被邀请到会,并鼓励他们向核心成员的意见提出挑战,加强决策小组的开放性。

(7)领导者在每次会议上应暗中委派一个"魔鬼"角色。这个人的任务就是故意与大家的意见相左,成心进行挑刺,哪怕是"鸡蛋里挑骨头",这样做的目的就是为了破除追求一致所带来的消极结果,克服群体压力所引起的公众效应。

(8)如果政策涉及一个敌对国家或组织,就要警惕情绪化的过激行为,用足够的时间调查和分析敌对势力的迹象和意图。可采用"角色扮演"的方法从对方的立场去分析和思考问题,做到"知己知彼"。

(9)不要轻易满足简单的"一致",在成员形成完全一致后,应该再开一次会,专门提出疑问,并加以认真的研究。

第二节　政策目标角度的分析模型

政策目标角度的分析模型是从政策分析与政策制定要追求什么目标的角度来进行模型分类。它包括理性模型、满意模型、渐进模型与综合模型四种。

一、理性政策模型

理性决策模型又称科学决策模型。其基本出发点是关于决策主体的"经济人"假设和"理性人"假设。按照这样的假设,人们在决策时遵循最大化原则,通过不断地寻求最优方案来实现利益最大化。在这个过程中,决策主体始终坚持理性化的活动,不存在任何非理性成分。

理性决策模型包含的基本内容是:(1)决策者面临的是一个既定问题,该问题同其他问题区别非常明显,或者至少同其他的问题相比,它是最重要的。(2)决策者选择决定的各种目的、价值或目标是明确的,而且可以依据不同目标的重要性进行排序。(3)决策者有可供选择的两个以上的方案,且方案之间相互独立。(4)决策者会将每一问题的受益值或损失值估算出来,经过比较后,按照决策者的价值偏好,选出其中最佳方案。

理性决策模型是根据数字和事实,用合理的科学方法与精密的计算,分析解决问题的各种政策方案的优劣,从而求得最佳的政策或问题解决办法,因此又被称作最佳决策模型。从理论角度看,最佳决策并不是不可行,然而理性决策模型的确又是一种高度简单化和高度理想化的模型,它所要求的基本条件在现实生活中往往无法俱备,人们逐渐发现政策实践中的许多现象都难以用传统理性模型来作出解释。究其原因,并不在于它的逻辑体系有问题,而在于这种决策模型前提存在以下缺陷:(1)决策目标不是单一、明确和绝对的,而是多元、模糊和相对的。西蒙认为,许多政策问题的总目标只是一个不十分明确的大方向,具体的问题还有待于在决策执行过程中逐渐地加以明确。(2)人是感情动物,存在理性缺陷,其行为往往受到个人偏好、性格特征等非理性因素的影响。(3)人处理信息的能力是有差异的,且个体收集与处理信息的能力有限。(4)决策所面临的情况往往是价值冲突而非价值一致。现代系统论的创始人贝塔朗菲曾说过:"同一张桌子,在物理学家看来是电子、质子和中子的聚集;在化学家看来是物质的有机成分的组合;在生物学家看来是木细胞的复合体;在艺术家看来是某种艺术风格的体现;在经济学家眼里则是一定货币价值的效用等等。"由于人们认识事物的出发点和角度不同,所以对问题的判断会有很大差别。(5)决策总要受制于时间、人力、物力、财力等资源条件的限制。(6)人们不可能依据全部信息设计出所有政策方案。(8)人们对各种政策反感是使得后果不可能作出完全准确地预测评估,从而选择最佳方案。因此,决策不仅要在合理性与时效性之间作出权衡,而且要在合理性与经济性之间作出权衡。

基于上述认识,传统理性主义受到多方面的质疑与批判。西蒙等人认为,传统理性主义从经济人假设出发,以逻辑推理方式所确立的规范性政策理论无法解释现实生活中政策制定过程的实际行为。现实生活中不存在纯粹的理性,传统理性模型只能被认为是一种理想的追求,而缺少实践的基础。

尽管理性模型在一定程度上带有浓厚的理想化色彩,但过于简单的否定态度也是不可取的,人们总是在追求尽善尽美中得到较善较美的。从这个意义上讲,理想主义并无过分的问题,因此,传统理性模型依然受到很多学者的肯定。

二、满意政策模型

满意决策模型又称为有限理性模型,由赫伯特·西蒙(Herbert. A. Simon)首先提出。西蒙在《行政行为》一书中深受行为主义的影响,认为行政学研究的中心不在于如何执行政策,而在于研究出一套科学的决策和选择过程,解决择优问题。

西蒙认为,人处理信息的能力是有限的,而且任何决策活动都是在时间条件约束下进行的。现实生活中决策者的理性是介于完全理性与非理性之间的有限理性,他们不是"经济人"而是"行政人"。行政人的价值取向和目标往往是多元的,受到多方面因素的制约,经常处于变动状态且表现为冲突特征。行政人的知识和能力水平有限,其决策行为往往受到其心理因素的制约,现实生活中不存在最优模式,只存在满意模式。

西蒙在对传统理性主义总结和批判的基础上,提出了有限理性模型或称为满意模型、次优模型。有限理性在决策过程中的主要表现为:(1)在情报活动阶段,人的决策行为往往受到知觉选择性的支配,不同经验和背景的决策者,对决策环境的认识会有不同的解释。(2)在设计活动阶段,人们并不试图找出所有可行性方案,而是通过力所能及的求解活动,寻找能够满意的决策方案。(3)在抉择活动阶段,决策者在遇到满意方案时便会终止其搜索行为。

到了20世纪80年代,西蒙进一步对"有限理性"进行研究,发表了关于有限理性的论文。他列举了几种对完全理性决策构成威胁的情况:一是风险与不确定性情况。完全理性决策只适用于具有确定性和无风险的行为,然而,绝大多数的行动和政策选择都具有高度的风险和不确定性。二是高度复杂性的情况。完全理性的决策所使用的完备性的计算往往只适用于解决包含因素比较少的公共政策问题,但是,实际需要解决的公共政策问题却是异常复杂的,它超出了一般的计算能力。三是完全理性的决策往往只适用于少量决策者的政策决定。当存在有多个有利益矛盾的决策主体时,就会产生相互竞争与博弈的情况。

有限理性模型是相对于绝对理性模型而提出来的,它并不是像绝对模型那样一味地追求效益的绝对最大化,而只是希望求得效益的相对最大化,即在决策时,只追求选择的方案是较佳或较优的。在实际决策中,有限理性决策模型重视的是可行性研究和成本与效益分析。一项政策方案如果被认为是满意的,其必要条件是它必须是可行的。这种可行性最主要的是经济上的可行性。可行与最佳不同,后者是要对全部方案进行研究,然后才能确定一个最佳,而前者只要找到几个比较满意的方案就可以了。

总之,满意决策模型对人们的实际决策行为作了比较真实的解释,为政策理论及其实践的发展开辟了一个新的方向。

三、渐进政策模型

渐进主义(incrementalism)公共政策制度模型最初由查尔斯·林德布鲁姆在1959年发表的《"竭力对付"的科学》一文中提出。

渐进性公共政策模型具有以下特征:(1)公共政策的制定程序必须在民主制度的框架内按照民主政治的运行原则进行;公共政策制度过程要与多元社会政治权力主体的影响和制衡过程相一致。(2)公共政策问题的界定是在一个发展的渐进过程中逐步完成的,公共政策的意义不在于创新而在于社会不断进步;决策者不必去调查方案和制定全面的政策,只需要对现行的政策进行一定的调整与改进。(3)决策者考虑的重点在于如何实现"目的——手段——目的"的合理调适,只需论证若干方案的可行性及其可能产生的后果。(4)决策者对同一公共政策问题的解决方案只注重纠正、减少现行政策的缺陷,并不注重目标的改进和手段、方案的重新选择。

渐进决策模型把公共政策制定过程看作对以往政策行为不断修正的过程。它是在以往的政策、惯例基础上制定新政策,只对过去的政策作局部的调整与修改,是过去政策的延伸和发展,即渐进决策模型是经常修改过去的政策,而不是全面更替。渐进决策模型遵循三个基本原则,即按部就班原则、积少成多原则和稳中求变原则。该模型认为,与以往政策越不相同的方案,就越难预测其后果,也就越难获得一般人对此政策的支持,其政治可行性就越低。由于重大创新性的政策后果特别难以预期,所以渐进决策模型主张,政策制定基本上应该是保守的,应将创新局限于边际性的改变。

渐进决策模型是对理性决策模型的质疑而提出的,既然不存在完美无缺的公共政策,就应对现行的公共政策进行不断修正。同时,从统治者的角度看,作为现行体制的受益者,他们倾向于维持社会现状,不轻易改变现行政策,即使改变也是渐变,而非突变。渐进决策模型在政治上比较可行,该模型对缓解矛盾冲突、维持政治稳定和社会安定具有现实意义。它最根本的缺点是,在理论和实践上都带有维持现状和缺乏变革的保守主义色彩,对公共政策的制定进行修修补补。所以渐进决策模型多适用于稳定发展的社会形势,不符合社会变革之需要。特别是在人口剧增、资源匮乏、环境污染、货币贬值、物价飞涨、社会动乱、战争爆发等突变的形势下,渐进模型显得无能为力。因此,渐进模型的这种墨守陈规、维持现状、不求改革与创新的倾向,对不少发展中国家,尤其是在需要进行改革规划的许多领域内都不适用。

渐进模型给我们的启示是,公共政策是对过失的修正。

四、综合政策模型

综合模型是德罗尔（Y. Dror）在《公共政策制定的再审查》中首次提出的。德罗尔试图将理性决策模型与渐进决策模型有机地结合起来，并把两者的合理性加以延伸与综合。他认为，理性政策模型虽然主观构想很好，但在政策制定的实践中，所需要的知识、经验、能力是无法达到的。渐进政策模型虽然在实践上比较可行，但其保守的倾向使得这种模型只能局限于目标有限的政策制定，不利于政策创新与社会变革。

在现代社会中，政府事实上面临着两种交叉的政策诉求，一种是要求社会稳定的政策诉求，一种是要求社会变革的政策诉求。只不过在一定的时间内，以一种类型的政策诉求为主。前者适合于使用渐进调适的政策模型，后者则适用于使用革新的政策模型。所以，必须将不同的政策模型结合起来。

综合决策模型具有下面一些主要过程和特点：(1)必须确认重要的政策目的、决策标准和基本的价值判断标准。(2)要通过比较研究、历史研究、实践经验总结和学习新的成果产生灵感，并形成具有创新的政策方案。(3)可先运用渐进的方法分析先行的政策，再用多种相关知识、理论和分析技术预测现行政策的后果，确定主要政策的期望，从而决定是否需要制定新的政策。(4)要充分考虑到各种政策方案的政策期望与代价，尽量选择风险最小、效果最佳的方案。(5)在政策制定中，不同的分析者在整个分析过程中必须进行坦诚和自由的讨论，以便取得协商一致的意见。(6)要提高公共政策的质量，必须切实改进政策制定系统，其中包括最高决策者个人的素质和整体素质，优化政策组织结构等。

应该承认，综合政策模型在理论上更加全面，在实践上适用面更广，但实际政策制定过程中，如何确认渐进与突变的契机，如何把握渐变与突变的度，如何在保守与变革的博弈中求得平衡，却是一个难以掌控的问题。

第三节　理论基础角度的分析模型

理论基础角度的政策分析模型主要是从模型建构的理论出发来进行模型分类。

一、博弈理论模型

博弈论是研究决策者在某种特定状态下，当成果无法由一方完全掌握，而结局需要根据局中人共同决策而定时，为了取胜而采取何种策略的数学理论和方法。博弈理论模型认为政策是竞争环境下的理性选择。这种竞争环境是指两个或两个以上的参与者,他们彼此存在利害关系,其中每个人的选择都会对其他人的决定产生影响,最终的结果依赖于所有参与者的选择。

在政策制定的过程中也会有类似的情况,当孤立的最优选择不存在,只能根据他人的选择作出自己最佳的决策时,博弈论分析就能发挥作用。

博弈理论源于互为因果、相互关联的行为选择。每个参与者不仅要考虑自己的需要和能力,而且还要对他人的预期行为作出判断,然后调整自己的决定。博弈这个词有游戏的含义,看似难以应用到严肃的场合,但事实恰恰相反,博弈的理论和方法可以用来处理重大的政策问题。博弈的参与者可以是个人,也可以是一个组织或政府,只要他们能够以明确的目标为导向实施理性的行动。

博弈论模型是一种抽象的、演绎的政策模型,该模型并不描述人们实际上如何制定政策,而在于说明在一种竞争的状态中,如果人们的行动完全合乎理性,他们将如何作出决策。

博弈理论模型最大的特点是,我们无法事先判断一个决定是否为最佳的选择,而必须配合对方的行动才能得知。即我们无法控制对方,不确定性程度很大,所采取的政策深受对方策略①的影响,因而博弈方法的具体运用是千变万化的,很难有固定的模式。当双方处于竞争的状态时,往往需猜测或估计对方会采取怎样的行动,然后决定自己的策略。在考虑了对方一切可能的动向后,用理性的方法,采取一套能够达到效用最大化(或损失最小化)的行动,以实现制胜的目的。

政策制定者应该用博弈论的观点来看问题。所谓政策,其实就是在多次博弈之后逐步形成的、使人们在相互交往时可以较为确定地知道别人行为方式的社会契约,它必须是符合"纳什均衡"②的。因此,对决策者而言,你有政策别人亦会有对策,你若想使自己的政策有效,就必须充分考虑别人可能采取的各种对策,以使你的政策符合纳什均衡的要求,这样才能达到预期的效果。另外,决策者也不能单纯认为政策对象为自己的利益而博弈就完全是错误的。因为在一个社会共同体中,每个人、每个集团、每个阶级都有自己特殊的利益

---

① 策略是博弈论中的一个重要概念。它所对应的是这样一种理性决策情境,即在考虑了对手所有的可能性选择之后,设计一组行动并使之达到最优结果。博弈论者借用"最小最大化"一词来阐述策略的内涵,即无论对手怎样做,自己的选择都将是自己的最大损失最小化或最小收益最大化。

② 纳什均衡(nash equilibrium)又称为非合作博弈均衡,是博弈论的一个重要术语,以约翰·纳什的名字命名。假设有n个局中人参与博弈,给定其他人策略的条件下,每个局中人选择自己的最优策略(个人最优策略可能依赖于也可能不依赖于他人的战略),从而使自己效用最大化。所有局中人策略构成一个策略组合(strategy profile)。纳什均衡指的就是这样一种策略组合,这种策略组合由所有参与人最优策略组成。即在给定别人策略的情况下,没有人有足够理由打破这种均衡。

与要求,都想通过自己的行动谋取自身利益的最大化。但问题是:在一个共同体中,在一定时间空间点上,资源存量是有限的,利益总量是有限的,你多一点别人就会少一点,由此构成了人们之间的利益冲突,而政策制定者的价值恰恰在于此时充分运用博弈技巧与智慧,对社会利益进行权威分配以求得纳什平衡,即俗称的双赢。

博弈理论模型作为一种政策制定与分析工具,对我们最大的启示是:公共政策是政策主体之间的竞争、政策主体与政策客体之间的竞争下所作的抉择。它大大开阔了我们的视野,为政策分析提供了一个有趣的思路,特别是在冲突情况下进行政策选择时,它所发挥的作用更加明显。关于详细的基于博弈论的政策分析方法,我们将在另外章节中加以介绍。

二、经济学理论模型

经济学理论的政策分析模型主要是从政府与市场之间的关系来分析公共政策,它依据市场失败与政府失败理论,把公共政策制定看作不完善的市场与不完善的政府之间的选择。其主要代表人物是戴维·L·威默(David L. Weimer)和艾丹·R·威宁(Aidan R. Vining)。

威默和威宁认为,政策的逻辑起点是市场失败,但市场失败不是政策干预的充分条件,因为政府也存在失败。因此,经济学意义上的公共政策分析首先分析是否存在市场失败,然后分析是否存在政府失败,最后在比较市场失败和政府失败的基础上进行矫正市场失败和政府失败的政策选择。

1. 市场失败

现代经济学认为,在完全竞争市场的假设下,由于存在大量的追求利润最大化的厂商和追求效用最大化的消费者,他们自我利益驱动的行为可以导致和消费的"帕累托效率",这就是所谓的"看不见的手"。但是,完全竞争市场假设只是一种理想,现实中不可能有完全竞争的市场,因而必然存在市场失败。这种失败如前所述,表现为:

(1)公共物品。公共物品具有两个特征:消费行为的非对抗性和消费者之间的非排他性。正因为如此,在对公共物品的需求上,消费者很难真实表达其效用水平。因此,如果消费者需要为公共物品消费支付一定的费用,他们往往低估自身的需要;如果消费是免费的,消费者又会夸大其对公共物品的需要。总之,每个人都抱着希望别人付费而自己享用公共物品的"搭便车"心理,这种心理很容易扭曲市场价格,导致公共物品供给不足。

(2)外部性。外部性也称外部经济效果或"外溢效应",它是指人们的经济行为所带来的一部分利益不能归自己享受,或者一部分成本不必自行负担。外部性所产生的经济效果可能是正的,也可能是负的。正是由于外部性的存在,才使产生外部性的行为者所享受的私人收益(或所支付的私人成本)与社会效益(或社会成本)之间存在着一定的差异。因此,当私人效益小于社会效益,行为者不能得到全部效益,他就会减少产出;当私人成本小于社会成本时,行为者又不必承担全部成本,他就会提高产出。这样,市场机制就不能有效地发挥作用,从而使社会福利受到损害。

(3)市场悖论,也称市场竞争的不完全性。市场机制发挥作用的前提是自由竞争。然而,完全的自由竞争从来没有出现过,相反,自由竞争的结果必然导致垄断。垄断严重束缚了自由竞争,对市场结构和市场行为产生人为的扭曲,成为由市场经济产生又对自身产生破坏作用的异化力量。这是市场经济本身永远解不开的悖论。

(4)信息不对称。与信息有关的市场失败主要有两种类型:其一,信息本身具有共享性,是指一种公共物品无论是排他使用还是非排他使用,都会产生相应的市场失败问题。其二,信息分布的不对称。在市场交易的过程中,买卖双方所掌握的产品信息量常常存在一定的差距。比如,生产者也许会隐瞒产品的缺陷或者夸大产品的效用,这样,消费者获得的信息不全或不实,从而对产品质量估计过低或过高,最终产生过多消费或消费不足之类的市场失败。

(5)市场调节的盲目性与滞后性。市场机制是建立在"经济人"的基础上的。"经济人"经济活动的目的就是以最少的付出获取最大的收益,而引导他们行为的信号是市场价格。经济人在根据市场价格调整自己的经营活动时,固然最终可以在全社会实现供求平衡,形成资源的优化配置,但由于个人和企业掌握的信息不完全,加上其利益上的自私性和行为上的短视性,必然形成微观决策上的看似精明自由实则盲目被动,而导致整个社会的生产无政府状态和供求关系的失衡。

(6)市场体制不能促进社会公平。效率和公平是保证经济发展和社会进步的一对翅膀,不可偏废。市场机制的最大功能是能激发人们内在获取利益的动力,提高效率、促进经济发展。它遵循的是效率逻辑和成本逻辑。它虽然也强调市场上的平等竞争、等价交换和机会均等,但那仅仅是一种理想,现实中很难实现。因为不同的人和企业,其资源禀赋是不可能相等的,所以不可能机会均等地在一条起跑线上竞争,其结果必然是收入分配的不平等。且市场竞争会导致"马太效应",即富者愈富、穷者愈穷,最终产生两极分化,偏离社会公正公平的目标,甚至引发社会的不稳定,最后连经济效率也保不住。

2. 政府失败

关于政府失败,威默和威宁区分出直接民主制内在的问题、代议制内在问题、官僚制内在的问题和分权制内在的问题。富有代表性的政府失败有:

(1)选举悖论。选举是把个人偏好转化为社会选择的有力工具,是公平民主的体现,但由于任何公平的投票制度都会出现循环投票,控制政策议程的人就有机会操纵社会选择。因此,认为选举能够体现大多数人意志的想法往往是不切实际的。公平民主的选举最后带来不公平不民主的结果。这就是通常所说的"选举悖论"。①

(2)寻租活动。在建立现代民主政体的大多数国家里,立法、行政和司法部门一般都是由选民直接或间接选出的代表组成的。虽然这些代表是在政府决策中传达公众心声的"公仆",但是公众却很难对他们进行有效的监督,相比之下,那些密切关注政府决策的"利益集团"比选民更能对政府官员的行为产生影响。寻租活动即是为获取经济利益而游说政府实施干预的行为。典型的寻租是利用政府干预限制市场竞争以攫取垄断利润,例如发放许可证、收取进口关税等。寻租活动一方面浪费社会资源,损害了经济效率;另一方面则造成了行业垄断,限制了社会技术创新的能力,延缓了经济增长。

(3)代理损失。政府干预市场的做法之一是成立若干机构和组织来提供公共物品并管理市场。这些政府机构和组织能在多大程度上提高社会的整体福利,取决于工作人员的勤奋程度和被激励的水平。但由于信息的不完全,导致监督不力,从而诱发工作人员的机会主义行为,造成社会整体福利的损失,这称之为"代理损失"。政府的代理损失主要表现在三个方面:其一,缺乏可信赖的测量手段来确定公共物品的边际社会收益,因此也就无法确定政府部门的合理规模;其二,有限竞争导致政府部门工作效率低下;其三,以职务常任为特征的公务员制度阻碍了政府部门的人员流动,造成部门僵化。

(4)财政上的外部性。现代国家大多采纳一种高度分权的政府体制,中央政府在控制最高管理权限的同时也为地方政府保留了一部分自主决策权,这种分权制度使地方政府有可能自主决定为本地区提供哪些公共物品,而那些对本地区公共物品质量不满意的人可以通过改变居住地来满足自己的需要。对于迁入地的居民来说,如果移民上缴的税收高于当地平均水平而对公共物品的需求又低于当地平均水平,那么他们就能享受到财政上的外部效应,反之则需要付出财政上的外部成本。为了吸引前者而抵制后者,地方政府会制定政策为前者提供优惠而为后者设置障碍,其结果又导致了地区之间的财政外部性——落后地区低收入家庭的比例呈上升趋势。这对于贫困地区和贫困人口来说都是不公平的。

除上述传统的政府失败之外现代政府失败还包括:一方面,政府对社会、市场的管理,不仅使政府所承担的任务越来越多,成为"万能政府",在不少方

---

① 关于选举悖论产生的过程参见张金马:《公共政策分析:概念·过程·方法》,第185页,人民出版社,2004。

面负面影响越来越大;另一方面,政府中官僚机构膨胀,效率低下,财政支出扩大。

3. 矫正市场失败与政府失败的政策路径

市场失败和政府失败为研究者研究公共政策提供了概念框架和选择路径。

(1)自由市场政策。市场机制在有效配置社会资源方面的作用是不可替代的,因此,在不存在市场失败或者存在市场失败但能够被消除的情况下,建立或重建市场就是解决公共政策问题的最佳途径。自由市场政策包括放开市场、推动市场和模拟市场三种形式。放开市场政策可以采取取消管制、合法化和私有化等措施,但前提是不存在市场失败;推动市场政策适用于公共物品和外部成本等情形,其手段包括建立产权、类似排污权交易的配额交易等;模拟市场政策的主要方式是拍卖,它可以矫正自然垄断、公共物品等方面的市场失败。

(2)刺激市场政策。刺激市场政策是政府为了引导市场行为而采取的一种直接干预手段。它发挥作用的主要方式是改变产品的相对价格,即通过征税提高成本或者通过补贴降低成本,以期引发价格的变动,调整市场供给和需求。其中,税收和补贴的对象可以是生产者也可以是消费者。例如,对生产者征收产品税或对其发放财政补贴,对消费者征收商品税或对其发放实物补贴等。刺激市场政策可以起到内化市场外部性、增加公共物品供给等作用。

(3)市场管制政策。政府对市场实行管制的目的是强制人们采取特定的市场行为。市场管制政策既包括具有普遍约束作用的法律,如合同法、劳动法、商业法、反不正当竞争法等,也包括对具体市场行为加以规范的规章制度,如在产品价格、数量、质量方面的限制以及对注册、证明、许可的控制等。市场管制有助于消除市场中的垄断、外部成本、信息不对称、不合法偏好等现象,改善社会分配状况。市场管制政策包括价格管制政策、质量管制政策、直接和间接信息发布政策。

(4)非市场化政策。非市场化政策是指政府运用非市场化机制直接提供社会产品。其前提条件是存在市场失败,而且如果采用市场化政策会滋生机会主义并导致代理损失,也就是说在缺少严密监督和控制的情况下,很难保证私人生产者的效率和可信度。非市场化政策包括直接政府供给和间接政府供给两种类型。直接政府供给是由政府机构直接从事生产和分配。例如由政府部门提供土地管理、科学研究、技术支持、文化教育、司法帮助等。间接政府供给有三种方式:其一在水、电、气等垄断行业建立独立的政府公司,它们的日常运行不受政府部门的行政干预,根据运行成本收取最低费用;其二是政府同私人企业签订生产合同,由私人公司提供公路交通等产品和服务;其三是政府资助非盈利组织的活动。

(5)社会保障政策。政府干预市场的又一项职能是为人们提供抵御突发事件的缓冲器,其主要载体是政府的社会保障政策,即保险和救济政策。保险政策有强制保险和保险补助两种类型。强制保险是政府运用其强制力迫使人们普遍参与保险;保险补助是政府为受益人提供补助保险费。救济政策有储备、过渡性补助和现金资助等形式。储备是储存资源或产品以调节市场供求和平抑物价;过渡性补助是指当政府的干预计划对一部分政策对象产生损害所给予的补偿;现金资助是对特定的政策对象例如儿童、妇女、残疾人等进行资助。

上述政策选择的路径见下图9—2:①

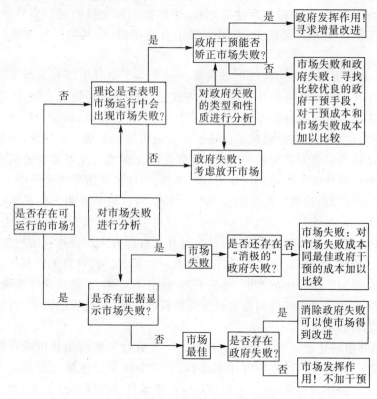

图9—2　经济学理论政策分析模型

4.经济学理论的政策分析模型评价

经济学意义上的公共政策分析,实质上是现代经济学方法在公共政策分析上的成功应用,它以经济学的逻辑重新诠释了公共政策分析的程序、政策方

---

① 引自张金马:《公共政策分析:概念·过程·方法》,第189页,人民出版社,2004。

案选择的标准。它着重研究市场和政府这两种重要的资源配置机制,强调市场失败是公共政策干预的逻辑起点,但并不是公共政策干预的充分件,因为公共政策干预带来的政府失败可能远远超过市场失败,因此,必须比较市场失败的成本和公共政策干预带来的成本的大小。这无疑对于公共政策尤其是经济政策的选择具有重大的现实意义。然而,公共政策首先是政治行为,"经济人"假设、方法论的个人主义、市场效率等经济学观点并不完全适用于公共政策分析,特别是作为经济学意义上的公共政策分析的基础工具成本—效益分析,面临如何界定各种具体公共政策成本和效益并对它们进行量化比较的困难。

三、公共选择理论模型

公共选择模型的理论基础是政治学与经济学的结合,他从"经济人"假设入手,把政治舞台看成一个经济学意义上的交易市场,从供给和需求两方面进行分析。政治产品(即公共利益)的需求者是广大的选民或纳税人,供给方则是政府官员、政治家或政党。他们的行为都遵守着一个共同的效用最大化准则,就是说,一个选民在投票前总是要在候选人名单中选择能给他带来最大利益预期的人,然后才投他的票;一个政治家或政府官员在决策时总是对最能满足他自己利益(金钱、名誉、地位等)的政策议案表示青睐,即公众的利益有可能只是手段而未必总是目的。

公共选择理论可以被定义为对非市场领域的经济学研究,或简单解释为经济学分析方法在政治学领域的具体运用。公共选择的主题有国家理论、选举规则、选民行为、政党政治、官僚体制等,然而公共选择的方法却是经济学分析方法。该理论假定所有政治行为人,如选民、纳税人、候选人、立法者、利益集团、政党、官僚体制等,都与市场行为人一样自利、理性,并追求政治利益最大化。布坎南[1]认为,如同人们在市场上的结盟目的一样,人们出于共同的利益需要在政治上走到一起,并通过契约形式努力扩大个人的收益。

公共选择理论有助于解释政党及其候选人为何在竞选活动中一般都未能提出十分明确的政策替代方案。政党及其候选人对原则性问题的讨论并无兴趣,而只是对在竞选中获胜情有独钟。他们表述自己的政策立场有时完全是一场政治表演,不是为了形成某项政策,而是为了赢得这场选举。因此,任何政党及其候选人总是力求寻找那些能够吸引多数选民的政策立场。

---

[1] 布坎南,美国著名学者,他最突出的理论贡献是创立了公共选择理论。公共选择经济学的基础是一个从根本上说十分简单但却很有争议的思想——即担任政府公职的是有理性的、自私的人,其行为可通过分析其任期内面临的各种诱因而得到理解。这一思想的主要推论是政府不一定能纠正问题,事实上反倒可能使之恶化。

公共选择理论还有助于人们理解利益集团及其对公共政策的影响。大部分政府计划都与提供公共物品有关,而纯粹的公共物品毕竟是少数,更多的则是准公共物品,即那些有利于社会中某些团体的物品或服务。一个理性的人若设法寻求特定利益——补贴、保障或特权,就会联合那些有共同需要的人,自行组织起来,通过各种形式向政府施压,导致社会上少数具有同质性利益的、高度组织化的利益团体的形成。为了吸引成员的加入和更多社会的赞助,利益团体领导者可能会危言耸听,对其成员强调团体的重要性,对其政府则强调其需求的紧迫性,持续运作,利益集团对社会产生所谓"组织硬化症"。[①] 可见,利益集团像其他政治行为人一样,其在政治市场中无时不在设法扩大自身影响与追逐自身利益,直接或间接地干预公共政策。

公共选择模型是公共选择理论在公共政策制定方面的应用。公共选择理论把经济学的分析方法与工具运用于研究集团的或非市场的政治决策过程,它以现代经济学的基本假设为前提,分析公众的公共选择行为和政府的决策行为以及两者之间的关系。公共选择模型给我们最大的启示是,公共政策是集体选择的结果,这种选择从本质上来说带有自利的性质。公共选择理论从某一侧面较好地解释了市场经济条件下的腐败根源。

但是,公共选择理论模型并不是完全消极的。在布坎南看来,产生这一政府行为的外部原因是缺乏一种约束机制制约政府的行为方式。如果约束机制不能提供一种良性压力,确保任何人处于某一特权地位时无法过多地牟取私利,那么再高尚的执政官也不能保证公共利益不被他或他的后继者有意或无意地损害。正是在这个意义上,公共选择理论强调,不应该把增加社会福利与保证人人平等的权力随便交给某一特权机构或阶层,然后再虔诚地等待他们的恩赐。理性的做法应该是使这些特权机构或阶层受制于某一硬的约束机制并且由公民真正地而非形式地掌握该约束机制的最终决策权。

对于公共选择模型,这里必须指出两点:其一,人们的需要不是只有物质需要和经济利益。美国心理学家马斯洛就将人的需要分成前后相继的生存、安全、社交、尊重、和自我实现五个层次,并提出"自我实现人"的人性假说,这已为人们所共识;同时人的本质,从其现实性上说,是社会关系的总和,人性是复杂多样和可变的,不同的社会有不同的人性表现,同一个人在不同的环境条件下也有不同的需求和利益。上世纪70年代以来西方现代管理学就提出了"复杂人"的人性假定,被管理学界普遍认可。因此,对于古今中外的腐败现象,我们不能完全用"经济人"的利己选择加以归因。"经济人"仅仅是市场经

---

① 所谓组织硬化症,即社会充满着为组织化利益团体而设的各种补助、津贴、保护与其他特权,却不鼓励工作、生产、投资、回报的一种社会经济状态。

济下的一种人性表现。其二,政策主体的利己需求并不必然导致权力腐败,政策主体并不是孤立的个人,他们总是某一统治阶级阶层或集团的代表,公共政策也是统治阶级、阶层、或集团的政治意志和利益的体现。政策主体的利己选择如果和自己所代表的阶级阶层或集团相一致,一般不会产生腐败;只有政策主体在政策选择时完全从个人私利出发,走向极端利己主义,才能出现以权谋私的腐败。因此遏制腐败,政策主体必须遏制自己的利己之心,但这不能完全依靠主体自身的道德良心加以保证,思想一碰上利益就会出丑,外部制约是绝不可少的。

尽管如此,人的物质需要和经济利益确实是人的最基本需要和最根本的利益,公共选择理论模型及其"经济人"假设为我们探求官方政策主体权力腐败的根源提供了一个人学和心理学的支点。

四、制度主义模型

制度理论起源于传统的政治学。传统政治学研究的焦点通常是对一些特定的政府机构,对结构、职能、权力、责任等进行描述,它为现代制度理论和制度分析方法的形成奠定了理论和实践基础。

制度理论模型认为,公共政策是政府部门的活动。因此,要了解公共政策的制定,应首先了解政府的体制,即政府的组织、结构、职责和功能,从这几个方面来分析公共政策。如在总统制、内阁制、委员会制等这些不同的政府体制背景之下,就有不同的决策程序,从而产生不同的决策结果。对政府组织机构的研究的确可以帮助我们了解公共政策制定过程的一部分,这就是制度模型的贡献。

制度理论还认为,公共政策与政府制度之间的关系是非常紧密的,政府制度是公共政策的母体,它在公共政策的整个生命周期都起着决定性的影响作用。也就是说,不同的政府制度会导致不同的政策输出,公共政策是政府制度的产物。

政府制度赋予了公共政策三个明显的特征:(1)公共政策的合法性。只有政府制度更能够最终赋予公共政策合法的实施。(2)公共政策的普遍性。公共政策是对全社会各种利益和价值的权威分配,它的触角深入社会的各个层面。(3)公共政策的强制性。当政策制定出来付诸实施之后,政府有强制力作为后盾保证政策的推行(当然,对于经实践检验不妥的政策,国家亦应有相应的补救措施)。

制度研究还侧重于政府机构中那些涉及政策过程的组织和政治行为人的行为方式。政府就像是一部机器,这部机器由不同的齿轮和杠杆组成,它有固化的结构、约定俗成的工作习惯、规律性的运行方式、程序化的工作过程等。

毫无疑问,其自身内在的结构性特征对其产品有着决定性影响。同样,不同制度特征的政府所输出的政策肯定会有很大差别。制度模型对我们的启示是,制度结构是社会和政治生活的基本建筑材料,个人的偏好、能力和基本的认同以这些体制结构作为条件;历史发展是路径依赖,一旦作出了某种选择,它便限制了未来的可能性。决策者在特定时期可利用的选择范围是那些早期确定了的制度性能的函数。制度通过形成问题的解释和可能的解决方案,通过限制解决方案和选择以及他们被执行的方式而影响决策行为。

制度分析模型为我们提供了一个清晰的政策分析路径,面对一个政策问题或一项政策方案,我们要对如下问题进行依次分析:什么样的政府组织与政府官员作出了这样的决定?这个组织在政府职权链条中所具有的上下级关系是什么?它面临着什么样的情境压力?它由哪些部门构成?这些部门的各自特征和相互关系如何?这些组织的内部权力分配、职责划分、工作程序、运行规则是什么?这样的拷问与回答最终会顺理成章地提出结论:这个组织制度的特征决定了它只会如此而不会作出其他的政策选择。

第四节 我国政策分析模型及其科学化

上述诸种政策分析模型,都是基于西方国家的经验和理论资源概括总结出来的。而能够全面、系统地分析当代中国公共政策过程的理论模型,则只能基于中国自身的经验和理论资源来加以概括。

一、现实政策分析的复杂性和综合性

政策分析模型虽然给政策主体提供了制定政策的工具和技术,简化了人们对现实政策过程的认识,方便了政策学者对现实政策进行分析评估,然而,要概括总结某一国家政策过程的模型却是异常困难的。生硬地将上述分析模型套在某一国家头上显然是不科学的。上述分类也只是根据一定的标准所作的列举,并不能涵盖所有的政策分析模型,更不能概括现实的政策制定过程,因为现实的政策制定决不可能执着于某一单独的政策模型,相反,它是各种模型的选择运用和综合运用。可能在这一政策问题上采用的是一种模型,而在另一政策问题上则采用另一模型;可能在政策制定的不同阶段采用不同的分析模型;还可能在某一政策制定中不同的政策主体采用各自青睐的政策模型,甚至可能在政策制定和政策分析中,采用的方法一直处于流动之中,根本没有什么模型可言,或各种模型都在应用。况且,前面提及的政策分析模型本身也有一些固有的缺陷:(1)过于简化。政策制定过程中存在着复杂多样的因素,

如果因素齐全、准确,构建的模型就会相应精确,依据模型制定的政策也就相对可靠。但在许多情况下,由于资源和时间的限制,人们无法认识和研究那么多因素,只能构建出较为简单的模型。然而,人们在使用模型时,可能会遗漏重要的因素。(2)主观偏爱。政策模型的构建不存在统一的规范,在许多情况下,决策者和政策分析者的个人经验、偏好往往起着支配作用。个人性格趋向沉稳、保守的人,偏爱渐进调适性的政策模型;对政治精英抱有期望的人,往往信赖精英政策模型。因此,政策模型不可避免地带有主观色彩。(3)模型矛盾。在政策制定与分析中,事实上存在多种技术、方法和途径,特别在政策分析的争论中、不同的分析中,由于观察问题的角度不同、掌握的信息不同、对政治与技术的偏爱程度不同,从而构建的政策模型会不一样,甚至会产生根本的分歧。

由此可见,对一个国家政策分析模型的概括提炼绝不是一件简单的事情,而是异常复杂的工作。

具体到我们国家而言,更是如此。我们的公共政策科学是在改革开放的进程中,特别是在党的十三届六中全会决定中强调"建立和健全民主的、科学的决策和执行程序"之后建立和发展起来的,其概念体系、理论框架基本上都是从西方全盘引进的。决策模型理论作为政策科学的一个研究方向,是在西方尤其是美国的语境环境中概括总结出来的,因此,这些理论模型不能够完全解释在实际过程中政策主体是依据什么理论、遵循什么决策路线、参照什么决策模型去制定和执行政策。为了有效地描述和说明中国共产党和中国政府的伟大决策实践,就需要在参照西方国家决策模型理论的基础上,依据中国公共政策的经验事实来构建有中国特色的公共政策理论模型。

二、中国现实的政策模型分析

在中国政策科学理论研究和实践活动过程中,不使用和借鉴政策模型是不可想象的。然而,我们不能忘记的是,概念模型源于人们的认识,是人们理论知识、价值观念和个人信仰的综合表现。因此,正如宁骚等公共政策学者所言,要构建中国科学的政策过程模型,必须通过对以往尤其是毛泽东、邓小平等党和国家领导人的政策价值观、思想方法论、工作方法论的梳理为基础,结合我国现实的政治——行政环境,借鉴西方政策模型理论,建构一个新的有中国特色的政策过程模型。

在对中国政策模型的研究中,宁骚的"上下来去"模型以及陈振明的"内输入"模型比较有代表性。这里重点介绍宁骚的"上下来去"模型。"内输入"模型将在政策制定一章中加以分析。

"上下来去"模型认为,政策制定过程在认识论上是一个从"形而下"到"形而上"的过程,政策执行过程在认识论上是一个从"形而上"到"形而下"的过程,与此同时整个政策过程在政策主体与政策客体的关系上则是"从群众中来,到群众中去"的过程,因此称之为"上下来去"政策过程模型。见图9-3。这里构建的"上下来去"政策过程是一个逻辑过程。在政策过程的不同阶段用虚线隔开,表示划分是相对的。政策过程是主体认识世界、改造世界的过程。公共政策的主体是执政党和公共权力机关,它们只有在独立自主的条件下才能真正地、完全地按照"上下来去"指示的决策路线去制定和执行政策。这里说的"独立自主",既包括国家能够独立地根据自己民族的具体情况和特殊条件决定自己的政治方针、政策和行动,也包括地方政府和中央政府下属的公共权力机关在统一的战略、策略之下,因地制宜,因时制宜,从不同地区、不同历史条件的具体情况出发,决定当时当地的工作任务和工作方法。

"上下来去"政策过程模型是由若干个亚模型组成的,如决策认识的真理性模型、群众—领导模型、个别——般模型等。这些亚模型在现阶段只是一个轮廓,比较粗放,有待于进一步研究和充实。需要说明的是,西方学者在另外的理论背景和经验事实基础上构建的决策模型,经过改造是可以被整合到某一亚模型中去的。例如理性决策模型与有限理性决策模型之间的对立有可能在决策认识的真理模型中得到消解,精英决策模型以科学决策为根本诉求的成分可以被群众—领导模型所吸纳,等等。更有意义的是,西方现代社会调查的程序设计和技术手段统计方法、计算机辅助决策系统等,都可以在"上下来去"政策过程模型的社会操作过程中大显身手。

表9-3 "上下来去"政策过程模型①

政策的元认识过程		
政策制定过程	政策执行过程	政策过程的循环
实事求是,一切从实际出发: 从客观到主观 从物质到精神 从实践到认识 从感性认识到理性认识 从个别(个性)到一般(共性)	实事求是,一切从实际出发: 从主观到客观 从精神到物质 从认识到实践 从理性认识到感性认识 从一般(共性)到个别(个性)	从相对真理到绝对真理: 物质—精神—物质 循环往复,以至无穷 实践—认识—实践 循环往复,以至无穷 个别——般—个别 循环往复,以至无穷

---

① 宁骚主编:《公共政策学》,第289页,高等教育出版社,2003。

政策的社会认识过程		
政策制定过程	政策执行过程	政策过程的循环
从群众中来： 从群众到领导 从民主到集中 从个别到一般	到群众中去： 从领导到群众 从集中到民主 从一般到个别	群众—领导—群众 循环往复，以至无穷 民主—集中—民主 循环往复，以至无穷 个别——一般—个别 循环往复，以至无穷

↓　　　　↑

政策的社会操作过程		
政策制定过程	政策执行过程	政策过程的循环
调查研究： 调查—研究—决策 蹲点调查，"解剖麻雀" 引出一般	调查—试验—推广： 追踪调查、反馈执行情况 一切经过试验 一般号召与个别指导相结合	调查—研究—决策 循环往复，以至无穷 个别——一般—个别 循环往复，以至无穷

三、中国政策分析模型的科学化

1. 强化对西方政策模型的辩证认识

政策科学本身就是从西方引进中国的一门学科，关于政策模型的理论便是植根于西方语境与制度之下的经验总结。中国要像西方国家那样，构建公共政策过程的模型，用以指导政策理论和实践工作，就不能简单地把西方国家的理论"生搬"过来，"硬套"到自己的头上；另一方面，我们的政策模型也离不开对西方这些模型的学习与借鉴。因此，科学的方法思路应该是对模型理论作详细梳理，把西方诸种政策模型的背景作详细梳理与对比，从而纵向上把握模型理论的来龙去脉，横向上理解不同模型及其背景之间的前因后果。

2. 强化对中国政治—行政文化的理解

任何理论都离不开其独特的政治环境和制度土壤。正如西方政策模型理论植根于它们独特的政治—行政环境一样，我们的政策模型当然也离不开我们自己独特的政治—行政环境。政治—行政环境表现为一系列的制度，但它更是对特定的政治—行政文化的反映，因此不同文化传统会孕育出不同的甚至相左的政策过程模型和理念。比如西方理性的法治主义和中国传统的人治思想对政策过程及其模型的构建肯定会起着某种重要的作用。所以我国政策模型科学化的过程中要充分认识并考虑自身独特的政治—行政文化在其中起的作用。

3. 强化对我国政策实践经验进行系统分析

如前所述,政策模型是对一国或地区政策实践经验的理论概括和总结。要构建科学合理的政策模型,绝对离不开对我国政策实践的分析与总结。从1949年建立新中国,到1978年实施改革开放,此后出台一系列政策均产生巨大政策效果,使中国发生了惊人的变化,再到今天经济社会全面协调发展,我国社会主义现代化事业取得了举世瞩目的成就。对于致力于构建中国科学的政策模型的研究者来说,我们的任务并不在于通过对政策效果的观察和评估,认识这些政策的正确性或基本正确性,而在于研究这些政策为什么是正确的。也就是说,中国共产党和中国政府在最近三十年一系列重大决策中,依据什么理论、遵循什么决策路线、参照什么决策模型,从而使得制定的政策产生了预期的效果。

4. 强化政策过程本身的科学化

政策模型的科学化有赖于政策过程本身的科学化,变动不居、朝令夕改、各自为政等非科学的决策实践是无法总结归纳科学合理的模型的。所谓政策过程科学化,就要求决策者及其他决策参与者尊重客观规律,采用合理的决策程序,从实际出发,充分利用现代科学技术知识和方法,对政策问题及其产生的客观环境,实事求是地进行分析,并以此为基础对未来作出预测、判断和抉择。

第十章 公共政策分析的主要方法

公共政策分析是政策主体或政策研究者在分析政策环境、确认政策问题、确定政策目标、设计和选择政策方案、评估政策效果时所运用的理性分析方法。从理论上说,一个完整的政策分析过程包括六个步骤:第一,通过问题情境的分析,界定政策问题;第二,在明晰政策问题的基础上,确立政策目标;第三,根据政策目标,搜寻备选方案,并对其进行设计和筛选;第四,对各备选方案的前景和后果进行预测;第五,根据预测结果,评估各备选方案的优劣并做出决择;第六,对政策实施后所产生的效果进行评估。因此,政策分析方法的适用与否对能否有效解决政策问题举足轻重,方法论及分析技术的研究有助于政策的科学化。

第一节 政策信息收集与分析方法

政策信息的收集和分析是发现和确认政策问题的基础,也是确定政策目标和论证政策方案的首要环节,是使政策满足社会需要、符合客观实际、具有可行性的保障。

一、调查研究法

"没有调查就没有发言权",这对于政策分析来说也是至理名言。调查研究法是获取现实材料掌握第一手资料的基本方法。

(一)访谈

访谈法包括面谈与电话访谈两种形式。

面谈有个人面谈与集体面谈。个人面谈就是政策分析者与调查对象面对面交流以收集政策信息;集体面谈则是采取座谈会的形式听取调查对象对社会现实及政策问题的看法。面谈法的优点在于:面对面地平等交流,可以全面深入地了解各种政策信息。但也有其局限性,比如时间花费多、成本较大,对调查者的沟通技巧要求高等。

随着现代信息技术的发展与人们收入水平的提高,电话与手机已基本达到了普及程度,网络人口也大大增加。目前比较普遍而廉价的调查方法是电话(手机)交谈。未来的发展趋势必然是利用网络收集效率信息。电话访谈的优点是收集信息的速度快;能以极少的费用在广泛的地域内进行访谈,相对效率较高,成本较低;管理相对较简便;收集信息相对准确,因为电话访谈不像亲自访谈有那么多产生访谈偏见的可能,访谈者的衣着、外貌以及形体语言,调查对象都看不到,因而不会影响他们的回答。电话访谈的局限性是:受通话时间限制,信息的收集不可能深入;难以运用调查者个人的魅力与身体语言引导被调查者;尽管大多数的家庭都有电话,电话调查的结果仍不能代表像穷人、上了年纪的人、居无定所的人这样一些群体,而对于许多政策研究的目标来说,不能代表这些群体就会使研究结果出现偏见。

访谈的程序分为三个阶段:

第一阶段:访谈前的准备。准备工作首先是收集资料,掌握有关政策的背景知识。其次是挑选访谈对象。在访谈对象中有两类人特别重要:一是"关键信息提供者",比如政策制定的参与者、研究者。二是"固定的被访谈者",比如社会组织中的管理者、社会各界别、各阶层的代表人物。再次是制定访谈计划和访谈提纲。最后是访谈者的组织和培训。

第二阶段:进行访谈。这是访谈能否达到目的的核心阶段。在这一阶段,访谈者能否接近被访谈者,使他们毫无拘束,使他们吐露出尽可能多的信息,是访谈成功的关键。首先是安排访谈。主要是与访谈者共商访谈的时间、地点和具体安排。在大多数情况下由被访谈者自己选择访谈安排更合适,它可以使被访谈者感到自由、被尊重、不受拘束。其次是引入访谈。访谈的最初时刻建立融洽的关系、营造宽松的氛围很重要,这就要有一个导入的过程和导入的艺术。再次是访谈中的提问和追问。这是访谈进行的中心环节。在访谈的过程中,访谈者应该注意适时地进行提问,以便尽可能多地获得信息。问题应以能使被访谈者感兴趣、促使他们思考的方式提出。

第三阶段:记录与分析访谈资料。这一阶段的目的是,通过整理分析访谈材料,最终得出调查结果。对资料的分析基本上是一个创造性过程,它必须从有关资料表达、意味、说明和暗指的内容中推断出结果。有人认为以磁带录音记录或其他方式把访谈情况详尽保存下来是绝对必要的。但是也有一些人认为这种方式是不适当的,少量的笔记记录能创造一种比较坦率、轻松的氛围。在访谈中究竟采取何种方式,要根据具体的情况、个人爱好和信息的可能用途。但不管用哪种方式进行记录,都要在访谈结束之后尽可能快地整理与充实。思考刚刚进行过的访谈,有助于回想访谈的细节,提高记录的准确程度。在分析所收集到的信息的过程中,最基本的工作是把访谈的内容进行分类。分类要按照一定的原则来进行,比如我们可以按照时间、内容等进行分类。

(二)问卷调查

问卷调查是根据调查的目的实现设计一份供调查对象填写回答的问卷,然后分发到被调查者手中,由他们根据自己的理解自由回答,定期收回加以统计分析的调查方法。在调查对象较多、范围较广时,问卷调查是一种较有效的调查方法。

在问卷调查中,问卷往往被设计为由应答者独自填写的形式。由于整个过程没有访谈者出现,因而也不存在敦促应答者参与或引导他们完成调查的现象,有助于提高所收集信息的质量。例如,消除访谈者的偏见;应答者不会受访谈者外貌、形体语言、举止行为或声音的影响。应答者答卷在时间上相对自由,而不像在访谈中不得不在有限的时间内回答所调查的问题,这也是有利的。调查问卷是根据调查目的设计的,且客观问题较多,所以便于统计。问卷调查范围广、对象多,与访谈相比,代表性更强。问卷调查的局限性在于:由于缺乏与应答者面对面的或口头的互动,减少了应答者参与调查的动力,又增加了应答者阅读与答复问卷的负担,这使得问卷调查的答复率、回收率相对较低;收集的信息也无从对其真实性进行甄别,从而降低了信息的质量;问卷调查的对象必须是要有一定文化程度和理解力的人,对于某些政策问题,象老年人问题、识字率的问题等,它们的调查对象往往就无法运用问卷调查;问卷调查很难获得完整的、详细的信息,因为它不可能像访谈那样深入追问。

问卷调查的程序分为三个阶段:

第一阶段:问卷调查的准备。准备阶段有以下工作:一是制定调查计划。二是确定调查对象及问卷发放的人群。确定调查对象的标准是信息提供能力;他们对调查的政策问题的兴趣;他们对该政策问题的熟悉了解程度;它们受教育程度及特点等。三是设计调查问卷,调查问卷设计合理准确如何,直接影响问卷调查的质量和成效。调查问卷的设计有以下几点要求:(1)要紧密联系调查的目的和主题设计,与调查主题无关的问题不要进入调查问卷;(2)要有填写说明;(3)问题清楚明了,不要产生歧义;(4)问题的回答要求尽量简单,客观题,一般采用选择、填写数据和日期等,便于回答易于填写;(5)语言简洁,问卷不宜太长,以免耽误填写者太多的时间;(6)主观问题要留有足够的填写空间;(7)不要涉及个人隐私,尽量采用匿名方式。

第二阶段:发放问卷,指导填写。问卷的发放可以采取当面送交的方法。采用这种方法可以与调查对象交谈说明调查的意义并指导填写,有利于提高问卷填写的质量,有利于提高回收率。如果对象分布地域广,也可以采用邮寄的方法,这种方法不能当面指导填写,就需要在问卷中详细说明填写方法。

第三阶段:回收问卷,统计分析。回收问卷的要求是能收尽收,如有可能尽量上门回收,或电话催收。在调查对象选择准确的前提下,回收率越高,说明问卷调查越有效。问卷调查的统计分析有平均数分析、比例分析、集中度与离散度分析、标准差分析、变量分析、相关分析等。现在已经开发出较为成熟的统计分析软件,大大减轻了人工统计的负担,目前使用比较多的是 SPSS,SPSS 是英文 Statistical Package for Social Science 的缩写,即社会科学统计分析软件包,是由美国 SPSS 软件公司研制的产品。它比较适用于政策信息的统计分析。

(三) 抽样调查

抽样调查,是指从政策调查对象总体(母体)中抽取出一部分子体作为样本,对样本进行调查,然后根据样本信息,推算对象总体情况的方法。抽样调查是政策调查的基本形式。抽样调查本身可以通过访谈或问卷调查形式进行。抽样调查的主要优点是:工作量小,调查费用低,花费时间短。当然,抽样调查也存在易于产生误差的缺点。由于抽样调查所取得的整体结论是根据调查母体中一部分样本推算出来的,因而从一定意义上讲,出现或多或少的误差也是难免的,是允许的。为了发挥政策调查的作用,必须最大限度地减少误差,而要减少误差,关键的问题在于抽选好样本,具体讲要解决好以下几方面问题。

其一,正确地确定抽选样本的方法,使抽选出来的样本能够真正代表母体。样本能否代表母体,关系到抽样调查结果的准确程度,否则,结果便不会准确,也就失去了实际意义。

抽选样本方法很多,归纳起来可分为概率抽样和非概率抽样两大类别。不同的抽样方法,适用于不同的调查要求。从抽样方法本身来看,则应该力求做到:使母体中任何一分子都有被抽选出来作为样本的机会,它们的"机遇"应该是均等的。只有做到机遇相等,才有利于使样本能够大致地代表母体情况。另外,在不影响工作效果的前提下,尽可能使抽样方法简便易行。

其二,恰当地确定样本的数目。样本数目的多与少,各有利弊。一般来讲,样本数目多有利于提高调查结果的准确性,但样本越多,费用支出越大,需要的时间也越长。处理样本的数量矛盾,必须从政策调查的实际出发,依据需要调查了解的问题的性质而定,不能一概而论。对于调查对象母体而言,各个子体之间差异幅度有所不同。凡是调查母体幅度小的问题,样本宜少不宜多;反之,如果调查母体幅度大的问题,则样本宜多不宜少。例如,调查一个社区居民食品、消费量,在一定的生产力水平条件下,这个社区居民不论是由于收入、职业、文化程度等有多少不同,但是生活必需品消费量这个特征之间的差别还是比较小的。因此,可以称作母体幅度小。较少的样本也可以反映出母体的情况。相反,如果要调查高档商品消费普及率(如私人汽车、豪华住宅等商品)的情况,由于存在着收入水平不同,高档商品消费具有较大的不同特征,因此,属于母体幅度大的情况。调查者要在允许和可能的条件下,确定较多的样本数目,因为特征差别大,较少的样本难以反映母体情况,因此,需要较多的调查样本。抽样数目的多少,还取决于允许误差的大小。在政策调查中,有时可以根据调查要求,提出对调查的误差允许度。一般说,允许误差越小,抽样数目应越多;抽样误差允许稍大,抽样数目可以适当减少。

其三,加强抽样调查组织,提高工作质量。抽样调查的结果,除了取决于怎样去抽选样本,以及受样本数量等因素的影响外,还会受到调查过程中一系列属于工作质量方面因素的影响。这类调查误差属于工作组织问题,并不是由于抽样方法本身造成的,称为非抽样误差。非抽样误差的产生,主要基于下列原因:一是工作过程中容易出现调查项目设计不当,调查说明含义不清而引起的调查误差。二是调查人员进行实地访问调查的询问方法不当,被调查者不愿如实回答而引起的误差。三是调查过程中由于误记、统计计算错误和未按规定要求进行调查而引起的误差。非抽样误差不是抽样调查形式所必然产生的。只要加强工作组织,注意提高工作质量,就能有效地减少抽样误差,发挥抽样调查的积极作用。

抽样调查包括概率抽样和非概率抽样两种基本形式。

1. 概率抽样

概率抽样是指母体的全部基本单位都有同等被抽中的机会,也称随机抽样。概率抽样调查过程,首先按照随机原则从母体中选取调查样本,然后依据样本调查结果推算出母体的结论,并计算出抽样误差的大小,加以修正。为了达到概率抽样的目的,人们创造了多种多样的抽样方法,其中主要有单纯随机抽样、分层随机抽样、分群随机抽样。

(1)单纯随机抽样。单纯随机抽样是母体中的每个基本单位(亦称子体)都有相等的被选中的机会。样本抽选完全排除任何有目的的选择,按随机原则选择。它的优点是简便易行。对于母体特征分布均匀的母体比较适用,并具有较高的可靠性。通常有抽签法和随机号码表法来实现随机原则抽取样本。

(2)分层随机抽样。分层随机抽样是将调查母体分成若干层,再从各层中随机抽取所需数量的基本单位,综合成一个调查样本。分层随机抽样分层时,要将同一性质的基本单位分成一层,但层与层之间基本单位特性的差异则较大。即分层后要做到层内个体特性相似,基本代表了子体的某一特征;层间个体特性相异,代表了子体不同的特征。这种方法适用于母体基本单位特征差异大,且分布不均匀的情况。采用分层随机抽样的具体形式有:分层比例抽样、分层最佳抽样、最低成本抽样和多次分层抽样。

分层比例抽样是指各层所抽出的样本数,按各层基本单位数目占整个母体的比例来确定。

有时按比例分层抽样无法较准确地抽取到能概括某些层次全貌的样本。比如,全市中等收入居民 65 万户内部收入水平参差不齐和内部收入水平基本接近两种情况下,对 65 万户以同样 650 户样本数来概括其全貌,显然代表程度是不同的。因此,遇到分层后层内个体单位间差异较大的情况,就要采用考虑层内标准差因素的抽样方式,即分层最佳抽样。

分层最佳抽样法亦称非比例抽样法。它是根据各层基本单位标准差的大小,而调整各层样本数目的抽样方法。在各层差异过分悬殊,某些层的重要性大于其他层的情况下,采取非比例抽样,这些层抽取的样本数就多;反之,抽取的样本数就少。这样采取同时兼顾层的大小和层内差异程度的大小来抽样,有利于提高综合样本对总体全貌的代表性,可以提高样本的可信程度。

采用分层最佳抽样法,确定各样本数目的计算公式如下:

$$n_i = n \cdot \frac{N_i S_i}{\sum N_i S_i}$$

(3)分群随机抽样。分群随机抽样,是将调查母体区分为若干群体,然后以单纯随机抽样方法选定若干群体作为调查样本,对群体内各子体进行普遍调查。分群随机抽样同分层随机抽样的内容要求不同,分层随机抽样要求所分各层之间有差异性,分层内部的分子具有相同性;分群随机抽样恰恰相反,要求各群体之间具有相同性,每一群体内部的分子具有差异性。假设调查居民家庭收入,采用分层随机抽样和分群随机抽样,其不同要求如下图 10-1。

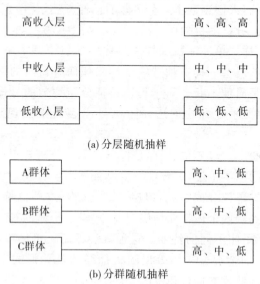

图 10-1　分层随机抽样与分群随机抽样的区别

分群随机抽样,是在单纯随机抽样基础上发展起来的。采用单纯随机抽样,有时会因样本单位过于分散而导致调查费用过高。采用整群抽样因抽中的单位比较集中,调查起来方便省时,节省人力、物力。但是在分群过程中,注意分成的群体之间差异要小,以使抽取的群体代表性强。如果分成的群体之间差异大,抽中的群体不能很好地体现总体属性,抽样误差就大。分层抽样适用于界限分明的母体抽样,分群抽样则宜在界限不清、母体中不同质的单位多且乱度高、不便于判定分层标准时采用,可以以地域或外部特征将调查母体分成若干群。分群随机抽样一般采用两段式分群抽样法,即先采取随机抽样选定样本,然后再对有关群体进行普查。

2. 非概率抽样技术

非概率抽样,是指概率抽样法范围之外的抽样法。各种各样的概率抽样都有一个共同点,即每一样本被抽取的机会是相等的,因此,调查结果可信度强,误差小。但在实践中,概率抽样要求调研人员掌握母体的某些基本信息并具有比较熟练的技术水平与丰富的工作经验,而且调查花费的时间长,费用支出多。所以,在一些政策调研中,比如在对调查的母体不甚了解,或者调查的母体过分庞杂时,往往采用非概率抽样方法抽取样本。

非概率抽样法主要有任意抽样、判断抽样和配额抽样等方法。

(1)任意抽样法。任意抽样法是一种随意选取样本的方法。比如,在街头向走路人作访问调查,便属于任意抽样。任意抽样法,由于其样本的选取完全是随调查人员的方便而定,所以也可以称为便利抽样。实行任意抽样的基本理论根据,就是认为母体中的每一子体都是相同的,随便选取任何一个子体都是一样的。任意抽样法是非概率抽样中最简便、费用最节省的一种方法。但是,如果母体中子体差异较大时,抽样误差也较大,其结果可信度大为降低。因此,一般说来,任意抽样法多用于政策初步调研或对情况不甚明了时采用,在正式政策调查中较少用。

(2)判断抽样法。判断抽样法,是由调查人员根据经验判断选定样本的一种非概率抽样法。这种抽样方法,通常适用于熟知母体中子体特征、样本数目不多的调查。如实践中的典型调查、重点调查等。像某一地区的经济发展水平、某一类居民家庭收入支出情况,都可以采取判断抽样法来决定样本。

(3)配额抽样法。配额抽样,是指将调查母体按某些属性特征进行分层,对分层后的副次母体样本按一定的特征规定样本配额,配额内的样本则由调查人员主观判断选定。从对调查的母体按特征分层并分别规定样本来看,配额抽样法同分层抽样法有类似之处,不过,对于层内的抽样方法又有所不同。分层抽样是采用随机方法抽取样本,配额抽样是按判断抽样法抽取样本。在实践中,采取配额抽样法抽取样本简便易行,节省费用,也能够较快地取得调查结果,而且样本不至于偏重于某一层。只要调查的项目设计得当,分析方法正确,所取得的结果也就比较可靠。因而,配额抽样法广泛地被人们所采用,成为非概率抽样中最流行的一种方法。当然,配额抽样法也存在着一定的不足之处。与概率抽样相比,容易出现由于所依据的资料不确切而发生选择上的偏差,同时,也不能像概率抽样那样可以估计抽样误差。

二、集中综合法

集中综合法是指从可获得的资料中收集政策信息的方法,也就是收集第二手资料的方法。这些资料包括各种文件、人事档案、会议记录、工作人员汇报、年度报表、演说发言、统计报告、法律裁决、法规和规章、过去的研究资料、工作日志、期刊杂志、书籍、报纸和网络信息等。政策研究者要充分利用所有这些可获得的资料,对其进行综合分析,从而得出自己所需要的信息。

集中综合法并不完全等同于传统的文献研究法,虽然集中综合法也要对现存的资料和已有的研究成果进行考察,但与传统文献研究相比,它有三点不同:一是集中综合法收集的信息不只是文献资料,还包括与政策相关者的访谈、新闻报道、政府工作的记录以及未出版的相关资料等。二是集中综合法注重信息的来源并探究其原因,不像传统文献研究只是简单化的描述性研究。三是集中综合法是集中综合使用信息,需要做解释性和规范性研究,集中综合的结果在实际中就是政策研究的结果,而传统的文献研究法,只是为其他研究方法的使用提供背景资料。

(一)可获得资料的类型

从可获得资料的来源出发,我们把可获得资料分为:

1. 内部资料

任何公共机构,出于内部管理的需要,都会经常收集、记录和储存各种各样的信息。这些信息往往外化为法律法规、规章和程序性文件、管理记录、人事档案、研究报告等形式。它们构成了可获得资料的内部来源。

2. 外部资料

与内部资料相比,外部资料不仅数量庞大,而且种类繁多。它们往往由政府、行业协会、学术机构、私人研究组织、利益集团、企业等来收集并向社会发布,并储存在公共图书馆与大学图书馆、政府机构、各种职业协会或公司中。不仅仅表现为文字,而且也表现录音磁带、幻灯片、照片、简图、标绘图、蓝图、模型、图样、草图和图表等。

(二)如何获取资料

1. 获取内部资料的方法

获取内部资料,可以使用人工检索方法或联机检索方法。人工检索法要求政策研究者询问机构内部的工作人员能够得到什么样的文件和记录。一般说来，这些资料存在于该机构的资料室、档案室或内部发行的刊物中，而且人工检索可以得到比官方正式文件记录内容更多的信息。另外，在进行人工检索的时候，也应该注意收集个人保存的信息材料，如个人信件、会议记录、便函、工作笔记等。除了人工检索之外，随着计算机技术的发展，一些有条件的机构把本单位的资料存在计算机管理的信息系统中，这样政策研究者就可以通过计算机终端来获取单位的内部资料。一方面，计算机信息系统为政策研究者提供了一个信息量巨大的资料库；另一方面，政策研究者在收集资料的时候能自动选择这些联机的信息源。不过，有时使用联机方法并不能收集特定的报告或备忘录等不是一再出现的信息，这些资料只能通过人工检索的方法获得。同时，联机检索的方法也不可能获得个人保存的记录和文件，不能得到最新的资料。因此，只有将人工检索和联机检索结合起来才能取得最佳的效果。

2. 获取外部资料的方法

外部资料同样也要通过人工检索和联机检索两种方法来获取。人工检索的工作量比较大，需要去查找研究指南、文献目录、索引、统计资料、字典与百科全书、政府刊物、媒体报道、法律材料以及在图书馆档案馆中存放的其他资料。计算机检索现在则成为一种非常高效的外部资料获取方法。

(三) 对资料的分析

不管是外部资料还是内部资料，也不管是通过哪种方式获得，要使它在政策分析中发挥作用，必须对其进行内容分析，从资料源中选取真实的、系统的、准确的信息。要对资料进行内容分析，关键是要构思内容分析的类型。构思内容分析的类型，在整个内容分析的过程中发挥着举足轻重的作用。首先要考虑的是提出的类型应恰当并准确地抓住研究的信息需求。实际上，构思内容分析类型的过程是一项把类型精炼化的工作。比如我们要对某地区不同人群对某项改革的新闻报道的态度进行分析，研究者可给报刊文章编码，确定报道人对改革法案如何影响社会生活的评论的类型，从而了解该地区报道对改革法案的态度。编码类型如下：

对某项改革社会影响的简短评估：

A. 肯定的

B. 有矛盾的心理/倾向于肯定

C. 有矛盾心理

D. 有矛盾心理/倾向于否定

E. 否定的

F. 有争议/倾向于肯定

G. 有争议

H. 有争议/倾向于否定

总之,可获得的资料对于政策研究来说并不是万能的,而且所有的资料都是他人为了自己的目的收集的,政策研究者要评估这些资料的适时性、适用性、包括的范围及其关键概念是如何有效界定的。

三、统计分析法

统计分析是运用数理统计的方法对通过调查和文献集中得到的量化信息进行定量分析,以找出各变量之间的相对稳定关系,从中发现政策环境、政策对象以及政策运行本身的本质和规律。

(一)描述统计

所谓描述统计(descriptive statistics),是指用归纳性的数值来概括一组数据的空间分布和相互之间的关系。在公共管理领域,描述统计是大量存在的。

例1 某城市所辖区县2000年的若干经济和社会指标统计数据如下表10-1所示。我们将结合这些数据来介绍描述统计的基本方法。

表10-1

区号	国内生产总值(万元)	农业总产值(万元)	工业总产值(万元)	人口(万人)
1	888096	65380	677541	140
2	143945	1967	99066	33
3	202252	7177	172517	23
4	843000	122000	601000	75
5	571035	236085	635221	60
6	1029000	465135	2409509	54
7	331000	87000	516700	39
8	241201	119382	196064	27

1. 最大值和最小值

顾名思义,最大值和最小值即是一组数据中的最大数和最小数。从上面的表格中可以看到,各区县2000年国内生产总值中,最大值为1029000万元,最小值为143945万元。

2. 频数分布

在一组数据中,将具有某种特征的数据出现的次数按某种顺序排列,称为频数分布。如上例中各区县2000年国内生产总值(万元)的频数分布如表

10-2所示：

表 10-2

国内生产总值范围(万元)	某市所属区县个数
<300000	3
300000~600000	2
600000~900000	2
900000~1200000	1

3. 百分数分布

百分数分布反映了具有某种特征的数据的出现次数在全体数据中所占的百分比。上例中该城市所辖区县2000年工业总产值(万元)的百分数分布如表10-3所示。

表 10-2

工业总产值范围(万元)	区县个数所占百分比
<400000	37.5
400000~800000	50
>1600000	12.5

4. 集中趋势和离散趋势

集中趋势测度描述了统计数据分布的定位情况，比如均值、中位数等度方式。离散趋势测度则描述了统计数据在均值附近分布的聚集或离散程度，比如全距、平均差、四分位差、标准差等测度指标。

均值：均值即数据的算术平均数。n个数据的算术平均值是：

$$\bar{x} = \frac{x_1 + x_2 + \cdots + x_n}{n} = \frac{1}{n}\sum_{1}^{n} x_i$$

中位数：中位数指一组数据按照数值大小顺序排列后，恰好处于中心位置的那个数。如果数据量为偶数，即中心处有两个数据，则取两个数的均值作为中位数。

一般来说，均值和中位数都能够刻画统计数据的集中趋势特征，但是如果统计数据中出现了某些极端值，均值则会扭曲数据的真实面貌，采取中位数法更能真实客观反映其集中程度。

全距、平均差、四分位差：全距指最大值和最小值的差；平均差指所有数值与均值的平均离差；四分位差指整个数列上四分位点与下四分位点两个数值的差，这两个数值所组成的区间能够囊括50%的统计数据。

标准差：标准差是最常用的离散趋势测度方法，记作σ，计算公式如下：

$$S = \sqrt{\frac{\sum_{i=1}^{n}(x_i - \overline{x})^2}{n}}$$

其中,n 为统计数据的个数,x_i($i=1,2\cdots,n$)为统计数据的值,x 为均值。标准差的平方,即 S^2 称作方差。

(二)推断统计

所谓推断统计,就是指通过对样本的统计,来推断或估计总体的分布特性。推断统计方法有很多,比如相关分析、聚类分析、判别分析、层次分析、回归分析、预测分析等。在政策分析中,特别重要的是相关分析、回归分析和预测分析等。这里着重介绍相关分析与回归分析,预测分析将在后面展开。

1. 相关分析

事物是相互联系的,那么记录客观事物的数据之间也体现着各样的关系。相关分析就是运用数学模型推算两个事物变量之间有无相关、有多大程度相关的统计方法。我们一般将两个变量称之为因果变量,作为原因在前的称之为自变量(X),作为结果在后的称之为因变量(Y)。自变量与因变量之间的因果关系有两种类型:

一种是确定性关系,也称数学关系。自变量与因变量之间的关系是确定的可以用准确的数学公式表示,每一因变量 X 会产生唯一一个自变量 Y。比如某一商品销售额 Y 与销售量 X 之间的关系是确定性关系,在售价不变的情况下,他们之间的关系满足于下面的公式:

$Y = PX$　　(Y 为销售额,P 为售价,X 为销售量)

另一种为相关关系,或称统计关系。如某校学生的身高和体重之间的关系如下表 10-4:

表 10-4

身高(米)	体重(斤)
1.65	106
1.72	118
1.77	122
1.80	140
1.70	134
1.78	128

设身高为 X,体重为 Y,这时 Y 和 X 之间很难用精确的数学公式表达,不能说某一身高必然对应某一体重,但二者之间确实又蕴藏着一种规律性,即较

高者较重,较矮者较轻,我们称身高和体重之间具有统计关系或相关关系,并且我们可以运用回归分析将这种关系用数学模型表示出来。

那么,两个变量之间存在相关关系与否,相关程度有多大,我们可以运用相关系数计算来分析。通过相关系数的计算,我们在分析某一政策问题时,就可以找到影响这一政策问题相关系数较大的各种因变量(原因和影响因素)。相关系数计算公式如下:

$$r = \frac{\sum (X_i - \overline{X})(Y_i - \overline{Y})}{\sqrt{\sum (X_i - \overline{X})^2 (Y_i - \overline{Y})^2}}$$

式中,r 为相关系数,X_i 为自变量的各数据($i=1,2,3,\cdots\cdots,n$),$\overline{X}$ 为所有自变量的平均数。Y_i 为自变量的各数据($i=1,2,3,\cdots\cdots,n$),$\overline{Y}$ 为所有自变量的平均数。

r 的取值范围在 -1 和 $+1$ 之间,当 $r=+1$ 时,两变量具有完全的正相关性,即 X 增大,则 Y 也增大;当 $r=-1$ 时,两变量具有完全的负相关性,即 X 增大,Y 则变小。这两种情况就是完全线性相关关系,也称确定性关系。当 $r=0$ 时,两变量没有线性相关性(但不排除他们之间有非线性相关关系)。相关关系的相关系数的绝对值在 0 和 1 之间。当 r 的取值趋于 $+1$ 时,说明其正相关性越强;当 r 的取值趋于 -1 时,说明其负相关性越强。上述身高(X)和体重(Y)之间就是正相关关系。一般来说,

$0.7 = |r| < 1$,表明两变量之间具有高度线性相关;

$0.3 = |r| < 0.7$,表明两变量之间具有中度线性相关;

$0 < |r| < 0.3$,表明两变量之间具有低度线性相关。

上述身高与体重的关系,根据上述公式计算,它们的相关系数为 0.607,具有中度相关性。

2. 回归分析[①]

政策分析中的许多问题可以简化为研究对象之间是否存在某种因果关系的问题。比如,某地区治安每况愈下,有人认为这是由于下岗失业人员越来越多造成的。因此,相关领导就想知道下岗失业人员的数量是否和该地区治安情况的好坏存在某种因果关系。如果存在某种显著的因果关系,就说明改善治安需要综合治理,发展经济增加就业才是最可靠的保证。回归分析是研究对象之间是否存在因果依赖关系的技术之一。在回归分析中,结果变量称为因变量,用 Y 表示;原因变量称为自变量,用 X 表示。如果自变量只有一个,我们称这种回归为一元回归;如果原因(自变量)有多个,称为多元回归,如果

---

① 回归分析的数据图表资料来源,参见陈庆云:《公共政策分析》,北京大学出版社,2006。

结果(因变量)与原因(自变量)之间的关系是线性相关关系,满足线性方程 $y=a+bx$,我们称之为线性回归;如果结果(因变量)与原因(自变量)之间的关系是非线性相关关系,不能满足线性方程 $y=a+bx$,而是指数曲线、对数曲线、双曲线,我们称之为非线性回归。这样,回归分析就有:一元线性回归、多元线性回归、一元非线性回归、多元非线性回归四类。我们先讨论一元回归。

表 10—5 给出了 2003 年中国各地 www 网站站点数和网民人口数。

表 10—5

地区	www 站点数	网民数(万人)	地区	www 站点数	网民数(万)
天津	9010	144.6	湖南	7061	265.4
重庆	7458	176.6	广西	7420	228.6
河北	15510	289.1	海南	2587	39.7
山西	3364	148.8	四川	13697	424.3
内蒙	2859	74.9	贵州	2320	83.1
吉林	3789	146.5	云南	5165	166.4
黑龙江	5919	226.0	西藏	1677	8.6
安徽	10261	183.5	陕西	5704	196.7
江西	6010	169.4	甘肃	3369	122.4
山东	25152	626.6	青海	710	19.5
河南	10818	225.7	宁夏	1369	33.3
湖北	13445	380.9	新疆	3056	117.8
福建	28813	318.2	上海	52600	431.6
浙江	57948	451.2	江苏	40258	610.9

根据上表,我们将网民人口数量设为因变量 Y,www 站点数设为自变量 X,可以利用 Excel 制图功能,绘制散点坐标图(图 10—2)。在图中,X 轴代表 www 站点数量,Y 轴代表各地网民数量。根据这个坐标图,管理者可以通过目测发现一个基本的规律,即随着某地区 www 站点数的增加,网民数量也会相应地增加。它们之间呈现一种线性正相关关系,拟合直线 $y=a+bx$。只要知道了 a 和 b 的值,就能够明确 X 和 Y 之间的关系。线性回归模型中 a 和 b

的计算公式如下：

$$a = \frac{n\sum_{i=1}^{n}x_iy_i - \sum_{i=1}^{n}x_i\sum_{i=1}^{n}y_i}{n\sum_{i=1}^{n}x_i^2 - (\sum_{i=1}^{n}x_i)^2}, b = \frac{\sum_{i=1}^{n}y_i - a\sum_{i=1}^{n}x_i}{n}$$

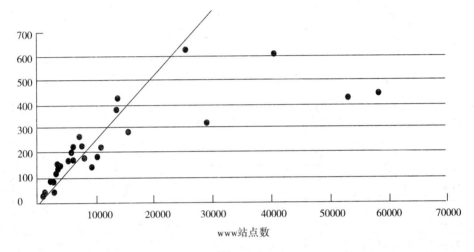

图 10-2

求出 a 和 b，我们利用直线模型 $y=a+bx$，就可以求出每一个 x 所对应的 y 的估计值。问题在于这条直线 $y=a+bx$ 对于现实数据分布的模拟程度如何，通常我们必须通过拟合优度来进行检验。最常用的检验方法是相关系数检验和标准误差检验。相关系数越高，拟合度越高；标准误差越小，拟合度越大。这种检验的计算公式前面已给出，这里不再赘述。

在实际的政策分析中，任一政策问题的制约因素往往都不可能是单一因素，而是多种因素。因此，一元线性回归往往并不能真正反映真实的政策因果关系。多元回归方法则相对更为实用。

多元线性回归方程是：

$$y = \alpha + \beta_1 x_1 + \beta_2 x_2 + \beta_3 x_3 \cdots + \beta_n x_n$$

其中，$\beta_1, \beta_2, \beta_3, \cdots, \beta_n$ 称作偏回归系数；α 在方程中是常数，称为截距。

我们在上表 10-5 的基础上引进了各地国民生产总值和在校大学生人数作为新的变量 x_2、x_3。构造多元回归方程。新变量分布如下表 10-6 所示。

表 10-6

序号	地区名	网民人口（万人）	www 站点数	国内生产总值（亿元）	在校大学生数（个）
1	西藏	8.6	1677	184.59	4019.2
2	青海	19.5	710	390.16	9333
3	宁夏	33.3	1369	385	13140.6
4	海南	39.7	2587	698.3	14554.2
5	内蒙古	74.9	2859	2092.86	49838.2
6	贵州	83.1	2320	1344.31	56392
7	新疆	117.8	3056	1875	54107
8	甘肃	122.4	3369	1301.06	62557.8
9	天津	144.6	9010	2386.94	90433.7
10	吉林	146.5	3789	2521.8	139545
11	山西	148.8	3364	2445.6	94197.6
12	云南	166.4	5165	2458.8	73779.2
13	江西	169.4	6010	2830	110852.2
14	重庆	176.6	7458	2250.11	96555
15	安徽	183.5	10261	3973.2	132848.1
16	陕西	196.7	5704	2398.58	179452.8
17	河南	225.7	10818	7025.93	185862.6
18	黑龙江	226	5919	4433	156988.8
19	广西	228.6	7420	2733.21	90489.6
20	湖南	265.4	7061	4633.73	193347.2
21	河北	289.1	15510	7095.4	176593.8
22	福建	318.2	28813	5241.73	102464.4
23	湖北	380.9	13445	5395.91	257709.2
24	四川	424.3	13697	5456.3	180405
25	上海	431.6	52600	6250.81	186313.6
26	浙江	451.2	57948	9200	138725
27	江苏	610.9	40258	12451.8	329634.1
28	山东	626.6	25152	12430	214080.3

分别设 www 站点数为自变量 x_1，国民生产总值为自变量 x_2，在校大学生数为自变量 x_3，则可以得到直线方程：

$$y = \alpha + \beta_1 x_1 + \beta_2 x_2 + \beta_3 x_3$$

我们可以运用 SPSS 和 Excel 软件计算出相关模型为：

$$y = 14 \cdot 823785 + 0 \cdot 002376_1 x_1 + 0 \cdot 027335 x_2 + 0 \cdot 000593 x_3$$

必须指出，在多元线性回归中，我们一般是不考虑因变量 x_i 之间的相互作用的。但实际上，政策问题的制约因素间往往是相互作用的。在统计学中，自变量之间的相互作用的关系称之为多重共线性。通常有几种方法来处理多重共线性。一种方法是合并变量，把不同的变量组合成为单一的变量；第二种方法是丢弃一些与其他变量之间存在高度相关的变量。

在实际问题中，自变量与因变量之间的依赖关系往往并不是线性形式的，而是某种曲线，这时就需要建立曲线方程来拟合该曲线，这被称为非线性回归或曲线回归。

非线性回归建立在线性回归的基础上。通常首先将其转换为线性方程，然后再做回归。比如，对数回归方程为 $y = \alpha \ln x + \beta$，令 $x' = \ln x$，可得 $y = \alpha x' + \beta$。新方程是一个线性方程，可用线性回归方法计算 α 和 β，并进行检验。当需要预测新的 y 时，只需将 x 转换为 x'，然后代入线性方程即可。其他的非线性回归方程都可以按此思路转换。

回归分析技术不仅是调查资料的统计分析的工具，而且在政策环境预测与政策方案评估中都是必不可少的工具。我们将在后面进行讨论。

(三) 统计分析的软件简介

目前的统计分析软件最常用的是 Excel，在此基础上，现在已经开发出专门用于数据统计的各种软件。这些统计分析软件根据其功能一般可以大致分为专用统计分析软件和综合统计分析软件两大类。

综合统计分析软件功能全面，它较系统地集成了多种成熟的统计分析方法；它具有较完善的数据定义、操作和管理功能；它可以方便地生成各种统计图形和统计表格，同时提供各种简便的软件使用方式，带有完备的错误提示及联机帮助功能。常见在微机上使用的综合统计分析软件有以下几种。

1. SPSS

SPSS 是英文 Statistical Package for Social Science 的缩写，即社会科学统计分析软件包，是由美国 SPSS 软件公司研制的产品。由于其优秀的性能，SPSS 在中国较早使用并受到广泛的欢迎。SPSS 统计分析软件的主要功能有：数据管理、统计图形和表格、基本统计、统计检验、相关及回归分析、方差分析、聚类分析、因子分析、主成分分析、判别分析、时间序列分析等。

2. SAS

SAS 是英文 Statistical Analysis System 的缩写，即统计分析系统，是由美国北卡罗来纳大学研制的软件产品。它适用于微机的软件，产品推出比 SPSS 略迟一些，但由于其优异性能，引入我国后，也赢得了众多的用户。近年来发展很快，是唯一可以和 SPSS 争夺市场的综合统计分析软件。SAS 统计分析软件的主要功能有：数据管理、统计图形和表格、基本统计、统计检验、相关回归分析、方差分析、聚类分析、因子分析、主成分分析、判别分析和时间序列分析等。

3. SYSTAT

SYSTAT 是英文 System of Statistics 的缩写，是美国 SYSTAT 软件公司生产的综合统计分析软件。由于其先进的质量和方便的菜单操作方式，也受到相当多的用户的推崇。SYSTAT 统计分析软件主要功能有数据管理、统计图形、基本统计分析、相关回归分析、统计检验、聚类分析、因子分析、时间序列分析等。

4. BMDP

BMDP 是英文 BioMedical Data Process 的缩写，即生物医学数据处理，是由美国加利福尼亚大学医学中心研制的软件产品。它最早使用统计分析进行生物医学数据的处理，之后由于统计分析方法的通用性，经过扩充和完善，可以进行各种类型的数据的处理。BMDP 统计分析软件的主要功能有：数据管理、统计图形、基本统计、相关分析、回归分析、方差分析和因子分析等。

专用统计分析软件着重实现综合统计分析软件的部分功能，突出某种特色处理。常见的专用统计分析软件有以下几种。

1. TSP

TSP 是英文 Time Series Process 的缩写，意思是时间序列处理，是美国 QMS 公司的软件产品。TSP 软件包的主要功能是数据管理、相关和回归分析及统计图形功能。由于其精练实用，所以在我国获得较为广泛的应用。

2. RATS

RATS 是英文 Regression Analysis of Time Series，即时间序列回归分析，是美国明尼苏达大学的软件产品。RATS 软件包的主要功能有数据管理、多种回归分析方法和较强的图形能力。

3. MINITAB

MINITAB 也是美国软件公司的产品。它是由一个辅助统计分析教学软件发展而来的，其主要功能是基于电子表格的数据管理、统计图形生成、基本统计分析、方差分析、统计检验、相关以及回归分析等。

4. LOTUS

1—2—3：：LOTUS 1—2—3 是美国 LOTUS 软件公司的产品，由电子表格数据管理、统计图形和数据库管理三大部分组成。LOTUS 1—2—3 实现了方便的数据管理、数据运算、制表、统计图形生成和简单的相关及回归分析等功能，也可以用来进行统计分析。但其主要功能更多地体现在电子表格数据的管理上，所以人们一般将其归入电子表格应用软件一类，这一类软件包还有诸如 Quattro、Excel、Works 等等。

第二节　预测方法

政策是指向未来的，政策目标是解决政策问题的结果期望，政策方案是未来的行动指南。因此，在政策分析中，不仅要通过调查研究掌握政策环境和政策问题，更要预测政策环境和政策问题的未来变化，只有这样才能确立正确的政策目标和可行的政策方案，否则政策只能是现实的"马后炮"，同时在制定政策时，对于政策的预评估是政策抉择的前提，而这种预评估就是对政策效果的预测。所以预测方法是政策分析的重要技术。

一、预测理论概述

现代科学预测是运用科学的理论与方法对客观事物在一定预测期内的变化发展所作的预料和推测。

(一)对"未来"的理解

预测的对象是未来。怎样理解"未来"？在预测中对未来有以下理解：

一是所有可能的未来。这个可能指由政治、经济、技术等客观因素限定了的客观可能，而不是理论上"可能"。显然，预测事件必定是所有这些可能事件的子集。

二是最有期望发生的未来。所谓"最有期望"的未来，是指未来具有发生条件的可能事件，哲学上称之为现实可能性。这种现实可能性判定牵涉到预测者与决策者的信念与知识背景，他们会依据这些在可能事件的全集中选出"最有期望"的子集。预测，可以理解为对"最有期望"事件的判定。

三是决策者"最希望"发生的未来。若按对预测的科学化和客观化的理解，"最有期望"的事件应是客观上最可能发生的。而最希望的事件，是指符合决策者的需要，决策者希望发生的未来事件，也即"好的可能性"。这种可能性的判定取决于决策者价值观和评价标准。

(二)预测的制约因素

预测首先要受到已有的经验资料的制约,包括大量的统计数据、调查问卷等。除此之外,预测还有如下制约因素:

1. 理论假说

自然科学和社会科学的相关理论,经常是预测的重要依据。比如,哲学中的因果理论、可能与现实的理论等对于所有预测都具有指导意义,经济学中的边际效用理论,对经济预测常有重要意义。

2. 价值观

这包括决策者及相关分析者的理念、道德信仰。尽管它们在多数情况下并不在预测中明显陈述出来,但事实上无不制约着预测者对未来的判定选择。

3. 科学方法

现代科学预测不是古代占卦算命式的"预测",而是运用现代科学方法技术进行的过程,这就为预测技术上的合理性提供依据。

4. 推论

对一个问题成功的预测记录,可作为另一个预测类型的根据,或者对同类问题在不同时间和地点下的预测,进行对比,互为参照,彼此作为根据。

5. 权威

众多的各领域中的专家,以及经典案例中成功(失败)的经验(教训),往往也是预测中产生重要影响的因素。

(三)预测的原理

1. 连贯性原理

预测对象的演化发展,其变化规律具有连续性,过去、现在与未来的发展没有根本性变化。

2. 类推性原理

预测对象不仅具有一定的结构,而且这种结构及其变化规律,基本符合特定的预设模型,可以借助模型,从过去与现在的状态分析中推断未来。

3. 相关性原理

预测对象与其他研究对象之间具有相关性,当对预测对象直接预测发生困难,可以用相关对象及其关系进行预测。

(四)预测的分类

预测可根据不同的分类标准划分为不同种类,常见的大致有以下几种类型:

1. 按预测时间尺度和期限分期

按照预测的时间尺度和期限不同,可分为长期预测、中期预测和短期预测。这里所讲的长期、中期和短期并不能确定一个严格的时间界限。它将依据预测目标和预测对象的不同而有所不同。一般来说,在同一类问题的预测中,预测的难度和误差随时间区段的扩大而增大。

2. 按预测功能分类

按照预测的功能不同,大致分为:直觉性预测,即依据人们的创造性思维、知识和经验、能力来推测未来事件可能发生的情况;探索性预测,即以获得关于预测对象未来发展的新信息,以及模拟方案实施后的各种结果,通过外推侧重探索可能性;规范性预测,即在确定了目标,获得关于需求、愿望、价值功能要求及结构相互联系方面的新信息的条件下,研究达到目标的可行性与约束条件;综合预测,即综合各种主要预测方式的优势,取长补短,互相补充。

3. 按具体预测方法分类

按照具体预测方法的不同,大致可分为定性预测和定量预测。定性预测主要依靠个人经验、直觉和社会科学理论进行预测判断,其中也运用一些简单的定量计算。比如集合意见法、专家意见法、调研预测法、转导法、类比法、预警分析法等。在政策分析的定性预测中,包括头脑风暴法和特尔非法在内的专家意见法特别受到人们的青睐。定量预测常见的可分两类:一类是时间序列预测法,典型的是趋势外推法,它利用已有的统计或抽样调查的历史与现实数据,去推测未来的发展趋势。另一类是因果分析法,利用已有的数据以及相关理论,把过程模拟作为考虑因果相互作用的数学模型。常见的分析技术有回归分析和投入产出分析。本节我们将重点介绍这两类定量预测技术。专家意见法将在政策方案创新技术中加以讨论。

(五)预测的程序

预测的基本程序和步骤,是预测进行过程中的先后顺序和内在逻辑关系的反映。一般地说,预测的基本程序和步骤是:

第一,确定预测目标、制定预测计划。明确预测目标,对整个预测工作的进行至关重要。在明确为解决什么问题而进行预测以后,我们要确定预测的范围,制定出具体的预测计划,包括预测的时间、期限、收集资料的范围以及应当采取什么预测方法。

第二,收集信息资料。根据预测目标,收集必要而又准确的内、外信息资料是整个预测的基础,没有一定数量和质量的信息资料,就很难作出准确的预测。同时,还必须对收集和占有的资料进行加工、整理、筛选、归纳。要认真检验资料的可靠性,去粗取精,去伪存真。还要根据需要,及时补充新的资料。只有做好这些工作,才能在预测中进行分析判断。

第三,选择预测方法进行预测。这是预测程序的核心。在明确预测目的并具备一定预测资料的前提下,就可以选择适当的预测方法进行预测了。选择预测方法要根据预测的目的、预测对象的特点、占有资料的情况、预测费用以及预测方法的应用范围等条件来决定。确定适合的预测方法后,通过分析资料和推理判断,揭示所预测对象的结构和变化规律,或通过所建立的数学模型的具体运算,求出初步结果。

第四,对预测结果进行检验修正,作出预测结论。由于预测过程受各种因素的干扰,会出现误差,我们不能轻易地把初步结果当作预测的结论。因此,对于初步预测的结果还必须进行各种检验,寻求人为误差,尽量考虑到各种可能出现的情况,并进行必要的调整、补充,最后再作出预测结论。

第五,进行追踪预测。追查预测是指根据事物发展变化,经常将实际情况的变化数据与预测结论相比较,分析研究出现偏离的原因,以便在实际中及时纠正预测误差。这样做,既有利于不断改进预测工作,又有利于指导决策或决策修正。

二、时间序列预测

(一)时间序列预测概述

时间序列是指各种政策问题或因素的统计数据,按时间先后顺序排列而成的数列。时间序列分析法,就是将某一变量的一组观察值,按时间顺序加以排列,构成统计的时间序列,然后运用一定的数学方法使其向外延伸,预测政策环境因素或政策问题、政策对象未来的发展变化趋势,确定预测值。因此,时间序列分析法也叫历史延伸法,或趋势外推法。

事物的现实是历史发展的结果,而事物的未来又是现实的延伸,事物的过去和未来是有联系的。时间序列分析法正是根据客观事物发展的这种连续规律性,运用过去的历史数据,通过统计分析,推测预测对象的发展趋势。但同时,预测对象的未来发展变化趋势还要受多种因素的影响,而各种影响因素在不断发展变化,因此对象的未来发展也不可能是过去历史的简单重复。特别是某些事物,由于某些因素的影响使其发展过程中止,或其发展过程出现质的转折,事物的未来与原先就不再遵循同一发展趋势。对这种对象事物的预测,显然用时间序列法就失去了其效果。这就决定了在一般情况下,时间序列分析法对于短、近期预测可以作出有成效的预见,但如延伸到更远的将来,如用于中、长期预测,则有很大的误差甚至偏离,从而导致政策失误。

运用时间序列法进行预测,必须以准确、完整的时间序列数据为前提。为了让时间序列中的各个数值正确地反映研究预测对象的发展规律,各数值间具有可比性,编制时间序列要做到:时间序列要足够长;总体范围一致;代表的时间单位长短一致;统计数值的计算方法和计量单位一致。

时间序列预测的具体技术有:简易平均法、移动平均法、指数平滑法、趋势延伸法。而其中以趋势延伸法更为准确与精确。趋势延伸法有直线趋势延伸、曲线趋势延伸(指数曲线、二次曲线、三次曲线、戈伯兹曲线等),但以直线趋势延伸为基础,曲线趋势延伸可以通过转换为直线模型加以求解。

(二)直线趋势延伸数学模型

预测目标的时间序列数据逐期增(减)量大体相等时,便可选用直线趋势延伸法进行预测。当遇到时间序列大多数数据点变化呈现线性,有个别点有异常现象,可以作数据处理(删除或作调整)后再按线性趋势进行预测。

直线趋势延伸法的预测模型为:

$$Y_t = a + bt$$

式中:t 是时间变量;

Y_t 是时间序列的线性趋势估计值;

a,b 是待定参数,a 为截距,b 为直线斜率,代表单位时间周期观察值的增(减)量估计值。

直线趋势延伸法的关键在为已知时间序列找到一条最佳拟合其长期线性发展趋势的直线,正确地推算出直线的参数 a 和 b,最常用的是最小二乘法。根据最小二乘法的计算,我们可以得到 a、b 的计算公式如下:

$$a = \frac{\sum Y}{n} - b\frac{\sum t}{n}, b = \frac{n\sum tY - \sum t \sum Y}{n\sum t^2 - (\sum t)^2}$$

式中,t 为时序。为了简化计算,可以使 $\sum t = 0$。当时间序列的数据点为奇数,如 $n=7$,则取 $-3、-2、-1、0、1、2、3$;若为偶数,如 $n=8$ 时,则取 $-7、-5、-3、-1、1、3、5、7$。此时 a,b 的计算公式则变换为:

$$a = \frac{\sum Y}{n} \quad b = \frac{\sum tY}{\sum t^2}$$

(三)直线趋势延伸预测的步骤、方法[①]

我们以某一具体的预测题来说明直线趋势延伸预测的步骤与方法。

设某经济区 1985 年至 1995 年市场鸡蛋的销售量如下表 10-7 所列,请预测 1996 年该地区的鸡蛋销售量。

第一步:将变量 Y 和 t 画在分析图上(图 10-3),由图可见,观察值的时间序列是一条接近直线的趋势线,因而宜采用直线趋势延伸法进行预测。

第二步:求直线趋势线的模型参数 a,b。在此,我们给时间变量 t 重新分配,使

$\sum t = 0$,如表中所列。进而计算 a,b 计算公式所需要的有关数据:t^2、tY、

---

① 数据图表与计算均引自胡玉立、李东贤:《市场预测与管理决策》,第 228~231 页,中国人民大学出版社,1997。

$\sum t^2$、$\sum tY$、$\sum Y$ 等。计算结果见表中相应栏目。将计算数据代入 a,b 计算公式,便可得:

$$A = \sum Y/n = 475/11 = 43.18 \quad b = \sum tY / \sum t^2 = 263/110 = 2.39$$

预测模型为:$Y_t = 43.18 + 2.39t$

该模型说明以时间序列平均值 43.18 万吨为起始点 1990 年($t=O$)的销售量,随着时间的推进,每推进一年,销售量平均增加量为 2.39 万吨。

表 10-7

观察期	实际销售量 Y(万吨)	t	t^2	tY	$Y_t = a+bt$	误差 e $Y-Y_t$	e^2
1985	36	-5	25	-180	31.23	+4.77	22.75
1986	26	-4	16	-104	33.62	-7.62	58.06
1987	32	-3	9	-96	36.01	-4.01	16.08
1988	40	-2	4	-80	38.40	+1.60	2.56
1989	50	-1	1	-50	40.79	+9.21	84.82
1990	45	0	0	0	43.18	+1.82	3.31
1991	42	1	1	42	45.57	-3.57	12.74
1992	48	2	4	96	47.96	0.04	0.00
1993	45	3	9	135	50.35	-5.35	28.62
1994	55	4	16	220	52.74	+2.26	5.11
1995	56	5	25	280	55.13	+0.87	0.76
$n=11$	$\sum Y=475$	$\sum t=0$	$\sum t^2=110$	$\sum tY=263$	$\sum Yt=474.98$		$\sum e^2=234.81$

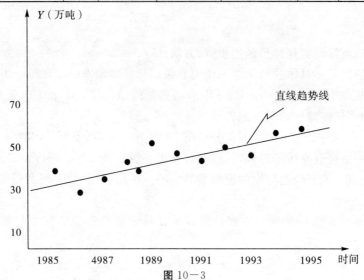

图 10-3

第三步：利用已知时间序列 t 变量值，代入预测模型便可得该时间序列各年的预测值和拟合误差，见上表误差 e 栏，同时，也可计算出预测值的均方误差 $\sum e^2 = 234.81$，标准误差 $S = 4.62$（万吨），从而了解模型精确程度。

第四步：依据预测模型延伸外推，确定预测值。按时间序列时间变量 t 推进，1996 年的 t 值为 6，则 1996 年此经济区鸡蛋销售预测值为：

$$Y_6 = 43.18 + 2.39t = 43.18 + 2.39 \times 6 = 57.52(万吨)$$

第五步：确定置信区间。1996 年预测值为 57.52 万吨是预测模型 $Y_t = 43.18 + 2.39t$ 直线的延伸外推结果，实际销售量恰好落在此直线上的情况很少。通常人们要以这一信息选择一个置信范围（也称置信区间），使未来每一个可能的实际值落在置信区间内的可靠性程度达到需要的水平。这里有一个计算近似置信区间的简易公式：

置信区间 $= Y_t \pm 2S$

式中：Y_t 为预测模型在某时期的外推预测值；

S 为预测模型对时间序列预测标准误差；

本例：$Y_6 = 57.52 \pm 2 \times 4.62 = [48.28, 66.76]$

即该经济区 1996 年的鸡蛋销售量在 48.28 万吨与 66.76 万吨之间。

曲线趋势延伸可以通过模型转换成直线模型加以求解。比如指数曲线模型：

$Y_t = ab^t$，就可以两边取对数得：

$\lg Y_t = \lg a + t \lg b$，令 $Y_{*t} = \lg Y_t, A = \lg a, B = \lg b$，则得：

$$Y_t^* = A + Bt$$

可以运用直线趋势预测模型的求解公式求解 A 和 B，对 A 和 B 取反对数，就可以求得 a 和 b。然后利用指数曲线模型就可以进行预测。其他曲线模型也可以按照此思路进行转换求解。

三、因果分析预测

客观世界中许多事物、现象、因素彼此关联而构成关系、过程、系统。政策环境、政策问题、政策对象的发展变化也是由多种因素决定。我们把政策分析中的分析对象和影响其变化的各种因素统称为政策变量。这些变量之间的彼此关联而构成的依存关系，即称为因果关系。例如，经济政策是国民经济的综合反映，国民经济的任何变化，诸如国民经济发展速度、积累和消费比例关系的调整、人口增长和劳动就业状况、居民收入变化、消费者购买心理的变化，都会导致经济政策环境、经济政策问题的变化。

因果关系分析法的基本思路为：根据决策目的的需要，通过对政策现象之间因果关系的定性分析，认识现象之间相互联系的规律所在，选择恰当的数学模型描述因果关系,主要研究变量之间的联系形态,据以预测目标变量的发展前景及其可能水平。

正如我们在前面的统计分析中所阐明的,这种因果关系从定量分析来看有两种类型,一种是确定性关系,另一种是相关关系。因果分析预测就是通过对非确定性即相关性的因果关系构建数学模型,从而进行定量预测的方法。

(一)回归分析法

当预测目标变量(称因变量)由于一种或几种影响因素变量(称自变量)的变化而发生变化,根据某一个自变量或几个自变量的变动,来解释推测因变量变动的方向和程度,常用回归分析法建立的数学模型。

回归分析中,当研究的因果关系涉及因变量和一个自变量时,叫做一元回归分析;当研究的因果关系涉及因变量和两个或两个以上自变量时,叫做二元回归分析或多元回归分析。此外,回归分析中,又依据描述自变量与因变量之间因果关系的函数表达式是线性的还是非线性的,分为线性回归分析和非线性回归分析。通常线性回归分析法是最基本的分析方法,遇到非线性回归问题可以借助数学手段转换为线性回归问题处理。

一元线性回归预测的步骤如下:

1. 确定预测目标和影响因素

根据决策目的的需要,明确进行预测的具体目标,分析寻找影响预测目标的相关因素,并判断选出主要的影响因素。也就是决定因变量(Y)和自变量(X)。

2. 收集整理因变量和自变量的观察样本资料

根据预测要求通过调查收集纵断面观察样本资料或横断面观察样本资料。纵断面观察样本资料是指因变量、自变量的历史统计数据。它反映因变量、自变量所代表的同一地区或同一组织内政策现象随时间推进的因果关系关联形态。横断面观察样本资料,是指某一特定时间内不同地区或不同组织的因变量和自变量统计资料。它反映的是预测对象特定时期内政策变量中的因果关系关联。

3. 建立回归方程、预测模型

根据主要影响因素自变量的个数和自变量与因变量之间因果关系关联形态,以及上面收集的资料,按照回归分析基本原理,求解一元回归模型 $Y_i = a + bx$ 的参数 a、b,建立回归方程预测模型。a、b 的求解公式前面回归分析中已经给出。

4. 进行相关分析、方差分析与显著性检验

对于任何给定的一组因变量、自变量观察样本资料,用最小二乘法都可以计算出回归方程参数,建立回归方程式。但是,这样建立的回归方程并非一定有实用意义。凭借丰富的专业知识和实践经验能从质的方面判断回归方程式

符合规律与否,但无法从量的方面作出判断。相关分析是借用统计方法计算自变量、因变量观察样本资料的相关系数,说明变量之间的线性相关密切程度,并通过 r 显著性检验指出这种线性相关密切程度的显著性水平。方差分析是分析自变量与因变量线性相关关系对因变量的变异的影响程度,并通过 F 显著性检验指出反映自变量与因变量线性相关关系的回归方程式的显著性水平。只有通过 r 显著性检验和 F 显著性检验,才能说明建立的回归线性方程有实际意义。这种检验可参照统计学的方法。

5. 进行预测

依据经过相关分析与显著检验后,利用达到某一显著水平的回归方程预测模型进行实际预测,包括计算预测值和置信区间。

(二)经济计量法

以系统观点研究复杂的政策变量因果关系,综合分析预测目标与主要的相关先决变量间政策行为结构的动态变化关系,根据先决变量的数据来推测预测目标的变动的方向和程度,常用经济计量法建立的数学模型。经济计量法是经济分析与数学方法相结合的一种预测方法。它根据客观的经济规律,利用预测对象有关因素之间存在复杂的相互依存关系,以数学和统计手段将其主要变量归纳在一组联立方程式中,抽象地描述它们之间的相互关系,然后进行演算,以便根据过去和现在的各种变量,推测未来时期的数值的方法。通常将描述预测对象有关主要变量相互关系的一组联立方程式,称为经济计量模型。

经济计量法广泛应用于宏观经济政策分析。它在实际应用中,既可用单一方程式的经济计量模型来描述,更可以用包含数个或数十个乃至上百个方程式的多方程式经济计模型来描述整个国民经济发展中的复杂经济关系。这种大型经济计量模型提供的信息有利于提高宏观经济决策的科学性,对认清整个国民经济各部门的关系以及经济发展前景十分有益。

(三)投入产出法

当预测中分析研究国民经济各部门之间、各部门内部或企业内部各组织之间生产和消费相互依存关系,根据投入产出综合平衡关系,来推测预测目标的变动方向和程度,常用投入产出关系建立的数学模型。所谓投入产出法,就是把一系统内各部门在一定时期内投入(购买)来源与产出(销售)去向排成一张纵横交叉的投入产出表格,根据此表建立数学模型,计算消耗系数,并据以进行经济分析和预测的方法。它为经济政策提供科学的经济预测信息。严格地讲,投入产出法是一种特殊的经济计量模型。它广泛应用于研究国民经济两大部类间、积累与消费间的比例关系,预测各部门的投入量和产出量。从应用范围上看,可分为全国性、地方性、专业性、大型企业、一般企业等形式。

第三节　环境分析与目标确定方法

一、环境分析方法

按照政策的系统模型,政策是政治系统对环境的一种回应。所谓政策环境,是指政策主体系统内外,产生政策问题、制约政策目标确定与政策方案选择的各种要素的总和。环境分析是确定政策目标、设计政策方案的基础。相对于政策主体系统而言,政策环境由两大类型三大层次构成:两大类型是外部环境和内部环境;外部环境往往是复杂多样、变动不居的、主体不可控的;内部环境则是指主体内部所据有的资源条件和自身能力,是可控的。三大层次一是指一般环境,它是指对所有政策主体和所有政策都起作用的外部环境因素,这些因素的作用往往是间接的;二是指具体环境,它是直接对某一政策主体或某项政策起作用的外部环境因素;三是内部环境。见下图10－4。

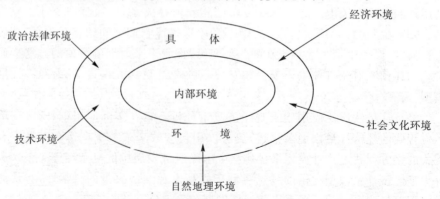

图10－4　政策环境层次

环境分析就是政策主体对上述三个环境层次进行定量与定性分析,明确外部环境给组织带来的机遇和威胁,组织自身内部的优势和劣势,在此基础上才能发现并确认政策问题,确定解决问题的政策目标以及实现目标的政策方案。

（一）外部环境分析的 PESTN 分析法

外部环境或宏观环境,是指给政策主体的政策设计造成机会或威胁的主要社会因素和自然因素。如上所述,内部环境又分为两个层次:一般环境与具体环境。对于政策主体而言,我们认为,两个层次的环境都由五大主要因素构成:政治与法律因素(political and legal)、经济因素(economic)、社会文化因素

(social and cultural)、技术因素(technological)及自然地理因素(natural)。政策主体根据这五个因素进行分析的方法简称 PESTN 分析法。

1. 政治法律环境

政治法律环境包括国家的政治体制、国内外的政治气氛、政局的稳定性、各种政治力量的对比、政治事件的影响和国家的法律、法规、政策等。一个国家中央与地方的各种政策首先要受到国家政治体制的制约,现代国家的政治体制集中体现在国家的宪法法律之中,政策的制定与执行必须依法、在法律的范围内进行;而一个国家地区内外的政治氛围、政局的稳定性往往是政策问题产生的根源;各种政治力量必然在政策运行过程中相互博弈,以维护自己的利益;政治事件的出现更可能成为某项政策议程的导火索;对于地方而言,中央及上级政府的法规政策更是其政策的依据。显而易见,政治稳定,社会政治氛围平和,法律体系完备,执法严明,政治力量之间的和谐,其本身就是决策科学民主、执行有效的保证;相反,一个政治上动荡、腐败盛行、法律不健全的地方,不可能有正确的政策和有效的执行。

2. 经济环境

构成经济环境的一系列因素,包括国家的基本经济制度和经济结构、经济运行体制、投资状况及消费水平、经济发展的形势和景气状况等。显然,经济环境对于国家与地区的经济政策影响极大。基本经济制度,是指一个国家的经济基础即生产资料所有制结构。我们国家是以公有制为主体,多种所有制并存的社会主义经济制度,我们经济政策就要求以发挥公有制经济的主导作用,促进各种所有制经济共同发展为基本原则。基本的经济结构包括诸如三个产业的结构、产业组织结构、区域结构、规模结构等,都反映了工业化程度和生产力发展水平。我们的产业政策、财政政策、区域发展政策都要以此为前提。经过三十年的改革,中国已经建立了社会主义市场经济体制,我们的政策当然要保证这一体制的有效运行和作用的充分发挥。

由经济增长、收入水平、投资状况、消费需求、物价指数等表现的经济形势和景气状况,更制约着一个国家和地区当下的经济政策和社会政策。它们由国内生产总值(GDP)、物价指数(CPI)、经理人采购指数以及恩格尔系数、基尼系数等数量指标表示。当经济景气时,GDP 增长快、物价高、经理人采购指数超过 50%,经济政策趋向于紧缩,采用压缩供给、防止或抑制通货膨胀的经济政策、从紧的财政政策和货币政策;当经济不景气时,则要采取扩张性经济政策,刺激需求。当生产力水平低、GDP 增长慢、生活水平低、恩格尔系数高时,政策导向往往偏重于效率;而当经济发展到一定水平基尼系数超过警戒线 0.4 时,政策导向则偏向于公平。

中国已经融入了世界,世界也离不开中国,在分析经济环境时,国际经济环境分析是一个重要方面。我们制定政策除了要受国内经济环境制约外，不能不受到国际经济大环境的制约。2008年下半年由美国次贷危机引发的国际性金融危机和世界性的经济衰退，致使中国的经济政策产生了大逆转，由原来的防止和抑制通货膨胀的从紧经济政策转变为扩大内需、避免衰退的扩张性财政政策与从宽的货币政策。同时我国的经济政策还必须与以WTO为代表的国际贸易规则相接轨。

3. 社会文化环境

一个社会或一个区域在长期历史进程中形成的传统风俗、道德信念和伦理观念、价值观念和行为习惯等，构成了一个国家、一个地区的社会文化和形态。不同国家地区之间的文化差异是非常显著的。如美国盛行个人主义的价值观念，他们认为，如果每个人都不顾一切追逐自身利益，就会产生最好的解决方法；如果每个人都试图在工作中成为世界上最好的，那自然是有利于组织的。因此，美国社会注意突出个人作用。而东方人的文化以集体主义为其价值导向，人们总是将国家、民族、组织置于个人之上，因此东方人注意突出企业整体的作用。这样的文化差异会导致政策的价值取向差异，而会制约着每个社会成员对政策的评价。中国学者费孝通先生曾提出"心态环境"的概念，认为现代人类在关注生态环境的同时，也应着意营造一种健康兼容的心理氛围，以调节好团体和个人的关系、个人与个人的关系，避免不必要的内耗。在改革过程中，"心态环境"对改革与发展政策有着很大的制约作用。可以看到，在较早接受市场经济洗礼的广东和沿海地区，人们对于工作的流动与跳槽，对于工资收入差距，对于老板一人说了算的管理体制等，都保持了心态平衡，改革政策运行处于较有利的环境中。而在内地不少地方，吃惯了大锅饭的群体，对于下岗、竞争与严格的管理都抱有抵触与怀疑的情绪。对于改革中问题的消极抱怨与牢骚，会像瘟疫一样四处传染，渗透到社会的各个角落，在这样的环境下，改革与发展都难以顺利进行。

人口因素是社会环境的另一个重要方面，它包括人口数量、人口密度、人口增长、人口结构（年龄结构与性别结构）、地区分布、民族构成、职业构成、宗教信仰、家庭规模、平均寿命、收入水平、教育程度等要素指标。它是国家和地区社会政策必须考虑的环境因素。中国是一个有着13亿人口的大国，中国的一切政策都要受到这个庞大的人口的直接或间接制约。

4. 技术环境

技术环境因素包括科学技术的发展水平、技术装备与技术知识基础、科学技术应用等方面，也包括社会群体的科技意识。在当今高科技革命的条件下，科学技术已经成为第一生产力，科技创新是一个企业、一个地区、一个国家发展的灵魂和动力，这已成为人们的共识。然而，不同国家、不同地区面临的技术环境是不同的,它直接影响到国家或地区的科技政策与经济政策。目前,高新技术的成果主要掌握在西方发达国家手中,在新技术装备的研制、科学技术的利用开发等方面,西方发达国家也都始终走在前列,其优越的技术环境为高科技产业的迅速发展创造了条件。中国自改革开放以来,一直强调科学技术是第一生产力,确立了科教兴国的战略,在科学技术的研究上取得了相当的成果。然而,作为发展中国家,中国目前不仅在科学技术发展总体水平与新设备研制开发水平上落后于西方发达国家,而且在新技术的研究开发组织与科技意识等方面也都远远落后于西方发达国家。由于中国经济的长期高速发展并不是依靠技术进步,在很大程度上主要是以牺牲自然资源和生态环境为代价换来的,人们并没有真正感受到科学技术的作用,科技意识的淡漠是非常自然的。这从另一方面凸现了技术环境对公共政策的制约作用。

5. 自然环境

任何企业、地区和国家都处于一定的自然环境之中,其生存和发展无不受到自然环境与资源条件的约束。自然环境包括地理位置、地形地貌、气候条件、生物资源、矿产资源等因素。它是人类的物质生活条件,是人类一切生产资料和生活资料的终极来源,制约着一个地区和国家的产业布局和经济优势,甚至影响到一个国家的领土安全。显然国家和地区的政策尤其是经济政策离不开对自然环境的考虑。平原地区重农业、草原地区重畜牧、沿海地区重贸易,这已经是历史上各国政策的经验。近代以来,由于生产力的巨大发展和科学技术的浪潮迭起,人类在充分利用自然资源条件的同时,也破坏着人们赖以生存的家园,自然资源枯竭、生态环境恶化、生物物种灭绝、气候灾难临近。这为人类的生存敲响了警钟。保护生态环境实现可持续发展已经成为当代各国的政策导向和政策的重要组成部分。

6. 外部环境的度量

政策主体所面临的外部环境是复杂多样的,怎样度量环境的性质,分析环境的类型,一般采用两个纬度:一是环境的复杂性,二是环境的变动性。

外部环境的复杂性是政策主体在进行外部环境分析时所应当考虑到的环境因素的总量水平。如果组织外部的影响因素多,且各因素间相互关联,则意味着环境复杂。环境的复杂性不仅表现在环境因素的多寡上,而且还表现在环境因素的多样化方面。就是说影响组织发展的外部环境因素不是同属某一类或几类,而是多种多样、千差万别。一般来说,随着时代的发展,组织作为一个开放系统,它所分析的外部环境因素会有越来越多、越来越杂的发展趋势。

环境的变动性可从两个方面来考查。其一是看环境的新奇性,这主要是说明政策主体运用过去的知识和经验对这些环境新奇事件的可处理程度。对于那些变动程度低的环境,它们可以用过去的经验、知识处理环境中新出现的问题;而对于动荡程度高的环境,政策主体就无法仅用过去的知识和经验去处理新问题。其二要看环境变动的可预测性。随着环境动荡程度的提高,环境的可预测性逐渐降低,不可预测性逐渐提高。在高动荡程度的环境里,政策主体所能了解的只是环境变化的弱信号,环境中更多地存在着许多不可预测的突发事件。

运用这两个纬度,我们可以将环境分为四种性质类型:确定性环境、低度不确定性环境、中度不确定性环境、高度不确定性环境。见下图10－5:

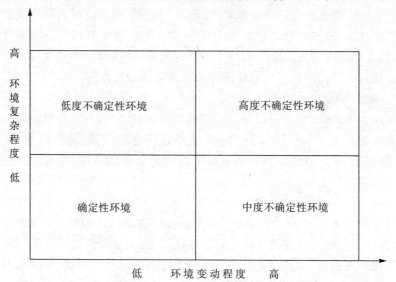

图10－5 外部环境的性质分类

(二)内部环境分析方法

内部环境是指政策主体组织所拥有和能加以控制的各种因素。政策的制定执行不但要知彼,而且要知己,即对自己组织可以控制的资源能力要有正确准确的把握。内部环境因素是制定政策执行政策的出发点、依据和条件。

1. 组织资源分析

组织资源是指一个国家、地区、企业等组织所拥有或能够控制的、能为组织带来效益的要素总和。对于组织资源的分析,是企业战略管理的重要内容,在政策分析中,我们可以将其方法移植过来。

组织资源包括有形资源和无形资源两类。有形资源是指可见的、能量化的资产,其价值一般可以通过财务报表予以反映。有形资源具体包括四种:财务资源、实体资源、人力资源、组织资源。无形资源是指那些根植于组织的历史文化、长期积累下来、不容易辨识和量化的资源,它包括技术资源和信誉资源两种。见下表10－8:

表 10－8　组织资源分类与特征[①]

资源		主要特征	主要的分析内容
有形资源	财务资源	组织的融资能力和资金的再生能力决定了组织的投资扩展能力和资金使用的弹性。	财政收入与财政支出，资产负债率、资金周转率、可支配现金总量、信用等级等。
	实体资源	组织各种设备的规模、先进性、地理位置、土地和建筑及布局；自然资源；获得原材料的能力等决定成本、质量、生产能力和水准的因素。	组织规模、地理位置、土地及矿产资源、生物资源、旅游资源、经济规模、固定资产现值、先进程度等。
	人力资源	组织成员的教育程度、专业水平、执行力、适应能力及灵活性、忠诚度和奉献精神、学习能力。它们决定组织维持竞争优势的能力。	组织成员受教育水平、平均技术等级、政治信仰、阶层分布、党派、收入水平及差异。
	组织资源	组织结构与各种规章制度决定组织运行方式与方法。	组织结构、法律法规、制度规章、正式的计划、控制、协调机制。
无形资源	技术资源	企业专利、经营诀窍、专有技术、专有知识和技术储备、科技人员等技术资源的充足程度决定组织的创新能力。	科技创新的数量和质量，专利拥有量。全体成员中科技与其他人才的比重、科技投入、政策等。
	信誉	组织的历史、传统、文化特征，组织信誉的高低反映了社会对组织的整体评价水平，决定着组织的社会文化生存环境。	组织的历史、组织文化、组织提供的产品和服务的知名度、认同度、美誉度、组织形象等。

分析组织资源要从以下几个问题入手：有没有机会和方法更经济地使用组织资源，例如通过资源优化重组用更少的资源办更多更大的事业。有没有可能使现有的资源在更具有效益的地方被利用？例如通过合作、出让、租赁等方式来提高有形资源的利用效率。对照长远政策目标，现有的资源缺口有多大，如何先期投入？相比较而言，有形资源是有限的、稀缺的，无形资源相对是无限的，根据可持续发展和资源节约型社会的要求，政策主体如何更省的节约使用有形资源，如何扩展自己的无形资源？

组织资源分析按照如下步骤进行：

首先是分析现有资源，根据上述资源类型确定组织目前拥有的和可能获得的有形与无形的资源量，列出资源清单。

其次，分析资源利用状况，可以采用两种方法进行。一是投入产出法，计

[①] 参见杨锡怀等：《企业战略管理》，高等教育出版社，2004。

算每一政策所投入的资源与产生的效益之比。得大于失,说明资源利用效率高,否则为资源利用效益差,是浪费资源的败家子政策。二是比较法,将本组织的资源利用状况与政策目标要求加以比较,此为目标基准比较;与本组织的历史最好水平加以比较,此谓纵向历史比较;与同类地区甚至全国全球同类先进组织比较,此谓横向共时比较。

再次,分析资源应变能力,考察组织资源对环境变化的适应程度,这对于高度不确定性环境中的组织的政策分析特别重要。

最后,进行资源平衡分析。主要是分析组织拥有与可获得的资源对于政策目标实现的保证程度,有没有缺口、缺口有多大、能不能在政策执行期内获得这些资源。资源平衡分析的关键问题是设立资源余量,也即我们讲的制定政策时要留有余地。要不要留余地,余地留多大,存在着两种观点:一种观点认为,为了保证资源的稳定平衡,应当在计划时留有余地,在组织内设立资源余量;另一种观点认为,留有余地,设立资源余量会鼓励组织的低目标和低效率。其实这两种观点都有道理应当有机结合。对于那些可控的、重置容易的资源可以降低甚至取消资源余量,而对于那些不可控、重置困难的资源设立并保留合理的资源流量是必须的。

2. 组织能力分析

组织能力是指一个组织整合各种资源,使其增值的技能。对于有形资源而言,本身是死的,不会产生价值,只有通过人的劳动和组织的整合,才会实现价值增值。企业是这样一个国家和地区也是这样。组织能力分析包括:

其一,财务能力分析。有形资源往往都是可以量化的,可以通过财务报表反映出来。财务能力分析就是资源增值能力分析。财务能力分析主要有五大指标构成,即收益性、安全性、流动性、成长性和生产性。分别计算五类指标以后可以绘制"雷达图"形象地揭示一个组织的财务能力及优势和劣势。关于五类指标及雷达图的绘制可以参照有关企业战略管理教科书,恕不赘述。

其二,营销能力分析。营销能力本意是指企业产品的竞争力、营销活动能力、新产品开发能力与市场决策能力等。任何一个组织都有一个营销能力问题。一个国家和地区除了需要推销自己的产品外,更要推销自己的体制、政策、文化和形象,这就有一个营销能力问题。我们所讲的"软实力"很大程度上就是一个国家和地区的营销能力。对于政策主体来说,其营销能力就是对于政策的宣传鼓动能力、政策主体本身的影响力、组织能力、执行能力。这种能力的分析是政策分析不可缺少的。

其三,管理能力分析。管理能力原意是指企业生产过程的管理能力,包括生产过程、生产能力、库存、劳动力和质量。将其移植到政策分析中来也可以从五个方面展开:一是组织运行过程分析,要分析现有的组织结构与运行机制。二是组织能力分析,确定组织的最大能量,可以从组织动员能力分析入手。三是现有条件分析,包括内部资源的拥有和外部条件的掌控能力。四是组织成员的能力分析,包括组织成员的规模、知识结构、技术能力与主动性和创造性。五是控制能力分析,主要是对组织成员的思想控制、行为控制以及对组织活动的成本控制与质量控制。这五个方面相互联系、相互交叉。

其四,组织效能分析。一个高效能的组织应该符合以下标准:目标明确、组织优化、统一指挥、权责对等、分工适度、协作有序、信息畅通、沟通顺畅、管理幅度与管理层次合理、规章健全、纪律严明、组织成员积极性高、主动性强、有成长的空间与和谐的氛围。组织效能分析可以从以下方面入手:从目标分解、任务分工入手,看其是否合理。如果目标分解在横向与纵向上不合理、任务交叉、割裂、空档、轻重不均、缓急不分,其结果必然是组织的低效。从工作说明书、岗位责任制、权责对等分析入手以发现改进的机会,如果各岗位责任不明确、权责不对等,整个组织就缺乏牢固的联接环,组织必然涣散、低效。从分析管理体制尤其是集权分权的合理性有效性分析入手,过分集权压抑下级的积极性主动性,过分分权则破坏组织的统一。合理的体制应该是大权集中、小权分散。从分析组织结构入手,明确各种组织形式的利弊优劣,看是否符合组织的发展方向、是否有利于政策目标的实现。从分析管理者的素质能力入手,看是否胜任现有的岗位是否影响组织整体效能。

其五,组织文化分析。组织文化是基于共同价值观之上,组织全体成员共同向往的组织目标愿景、共同遵循的行为规范的总称。对于组织文化的分析的内容有:组织文化的现状分析,包括物质文化、制度文化和精神文化各层面;组织文化建设过程分析,组织领导者是如何倡导并身体力行的,是否有文化建设的规划与预算,组织成员是否接受并遵循等;组织文化的特色分析,组织文化的感召力、渗透力在于其独具特色、震撼人心;组织文化作用分析,分析组织文化的认可度,是否为组织成员所遵循,是否在组织运行中发挥了潜移默化的作用。

二、SWOT分析法

组织外部环境与内部环境分析的目的在于相互比较中明确组织所面临的机遇和挑战,组织自身的优势和劣势,以扬长避短、趋利避害,确定自己的政策方向。SWOT分析法就是寻求内外环境最佳战略组合、明确政策方向的分析工具。

在这里S代表组织的"长处"或"优势"(strengths);W是组织的"弱点"或"劣势"(weaknesses);O代表外部环境中存在的"机会"(opportunities);T为外部环境所构成的"威胁"(threats)。进行SWOT分析,一般要经过下列步骤：

第一，进行组织外部环境分析，列出对于组织发展来说外部环境中存在的发展机会(O)和威胁(T)。

第二，进行组织内部环境分析，列出组织目前所具有的长处(S)和弱点(W)。

这里要强调的是，外部环境的某要素，是不是机遇或威胁，应结合组织自身的资源和能力来判定。比如某种外部环境因素，能被组织抓住就是发展机遇，但自己没有资源去利用，没有能力去掌控，就不是机遇。如果竞争对手抓住，那就变成了巨大的威胁。同样内部环境分析中，某一资源是不是长处和优势，也要结合外部环境来考察。比如悠久的文化传统、几十年的产品品牌，用好了是优势，用不好就是包袱。

第三，绘制SWOT矩阵。这是一个以外部环境中的机会和威胁为一方；内部环境中的长处和弱点为另一方的二维矩阵，见图10-6。在这个矩阵中，有四个象限或四种SWOT组合。它们分别是长处—机会(SO)组合；长处—威胁(ST)组合；弱点—机会(WO)组合；弱点—威胁(WT)组合。

第四，进行组合分析。对于每一种外部环境与组织内部条件的组合，组织可能采取的一些策略原则如下：

(1)弱点—威胁(WT)组合。组织应尽量避免处于这种状态。然而一旦组织处于这样的位置，就要制定减小威胁和克服弱点的政策。事实上，这样的组织为了生存下去必须要奋斗，否则可能要面临解体。而要生存下去，可以选择避开、撤退或缩减的政策方向。

		内部环境	
		长处 S： S_1 S_2 S_3	弱点 W： W_1 W_2 W_3
外部环境	机会 O： O_1 O_2 O_3	SO 组合方案： (1)$O_1 S_1 S_2$ (2)$O_2 S_1 S_3$ (3)$O_2 S_1 S_3$ ……	WO 组合方案： (1)$O_2 W_2 W_3$ (2)$O_1 W_1 W_3$ (3)$O_2 W_2 W_3$ ……
	威胁 T： T_1 T_2 T_3	S 组合方案： (1)$T_1 S_1 S_2$ (2)$T_2 S_1 S_3$ (3)$T_2 S_1 S_3$ ……	WT 组合方案： (1)$T_2 W_2 W_3$ (2)$T_1 W_1 W_3$ (3)$T_2 W_2 W_3$ ……

图10-6 SWOT分析矩阵

(2)弱点—机会(WO)组合。组织已经鉴别出外部环境所提供的发展机会,但同时组织本身又存在着限制利用这些机会的组织资源与能力上的弱点。在这种情况下,组织制订政策应遵循引进策略:通过引进外来资源弥补组织的弱点以最大限度地利用外部环境中的机会,如果不采取任何行动,实际是将机会让给了竞争对手。

(3)长处—威胁(ST)组合。在这种情况下,组织应巧妙地利用自身的长处来对付外部环境中的威胁,其目的是发挥优势而减小威胁。但这并非意味着一个强大的组织,必须以其自身的实力来正面地回击外部环境中的威胁,合适的策略应当是慎重而有限度地利用自身的优势。

(4)长处—机会(SO)组合。这是一种最理想的组合,任何组织都希望凭借自身的长处和资源来最大限度地利用外部环境所提供的各种发展机会。

需要指出的是,外部环境的机遇与威胁、内部环境的优势与劣势有许多方面,它们之间形成多种错综复杂的策略组合,而这些组合又成为政策设计与选择的基础。以长处—机会(SO)组合为例,如果鉴别出 10 条长处和 10 个机会,这样它们之间形成了多种匹配关系,如表 10-9 所示。在表 10-9 中,"+"表示长处和机会的一个组合,而"0"则表示匹配关系很弱或这种关系不存在。值得注意的是,一种长处可能和几个机会相匹配,如 $S_1 O_4 O_6 O_9$ 组合;每一个机会的利用可能需要组织具备多种长处,如 $O_7 S_1 S_2 S_5 S_8$ 组合。这就给政策目标与政策方案提供了众多的选择余地。

表 10-9 SWOT 分析中的匹配关系

机会 O \ 长处 S	1	2	3	4	5	6	7	8	9	10
1	+	0+	0	0	+	+	0	0	0	0
2	+	0	0	+	0	0	0	+	+	+
3	0	0	0	+	0	0	0	0	0	+
4	+	+	+	0	+	+	0	+	+	0
5	+	0	0	+	0	0	0	0	+	0
6	+	0	0	0	+	0	0	0	+	+
7	+	+	0	+	+	0	+	+	+	+
8	0	0	0	0	0	0	+	0	0	0
9	+	0	0	0	+	0	0	+	0	0
10	+	+	0	0	+	0	0	0	0	0

三、政策目标确定的途径和方法

政策目标是在内外环境分析、明确政策方向基础上,一定时期内解决政策问题所要达到结果的一种期望。政策目标应该是有期限的、具体的、尽可能量化的。在实际决策过程中,目标的确定受到多种因素的干扰,主要有:政策主体的价值观、政治因素、目标的多重性及其冲突。针对这些问题,目标的确定也要采用多种途径。

(一)价值分析途径

价值分析是确定政策目标的基本前提。价值分析在于确认某种目标或目的是否值得去争取,采取的手段能否被接受以及取得的结果是否"良好"。它要回答的问题是"因为什么?为了什么目的?为谁的利益?承诺什么?风险值有多高?什么应优先考虑?"等等。选择什么样的政策目标,取决于政策主体与政策参与者的价值观。而个人的价值观是由复杂的历史、地理、心理、文化和社会经济因素所决定的超理性或非理性的既成东西;生活环境、家庭、学校、生活小圈子、文化、职业范围、社会联系等都是价值观形成的土壤。尤其是主要决策者的价值观起着举足轻重的作用。

价值分析的基本方法是利益分析法,因为价值观最深切的根源在于利益。所以在确定目标作价值分析时,要始终追问,"政策目标的确定会触及哪些人的利益?""这个目标的实现对谁的利益有好处?""这个目标是否体现了公共利益原则?""这个目标能否体现公平与效率的统一?""我们如何整合各种利益确定一个对利益相关者相对公平的目标?"等等。

(二)政治分析途径

影响政策目标的政治因素包括决策者的政治立场和政治需要以及各种利益群体的政治诉求。政治家或决策者并非不食人间烟火的天使,面对关乎切身利益,各党派和各集团的鹬蚌之争,他们无法淡然处之。因此,必须弄清他们的政治立场、政治需要和政治观点,并查明这些因素对政策目标的最终确定起了什么作用。

此外,利益集团对政策目标的影响力也不容忽视。在西方社会中,许多决策者是利益集团的代言人,因此经利益集团相互妥协后确定的政策目标未必能实现社会福利的最大化或真正反映公共利益。例如,美国不肯遵守限制全球大气排放的《京都议定书》,很重要的原因是总统布什在竞选时得到美国能源大亨的资助,故需要维护他们的利益。

(三)处理多重目标及目标冲突的途径

这是确定目标过程中一个不可避免的却又困难重重的环节。奎德认为,在政策目标这个问题上存在着争论,即人们不能在目标问题上达成一致或无法确定目标,那么就应努力寻找一个能取得共识的更高一级或更一般性的目标。可采取两种另外的程序或途径(最优化途径和"满意"途径)来确定一个偏好的目标。

寻求最优化途径是一个由如下三步组成的分析程序:(1)在目标之间确立一个相对价值和交易的系统;(2)确定目标的偏好顺序和优化序列;(3)除最重要的目标外,在最低限度的目标达成共识的基础上,将其他目标转变为约束或限制。

"满意"途径是西蒙1964年提出的。如果不能调和目标之间的冲突的话,那么放弃寻找最佳解决方案的想法,转而确定各种目标的最低界限。若在这些目标上能达成共识,那就接着寻找一种至少能超过这些界限的解决方案。

目前常用的多目标决策分析的方法和技术及其应用如下:(1)化多为少法;(2)重排次序法;(3)分层列序法;(4)直接求非劣解法;(5)层次分析法等。

第四节　政策方案设计方法

政策方案是实现政策目标的手段,是对组织外部环境的回应,是对组织资源的预先配置,是组织的行为规范。政策方案应具有多样性和创新性。显然,政策方案的设计、论证和抉择在政策制定中最为费时和费力,需要综合运用包括定性、定量、自然科学、社会科学、理性、超理性在内的各种设计方法。

一、政策方案的设计步骤

(一)搜寻与发现

政策方案的设计不能无中生有,不能一切都是创新,它可以在现有的实践中、政策中、文献中进行搜寻、发现来源,在此基础上,根据政策目标的要求和现实条件加以创新、加以论证,可以收到事半功倍之功效。在现实中,政策方案有哪些来源呢?

魏墨和维宁认为有四个基本的来源:(1)现有的政策提案;(2)通用的解决方案;(3)调整过的通用解决方案;(4)非现成的解决方案。阿西认为,备选方案可以通过四种途径获得:(1)保留现有的制度;(2)调整现有的制度;(3)使用已预先进行的方案设计;(4)进行全新的制度系统设计。邓恩在《公共政策分析导论》中则列举了备选方案的如下八个来源:(1)权威;(2)见识;(3)方法;(4)科学理论;(5)动机;(6)相似案例;(7)类比;(8)伦理体系。[①]

---

① 转引自陈振明:《公共政策分析》,第388页,中国人民大学出版社,2004。

现实中,政策备选方案的来源大致可以例举如下:

(1)由政策问题的性质、围绕政策目标与现有条件设计而成的,这是一种创新,是完全意义上的政策方案设计;

(2)与现状相符而又尚未实施过的方案;

(3)解决相关问题的其他人的经验;

(4)现有政策不变(不作为的方案);

(5)现有政策的调整;

(7)专家的建议;

(7)上级领导的要求和看法;

(8)推导和类比;

(9)案例的启示。

有各种查明潜在备选方案的方法可以选用,这些方法包括头脑风暴法、德尔菲法、文献评论法、快速的调查法、经验总结法、比较法、类比法等等。

(二)设计和创造

在经过搜寻和发现阶段后,产生了一系列与所界定问题相关的可行的解决办法和方案,接下来就是要对这些方案加以综合,提炼或修改,以便能够把它用于实际的政策问题的解决中,这就是政策方案的设计与创造阶段。它实际上包括轮廓的设想和细节的设计两个步骤。

政策方案轮廓的设想是指运用创造性思维,从不同的角度和途径,勾勒出多种实现政策目标的思路和方案轮廓。在设想方案轮廓时,要重视创造性的发挥,敢于大胆设想,突破观念和思想的束缚,充分发挥自己的远见和魄力,提供多种多样的、富有创见的新思路、新设想。在设想方案轮廓时,应尽量撇开细节,以减少对创造性思维的束缚。

在轮廓或设想产生之后,要使它们具有实用价值,还需要进一步精心设计方案的细节。

方案的细节设计是指按照构想的方案轮廓,确定实现政策目标的具体途径、措施和方法。

在进行细节设计时,要重视理性的分析,保持冷静的头脑和求实的精神,要对方案设计进行严格的论证、反复的计算和细致的推敲。同时,要注意运用可操作性强的手段和方法。

(三)筛选

筛选就是要在政策方案设计和论证的基础上,对各种可行方案进行比较和鉴别,剔除哪些明显不合乎政策目标要求的、明显不具有可行性的方案。对留下的方案作进一步的分析研究,最后选出供决策者评估决断的备选方案。

备选方案的筛选必须有统一的正确选择标准。一般情况下,标准有以下几项:(1)符合客观实际和客观规律;(2)符合政策目标要求;(3)符合公共利益的需要;(4)有效益,投入少,收益大,风险小;(4)切实可行,现有资源条件下能加以实施、取得预期效果。

基本的筛选方法有两种。第一种是比较法。有比较才有鉴别,要把各种方案拿来比较,在比较的时候,不但要和现行政策的作比较、和过去政策作比较,还要和区外国外政策作比较。把纵向比较和横向比较结合起来。纵向比较,可以从政策的演变过程和历史经验中,认识发展变化律;作横向比较,可以从国内外、区内外的比较中,认识方案的特点、长处和短处,使政策具有自己的特色。第二种是综合法。就是吸收和综合两个或多个方案的优点与合理内容,形成一个新的更为完善、更为有效、更为科学的方案。

在筛选比较和确定备选方案过程中,没有一致公认的规则可以保证找到合适的或理想的备选方案,但是了解这一过程可能出现的陷阱,提出注意的事项或分析的基本要求,无疑可以增加我们找到合适的备选方案的机会。这里,我们列出一些应注意的具体事项:

(1)不要过分依赖过去的经验;

(2)不要急于批评别人的意见,不要让好的主意溜掉;

(3)避免过早锁定问题的定义;

(4)避免过早形成偏好;

(5)防止未经评估而排除备选方案;

(6)注意在条件发生变化时,重新考虑以前被排除了的备选方案。

二、专家咨询法

充分利用外脑、思想库,运用专家咨询法来设计论证政策方案,是现代决策的基本方法之一。专家咨询法属于定性方法,包括专家会议法和德尔菲法等。

(一)专家会议法

专家会议法又叫作头脑风暴法,是由奥斯本在20世纪30年代末至40年代发展起来的,它通过召集一定数量的专家就某一决策问题开展讨论,寻求解决问题的方案。与正式的会议相比,它强调畅所欲言,以达到专家之间相互进行思维激荡,掀起脑力风暴,故名头脑风暴法。

头脑风暴法强调根据一定的规则,让专家共同讨论某一个具体问题,集中集体智慧,引发创造性思维,从而提出出奇制胜的政策方案。具体程序如下:

第一,遴选专家应从决策所涉及的专业领域中挑选,最好面广一些;专家组应该由一些地位相近的人组成,以免地位高的人会影响地位低的人的自由参与;重大决策专家组的成员应该经常轮换。一般来说,专家组不宜过多也不宜过少，一般在 10～15 人。

第二，会议开始之前应将与政策相关的材料与资料提前发给专家，让他们有时间准备。

第三，在会议开始的时候，会议不设主持人，不作主旨发言。组织者（召集人）首先提出议题、宣布规则，鼓励大家畅所欲言、百无禁忌，然后让大家讨论。在讨论中，每个人一次只能提出一个建议设想，提出的各个建议还要由秘书记录下来并编上序号。会议后，组织者应该尽快与与会者联系，看一下他们有没有一些有用的补充想法。

第四，组织者可以把头脑风暴法得到的观点和建议进行分类和提炼，然后请专家组的全体人员或一部分人员对其进行检验，有些时候也可以由其他专家来对这些建议进行评估。不过，最终的评估应该由那些直接对政策负责的人员作出。

专家会议法有以下原则必须遵守：

第一，禁止随便对他人进行批评。针对与会人员观点的不利评价在早期必须加以制止。

第二，欢迎自由想象。建议所涵盖的空间越广越好，停止思考比广泛思考容易。

第三，寻求大量的建议和意见。建议的数量越大，发现有用建议的可能性越高。

第四，寻求观点之间的结合以及提高。与会者除了要提出自己的观点和建议之外，还要考虑如何使他人的观点和建议变得更好，如何把他人两个或两个以上的观点结合起来形成另外一个更好的建议。

但专家会议法也有其局限性：其一，参加会议的专家是有限的，代表性往往不充分；其二，权威人士影响力比较大，影响与会者的创新性思考和发言；其三，从众心理的影响；其四，专家的自尊心影响专家本人听取别人的意见、改变自己的观点；其五，容易受专家自己的口头表达能力的影响。

（二）德尔菲法

德尔菲是古希腊神话中的神谕之地，此地有一座阿波罗神殿，传说可以占卜未来。20 世纪 50 年代以后，美国兰德公司和道格拉斯公司合作，研究一种通过有控制的反馈有效地收集专家意见的办法，并将其命名为"德尔菲法"。德尔菲法是对传统的专家会议法的改进和发展。在一定程度上克服了专家会议法的弊端。德尔菲法采用匿名通信和反复征求意见的形式，使专家们在互相不见面的情况下充分交换意见、交流信息，这样能够有效地收集专家意见，经过技术处理，得出创新性的决策方案。

德尔菲法的关键是设计科学合理的调查问卷。德尔菲法的调查问卷必须

满足以下要求:

第一,针对性。征询调查表提出的问题应该具有针对性。一般只限于在有疑问的地方提出问题。

第二,无歧义性。调查问卷使用的概念必须明确,以免应答者对问题产生不同的理解。

第三,无条件性。征询调查表提出的问题应该具有独立性,即是说,对一个问题的回答不应以对另一个问题的回答为条件。

第四,统计性。要求专家回答的尽可能定量处理,比如回答年份、百分比、概率、数据等,这便于统计处理。

第五,简明性。调查表提出的问题的数量要有限制。如果问题太多太杂,应答者会失去兴趣。在一般情况下,问题的数量以 20~25 个为宜。调查表的回答也尽可能简单,比如选择打勾、填写数据等,尽量不让专家去作长篇分析。

使用德尔菲法要经过几轮调查,它的一般程序是:

第一轮:把征询调查表和相关资料分发给专家小组成员,请他们做出回答、提出建议。组织者收回调查表后,计算出中位数和上下四分位数。在上下四分位点的闭环区间,表明有一半专家的意见被包含在其中。四分位区间越小,说明专家意见越一致。

第二轮:将第一轮得到的中位数及上下四分位数数值告诉每个专家,要求他们重新考虑原先的意见。如果他重新思考的结果仍在四分位区间之外,则要求他陈述理由,说明为什么他的意见不同于大多数人的意见。组织者收到调查表后,就新的数据重新计算出中位数和上下四分位点。

第三轮:将第二轮计算出的新的中位数、上下四分位数及某些专家陈述理由告知所有专家,请他们提出新的方案建议。

一般经过三轮或者四轮调查后,专家意见就会比较集中,这时就可以把最后一轮调查所得的中位数取作专家小组的意见。

三、运筹学方法

运筹学是现代数学的应用分支。早在第二次世界大战期间,就运用于军事谋划,战后运筹学进一步发展并广泛运用于管理决策。运筹学在解决管理决策问题时,一般都采取以下步骤:(1)确定问题、阐述问题;(2)建立数学模型;(3)求解模型;(4)检验解法和结论。目前普遍运用的有:规划论、排队论、库存论、决策论、对策论等。这里就政策方案设计中普遍采用的方法作一简介。

(一)线性规划方法

规划是运筹学的重要方法,包括线性规划、非线性规划、整数规划、目标规划、动态规划、随机规划等。其中线性规划是目前应用最为广泛和成功的模型。

1. 线性规划模型的标准形式

一般的线性规划模型中,有多个自变量,一系列约束条件,模型如下:

$$\max(\min) c_1 x_1 + c_2 x_2 + \cdots + c_n x_n$$

s.t.

$$a_{11} x_1 + a_{12} x_2 + \cdots + a_{1n} x_n = b_1$$
$$a_{21} x_1 + a_{22} x_2 + \cdots + a_{2n} x_n = b_2$$
$$\cdots \cdots$$
$$a_{m1} x_1 + a_{m2} x_2 + \cdots + a_{mn} x_n = b_m$$
$$x_{ij} \geqslant 0 (i = 1, 2, 3 \cdots m, j = 1, 2, 3, \cdots n)$$

其中,max(min)是目标函数,或者要求最大化 max,比如利润、产量等,或者要求最小化 min,比如成本消耗。s.t 意指受制于,即目标函数受制于以下方程。方程式是一系列约束条件。最后为非负约束。

模型的求解,简单问题可以运用 Excel 软件进行,复杂的线性规划问题可以借助专门软件 LINDO 进行。

2. 线性规划应用实例[①]

某市现有资金 10 亿元。今后四年内考虑给以下项目投资。已知:

项目 A:从第一年到第四年每年年初都可投资,当年年末能收回本利 110%;

项目 B:从第一年到第三年每年年初都可投资,次年年末能收回本利 125%,但规定每年最大投资额不能超过 7000 万元;

项目 C:第三年年初需要投资,到第四年年末能收回本利 135%,但规定最大投资额不能超过 5000 万元;

项目 D:第二年年初需要投资,到第四年年末能收回本利 145%,但规定最大投资额不能超过 8000 万元。

问题:应如何确定这些项目的每年投资额,使第四年年末拥有资金的本利金额为最大?

解:

①确定决策变量:设 X_{ij} 为第 i 年初投资于第 j 项目的金额(亿元),$i=1, 2, 3, 4; j=A, B, C, D$。根据题意,将变量表示在表 10—10 中。

---

① 参见陈庆云:《公共政策分析》,第 351 页,北京大学出版社,2006。

表 10-10

年份\项目	第一年	第二年	第三年	第四年
A	X_{1A}	X_{2A}	X_{3A}	X_{4A}
B	X_{1B}	X_{2B}	X_{3B}	
C			X_{3C}	
D		X_{2D}		

②目标函数：该投资问题的目标是第四年拥有的资金最大，可以表示为：

$$MAX\, 1.1X_{4A} + 1.25X_{3B} + 1.35X_{3C} + 1.45X_{2D}$$

③约束条件：

根据题意，项目 A 每年都可以投资，并且当年年底就能收回本息，因此投资时可以全部投出，不应留有现金。

第一年：第一年年初拥有现金 10 亿元，故有

$$X_{1A} + X_{1B} = 10$$

第二年：由于投资项目 B 的资金到次年年末才能收回，此时第二年初拥有的资金为第一年投资项目 A 所回收的资金，得

$$X_{2A} + X_{2B} + X_{2D} = 1.1X_{1A}$$

第三年：第三年的投资资金为投资项目 A 第二年的本息与投资项目 B 第一年的本息之和，故有

$$X_{3A} + X_{3B} + X_{3C} = 1.1X_{2A} + 1.25X_{1B}$$

第四年：

$$X_{4A} = 1.1X_{3A} + 1.25X_{2B}$$

另外，对项目 B、C、D 投资额的限制为

$$X_{iB} \leq 0.7 \quad (i=1,2,3)$$
$$X_{3C} \leq 0.5$$
$$X_{2D} \leq 0.8$$

这样，可得到如下的线性规划模型

$$MAX\, 1.1X_{4A} + 1.25X_{3B} + 1.35X_{3C} + 1.45X_{2D}$$

s.t.

$$X_{1A} + X_{1B} = 10$$
$$X_{2A} + X_{2B} + X_{2D} - 1.1X_{1A} = 0$$
$$X_{3A} + X_{3B} + X_{3C} - 1.1X_{2A} - 1.25X_{1B} = 0$$
$$X_{4A} - 1.1X_{3A} - 1.25X_{2B} = 0$$
$$X_{iB} \leq 0.7 \quad (i=1,2,3)$$

$X_{3C} \leqslant 0.5$

$X_{2D} \leqslant 0.8$

$X_{ij} \geqslant 0 (i=1,2,3,4; \quad j=A,B,C,D)$

用 LINDO 软件解的结果为：$X_{1A}=9.3, X_{2A}=8.7, X_{3A}=9.27, X_{4A}=11.08$，$X_{1B}=0.7, X_{2B}=0.7, X_{3B}=0.7, X_{3C}=0.5, X_{2D}=0.8$，第四年年末拥有的资金为 14.899 亿元。

(二) 对策论方法

对策论又称博弈论。对策论是一种数学方法，本意是研究对抗性的竞争局势的数学模型，以探索最优的对抗策略，现在进一步发展为在利益、策略对抗的局势下，怎样求得合作解，以实现和共赢。在政策领域，既有不同决策主体的利益对立，更需对不同的利益进行整合，设计出一个大家各有所获的共赢方案。

1. 对策的要素、类型与矩阵模型

对策一般具有三个基本要素：①局中人。在一局对策中有权决定自己行动方案的参加各方。②策略。在一局对策中可供局中人选择的一个实际可行的完整行动方案。③支付函数。在一局对策中，各局中人所选取的策略形成的策略组合称为一个局势。当局势给定后，对策结果也确定了。这时每个局中人都有所得失，"得失"是"局势"的函数，称之为支付函数。对策论就是要研究当局中人的策略集和支付函数均为已知时，如何确定自己的策略以争取尽可能好的结果。

对策的类型很多，根据局中人区分，有两人对策与多人对策；根据策略区分，有有限策略对策和无限策略对策；根据局势与支付函数区分，有零和对策与非零和对策等等。在众多对策模型中，占有重要地位的是二人零和对策与两人非零和对策，前者属于你输我赢、你得我失的对抗性对策，后者大多要求双方合作求得合作解。

对策矩阵模型由以上对策的三个基本要素构成：

设：一对策由 A、B 两方进行，A 有策略 $S_1, S_2, S_3, \cdots S_m$；B 有策略 $d_1, d_2, d_3 \cdots d_n$。A 的局势得失则有 a_{ij} ($=1,2,3,\cdots,n, =1,2,3,\cdots\cdots m$)。则 A 的对策得失如下表：

	d_1	d_2	d_3	…	d_n
S_1	a_{11}	a_{12}	a_{13}		a_{1n}
S_2	a_{21}	a_{22}	a_{23}		a_{2n}
S_3	a_{31}	a_{32}	a_{33}		a_{3n}
…					
S_m	a_{m1}	a_{m2}	a_{m3}		a_{mn}

记作 A 的得失矩阵：

$$A = \begin{pmatrix} a_{11} & a_{12} & a_{13} & \cdots & a_{1n} \\ a_{21} & a_{22} & a_{23} & \cdots & a_{2n} \\ a_{31} & a_{32} & a_{33} & \cdots & a_{3n} \\ \cdots & \cdots & \cdots & & \cdots \\ a_{m1} & a_{m2} & a_{m3} & \cdots & a_{mn} \end{pmatrix} \text{m} \times \text{n}$$

2. 两人有限零和对策

两人有限零和对策是指，局中人是两方，各人的策略都是有限的，并且各人都知道自己的策略和对方的策略以及每一局势的得失，双方的得失和为零，即一方的所得必为另一方所失。双方都是经济人，都希望在对策中赢得最大的利益。

例：由两个决策者 A 和 B，两人各自有三个策略方案，对策局势得失如下矩阵：A 应采取什么策略才能获得最大收益？

$$A = \begin{array}{c} \\ S_1 \\ S_2 \\ S_3 \\ \text{Max} \end{array} \begin{array}{ccc} d_1 & d_2 & d_3 \\ \begin{pmatrix} 3 & 1 & 2 \\ 6 & 0 & 3 \\ -5 & -1 & 4 \end{pmatrix} \\ 6 & 1 & 4 \end{array} \begin{array}{c} \min \\ 1 \\ 0 \\ -5 \end{array}$$

求解的第一步：行中取小，小中取大。得 1，所对应的策略是 S_1。

求解的第二步：列中取大，大中取小。得 1，所对应的策略是 d_2。

求解的第三步：观察两者有无交叉点，本例有交叉点 1，对应一对策局势 $S_1 d_2$。这一交叉点称之为鞍点，按点所对应的局势及双方的策略组合，称之为最优纯策略。最优纯策略对于双方来说都是最优的收益最大的策略。读者可以考察，如果不选取这一策略，对任何一方都可能造成更大损失。

但是，并不是所有对策都能找到鞍点，都有最优纯策略。比如两小孩用剪刀、石头、布三种策略进行对策，规定赢得 1 分、平得 0 分、输得 −1 分。则有如下对策矩阵。

$$A = \begin{array}{c} \\ \text{石头} \\ \text{剪子} \\ \text{布} \\ \text{Max} \end{array} \begin{array}{ccc} \text{石头} & \text{剪子} & \text{布} \\ \begin{pmatrix} 1 & 1 & -1 \\ 1 & 0 & 3 \\ 1 & -1 & 1 \end{pmatrix} \\ 1 & 1 & 1 \end{array} \begin{array}{c} \min \\ -1 \\ -1 \\ -1 \end{array}$$

显然这是一个没有鞍点的对策，对于这种对策，对策论采用的是超优原理，求取双方策略的概率组合，即在若干轮对策中，局中人各种策略使用的概率。最优的策略组合称之为最优混合策略。关于最优混合策略的求解方法，读者可以查阅运筹学的教材即可掌握，恕不赘述。

3. 非零和对策与纳什均衡

现实政策制定中，我们并不都是针对竞争对手制定取胜策略，也不都是一方所得必为一方所失。恰恰相反，我们更提倡不同策略的组合、不同利益的整合，使得利益有别甚至对立的双方能各有所获，获取双方的最大利益。这在对策论中就是非零和对策。非零和对策是可以找到均衡点，计算最优解的。它的求解方法是由美国数学家纳什1950年发现的。所以称之为纳什均衡。纳什均衡指这样一种策略组合或局势，这种策略组合由所有参与人的最优策略组成，也就是说，给定别人策略的情况下，没有任何单个参与人有积极性选择其他策略，从而没有任何人有积极性打破这种均衡。下面以博弈论中著名的"囚徒困境"来作一解释。

表10-11 囚徒困境的支付矩阵

		囚徒B	
		坦白	抵赖
囚徒A	坦白	-8, -8	0, -10
	抵赖	-10, 0	-1, -1

两个嫌疑犯作案后，被警察抓获，警察告诉他们：如果两个人都坦白，各判刑8年；如果两个人都抵赖，各判刑1年（或许因证据不足）；如果其中一人坦白另一人抵赖，坦白的放出去，不坦白的判10年。这里，每个囚徒都有两种策略：坦白或抵赖。下表10-11给出支付矩阵。

本例的纳什均衡就是（坦白，坦白）：给定囚徒B坦白的情况下，囚徒A的最优策略是坦白；同样，给定囚徒A坦白的情况下，B的最优策略也是坦白。事实上，这里，（坦白，坦白）不仅是纳什均衡，而且是一个占优策略均衡。就是说，不论对方如何选择，个人的最优选择是坦白。比如说，如果囚徒B不坦白，囚徒A坦白的话被放出来，不坦白的话判刑10年，所以坦白比不坦白好；如果囚徒B坦白，囚徒A坦白的话判刑8年，不坦白的话判刑10年，所以，坦白还是比不坦白好。结果是，每个人都选择坦白，各判刑8年。

囚徒困境反映了一个很深刻的问题，即经济人的本性问题。如果两个人都抵赖，各判刑1年，显然比都坦白各判刑8年好。但这个帕累托改进办不到，因为它不满足个人理性要求，（抵赖，抵赖）不是纳什均衡。换个角度看，即使两囚徒在被警察抓住之前建立一个攻守同盟（死不坦白），这个攻守同盟也没有用，因为它不构成纳什均衡，没有人有积极性遵守协定。看来要想打破纳什均衡,获得帕累托最优,两人都抵赖,双方就要求真诚的合作意愿,坚守攻守同盟。这从反面告诉我们,在制定和执行政策时,利益有别以致冲突的各方相互合作有多么重要。

(三)公平分配方法

公共政策是利益的分配、协调与整合,以公共利益为核心,求得利益分配的公平始终是政策制定者的价值取向。运筹学在公平分配问题上也提供了可采用的模型与求解方法。

这里讨论的公平分配问题只限于参与决策的利益相关者(称为成员,或玩家),而公平性的意义要强调的是那些使个体按照自己的价值系统能够满意的方案。如同前两章一样,参与公平分配(均分)的 n 个成员以 $1,2,\cdots n$ 来记之,现在必须把某一个成品集合 S 分成不相关的 n 个部分 $S_1,S_2,S_3\cdots,S_n$,我们的任务是为每个成员找一个按照各人价值标准来说是公平的分块 S_i。

下面将分三种情形来提供均分方案。第一种是连续态,即 S 是可以无穷尽加以细分的,例如蛋糕、粮食和资金;第二种是离散态,这时 S 由各种不可分割的对象组成,例如不动产中的房屋、地皮;第三种是整分问题,即每个个体分得的部分 S 都必须是整数,例如某些委员会中的席位数。

1. 连续态的公平分配

两个或多个成员怎样公平地分切一块蛋糕?显然这是一种连续均分态。如果只有两个成员 1 和 2,则公平分配一个对象 S 的传统方法是"你来切分我先挑"。

如果成员有多个,将上述"你分我挑"方法略加改变即可施用。我们可以称之为最后缩小法。试看七个成员怎样来均分一块蛋糕:

第一步:成员 1 以他自己认为公平的方式,从蛋糕中切下一块。

第二步:对切下的这块蛋糕,成员 2 可以有两种意见:或者他认为"挺公平",或者他认为"太大了一点",因此需要"再缩小一点"。

第三步:在轮到成员 3,4,5,6,7 表态时,他们也都有权进一步要求缩小。

第四步:在轮到某一成员表态以后,如果他后面的成员已经没有表示"需要缩小"的意见,则这块蛋糕就归他。换句话说,成员 1 切下的蛋糕应归最后一位认为需要"再缩小"的成员。这个最后的缩小者就此退出分配活动。

第五步:余下五个成员继续重复上面的"最后缩小法",一个退出后,余下四人再重复上法,然后三个人再重复,一直到只剩下两个人。

第六步:只有两个人时,便施行上面介绍过的"你分我挑"法。

2. 离散态公平分配

两个合资者要对一所房产进行均分(这是一个离散态分配),这时,首先是让两个成员 A 及 B 分别对房产进行估价:例如设 A 估价为 150 万元,B 则估价100万元。我们推荐的方法是：房产归A，同时A需付给B以50+(150-100)/4=62.5万元。A得到一所价值150万元的房产，除支出62.5万元外，实得相当于87.5万元；同样，B除得到他的公平分享的部分50万元外，实际获62.5万元。两人都得到比他们公平分享部分更多(12.5万元)的收入。

假如是多个合资者呢？

例：由四位合资人A，B，C和D合资兴办的公司，因经营不善濒临倒闭，为此决定进行清资。企业目前待清的财产只有楼房一所、地皮一方、卡车一辆。假定当初集资额由四人平摊，则现在就应进行公平分配。均分方法如表10-12所示：

表10-12 合资公司清资分配表

投资人	A	B	C	D
房产估价	120	200	140	180
地皮估价	60	40	90	50
卡车估价	30	24	20	20
1.估价总和	210	264	250	250
2.公平分享	52.5	66	62.5	62.5
3.高估价人的实物分享	卡车	房产	地皮	
4.余额	22.5	-134	-27.5	62.5
5.全附加 76.5=|22.5+62.5-134-27.5|				
6.分享附加	19.125	19.125	19.125	19.125
7.均分结果	卡车	房产	地皮	
	41.625	-114.875	-8.375	81.625

此表下半块第一行列出了各自报价的总和。而这些估价是各人按照自己的标准作出的。第二行是第一行各数的1/4，表示每位集资人公平分享部分的相应资金数，注意这些数字自然是各不相同的。这正好表示各人自认合理的公平分享部分的相应资金数。第三行表示每项资产按最高估价人为归属。第四行表示第二行与第三行的实物自报数之差，这行数字也代表每个人的附加值，负数表示应该付出若干。第四行的总和是-76.5万元，注意这个数总是个负数，其绝对值记在第五行，我们可以称之为分享附加，把分享附加分成四份，每份为19.125万元，记在第六行。第七行列出的是：实物+余额+分享附加，表示四位集资人最后的分配总额。第七行现金总额之和为零。清资分配到此结束。结果表明，每位集资人都比他们自报的公平分享部分多得了19.125万元。例如A，按照他自己的意志，他应分享52.5万元，但他现在得到：卡车一辆(值30万元——这是他自报的)，现金41.625万，合计得71.625万元，比预期多出19.125万元。

这个分配方案再次保证，在出现估价不同的情况下，每位成员都将获得比公平分享部分更多的收入。要体现上述办法的公平性,必须强调的是诚实估价和合理支付折价款。

3. 整分问题

假定有若干成员 $1,2,\cdots,i,\cdots,n$ 要分配一个容量 h。分别给各成员基数定义为 $p_1,p_2,p_3,\cdots p_n$。一个整分问题由 n 个非负整数组成:$a_1,a_2,a_3,\cdots a_n$。它们的和等于容量 h。

用数 h 给各成员分别按下面公式定义分享数或配额数 q_i,公式为:

$$q_i/h = p_i/p \text{ 或 } q_i = h \cdot p_i/p$$

例:某地区有六个基层单位,每个单位的人数如下表,现要选 100 名代表,代表名额怎样分配才算公平?

现在 p_i 便是各基层单位的的人数,容量 $h=100$。按上述公式,各单位的代表名额为:

$$q_i = h \cdot p_i/p = 100 \cdot p_i/20000$$

但根据此计算,各基层单位分得的名额并不是整数,不符合整分要求,这就要进行调整,使每个单位的代表为整数,代表总数达 100。一般采用四舍五入法。

表 10-12 某地区代表名额分配表

单位	人数	比例/%	进位(简)/%	进位(整)/%	调整比例/%
A	6716	33.580	33.6	34	33.634
B	4836	24.160	24.2	24	24.124
C	4093	20.465	20.5	20	20.520
D	3211	16.055	16.1	16	16.016
E	852	4.260	4.3	4	4.34
F	296	1.480	1.5	2	1.52
合计	20000	100.00	100.2	100	100.0100

按上面计算公式计算过的比例进行分配是相对公平的,但其中有不公平的地方。主要问题出在四舍五入上、出在凑足整数上,F 单位就明显占便宜,多了一个名额。读者是不难看出的。但到目前为止没有更好的方法。

第五节　政策方案的评估抉择方法

政策方案的评估抉择过程,就是狭义上的决策。其目的是从多个政策方案中选取一个相对最优方案作为实施方案。方案的评估抉择方法有经验判断法、定量计算法和试点实验法。这一节主要介绍在政策决断中常运用的定量方法。

一、确定型决策方法

确定型决策是指政策环境及其未来的变化是确定的,各政策方案的执行结果也是可以确定的。从理论上来说,这种决策相对简单,只要在确定条件下,比较各方案的成本投入和预期收益,成本取最小收益取最大,就可以做出决断了。但现实决策并不那么容易,这里牵涉的是成本和收益计算问题。

(一)盈亏平衡分析方法

所谓盈亏平衡是指总收益等于总成本的情形。对于私营企业部门来说,不亏本是其经营的最低要求,如果达不到这一要求,不如放弃该项经营活动。而对于公共管理部门来说,虽然不以营利为目的,但盈亏平衡对于公共产品的投资也具有重要的价值。

在盈亏平衡分析中,总收益 TR 等于产品的价格 P 乘以产品的销售量 Q,即,

$$TR = P \cdot Q$$

总成本 TC 等于不随产品生产数量 Q 变动的固定成本 F 与随产品生产数量 Q 变动的变动成本 C 的和,即

$$TC = F + C(Q)$$

其中,$C(Q)$ 表示变动成本 C 是产量 Q 的函数。这里销售量与产量用同一个符号表示,意味着生产供给是按需求定得。

按照经济学的一般分析,当产量(销售量)很低时,总收益也很低,通常小于固定成本,从而处于亏本的状态。随着产量(销售量)的增加,总收益增加。并且,只要价格超过变动成本,总收益的增长速度将大于总成本的增长速度。当达到某一产量(销售量)水平时,总收益将与总成本持平,称为达到了盈亏平衡点。当产量继续增加时,总收益通常会超过总成本,而使生产者获得盈利。

1. 线性盈亏平衡分析

线性盈亏平衡分析是对总成本和总收益的变化做线性分析的一种方法,是相对简单的盈亏平衡分析技术,通常假定总收益和总成本均是产量的线性函数。例如,假定

$$TR = P \times Q$$
$$TC = F + C \times Q$$

当价格固定时,由盈亏平衡点的定义 $TR=TC$,有

$$P \times Q = F + C \times Q$$

由此可得,

$$Q = F/P - C$$

显然,若价格 P 不大于单位产量的变动成本,则不存在盈亏平衡。

也就是说,价格的确定不仅要能弥补单位产量的变动成本,还要平摊固定成本。

例:某地方政府决定建造一座新桥,总成本是 10 亿元,要求五年收回投资。假定每次过桥的维护成本是 0.5 元,年过桥量为 2000 万车次。如果不考虑资金的时间价值(我们将在后面讨论这一概念),不考虑车型的大小,求每次过桥应收取多少过桥费才能收回投资和维护成本、达到盈亏平衡?

解:求取 5 年的需求量即销售量 Q:$2000 \times 5 = 1$(亿次)

已知:固定投资 $F = 10$(亿元)

根据公式,达到盈亏平衡每次过桥的价格 $P = F/Q + C$,则 $P = 10 + 0.5$(元)$= 10.5$ 元

五年后,由于投资已收回,只需弥补维护成本,因此,五年后的过桥费应降为 0.5 元/次。

2. 非线性盈亏平衡分析

在前面的讨论中,当产品的价格固定不变时,假定总成本和总收益随产量的增加成比例地增长,或者当产品的产量固定不变时,总收益随着价格的增加成比例地增长。因而,产品的产量或价格与总收益和总成本的关系是线性的。但是,现实生活中成本结构往往是比较复杂的,不可能随产量的增加成比例地增长,而销售的价格,也会随批发量的大小而有差异。因而反映到产量或价格与总成本和总收益之间的关系上是非线性关系,这就必须进行非线性盈亏平衡分析。

在上例中,车辆的过桥数量就可能与过桥费的价格有关。这种关系通常是反向的关系,即过桥费越高,过桥的车辆数越少。假定年过桥需求量 Q 与过桥费之间的关系是

$$Q = 30 - P$$

这时,五年内的总收益为

$$TR = P \times Q = P \times (30 - P) \times 5 = 150P - 5P^2$$
$$TC = F + C \times Q = 1000 + 0.5 \times (30 - P) \times 5 = 1075 - 2.5P$$

按照盈亏平衡分析,无论是线性的,还是非线性,都是通过总收益等于总成本这个等式即 $TR = TC$ 来求解相应的经济变量。为此,我们有

$$150P - 50P^2 = 1075 - 2.5P$$

求解上述一元二次方程,可得盈亏平衡价格的两个解:

$$P_1 = 11.06(元), P_2 = 19.44$$

这里 P_1 称为第一盈亏平衡点,P_2 称为第二盈亏平衡点。

可以验算,当价格 P 小于 P_1 时,由于定价偏低,投资无法按期收回;当价

格 P 大于 P_1 且小于 P_2 时,不仅可以收回投资,还有盈余;当价格 P 大于 P_2 时,由于定价偏高,过桥的车辆数大大减少,导致投资亦无法按期收回。

(二)净现值决策方法

在对公共管理项目进行论证时,对比不同的备选方案,可能会发现其现金流量存在两种性质的差异:一是现金流量大小的差异,即投入及产出数量上的差异;二是现金流量时间分布上的差异,即投入及产出发生在不同的时点。因此,为了保证决策的科学性,必须运用资金时间价值的理论,将不同时点的现金流折算成相同时点的有可比价值的现值(或终值),才能科学地判断方案的优劣。

资金时间价值的大小,受到三个因素的约束:

1. 资金投入量

资金投入量就是通常讲的本金,投入越大,相同时间和计算方式下,得到的利息越大,未来本利和也越大。

2. 利息计算方式

利息计算有单利法和复利法两种。

单利法公式为:

$$F = P(1 + i \cdot n)$$

上式中,F 为期末本利之和;P 为本金;i 为利率;n 为期数。

复利法公式为:

$$F = P(1 + i)^n$$

3. 资金投入方式

不同的投入方式有不同的投入额和间隔期,从而即使不同时期有相同的利率,其参与利息计算的本金和时间长度也不同。

不同备选方案间的比较,最终要通过比较资金时间价值的大小决定。资金时间价值有以下几种计算方法:

1. 终值

复利终值是指一笔或多笔资金按一定的利率复利计算若干年后所得到的本利和。其计算公式为:$F = P(1 + i)^n$。

2. 现值

在终值的计算公式中,P 是当前投入的本金,也是终值 F 的现值。因此,现值的计算公式是由终值公式倒推而来的:

$$P = F/(1 + i)^n$$

上式分母中的利率 i 有时又称为折现率或贴现率。

为了比较不同时期的资金的价值,只有把它们都折算成现在的价值(0 年的价值),才能使不同时期的资金有一个共同的起点,才具有可比性,这种决策方法称为净现值决策法。

所谓净现值,简记为 NPV,是将整个项目投资过程的现金流(投资与收益)按规定的投资收益率(折现率),折算到起始时间时的累计现值。其计算公式:

$$NPV = \sum_{t=0}^{n} \frac{A_t}{(1+i)^t} = \sum_{t=0}^{n} \frac{B_t - C_t}{(1+i)^t}$$

式中,A_t 为第 t 年的净现金流量;B_t 为第 t 年收入额;C_t 为第 t 年支出额;n 为项目寿命期;i 为规定的投资收益率或折现率。

所谓净现值决策法,就是根据 NPV 的大小来作出项目是否进行的选择。其准则是,若 $NPV \geq 0$,则该项目是合理的;反之,该项目就是不经济的。

如果将净现值决策法与盈亏平衡分析相结合,那么盈亏平衡点就不是在总收益等于总成本的时候达到,而是在总收益的现值与总成本的现值相等即净现值等于零时达到。

二、风险型决策方法

风险型决策是指决策者对未来变化及自然状态无法确定,但可以通过主观估计或统计测算出未来各种自然状态的发生概率,且各方案的益损值能够计算出来。此为风险型决策,意指此类决策不管选择什么方案,都存在着一定的风险。

例:某产棉基地拟由政府投资建立一家棉纺企业。根据市场预测,产品销路面临三种自然状态 S:畅销、一般(平销)和滞销,各种情况出现的概率 P 分别为 0.35,0.4,0.25。政府投资建设的方案 A 有三种:大规模投资、中等规模投资、小规模投资。各种方案的收益值在表 10-13 中给出。如何建厂?请决策。

表 10-13　　　　　　　　　　　　　　　　　(单位:千万元)

方案 A＼自然状态 S＼概率 P	S_1(畅销) P_1:0.35	S_2(平销) P_2:0.40	S_3(滞销) P_3:0.25
A_1(大规模投资)AI(大规模投资)	60	30	-12
A_2(中规模投资)	40	18	-2
A_3(小规模投资)	23	13	6

(一)最大期望收益决策

解决风险型决策常用的一个目标是使期望收益最大化,即求出每个方案收益的期望值,加以比较,选取一个收益值最大的备选方案作为实施方案。我们不难求出三种方案对应的期望收益:

$E(A_1) = 60 \times 0.35 + 30 \times 0.4 - 12 \times 0.25 = 30$

$E(A_2) = 40 \times 0.35 + 18 \times 0.4 - 2 \times 0.25 = 20.7$

$E(A_3) = 23 \times 0.35 + 13 \times 0.4 + 6 \times .25 = 14.75$

因为第一种方案对应的期望收益值最大,所以选择大规模投资的方案。

(二)最大可能收益决策

本例面对的是一个各种市场情况出现的概率差异不大的问题。如果市场情况的概率差异很大又该如何决策?此时人们仍然会遵照最大期望收益准则吗?

根据概率论的知识,一个事件的概率越大,在实际中发生的可能性就越大。因此在风险型决策中选择一个发生概率最大的自然状况进行决策,而对于其他状况不再考虑,这种决策准则称为最大可能收益准则。在此准则下,风险型决策问题转化为确定型决策问题。如果在上例的基础上我们重新估计各种自然状态的概率为:畅销、平销和滞销分别为 0.1, 0.7, 0.2,则可用最大可能收益准则进行决策。

由于平销的概率为 0.7,远远大于其他自然状况的概率,在最大可能收益准则下,就按照此自然状况进行决策。计算得出 $E(A_1) = 26.76, E(A_2) = 19.2, E(A_3) = 12.6$。尽管第一方案收益期望值最大,但我们还是选择方案 2,即进行中规模投资建立棉纺企业,因为其发生概率最大,收益可能性最大,相对稳定。

(二)最大期望效用决策

上述两种方法,都是通过求期望值来确定决策方案的。在实际决策时,还存在着由于决策者对待风险的态度不同,决策时背离方案的期望值进行决策的现象。例如,上例中利用最大期望收益准则决策时,选择了期望收益最大的方案即大规模投资。然而方案 1 并不是对决策者最有利的方案,因为有利的 25% 的可能性要亏损 12000 万元。相反,由于方案 3 在各种自然状态下均会盈利,因此,决策者很有可能会选择方案 3。正是由于这种现象的存在,人们在决策理论中引进了效用理论——最大期望效用决策准则。

效用是衡量决策方案的总体性指标,效用指标可以量化决策者对待诸如风险、利润、损失等各种因素的总体态度。

利用最大期望效用准则进行决策时,首先将决策者对待风险的态度折合成效用值(效用值在 0~1 之间),乘以相应的概率,再求和,选出期望效用值最大的方案为最优方案。效用值的测算与效用决策,在一般的决策学中都有详细介绍,读者可以查阅掌握。

效用理论指出,决策者的效用函数一般是非线性的。因而,用期望效用更能体现决策者的风险偏好。最大期望收益准则可以看作最大期望效用准则的特例,即效用函数是一种特殊的线性函数。

在现实决策中,决策者对待风险的态度差别很大,即折合成的风险效用值差别很大。我们可以根据决策者的效用曲线将决策者分为三类:见下图 10—6。

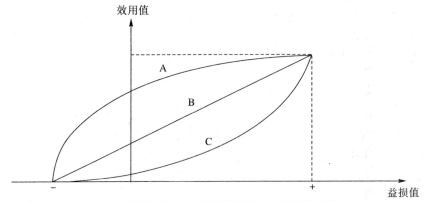

A:谨慎稳妥型； B循规踏矩型； C：进取冒险型

图 10—6　决策者的效用曲线类型

上图曲线 A 是谨慎稳妥型决策者,他们谨小慎微,不求大利,逃避风险,对损失的反应特别敏感,而对利益的反应比较迟缓;曲线 C 是进取冒险型决策者,他们对利益的反应相当敏感,而对损失的反应相对迟缓,即使成功概率小,只要效益高,他们也敢于去冒险;曲线 B 是循规蹈矩型决策者,他们处于前两者之间,既不勇于冒险,也不趋于保守,他们的效用值与收益期望值成正比,他们的决策总是以收益期望值的高低来选择。

三、非确定型决策方法

非确定型决策是指,决策者对于未来的自然状态无法确定,甚至无法估算不同自然状态的发生概率,仅能计算出各备选方案在不同自然状态下的益损值。这类决策不确定因素更多,风险更大,因而决策更难。因而非确定型决策主要依赖决策者的主观态度。根据归纳,对于非确定型决策有以下五种决策具体方法,采用哪种方法,取决于决策者的个人选择。我们还以前述的例子加以讨论,只是少了概率这个条件。决策益损表见下表 10—14。

表 10—14　　　　　　　　　　　　　　　　　　（单位:千万元）

自然状态 S 方案 A	S_1（畅销）	S_2（平销）	S_3（滞销）
A_1（大规模投资）	60	30	−12
A_2（中规模投资）	40	18	−2
A_3（小规模投资）	23	13	6

(一)乐观准则

持此种准则的决策者,对未来总抱着乐观的态度,凡事总看其有利的一面,是一种较冒险的决策方法。这种方法先从每一方案中选取最大收益值,然后又从最大值中再选最大值,以这个最大值所对应的方案为中选方案。故称大中取大法。本例三个方案的最大值分别为 60、40、23,其中的最大值为 60。它所对应的中选方案是大规模投资。

(二)悲观准则

这种决策者对未来抱着悲观的态度,总是从最坏的情况出发考虑问题,以争取最好的结果。这种方法先从每个方案中选出最小的收益值,然后从中选取最大值,这个最大值对应的方案就是中选方案,故称小中取大法。本例三个方案的最小值分别为 -12、-2、6,其中 6 为最大,它所对应的小规模投资方案就是中选方案。

(三)等概率准则

此法是将非确定型决策变为风险型决策,然后计算各方案的期望值,比较期望值的大小来决断,收益取最大,损失取最小。由于不知道各种自然状态的概率,决策者用平均的方法使各状态的概率相等。根据概率论的要求,所有自然状态概率之和为 1。本例三种自然状态,每种状态的平均概率为 $1/3$。用期望值计算公式计算:

大规模投资的收益期望值 $=(60+30-12)\times 1/3=26$

中规模投资的收益期望值 $=(40+18-2)\times 1/3=18.7$

小规模投资的收益期望值 $=(23+13+6)\times 1/3=14$

大规模投资的收益期望值最高,故而方案中选。

(四)折衷准则

也称乐观系数法。此法的决策准则处于乐观法和悲观法之间,故曰折衷。这种方法的选择过程是先给最好的自然状态主观设定一个系数 $\alpha(0<\alpha<1)$,称为乐观系数,相对应的最坏的自然状态悲观系数为 $1-\alpha$。然后计算每个方案的折衷值,取收益折衷值最大者所对应的方案为中选方案。折衷值的计算公式是:

方案收益折衷值 $=$ 最大收益值 $\times\alpha+$ 最小收益值 $\times(1-\alpha)$

本例假如确定乐观系数 $\alpha=0.6$,则悲观系数为 0.4,各方案的折衷值计算为:

大规模投资期望收益折衷值 $=60\times 0.6+(-12)\times 0.4=31.2$

中规模投资期望收益折衷值 $=40\times 0.6+(-2)\times 0.4=23.2$

小规模投资期望收益折衷值 $=23\times 0.6+(6)\times 0.4=16.2$

大规模投资期望收益折衷值最大,故中选。

(五)后悔值准则

也称遗憾值法。此法的决策准则是先计算各方案的最大后悔值,然后从中取最小的后悔值,它所对应的方案为最佳方案,故此法又称大中取小法。在决策中往往有这种情况,当选定某一方案执行时才发现它并不是最佳方案,由此必然造成经营损失或机会损失,这时,决策者就会感到后悔,后悔为什么没有选取更好的方案。后悔的程度总是和损失的程度成正比的,因而后悔值的计算实际是对未来可能的损失值的估算。

后悔值计算的方法是,在决策益损表的每一列中即每种自然状态下确定最大收益值,然后用这个最大值减去该列的每一个值(包括本身)使得每一个收益值都有一个后悔值。本例后悔值计算如表10-15所示。

运用后悔值决断方案的步骤是,先找出每一个方案的最大后悔值,然后在最大后悔值中确定最小者,其所对应的方案就是中选方案。

表10-15　　　　　　　　　　　　　　　　　(单位:千万元)

自然状态 S 方案 A	S_1(畅销)	S_2(平销)	S_3(滞销)	最大后悔值
A_1(大规模投资)	0	18	18	
A_2(中规模投资)	20	12	8	20
A_3(小规模投资)	37	17	0	37

由表10-15计算得知三种方案的最大后悔值分别为18、20、37,显然,18为最小,它所对应的方案是大规模投资方案,也即中选方案。

以上五种方法反映了不同决策者对未来收益风险的不同态度。作为一个成熟而稳妥的决策者,不要过分迷信自己的决策准则,最好是五种方法都采用一遍,然后综合考虑决断。

第六节　政策效果评价方法

政策效果评价是政策运行不可缺少的环节。通过政策效果评价才能决定政策未来的走向,达到预定效果,政策可以终结;没有达到预定效果,分析原因,或者调整、或者终结。政策效果有直接效果、间接效果、预定效果、附带效果、可定量效果、不可定量效果,还有意外效果、潜在效果、象征性效果等。不同的效果有不同的评价方法。

一、成本效益分析

成本效益分析法既是作为评价政策方案优劣的方法,更是在政策执行以后评价政策效果的评价方法,它可以对某一政策的效果加以评价,也可以对不同政策的效果进行对比。政策成本是指在政策整个运行过程中,所消耗的费用,它既包括直接的实际耗费,也包括间接的财富损失。政策运行成本大致有四种形式:

一是政策制定费用。它是政策主体从提出政策问题到政策最后出台生效的全过程中的资源投入,是直接的价值或实物投入。

二是政策执行投入。任何政策从开始执行到产生效果都必须要有一定的资源投入,包括人力、物力、财力。这是政策成本的主要部分。

三是政策摩擦损失。在各项政策缺乏配合、协调以及相关度低而不能形成完整兼容体系时,在新旧政策不能相互衔接或衔接期过长时,各政策之间必然产生摩擦,必然要付出代价,这一代价称之为摩擦损失。

四是政策操作费用。执行部门在实施政策中因宣传、解释、传达、监控乃至成立专门机构、配备专门人员操作等所消耗的费用。

利用成本效益分析法进行政策评价时,可借助于成本效用曲线。以成本为自变量,用 x 表示;以效益为因变量,用 y 表示,即横轴表示成本,纵轴表示效益。

通常使用的评价原则有三条:

其一,效益相等时,成本越小的政策效率越好。从图 10-7 中可知,当效益达到 E_2 时,两个政策的效益一致,成本同为 C_0。当成本低于 C_0 时,甲政策比乙政策效果好。当成本高于 C_0 时,则乙政策效果较好。

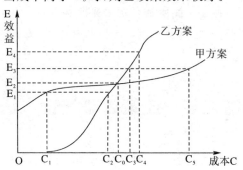

图 10-7 两方案的成本效益评价[①]

其二,成本相等时,效益越大越好。这时以效益为变量,如果成本水平为 C_1,则甲政策效益为 E_1,乙政策无效益。但从长远看,乙政策更好。

其三,效益与成本的比较率越大越好。如图 10-8 所示,当效益与成本均

---

① 转引自陈庆云:《公共政策分析》,第 302 页,北京大学出版社,2006。

不限定时,可寻找效益对成本超过的最大数值的政策方案。横轴 x 表示不同的政策方案,纵轴 y 表示效益和成本。效益与成本曲线相交于 P、Q 两点,在 P 点以下,Q 点以上成本均高于效益,不予考虑。仅在 P、Q 两点之间,寻求效益对成本超过的最大值。图中 X^* 处的政策方案,效益对成本的超额最大,或者说效益与成本的比率最大。

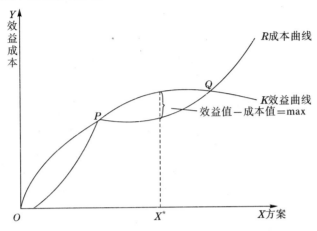

图10—8 多方案的成本效益评价[①]

二、前后对比法

前后对比法是将公共政策执行前后的有关情况进行对比,从中测度公共政策效果及价值的方法。它通过大量的参数对比,使人们对公共政策执行前后情况的变化一目了然。它不仅可以帮助人们了解公共政策的准确效果,还可以帮助人们认识公共政策的本质和误差,因此是公共政策评价常用的基本方法。这种方法可分为四种具体方式。

(一)简单"前—后"对比评价

简单前—后对比评价是先确定公共政策对象在接受公共政策作用后可以衡量出的值,再减去作用前衡量出的值。当然这个值衡量的标准是政策目标。如图10—9所示,A_1 表示政策执行前衡量的值,A_2 是政策执行后衡量的值,$A_2 - A_1$ 就是公共政策效果。显然 $A_2 - A_1$ 是正数,说明有正面效果,数值越大,效果越显著;为零则为无效果;为负则为负面效果。

这种方法的优点是简单、方便、明了;缺陷是不够精确,无法将公共政策执行所产生的效果和其他因素如公共政策对象自身因素、外在因素、偶发事件、

---

① 转引自陈庆云:《公共政策分析》,第302页,北京大学出版社,2006。

社会变动等所造成的效果加以明确区分。

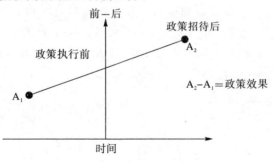

图 10－9　简单前后对比评价

(二)"投射－实施后"对比评价

"投射－实施后"对比分析如图 10－10 所示。图中 O_1O_2 是根据政策执行前的各种情况建立起来的趋势线；A_1 是趋势线外推到政策执行后的某一时点的投影，代表若无该政策会发生的情况；A_2 为政策执行后的实际情况。这种评价是将 A_1 点与 A_2 对比，以确定该项政策的效果。

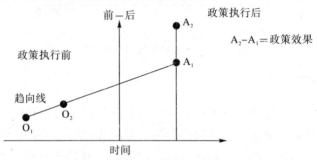

图 10－10　"投射－实施后"对比评价

这种评价由于考虑到非政策因素的影响，结果更加精确，因而比前一方法更进一步。这种评价方法的困难在于如何详尽地收集政策执行前的相关资料数据，以建立起政策执行前的趋势线。

(三)"有－无"对比评价

"有－无"对比评价如图 10－11 所示。这种分析方法是在公共政策执行前和公共政策执行后这两个时间点上，分别就有公共政策和无公共政策两种情况进行前后对比，然后再比较两次对比结果，以确定公共政策的效果。图中 A_1 和 B_1 分别代表政策执行前有无政策的两种情况，A_2 和 B_2 分别是政策执行后有无政策的两种情况。(A_2-A_1) 为有政策条件下的变化结果，(B_2-B_1) 为无公共政策条件下的变化结果。$[(A_2-A_1)-(B_2-B_1)]$ 就是政策的实际效果。

这种比较的长处是排除了非公共政策因素的作用,能够较精确地测度出一项公共政策的效果,是测量公共政策净影响的主要方法。

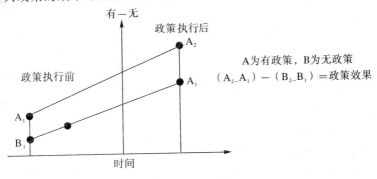

图 10—11 "有一无"对比评价

(四)"控制对象—实验对象"对比评价

"控制对象—实验对象"对比分析如图 10—12 所示,它是社会实验法在公共政策评价中的具体运用。在运用这种评价设计时,评价者将公共政策执行前同一评价对象分为两组,一组为实验组,即对其施加公共政策影响的组;一组为控制组,即不对其施加公共政策影响的组。然后比较这两组在公共政策执行后的情况,以确定公共政策的效果。A 和 B 在执行前是同一状态水平,A 为实验对象的情况,B 为控制对象的情况。图中,A_1 和 B_1 分别是实验前的实验组与控制组的情况,A_2 和 B_2 为实验后实验组和控制组的情况,(A_2-B_2) 便是公共政策的效果。

三、定性评价方法

定性评价方法是由政策执行的相关人员根据自己感受对政策效果加以评价的方法。政策执行的相关人员包括政策执行者、政策对象与政策评估专家。

(一)政策对象评定法

由政策对象通过亲身感受和了解对政策及其效果予以评定的方法。政策对象大多属于群众的范畴,是政策作用的客体,同时又是政策执行的参与者,他们对政策的成败得失有切身感受,因而最有发言权。评估工作者要做好评估工作,必不可少的环节和方法之一就是争取政策对象对评估工作的充分了解和积极支持,认真倾听、研究他们对政策效果的评价。其缺陷在于政策对象可能不完全了解政策制定、政策执行、政策本身的全面情况,加上政策执行与自己的利益密切相关,所以其评价往往是表面的、零散的、感性的。

(二)自评法

自评法是指政策执行人员自己对政策的影响及达成预定政策目标的进展

情况进行评估。

由于政策执行人员参与了政策实施的整个过程,能够掌握比较充分的政策信息和第一手资料,有可能及时、充分地评估每一项政策的效果,同时,可以根据自己的评估结论,迅速调整自己的政策执行活动与执行措施,使评估结论较快地反馈给执行过程,得到立竿见影的效果。但由于政策执行人员与拉引效果直接相关,在他们自评时,出于自身利益考虑会出现报喜不报忧,评好不评坏的现象,从而影响评估的客观性和科学性。

(三)专家评价法

组织专家审定各项关于政策、政策执行、政策效果的记录,观察政策的执行活动,对政策对象和政策制定者、执行者、参与者进行调查,进行分析评价,最后撰写评估报告,鉴定政策的成效。这个方法的优点是,由于专家的知识专业化较强,能比较科学地分析政策;同时,由于专家相对于政策制定者、执行者和政策对象来说属于局外人,"旁观者清",因此能站在比较客观、公正的立场进行评估。

参考文献

1.《马克思恩格斯选集》(第1卷、第3卷、第4卷),人民出版社,1972。
2.《列宁选集》(第4卷),人民出版社,1995。
3.《邓小平文选》(1975—1982),人民出版社,1983。
4.《毛泽东选集》(第3卷),人民出版社,1991。
5.[日]药师寺泰藏:《公共政策:政治过程》,经济日报出版社,1991。
6.[美]杰克·普拉诺:《政治学分析词典》,中国社会科学出版社,1986。
7.[美]詹姆斯·安德森:《公共决策》,华夏出版社,1990。
8.[美]威廉·N·邓恩:《公共政策分析导论》,中国人民大学出版社,2002。
9.[美]卡尔·帕顿、大卫·沙维奇:《公共政策分析和规划的初步方法》,华夏出版社,2002。
10.[美]科尼利厄斯·M·克温:《规则制定——政府部门如何制定法规与政策》,复旦大学出版社,2007。
11.[美]德博拉·斯通:《政策悖论——政治决策中的艺术》,中国人民大学出版社,2006。
12.[美]查尔斯·林德布洛姆:《决策过程》,上海译文出版社,1988。
13.[日]大岳秀夫:《政策过程》,经济日报出版社,1992。
14.[美]罗伯特·A·达尔:《现代政治分析》,上海译文出版社,1987。
15.[澳]休·史卓顿、莱昂内尔·奥查德:《公共物品、公共企业和公共选择》,经济科学出版社,2000。
16.[美]萨瓦斯:《民营化与公司部门的伙伴关系》,中国人民大学出版社,2002。
17.[美]奥斯本·戴正维、盖布勒,特德:《改革政府》,上海译文出版社,1996。
18.[美]斯蒂夫叫·汉克主编:《私有化与发展》,中国社会科学出版社,1989。
19.[美]斯蒂芬·罗宾斯:《管理学》(第七版),中国人民大学出版社,2004。

20.［美］帕特里夏·基利、史蒂文.梅德林、休·麦克布赖德、劳拉·良迈尔等:《公共部门标杆管理——突破政府绩效的瓶颈》,中国人民大学出版社,2002。

21.［澳］欧文·E·休斯:《公共管理导论》,中国人民大学出版社,2001。

22.［美］尼古拉斯·亨利,项龙译:《公共行政与公共事务》(第七版),华夏出版社,2002。

23.［美］R·M·克朗,陈东威译:《系统分析和政策科学》,商务印书馆,1985。

24.［美］S·S·那格尔主编:《政策研究百科全书》,科学技术文献出版社,1990。

25.［美］查尔斯·E·林德布罗姆:《政策制定过程》,华夏出版社,1988。

26.［美］赫伯特·A·西蒙:《管理决策新科学》,中国社会科学出版社,1982。

27.［美］詹姆斯·M·布坎南:《自由、市场和国家》,北京经济学院出版社,1988。

28.［美］丹尼斯·C·缪勒:《公共选择理论》(第二版),中国社会科学出版社,1999。

29.［美］戴维·杜鲁门:《政治过程:政治利益与公共舆论》,天津人民出版社,2005。

30. M·Rokeach, *The Nature of Human Values*. Free Press, New York, 1973.

31. C. Hood, *The Tools of Government*, London: Macmillan, 1983.

32. B. Guy Peters and Frans K. M. van Nispen (eds.), *Public Policy Intruments*. Northampton: Edward Elgar Publishing. Inc., 1998.

33. Michael Howlett and M. Ramesh, *Studying Public Policy Policy: Policy Cycles and Policy Subsystems*. Oxford University, 1995.

34. S. Linder, and B. Guy Peters, *The Study of Public Policy Instrument*, Policy Current, 1992.

35. *Managing with Market-Type Mechanisms*, Organization for OECD, 1993.

36. Rowan Miranda and Karlyn Anderson, *Alternative Service Delivery in Local Government* (1982－1992). In Municipal Year Book (1994). Washington, D. C.: national City Management Association, 1994.

37. M. Hammer, and J. Champy, *The Reengingeering the Corporation: A Manifesto for Business Revolution*. New York: Harper Collins, 1994.

38. E. S. Savas, *Privatization, The Key to Better Govenrnent*. Chatham, NJ:Chatham House,1987.

39. 张金马主编:《政策科学导论》,中国人民大学出版社,1992。

40. 张金马:《公共政策分析:概念、过程、方法》,人民出版社,2004。

41. 林水波、张世贤:《公共政策》,台北:五南图书出版公司,1995。

42. 陈振明:《公共管理前沿》,福建人民出版社,2002。

43. 陈振明:《公共政策分析》,中国人民大学出版社,2003。

44. 张国庆:《公共政策分析》,复旦大学出版社,2004。

45. 陈庆云:《公共政策分析》,北京大学出版社,2006。

46. 桑玉成、刘百鸣:《公共政策学导论》,复旦大学出版社,1990。

47. 王玉樑:《价值哲学新探》,陕西人民教育出版社,1993。

48. 岳经纶、郭巍青主编:《中国公共政策评论》(第一卷),上海人民出版社,2007。

49. 胡玉立、李东贤:《市场预测与管理决策》,中国人民大学出版社,1997。

50. 杨锡怀等:《企业战略管理》,高等教育出版社,2004。

51. 王荣科、吴元其:《管理学概论》(修订版),中国商业出版社,2007。

52. 白钢、史卫民:《中国公共政策分析》(2004、2005、2006、2007、2008年卷),中国社会科学出版社。

53. 胡宁生:《现代公共政策学》,中央编译出版社,2007。

54. 张富:《公共行政的价值向度》,中央编译出版社,2007。

55. 盛立人等:《社会科学中的数学》,科学出版社,2006。

56. 暴奉贤、陈宏立:《经济预测与决策方法》,暨南大学出版社,1991。

57. 李成言:《现代行政领导案例分析》,北京大学出版社,2004。

58. 王骚、王达梅:《公共政策案例分析》,南开大学出版社,2006。

59. 王满船:《公共政策制定:择优过程与机制》,中国经济出版社,2004。

60. 潘强恩:《政策论》,西苑出版社,1999。

61. 吴元其、周业柱:《公共决策体制与政策分析》,国家行政学院出版社,2003。

62. 刘斌、王春福:《政策科学研究》,人民出版社,2000。

63. 赵瑞峰:《公共政策分析——理论、方法与实务》,中国时代经济出版社,2007。

64. 陈潭:《公共政策案例分析》,社会科学文献出版社,2008。

65. 张成福、党秀云:《公共管理学》,中国人民大学出版社,2001。

66. 伍启元:《公共政策》,香港:商务印书馆,1989。

67. 郭巍青、卢坤建:《现代公共政策分析》,中山大学出版社,2000。

68. 田穗生、陈延庆主编:《各国议会制度概况》,吉林人民出版社,1991。
69. 刘竟、安维华:《现代海湾国家政治体制研究》,中国社会科学出版社,1994。
70. 蔡定剑、王晨光主编:《人民代表大会二十年发展与改革》,中国检察出版社,2001。
71. 宋世明等译:《西方国家行政改革述评》,国家行政学院出版社,1998。
72. 卢现祥:《西方新制度经济学》,中国发展出版社,1996。
73. 王革非:《战略管理方法》,经济管理出版社,2002。